육주약선陸奏約選 · 육고수권陸稿手圈

서울대학교 규장각한국학연구원 한국학자료총서 28

육주약선陸奏約選 · 육고수권陸稿手圈

조선 정조가 편정한
당나라 재상 육지의 국가 경영책

초판 1쇄 발행 2020년 7월 30일

역주자 당윤희 · 오수형 · 장유승
펴낸이 오세정
편집 박나리
디자인 장혜원
인쇄 수이북스

펴낸곳 서울대학교출판문화원
주소 08826 서울 관악구 관악로 1
도서주문 02-889-4424, 02-880-7995
홈페이지 www.snupress.com
페이스북 @snupress1947
인스타그램 @snupress
출판등록 제15-3호

ISBN 978-89-521-2935-2 94810
978-89-521-1026-8 (세트)

이 저서는 서울대학교 규장각한국학연구원의 2014년도 21세기 신규장각자료구축 사업의 지원을 받아 수행된 연구 결과임(KIKS-2014-452-23104-『御定陸奏約選』과 『御定陸稿手圈』의 譯註).

서울대학교 규장각한국학연구원 한국학자료총서 28

육주약선陸奏約選 · 육고수권陸稿手圈

조선 정조가 편정한
당나라 재상 육지의 국가 경영책

낭윤희 · 오수형 · 상유승 역주

서울대학교출판문화원

The National Management Strategies by Lu Zhi(陸贄) of Tang(唐) Dynasty Selected by King Jeongjo(正祖) of Chosun(朝鮮) Dynasty

Dang, Yun hui · Oh, Soo hyoung · Jang, Yoo-seung

Seoul National University Press

책을 내면서

『육주약선(陸奏約選)』과 『육고수권(陸稿手圈)』은 중국 당(唐)나라의 재상 육지(陸贄)의 주의(奏議)와 제고(制誥)의 명문을 뽑아 편집한 책이다. 잘 알려지지 않은 이 두 권의 책에서 특기할 만한 점은 조선의 역대 군주 중에서도 문학과 학술에 조예가 깊기로 손꼽히는 정조(正祖) 임금이 편찬하였다는 것이다. 정조는 동궁 시절부터 육지의 주의문과 제고문을 탐독하였고 왕위에 오른 뒤에는 육지의 주의문 가운데서 명문을 절록한 『육주약선』을 편찬하였으며 또 육지의 문장 가운데 명구를 골라내고 권점을 찍은 『육고수권』을 간행하도록 하였다. 그뿐만 아니라 정조는 이 책을 여러 신하에게 반사(頒賜)하여 두루 읽히도록 하였다.

『육주약선』에 수록된 주의문(奏議文)은 신하가 군주에게 상주하는 문체를 가리킨다. 신하가 군주를 보필하기 위해 작성하여 올리는 정치적 제언의 형식이 바로 주의문이다. 그러므로 주의문에는 국가를 경영하고 다스리는 데 필요한 경세(經世)의 이념부터 행정과 경제, 법률과 제도, 민생 복지와 사회 문제 등 다양한 국가적 문제와 이에 대응하는 정책이 제시되어 있다. 또한 주의문은 신하가 군주와 의견을 소통하고 정치적 관계를 맺어가는 방법의 하나로서 당시의 정치적 흐름과 역사적 사건의 추이가 나타나기도 한다.

『육고수권』에는 주의문뿐만 아니라 군주가 신하와 백성에게 내리는 명령문, 즉 제고문(制誥文)도 포함되어 있다. 제고문은 군주가 신하와 백성을 향해 정치적 이상을 드러내거나 정책과 제도의 시행을 포고함으로써 군주의 위엄과 신의를 보이고 아랫사람에게 은택을 내리는 문장이 주를 이룬다. 문장가로 이름이 높았던 육지는 군주가 신하와 백성에게 포고하는 명령문의 초안을 작성하는 관직에 있으면서 많은 제고문을 작성하였다.

정조는 재위에 오른 후 평소 즐겨 읽었던 육지의 문장, 즉 신하가 역린(逆鱗)의 위험을 무릅쓰고 군주에게 올렸던 직언과 군주가 신하에게 내리는 위엄 넘치는 명령문 가운데 명문, 명구를 골라 선집으로 엮어내었다. 아마도 정조는 이 문장을 숙독하면서 당대의 난제를 해결해나가는 탁월한 정치적 견해를 배우고자 했을 것이다. 군주의 잘잘못을 타산지석으로 삼고 명신의 충언을 마음에 새겨 신하와 백성에게 선정을 베푸는 바른 군주가 되고자 했던 정조의 의지가 바탕이 되어 이 책들이 간행될 수 있었다.

본서는 『육주약선』과 『육고수권』의 원문을 번역하고 주석을 붙여 일반 독자가 그 내용을 읽고 이해할 수 있도록 풀어쓴 것이다. 본문은 『육주약선』과 『육고수권』의 원문을 바탕으로 하되, 이체자(異體字)는 인쇄체의 정자(正字)로 수정하였다. 표점 부호는 중화서국 『육지집(陸贄集)』을 참고하여 표기하였다. 본서의 내용 중 『육주약선』에 실린 문장들은 해제를 붙여 원문의 배경과 내용을 간략히 설명하였다. 다만 『육고수권』은 경구(警句)를 절록한 경우가 많고, 경구의 내용은 종종 문장 전체의 대의와 관련되지 않으므로 해제를 붙이지 않았다. 이 책들에 대한 연구와 역주를 통하여 정조가 지향하였던 정치 이념과 학술 사상을 가늠해볼 수 있을 것이다. 또한 당시 조선의 역사와 문화에 대한 연구의 지평을 넓히는 데도 도움이 되기를 기대해본다.

이 책의 공동저자로서 원문을 함께 읽고 토론하며 역주를 붙이는 작업을 공동으로 진행해주신 오수형 교수님과 장유승 선생님께 깊은 감사를 전한다. 특히 오수형 교수님은 중국고전산문 연구의 대가로서 주의문과 제고문의 문체적 특성과 함께 고대 한문을 번역할 때 생길 수 있는 문제 등에 대해서 세밀하게 지적해주셨다. 그리고 장유승 선생님은 전문적인 고전번역가 겸 연구자로서 중국의 옛 문장을 현대 한국어로 번역하는 과정을 여러 차례에 걸쳐 꼼꼼하게 살펴보시고 매끄럽게 다듬어주시는 수고를 마다하지 않으셨다.

본서를 내기까지 중화서국 『육지집』과 꼼꼼히 대조하면서 『육주약선』과 『육고수권』의 원문을 정리해준 당시 서울대학교 석사과정 박정진 동학의 도움이 매우 컸다. 또한 어려운 용어들의 출처와 의미를 풀이해줄 주석들을 일일이 찾아준 당시 서울대학교 박사과정 우나영 동학 역시 큰 도움을 주었음을 밝힌다. 아울러 본서의 초고가 나온 후 교열을 해주신 규장각한국학연구원의 정호훈 선생님과 조계영 선생님, 그리고 성결대학교 김지영 선생님께도 깊은 감사의 인사를 전한다.

끝으로 본서는 2014년도 21세기 신규장각자료구축사업의 지원을 받아 수행된 '『어정육주약선』과 『어정육고수권』의 역주' 연구사업의 결과물을 다듬어 출판하는 것임을 밝히며, 인문학 연구의 진흥을 위해 물심양면으로 도움을 주신 규장각한국학연구원에 심심한 감사의 마음을 표한다.

2020년 7월

당윤희

차례

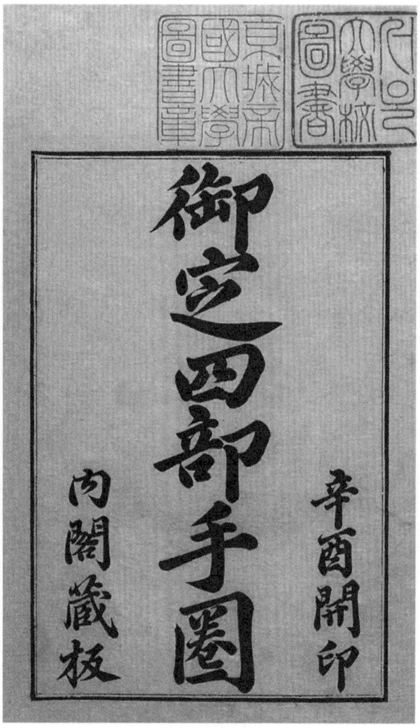

규장각소장본 奎 1787 御定四部手圈

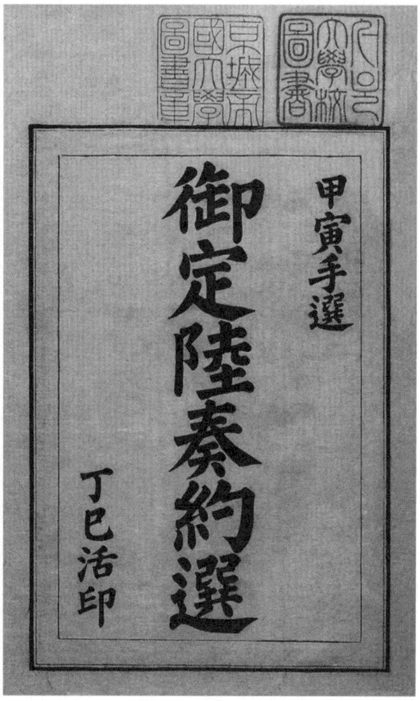

규장각소장본 奎 191 御定陸奏約選

해제

육지(陸贄)와 『육주약선(陸奏約選)』, 『육고수권(陸稿手圈)』에 대하여

1. 육지(陸贄)의 생애와 정치적 여정[1]

육지는 소주(蘇州) 가흥(嘉興) 사람으로 당 현종(唐玄宗) 천보(天寶) 13년(754) 율양현령(溧陽縣令) 육간(陸侃)의 아홉 번째 아들로 태어났다. 육지는 어릴 때부터 남달리 학문을 좋아하여 유학 공부에 정진하였고, 당 대종(唐代宗) 대력(大曆) 5년(770) 18세의 나이로 진사에 급제하여 곧 화주(華州) 정현위(鄭縣尉)를 제수받았다. 대력 6년(771), 임기를 마치고 어머니를 뵈러 가는 길에 수주자사(壽州刺史) 장일(張鎰)을 방문하였는데, 장일은 사흘 동안 육지와 이야기를 나눈 후 나이를 초월한 교우의 예를 맺기를 청하였다. 장일은 어머님께 좋은 음식을 대접해드리라고 백만 전을 주었으나 육지는 감히 받지 못하고 차 한 꾸러미만 받아왔다고 한다.

육지가 관리로 재임하던 시기는 대략 세 시기로 구분할 수 있다. 첫 번째는 건중(建中) 4년(783) 육지가 30세 되던 해에 일어난 주차(朱泚)의 난으로 당 덕종(唐德宗)이 봉천(奉天)으로 파천하였다가 난리가 평정된 후 다시 장안(長安)으로 돌아오기까지의 시기이다. 이때 육지는 한림학사(翰林學士)로서 당 덕종을 수행하면서 제고(制誥)와 조령(詔令)

1 중화서국 『육지집』에 수록된 청(清) 강용(江榕)의 『연보집략(年譜輯略)』과 당(唐) 한유(韓愈)의 『순종실록(順宗實錄)』, 청(清) 주식(朱軾)의 『역대명신전(歷代名臣傳)』「육선공전(陸宣公傳)」, 당(唐) 권덕여(權德輿)의 「육선공전집서(陸宣公全集序)」 등을 참조하여 정리하였다.

의 작성을 담당하였다. 두 번째는 당 덕종 흥원(興元) 원년(784) 육지가 31세에 중서사인(中書舍人)에 제수된 후부터 6년간 각종 국정 문제를 논하던 시기이다. 세 번째는 정원(貞元) 8년(792) 육지가 39세의 나이로 중서시랑동평장사(中書侍郎同平章事)를 제수받아 재상의 반열에 오른 후 올바른 정치의 시행을 위해 노력하다가, 당 덕종의 총애를 얻어 권력의 전횡을 일삼던 배연령(裴延齡)의 모함으로 정원(貞元) 11년(795) 충주별가(忠州別駕)로 폄적되기 전까지의 시기이다.

1) 한림학사(翰林學士) 시기

대력 14년(779) 육지의 나이 26세 때, 당 덕종이 즉위하였다. 당 덕종은 동궁 시절부터 육지의 명망을 익히 들어 알고 있었으므로 즉위한 후에 그를 불러 대면한 뒤 곧 한림학사에 제수하였다. 육지는 한림학사에 이어 사부원외랑(祠部員外郎)의 관직에 있다가 다시 고공낭중(考功郎中)의 직책을 맡게 되었다. 육지는 본래 성격이 충직하고 맡은 직무마다 성실하였으며, 작은 문제라도 반드시 아뢰었으므로 덕종은 그를 더욱 신임하였다.

당 덕종 건중(建中) 4년(783) 8월, 하북(河北) 지방 번진(藩鎭)들이 연이어 반란을 일으키자 조정에서는 마수(馬燧, 726~795) 등의 장군을 시켜 토벌하게 하였으나 오랫동안 성과가 없었다. 10월, 주차(朱泚, 742~784)의 반란이 일어나자 당 덕종은 봉천[奉天, 지금의 산시성(陝西省) 건현(乾縣)] 지방으로 파천하게 되었다. 육지는 봉천으로 피난하는 당 덕종을 수행하면서 사안에 따라 시의적절한 계책들을 올렸으므로 당 덕종의 각별한 신임을 받았다. 당 덕종이 육지에게 일을 물을 때 때로는 이름을 부르지 않고 항렬을 부를 정도로 신임이 두터웠다고 한다. 그러나 육지는 자만하지 않고 항상 신중하고 삼가며 과오가 없도록 조심하였다.

위급한 시기를 맞아 당 덕종은 하루에도 수십 개씩의 조서를 내려야 했는데, 그 조서의 초안을 거의 모두 육지가 작성하였다. 육지가 작성하는 조서의 문장은 물 흐르듯 자연스러워 얼핏 보면 자세히 생각하지 않고 쓴 듯이 보였지만, 완성된 조서의 내용은 일의 정황을 상세하게 풀이하고 사건의 미묘한 핵심을 찔렀으므로 많은 이가 그의 재능에 탄복하였다.

그해 11월, 이회광(李懷光, 729~785)이 주차를 물리치고 봉천의 포위망을 풀자 당 덕종은 이회광을 태위(太尉)에 임명하고 철권(鐵券)을 하사하였다. 그러나 당 덕종을 직접 배알하고 싶다는 요청이 거절당하자, 이회광은 앙심을 품고 하사받은 철권을 내던지며 군대를 이끌고 떠나버렸다. 그후 이회광은 함양(咸陽)에 주둔한 채 번진 군대를 공격할 틈을 엿본다는 이유를 들어 싸움을 미루다가 결국 주차와 몰래 결탁하여 반란을 도모하였다. 당 덕종이 이 문제의 해결책을 육지에게 묻자 육지는 「봉천에서 지금의 절실한 문제를 논하는 주장(奉天論奏當今所切務狀)」을 올렸다.

건중 5년(784) 3월에 이회광이 주차와 손을 잡고 반역을 일으켰으므로 당 덕종은 다시 양주(梁州)로 파천할 수밖에 없었고 육지도 수행하며 따라갔다. 다행히 명장으로 이름난 이성(李晟, 727~793)이 치열한 전투 끝에 장안을 수복하였고 팽원(彭原)으로 달아난 주차는 부하 장수에게 살해됨으로써 번진의 반란은 어느 정도 수습되었다. 마침내 반란이 평정된 후 당 덕종은 당시 장안(長安)으로 돌아올 수 있었다.

당 덕종이 반란을 피해 봉천과 양주 등의 지역으로 파천할 당시에 수많은 국가적 난제에 직면하고 있었음은 말할 필요도 없다. 육지는 당 덕종을 도와서 정치적 난제를 풀어나갈 여러 정책과 방안을 제시하였고, 당 덕종은 그 의견을 적극적으로 수용하면서 병란으로 피폐한 백성을 안정시키고 지친 군대를 구휼하는 등 주요한 문제를 해결하였다.

육지는 눈앞의 위기 상황을 해결할 현실적인 정책과 방안을 적시에 제시함으로써 당 덕종의 깊은 신뢰를 얻고 주변의 칭송을 받았다. 당 덕종은 자신의 겉옷을 벗어 육지에게 입혀준 적도 있을 정도로 육지에 대한 신임이 컸다. 비록 다른 재상이 있었지만 당 덕종은 정책의 계획과 결정을 대부분 육지와 의논하였으므로, 육지는 '내상(內相)'이라고 불렸다. 한번은 육지가 당 덕종을 수행하다가 산남(山南) 지역의 길이 험하여 서로 떨어지게 되었는데, 당 덕종이 기다리다 못해 군사들에게 "육지를 찾아오는 자에게 천금을 내리겠다."라고 말하였다. 다음날 육지가 길을 찾아 합류한 뒤 알현하자 당 덕종이 크게 기뻐하였다고 한다.

2) 중서사인(中書舍人) 시기

당 덕종은 주차의 반란이 평정되자 건중 5년(784)을 흥원 원년으로 개원하고 정월에 대사면령을 내려 반역에 가담하였던 번진의 군대를 포용하고 전란으로 고생한 백성과 군병을 위로하였다. 또한 당 덕종은 흥원 원년(784) 7월 장안으로 환도한 후 공훈을 세운 신하들에게 골고루 공신명을 내리고 승진하도록 하였다. 당 덕종을 수행하여 장안으로 돌아온 육지도 중서사인에 제수되었는데 이때 그의 나이 31세였다.

정원 원년(785)으로 개원한 이듬해 당 덕종은 오(吳) 지역에 있던 육지의 어머니 위태부인(魏太夫人)을 장안으로 모셔와 육지와 함께 살게 해주었고 위 태부인이 여정 중에 편히 숙박할 수 있도록 역사(驛舍)를 설치하기까지 하였다. 정원 5년(789) 위 태부인이 별세하자 당 덕종은 관리를 보내어 상례를 돕도록 하였고, 육지는 조정을 떠나 낙향하여 2년간 낙(洛) 지방에서 상례를 치렀다. 사방에서 보내온 부의금이 수백만 금에 달하였으나 육지는 조금도 받지 않았고, 어린 시절의 친구인 장수 위고(魏古)가 보낸 선물도 상주를 올려 허가를 받은 후에야 받았다.

정원 7년(791) 상례가 끝난 후 육지는 다시 한림에 들어가 권지병부시랑(權知兵部侍郞) 대우의 직위를 받았다. 그리고 이어서 8월에 병부시랑 지공거(兵部侍郞知貢擧)가 되어서 한유(韓愈) 등 22인을 선발하였는데 당대를 통틀어 가장 많은 진사가 뽑혔으며 이들을 용호방(龍虎榜)이라고 불렀다.

육지가 중서사인의 관직에 있던 6년간 거의 간언을 올리지 않았는데, 일설에 육지는 이비(李泌)가 재상을 맡은 후로는 간언을 올리지 않았다고 한다. 당시에 육지의 재능에 한참 못 미치는 인사들이 재상의 자리에 있으면서 오히려 육지를 모함하거나 헐뜯는 일이 있었다. 특히 재상 두참(竇參)이 육지를 심하게 질투하고 모함하였으므로 육지 역시 두참의 죄상을 여러 번 상주하여 올렸다. 그러나 당 덕종 좌우의 권신들이 직언을 잘하는 육지의 언행을 꼬투리 잡고 비방하였으므로 육지는 은연중에 덕종의 신임을 점차 잃게 되어 오랫동안 재상의 자리에 중용되지 못하였다.

3) 중서시랑동평장사(中書侍郞同平章事) 시기

정원 8년(792) 재상 두참이 쫓겨난 후 육지는 중서시랑(中書侍郞)과 문하동평장사(門下同平章事)에 제수되어 재상의 반열에 올랐다. 육지는 당 덕종에게 각별한 대우를 받아도 내세우지 않았고 정책을 논의할 때 불가하다고 판단되면 숨김없이 간언하였으므로 간혹 지나치게 강직하다는 소리도 들었다.

당시 두참의 추천으로 사농소경(司農小卿)에 발탁된 배연령(裴延齡)은 호부시랑(戶部侍郞) 반굉(班宏)이 별세하여 직위가 비자 보궐로 호부의 업무를 맡게 되었다. 배연령은 국가의 금융과 조세, 화폐 정책 등을 통솔하면서 세금을 많이 거둬들여 국고를 채웠으므로 당 덕종의 신임을 받게 되었다. 당 덕종은 정원 8년 배연령을 탁지사의 보궐로 제수하려고 하였는데, 육지가 부당한 인사를 반대하는 상주문을 올렸다. 당 덕종의 총애를 받는 배연령에 대해 함부로 논의하는 이가 없었으나 육지는 늘 강직하게 충언을 아끼지 않았으며 배연령이 저지르는 폐단을 비난하였으므로, 당 덕종은 점차 육지를 불편하게 여기게 되었다. 배연령도 끊임없이 육지를 참소하고 헐뜯어 정원 10년(794) 결국 육지는 태자빈객(太子賓客)으로 좌천되어 정사에 관여하지 못하게 되었다.

정원 11년(795) 봄에 가뭄이 들어 변방 지역에 군량과 군마용 건초가 제대로 공급되지 않자 일대의 민심이 뒤숭숭하고 소란하였다. 배연령은 육지와 장방(張滂) 등이 선동하여 병사들의 마음을 어지럽힌다고 참소하였고 격노한 당 덕종은 육지 등 4인에게 참형을 내리도록 하였다. 간의대부(諫議大夫) 양성(陽城)과 습유(拾遺) 왕중서(王仲舒) 등이 나서서 간신의 말 때문에 무고한 사람이 죽도록 내버려둘 수 없다며 상소를 올려 배연령의 간사한 행동과 육지의 무죄를 논하였다. 당 덕종이 노하여 양성마저 처벌하려고 하였으나 태자가 나와 그들을 용서해주길 청하였다. 간관들이 누각 앞에 엎드려 간언하기를 멈추지 않자 당시 80세이던 금오장군(金吾將軍) 장만복(張萬福)은 조정에 정직한 신하들이 있으니 천하가 반드시 태평하리라고 큰 소리로 말하며 양성과 왕중서 등에게 두루 절하였다고 한다.

육지는 참형을 면하였으나 이 일로 충주별가(忠州別駕)로 폄적되었다. 그 후 10년 동안 육지는 근신하며 조용히 지냈고 간신들의 비방을 피하기 위해 어떠한 정치적 저술도 하지 않았다. 다만 그가 폄적된 지방이 낙후된 곳이며 또 풍토병과 역병이 만연하였으므로, 병자들을 치료하기 위해 의학 서적을 두루 읽고 『육씨집험방(陸氏集驗方)』을 편찬하였을 뿐이다. 당 순종(唐順宗)이 즉위한 영정(永貞) 원년(805)에 육지를 다시 조정으로 불러들이려 하였으나 육지는 조서가 미처 닿기 전에 향년 52세로 별세하였다. 육지는 사후에 병부상서(兵部尚書)로 추증되었으며 '선(宣)'의 시호를 받았으므로 후대 사람들이 그를 육선공(陸宣公)이라 불렀다.

2. 육지의 문장에 대한 평가

육지의 문장은 그의 사후 『집험방(集驗方)』, 『제고집(制誥集)』, 『주초(奏草)』, 『중서주의(中書奏議)』, 『별집(別集)』 등 여러 종류의 문집으로 묶여 전해졌다. 당(唐) 권덕여(權德輿)가 처음으로 육지가 작성한 『제고(制誥)』 10권, 『주초(奏草)』 7권, 『중서주의(中書奏議)』 7권을 모아 『육선공문집(陸宣公文集)』 24권을 엮었다. 문집에는 황제가 내린 명령을 육지가 문서로 작성한 제고(制誥)와 조서(詔書), 그리고 당시의 긴급한 정책에 관해 상주한 주의(奏議) 등이 수록되었다. 육지의 문집에 실린 문장들은 당대의 역사와 정치, 사회, 문화의 궤적을 보여주는 동시에 그의 정치적 여정이 담긴 삶의 기록이기도 하다.

제고와 조서는 관직의 제수와 인재의 선발, 작위의 책봉과 오랑캐의 정벌, 사면령의 시행과 법령의 집행 등 국가의 운영을 위한 황제의 다양한 정치 활동에 사용되었다. 이 문장들은 대부분 한림학사 시절의 육지가 봉천으로 파천한 당 덕종을 도와 작성한 것으로 당시 긴급했던 국가의 위기 상황을 무사히 넘기는 데 일조하였다.

내용을 살펴보면, 개원(改元)하거나 사면령을 시행하는 제서(制書)는 흐트러진 민심을 추스르고 국가의 단합과 부흥을 꾀하고자 하는 것이고, 위로하고 포상하는 조서는 전쟁 중에 나라를 위해 싸운 장병들을 격려하고 피폐해진 백성들을 위로하기 위해 쓰인 것이다. 왕족의 책문(冊文)과 선왕 및 사방의 신에게 올리는 제문(祭文)은 왕실을 위호하고 사직을 굳건히 할 것을 다짐하는 내용이다. 책문(策問)은 현명한 인재를 가려 선발하기 위한 문장이며, 답표(答表)는 신하의 요청에 대해 답변하는 문장이다. 각종 조서와 칙서(敕書)는 행정 처리가 원활하고 체계적으로 운영되도록 돕는 문장이다. 특히 가장 많이 작성된 것은 관직을 임면하는 제서로, 재상과 중서령, 대원수, 절도사 등 요직의 임면권을 적절하게 행사하는 제서를 하사함으로써 권력을 통제하고 황제의 권위를 세우도록 하였다.

주의는 신하가 당대 현안과 관련된 제반 문제를 군주에게 아뢰는 글이다. 신하는 주의문을 통해 정치 현안에 대한 문제 제기, 문제의 분석과 해법, 정책의 수립 등 여러 가지 의견을 군주에게 올릴 수 있고, 군주는 그중에 타당한 제안을 가려 정사에 반영한다. 때문에 주의문은 신하가 군주에게 정견을 펼치고 정책의 방향을 제안하는 중요한 통로

이자 수단이 된다. 육지의 주의문에는 당대의 사회와 경제 구조, 정치의 요체와 군신 관계 등에 대한 상세하고 사려 깊은 고찰과 함께 시대의 병폐를 개선하고 더 나은 세상을 만들고자 하였던 육지의 고민과 개혁의 의지가 분명하게 드러난다.

내용을 살펴보면, 인재를 등용할 때 능력을 우선시할 것을 주장하였고 의사소통을 위하여 신하들의 간언을 기꺼이 받아들일 것을 강조하였다. 또한 병란으로 거의 해체되다시피 한 당나라의 정치와 경제 제도를 바로잡고 민생을 안정시키고자 고심하였다. 특히 육지는 당면한 경제 문제를 해결하고 민생의 안녕을 도모하는 것이 중차대한 문제라고 여겼으므로 당시의 경제 구조를 상세하게 분석하고 경제 상황을 개선하기 위한 여러 가지 대책을 입안하였다. 육지가 주의문을 통하여 제안한 정책은 모두 실제 문제를 상세하게 고찰하고 가장 적절한 해법을 찾고자 고심하여 얻은 산물이었다. 육지가 제안한 정책은 변동이 많은 전란 상황에 대처할 수 있는 실리적인 해법을 제시하여 위기상황을 타개하는 데 일조하였다.

육지가 작성한 제고와 조서, 그리고 주의는 후대의 문인과 관리에게 모범으로 회자되며 널리 읽혔고 특히 주의문의 문체 발전에 큰 영향을 미쳤다. 그 영향을 받은 후대의 문인들은 육지의 주의문을 높이 평가하는 글을 남겼다. 그중에서 송대의 소식(蘇軾)과 범조우(范祖禹) 등이 원우(元祐) 8년(1093) 황제가 읽을 만한 역대의 주의문을 책으로 편찬하여 올리면서 쓴 「주의문을 올리면서 드리는 글(進呈奏議箚子)」의 한 단락을 살펴보면 다음과 같다.

"엎드려 보건대 당나라의 재상 육지의 재능은 군주의 보필이 될 만하고 학식은 제왕의 스승이 될 만합니다. 논의는 실제 상황에 절실하게 들어맞고 언어는 도덕에 어긋나지 않았습니다. 지혜는 장량(張良)과 같으나 문장은 그보다 낫고 논변은 가의(賈誼)와 같으나 책략이 허술하지 않았으므로, 위로는 군주의 과오를 바로잡을 수 있었고 아래로는 천하의 뜻에 통할 수 있었습니다. 다만 불행하게도 출사한 시기가 좋지 못했습니다. 덕종은 가혹하고 엄격한 행정을 능력으로 여겼으나 육지는 진심으로 후대할 것을 간언하였고, 덕종은 시기하고 의심하는 이를 지략가라고 여겼으나 육지는 성실한 이를 추천할 것을 권유하였습니다. 덕종은 군사 쓰는 것을 즐겨하였으나 육지는 군사를 해체하는 것을 우선으로 하였고, 덕종은 재물 모으기를 좋아하였으나 육지는 재물을 분배하는 것을 급하게 여겼습니다. 인재를 등용하고 간언을 청취하는 방법과 변방을 다스리고 장수들을 부리는 방법에 있어서는, 자신의 허물을 탓함으로써 인심을 수습하고 과오를 개선함으로써 천도에 부응하였습니다. 또한 소인을 멀리하여 백성의 근심을 없애고자 하였고 명망 있는 인재를 소중히 여겨 그가 공적을 이루길 바랐습니다. 이와 같이 육지의 업적은 실로 다 세기 어려울 정도입니다."

이 문장을 통해 소식이 육지의 재능과 학식, 지략과 뛰어난 문장을 극찬했음을 알 수 있다. 육지의 주의문은 고금의 정치 득실에 대한 깊은 식견과 신하 된 자의 우국충정이 담긴 절절한 문장으로 주의문의 귀감이 되기에 충분하였다.

후대의 문인들은 육지의 주의문을 모범으로 삼았고 그 문집은 역대로 여러 차례 중간(重刊)되었으므로 많은 판본이 전한다. 육지의 문집 중에 현재 전하는 가장 오래된 판본은 송촉각본(宋蜀刻本)으로 이 판본은 송촉각본 당인집총간본(唐人集叢刊本) 가운데 영인본(影印本)으로 수록된 『육선공문집』 22권에서 확인할 수 있다. 그리고 남송(南宋) 소희(紹熙) 2년(1191) 낭엽(郎曄)이 육지의 주의문에 주석을 붙인 『육선공주의주(陸宣公奏議注)』 15권을 간행한 바 있다. 원대(元代)의 판본인 『육선공한원집(陸宣公翰苑集)』 24권은 사부총간본(四部叢刊本)에 포함되어 전하고 있으며 명대(明代)에는 불부당(不負堂)에서 간행한 『육선공집(陸宣公集)』이 통행되었다. 청대(淸代)에는 연갱요(年羹堯)가 판각한 『육선공집』과 기영(耆英)의 번각본(翻刻本), 희음당본(希音堂本), 유여당본(留餘堂本) 등 더욱 많은 판본이 간행되어 전해졌다.

3. 정조(正祖)와 『육주약선(陸奏約選)』, 『육고수권(陸稿手圈)』

육지의 주의문은 고려와 조선으로도 유입되었고 조선 시대에는 『육선공주의(陸宣公奏議)』의 다양한 조선 판본이 간행되었다. 연구에 따르면 최초의 조선본은 경상도 관찰사 김영유(金永濡)가 간행한 조선본 『당육선공집(唐陸宣公集)』 22권으로, 이 책은 정인지(鄭麟趾)가 입수한 명간본(明刊本) 『당육선공집』을 저본으로 삼은 것이었다. 조선 후기에는 영조(英祖) 연간에 주초(奏草) 6권과 중서주의(中書奏議) 6권을 합하여 12권으로 엮은 무신자본(戊申字本) 『당육선공주의(唐陸宣公奏議)』가 간행되었는데, 영조는 이 책을 현토하게 하였으며 경연에서 교재로 활용하였다.

정조(正祖, 1752~1800)는 세손 시절부터 육지의 주의문을 즐겨 읽었으며 제위에 오른 직후인 1777년(정조 1) 『당육선공주의』를 임진자(壬辰字) 금속활자본으로 간행하도록 하고 바로 경연에서 진강(進講)하게 하였다. 그러나 12권 4책으로 이루어진 『당육선공주의』는 통독하고 암송하기에 지나치게 분량이 많았으므로 정조는 1794년(정조 18) 그 가운데서 통치와 국가 경영에 도움이 될 만한 문장 29편을 친히 선정하여 이황(李滉)의 『주자서절요(朱子書節要)』와 주희(朱熹)의 『근사록(近思錄)』의 체제를 본떠서 자구(字句)를 산절(刪切)하였다. 그리고 1797년(정조 21) 수정을 거쳐 2권으로 묶은 다음 정유자(丁酉字)로 간행하게 하였으니, 이 책이 바로 『육주약선(陸奏約選)』이다.

다음해인 1798년(정조 22) 정조는 손수 육지 문집의 전문을 두루 열람하고 비권(批圈)을 쳐서 중요한 구절을 초록하고 제고(制誥) 85편, 주초(奏草) 32편, 중서주의(中書奏議) 29편 가운데서 문장이 아름답고 내용이 좋은 경구들을 한두 구절씩 산절(刪切)하여 『육고수권(陸稿手圈)』을 편찬하였다. 『육고수권』은 정조가 육지의 주의문과 제고문 중에서도 마음에 새겨두고 암송할 만한 짧고 핵심적인 경구들을 친히 선별한 것이다. 『육고수권』에 수록된 「친찬시교정제학사(親撰示校正諸學士)」의 글을 보면 정조가 이 책을 편찬한 의도가 나타난다. 그중 한 단락을 살펴보면 다음과 같다.

“당나라에서 주의문으로 꼽을 만한 인물은 육선공(陸宣公) 한 명이 있으니, 그의 주의는 상소문의 표준이 될 만하다. 그는 군막 안에서 작전을 세우고 군진에 드나들면서 이해와 득실의 근원을 세밀하게 분석하여 제시하였다. 그 말이 성실하고 진지하며 분명하고 솔직해서 억센 장졸들까지도 모두 암송하고 전하며 눈물을 흘렸으니, 하물며 충성스러운 신하들이야 어떠하였겠는가. (중략) 나는 그의 주장(奏狀)을 매우 좋아하여 반복해서 읽다가 간략하게 절록하여 『육주약선』을 편찬하였고, 이어서 전문에 비권하여 『육고수권』을 만들었다.”

육지의 주의문을 탐독하였던 정조는 그중에서도 좋은 문장들을 선정하고 절록하여 『육주약선』과 『육고수권』을 친히 편정하였고 이 책들이 통치와 교화에 도움이 되기를 바랐다. 두 책의 내용을 비교해보면 『육주약선』은 주로 육지의 주의에서 절록한 문장들로 일부분을 제외하고 대부분 전문을 수록하였다. 반면, 『육고수권』은 각 편에서 한두 문장 혹은 서너 문장만을 초록하였으며 주의와 함께 임금이 내리는 제고에서 절록한 문장들도 섞여 있어 군주의 입장에서 감상하고 암송할 만한 경구들을 위주로 하였다. 그러므로 『육주약선』이 신하들을 위한 책이라면, 『육고수권』은 군왕인 정조 자신을 위한 책의 성격이 강하다고 하겠다.

『육주약선(陸奏約選)』 역주(譯註)

1. 양하(兩河)와 회서(淮西) 지역의 사안을 논하는 주장(奏狀)[1]

❁ 해제

양하 지역과 회서 지역에서 반란을 일으킨 번진을 토벌할 방책을 논한 글이다. 당 덕종(唐德宗) 건중(建中) 초년(781~782)에 하북(河北) 지방 번진(藩鎭) 군벌인 주도(朱滔), 왕무준(王武俊), 전열(田悅)과 하남(河南) 지방의 번진 이납(李納) 등이 반란을 일으켰다. 조정에서는 마수(馬燧) 등 장군을 시켜 그들을 토벌하게 하였으나 오랫동안 성과가 없었다. 그런 중에 다시 회서(淮西) 지방의 이희열(李希烈)이 양성(襄城) 지방을 공격하며 압박하였다. 당 덕종이 해결책을 하문하였으므로 육지가 이 글을 써서 번진을 토벌하고 변란을 진압할 계책을 올렸다. 『육지집(陸贄集)』에 실린 원제는 '논양하급회서이해장(論兩河及淮西利害狀)'이다.

신이 삼가 생각하기에, 적을 이기는 요체는 적임자를 장수로 얻는 데 있으며, 장수를 부리는 방법 중 중요한 점은 권한을 잘 조절하는 것입니다. 장수가 적임자가 아니면 병사가 많아도 믿을 게 못 되고, 권한을 잘 조절하지 못하면 재능 있는 장수도 쓸모가

1 양하(兩河)는 하남(河南)과 하북(河北) 지역, 회서(淮西)는 회수(淮水) 서쪽 지역이다.

없습니다. 예로부터 이 때문에 난리가 일어나지 않은 경우가 있었습니까?

지금 양하(兩河)와 회서(淮西) 지방에서 반란을 일으킨 우두머리들 중에 어쩌면 주변의 꾐에 빠져서 내심으로는 두려움과 의심이 가득하고 당황하여 어쩔 줄 모르면서도 형세상 그만두지 못하고 있는 자도 있을 것입니다. 그들 모두가 제왕(帝王)을 참칭(僭稱)한 역적은 아닙니다. 협박을 못 이겨 따르는 나머지 무리도 생명을 보전할 수 있다는 사실을 안다면 어찌 악행을 저지르고자 하겠습니까? 법도에 맞게 불러들이고 정성을 보여 잘못을 뉘우치게 하며 귀순한 이들을 안정시키고 그 안정을 오래 유지해야 합니다. 이러한 방책을 계속 사용한다면 그 누가 따르지 않겠습니까? 설령 야심이 있어 길들이기 어려운 자가 있다고 해도 교화를 따르는 사람이 필시 반은 넘을 것이라고 신은 생각합니다. 방패춤을 추어 오랑캐를 귀화시킨다[2]는 말이 어찌 헛말이겠습니까?

폐하께서는 영명하시고 의지가 한결같으십니다. 반역의 무리와는 군신 간의 권세가 다르고 순리와 역리의 차이가 있으며, 세력의 크기가 다르고 군사의 수는 상대가 되지 않습니다. 그런데도 오랫동안 대치하느라 군사는 쇠약해지고 재물을 허비하고 있습니다. 배와 수레의 세금을 추징하는 데 그치지 않고, 머나먼 민(閩)지방과 복(濮)지방에서도 징병하니 장정이 거의 없습니다.[3] 백성은 살과 뼈에 매질을 당하여 마을에서는 신음 소리가 나고, 아비와 남편을 떠나보내며 도로에서는 울음 소리가 납니다. 방직기는 이미 비었고 징발할 것은 다하였습니다. 그런데도 장수는 여전히 재물이 부족하고 병사가 적다고 말합니다. 미천한 신은 아무리 생각해봐도 그 이치를 모르겠습니다.

지금 군대를 일으킨 지 3년이니 오래되었다고 할 수 있으며, 조세가 온갖 물건에 부과되니 번잡하다고 할 수 있습니다. 폐하께서는 이 일로 한밤중에도 옷을 입고 늦은 식사를 하시니[4] 근심하시고 근면하시다고 할 수 있습니다. 나라 안은 온통 출정과 물자

2 방패춤을 춘다[舞干]는 말은 문덕(文德)으로 교화하여 변방 민족을 귀순시킨다는 뜻이다. 『서경(書經)·대우모(大禹謨)』에 "순임금이 문덕을 크게 펴면서, 방패와 새 깃을 들고 두 섬돌 사이에서 춤을 추니, 70일 만에 유묘족이 귀순하였다[帝乃誕敷文德, 舞干羽於兩階, 七旬有苗格]."라고 하였다.

3 민(閩)은 동월(東越) 지역, 즉 지금의 복건성 일대이다. 복(濮)은 장강과 한수의 남쪽, 초(楚)의 서남방 일대를 가리킨다. 당시에 반란이 일어난 지역에서 원병을 요구했으므로 먼 지역의 병사들도 동원되었다.

4 원문의 '소의간식(宵衣旰食)'은 날이 새기 전에 옷을 챙겨 입고 늦은 식사를 하며 부지런히 정사를 본다는 뜻이다.

보급으로 분주하니[5] 수고롭고 지쳤다고 할 수 있습니다.

갖풀을 던져 넣어 탁한 강물을 변화시키기보다는 그 근원을 맑게 하는 것이 낫습니다.[6] 끓는 물을 흔들어 끓는 것을 막기보다는 섶나무를 빼내는 것이 낫습니다.[7] 그렇듯이 멀리 있는 지역을 복속시키려고 마음 쓸 때는 가까운 지역을 잘 다스려서 먼 지역이 스스로 오게 하는 것이 가장 좋습니다. 여러 방면에서 과실을 바로잡을 때는 시행방법을 바꿔서 과실이 저절로 사라지게 하는 것이 가장 좋습니다. 만약 근본을 다스리지 않은 채 말단을 바로잡는 데 힘쓴다면 바로잡으려는 행위가 오히려 화를 초래하게 됩니다.

신이 알기에 유주(幽州), 연주(燕州), 항주(恒州), 위주(魏州)의 도적은 형세가 급하지 않고 화가 경미하며,[8] 여주(汝州), 낙주(洛州), 형주(滎州), 변주(汴州)의 난리는 형세가 급하고 화가 엄중합니다.[9] 급하지 않은 곳은 계책을 세워서 해결하면 되는데 지금 주둔병이 너무 많으니 잘못된 것입니다. 급한 곳은 엄중하게 대비해야 하는데 지금 수비병이 너무 부족하니 잘못된 것입니다. 대주(代州), 삭주(朔州), 빈주(邠州), 영주(靈州)의 기병은 이전부터 정예의 병사이며, 상당(上黨)과 맹진(盟津)의 보병은 지금 훈련된 병사입니다. 강한 군사들을 모두 산동(山東)에 두었으니 장군이 많아서 세력이 나뉘고 병사가 많아서 재물이 부족합니다.[10] 공격할 때는 장시간 진격할 수 없고 수비할 때는 인원이 몇 배나 남아도니, 각자 돌아보며 서로 다른 사람에게 책임을 미루려고 합니다.

---

5 원문의 '행재거송(行齎居送)'은 출정과 물자 보급으로 분주하다는 뜻이다. 『사기(史記)·평준서(平準書)』에 "떠나는 이는 행장을 꾸리고 머무는 이는 물자를 보내니, 안팎으로 소란스럽게 받들었다[行者齎, 居者送, 中外騷擾而相奉]."라고 하였다.

6 『포박자(抱朴子)·가둔(嘉遯)』에 "약간의 갖풀로는 혼탁한 황하를 다스릴 수 없다[寸膠不能治黃河之濁]."라고 하였다.

7 끓는 물을 흔든다[揚湯]는 말은 끓는 물을 퍼냈다가 다시 붓는다는 말로, 임시방편의 일 처리를 뜻한다. 한(漢)나라 매승(枚乘)의 「상서간오왕(上書諫吳王)」에 "끓는 물을 식히려 하는데 한 사람이 불을 때고 있으면 백 사람이 퍼냈다가 다시 붓더라도 소용이 없으니, 섶나무를 빼내어 불을 끄는 것만 못하다[欲湯之滄, 一人炊之, 百人揚之, 無益也, 不如絶薪止火而已]."라고 하였다.

8 유주(幽州)와 연주(燕州)의 반란군 수장은 주도(朱滔), 항주(恒州)의 반란군 수장은 왕무준(王武俊), 위주(魏州)의 반란군 수장은 전열(田悅)이다.

9 여주(汝州), 낙주(洛州), 형주(滎州), 변주(汴州)의 반란군 수장은 이희열(李希烈)이다.

10 산동(山東)은 화산(華山) 동쪽으로 함곡관(函谷關) 동쪽 지역을 가리킨다. 진(秦) 동쪽 육국이 있었던 지역을 가리키기도 한다. 지금의 산둥성 지역과는 다르다.

폐하께서는 연달아 금군(禁軍)을 출동시켜 지원을 계속하며 누차 여러 진(鎭)에 칙령을 내려 협력하라고 하십니다. 그러나 평소에 연습한 것이 아니니 명령을 잘 따르지 못할까 염려됩니다. 그물에 걸린 고래가 날뛰듯이[11] 갑자기 움직이면 통제하기 어려우며, 쥐의 머리가 들락날락하듯이[12] 그 자리에서 전진하지 못할 것입니다.

폐하께서 만약 관우(關右)[13] 지역에서 수레와 말을 징발하는 소동을 없애시고[14] 산동(山東) 지역에서 꼴과 군량을 운송하는 수고를 줄이신다면,[15] 소동이 없으니 난리도 생기지 않고 수고가 줄어들어 물자가 넉넉해질 것입니다. 그러면 변란 초기에 난제를 없앨 뿐만 아니라 환난을 미연에 방지하게 될 것이니, 사태를 찬찬히 살피어 좋은 계책을 다시 꾀할 수 있습니다. 이것이 분란을 해결하는 계책의 순서입니다. 폐하께서는 그렇게 하시기를 바랍니다.

論兩河及淮西狀

臣竊惟剋敵之要, 在乎將得其人; 馭將之方, 在乎操得其柄. 將非其人者, 兵雖衆不足恃; 操失其柄者, 將雖材不爲用. 自昔禍亂之興, 何嘗不由於此?

今兩河淮西, 爲叛亂之帥者, 或有傍遭詿誤, 內蓄危疑, 蒼黃失圖, 勢不得止, 亦未必皆爲奸逆, 以僭帝稱王者也. 況其餘衆, 蓋並脅從, 苟知全生, 豈願爲惡? 若招攜以法, 悔禍以誠, 使來者必安, 安者必久, 斯道積著, 人誰不懷? 縱有野心難馴, 臣知其從化者必過半矣. 舞干苗格, 豈獨虛言?

以陛下英神, 志期平壹, 君臣之勢不類, 逆順之理不侔, 形勢之大小不倫, 師徒之衆寡不敵. 然

---

11 날뛰는 고래[奔鯨]는 흉포한 무리를 비유한 말이다. 도잠(陶潛)의 「명자(命子)」에 "날뛰는 규룡은 구름을 휘돌고 날뛰는 고래는 물결을 놀라게 한다[逸虯遶雲 奔鯨駭流]."라고 하였다.

12 원문의 '수서(首鼠)'는 수서양단(首鼠兩端)의 준말로, 쥐가 의심이 많아 동굴 속에서 머리를 밖으로 내놓고 두리번거리는 것처럼 사람이 진퇴(進退)와 거취(去就)를 결정하지 못하고 눈치만 본다는 뜻이다.

13 관우(關右)는 관서(關西) 지역을 가리킨다.

14 원문의 '부거적마(賦車籍馬)'는 수레를 징발하고 말의 수를 기록한다는 뜻이다. 『춘추좌씨전(春秋左氏傳)·양공(襄公) 25년』에 "초나라 위엄이 사마가 되어……수입을 요량해서 부세를 정하여, 수레를 징발하고 말의 수를 기록하여 갑병(甲兵)·도졸(徒卒)·갑옷·방패 따위를 부과하도록 했다[楚蔿掩爲司馬……量入修賦, 賦車籍馬, 賦甲兵, 徒兵, 甲楯之數]."라고 하였다.

15 원문의 '비추만속(飛芻輓粟)'은 꼴과 군량을 빨리 수송한다는 뜻이다. 『한서(漢書)·주보언전(主父偃傳)』에 "천하로 하여금 군량을 빨리 수송하게 하였다[使天下飛芻輓粟]."라고 하였다.

尙曠歲持久, 師老費財, 加算不止於舟車, 徵卒殆窮於閭濮. 笞肉捶骨; 呻吟里閭, 送父別夫, 號呼道路, 杼柚已空, 輿發已殫, 而將帥者, 尙曰財不足, 兵不多, 此微臣所以千慮百思, 而不悟其理也.

今師興三年, 可謂久矣; 稅及百物, 可謂繁矣; 陛下爲之宵衣旰食, 可謂憂勤矣; 海內爲之行齎居送, 可謂勞弊矣.

夫投膠以變濁, 不如澄其源; 揚湯以止沸, 不如絶其薪. 是以勞心於服遠者, 莫若修近而其遠自來; 多方以救失者, 莫若改行而其失自去. 若不靖於本, 而務救於末, 則救之所爲, 乃禍之所起也.

臣謂幽燕恒魏之寇, 勢緩而禍輕; 汝洛滎汴之虞, 勢急而禍重. 緩者宜圖之以計, 今失於屯戍太多; 急者宜備之以嚴, 今失於守禦不足. 代朔邠靈之騎士, 自昔之精騎也; 上黨盟津之步卒, 當今之練卒也. 悉此彊勁, 委之山東, 勢分於將多, 財屈於兵廣, 以攻則曠歲不進, 以守則數倍有餘, 各懷顧瞻, 遞欲推倚.

陛下雖連發禁軍, 以爲繼援, 累敕諸鎭, 務使協同. 但恐本非素習, 令不適從, 奔鯨觸羅, 倉卒難制; 首鼠應敵, 因循莫前. 陛下若罷關右賦車籍馬之擾, 減山東飛芻輓粟之勞, 無擾則禍亂不生, 息勞則物力可濟. 非止排難於變初,[16] 亦將防患於未然. 足得徐觀事勢, 更選良圖. 此於紓亂解紛, 抑亦計之次也. 唯陛下圖之.

---

16 '變初'는 중화서국 『육지집』에는 '變切'로 되어 있다. 주석에 오본(吳本)은 '變初'로 되어 있다고 하였다.

2. 관중(關中)[17] 지역의 사안을 논하는 주장

❁ 해제

장기간에 걸친 번진(藩鎭)의 반란과 전쟁에 따른 문제들의 해결 방안을 논한 글이다. 당시 하북(河北) 번진에 대한 토벌이 오래도록 성과가 없는 데다가 회서(淮西) 번진이 주변 지역을 침략하며 조정에 반기를 들 조짐을 보였다. 전쟁으로 인한 부역은 날로 가중되어 군대는 지치고 민생은 피폐해지고 있었다. 전세가 좋지 못한 가운데 서쪽 번진의 토벌을 위해 금군(禁軍)마저 모두 출정하여 경기(京畿)의 안쪽이 비게 되자 백성이 동요하였으므로, 육지가 내란을 염려하여 이 주장을 올린 것이다. 앞에 수록된 「양하(兩河)와 회서(淮西) 지역의 사안을 논하는 주장(奏狀)」과 같은 시기의 글이다.

통치에는 근본이 있고 국가 경영에는 방책이 있으니, 그것을 장악하면 반드시 강해지고 잃으면 반드시 약해집니다. 이는 역대로 바뀐 적이 없고 모든 왕의 경우가 같았습니다. 통치의 기본은 덕과 위엄을 밝히는 데 있고, 국가 경영의 방책은 경중을 잘 살피는 데 있습니다. 덕과 위엄은 한쪽에 치우치면 안 되고 경중은 뒤바뀌면 안 됩니다. 위엄을 쌓고 덕을 밝혀야 하니, 한쪽에 치우치면 위험합니다. 중요한 것에 치중하면서 경미한 것을 조절해야 하니, 경중이 뒤바뀌면 어긋납니다. 위엄에만 의존하면 덕을 잃으니 그것은 망하는 길입니다. 중요한 것을 놓치면 경미한 것이 그 자리를 차지하니 그것은 화를 부르는 문입니다.

신이 듣기로 천하를 다스리는 것은 몸이 팔을 부리고 팔이 손가락을 부리는 것과 같다고 하였습니다.[18] 그렇게 하면 크고 작은 것이 제자리에 있고 함께 어울려 어긋나지 않습니다. 몸이 팔을 부릴 수 있는 것은 몸이 팔보다 크기 때문이며, 팔이 손가락을 부

---

17 관중(關中)은 함곡관[函谷關, 지금의 하남(河南) 영보시(靈寶市) 북방 소재]에서부터 서쪽으로 농관[隴關, 지금의 간쑤(甘肅) 천수시(天水市) 소재 농산(隴山)의 요충지]에 이르기까지 동서로 대략 천 리에 이르는 지역을 가리킨다.

18 『관자(管子)·경중 을(輕重乙)』에 "이와 같다면 마음이 팔을 부리고 팔이 손가락을 부리는 것과 같을 것이다[若此則如胸中使臂, 臂之使指也]."라고 하였다. 『한서·가의전(賈誼傳)』에 "해내의 형세로 하여금 몸이 팔을 부리고 팔이 손가락을 부리는 것처럼 모두 복종하게 한다면, 제후국의 임금이 감히 다른 마음을 품지 못할 것이다[令海內之勢, 如身之使臂, 臂之使指, 莫不制從, 諸侯之君, 莫敢有異心]."라고 하였다.

릴 수 있는 것은 팔이 손가락보다 크기 때문입니다. 경기는 사방 여러 곳의 근본이며[19] 수도는 또 경기의 근본입니다. 형세를 보건대 수도는 몸과 같고 경기는 팔과 같으며 사방 여러 지역은 손가락과 같이 움직여야 합니다. 그렇게 하면 다스림이 어긋나지 않고 처세가 위태롭지 않으니, 이것이 중요한 것에 치중하면서 경미한 것을 다루는 천자의 위대한 권력입니다.

그러므로 천하의 조세를 운반하여 수도에 쌓아두고, 군현의 호걸들을 능읍(陵邑)으로[20] 이주시키며, 사방의 용사들을 선발해 변방의 성에 배치하였습니다. 부역은 가까운 곳은 가볍고 먼 곳은 무겁게 하였으며, 혜택과 교화를 베푸니 가까운 곳에서는 즐거워하고 먼 곳에서는 귀의하였습니다.[21]

이로부터 알 수 있는 것은 국가 경영의 안위는 형세에 달렸고 임무의 성공 여부는 사람에 달렸다는 것입니다. 형세가 안정되면 부류가 달라도 한마음이 되고, 형세가 위태로우면 한배에 탄 사람도 적이 됩니다.[22] 폐하께서는 과거를 거울삼아 새로운 계획을 세우십시오. 그러면 한쪽으로 치우쳐 못 쓰게 된 근본을 정비하여 백성을 안정시키고, 경중이 뒤집힌 권력을 되돌려 나라를 공고히 하실 수 있습니다. 이와 같은 일을 어찌 하지 않으시겠습니까! 그러나 지금은 부지런히 애쓰시고 지극히 노심초사하시면서 끝없는 요구를 채우려 하시고 확신할 수 없는 결과를 기대하십니다.

관중(關中)과 삼보(三輔)[23] 지역은 징발된 군사가 너무 많아 궁궐 동원(東苑)[24] 안을 경비하는 군대조차 온전하지 않습니다. 만에 하나 어느 장수가 변방 진지의 견고함만

---

19 원문의 '왕기(王畿)'는 나라의 궁성 주변 사방 천 리의 지역이다.

20 능읍(陵邑)은 제왕의 능 소재지이다. 한나라 때 제왕의 능을 수호하기 위해 설치했다.

21 초(楚)나라 섭현(葉縣)의 윤(尹)이 공자에게 정치에 대해서 묻자, 공자가 "가까이 있는 사람들이 즐거워하고, 멀리 있는 사람들이 귀의하게 한다[近者悅, 遠者來]."라고 하였다. 『논어(論語)·자로(子路)』에 보인다.

22 위(魏)나라 무후(武侯)가 배를 타고 서하(西河)의 중류(中流)를 내려가다가 오기(吳起)에게 험난한 산천이 위나라의 보물이라고 자랑하자, 오기가 "사람의 덕에 달려 있지, 산천의 험난함에 있는 것이 아닙니다. 만약 임금이 덕을 닦지 않으면 이 배 안에 있는 사람들 모두가 적국의 사람이 될 것입니다[在德不在險, 若君不修德, 舟中之人盡爲敵國也]."라고 대답하였다. 『사기·손자오기열전(孫子吳起列傳)』에 보인다.

23 삼보(三輔)는 본래 중국 한(漢)나라 때의 수도 장안(長安) 주변의 행정구역으로 여기서는 수도 부근의 지역을 범칭한다.

24 동원(東苑)을 지키는 신책군(神策軍), 용무군(龍武軍), 우림군(羽林軍)의 여섯 군대[六師]가 번진 토벌을 위해 관중을 벗어나 출병한 일을 말한다.

믿고 승냥이나 이리를[25] 불러들인다면 폐하께서 또 어떻게 대비하실지 모르겠습니다.

지금의 관중 지역은 옛날의 방기(邦畿) 천 리 지역입니다.[26] 진(秦)나라는 이곳을 이용해 제후들을 무너뜨렸고 한(漢)나라는 이곳을 근거지로 천하를 평정했는데, 이곳 산하에 뛰어난 형세와 비옥한 농지가 있었기 때문입니다. 약할 때는 안으로 이 한 지역만 지켜도 천하의 반에 해당하므로 힘을 길러 때를 기다릴 수 있으며, 강할 때는 밖으로 동쪽을 제압하고 넓은 영역을 근거지로 삼아 위엄을 쌓고 덕을 밝힐 수 있습니다. 용감한 호걸이 관중에 있으면 병영에 등록된 것과 같고, 수레가 관중에 있으면 마구간이나 목장에 도열해 있는 것과 같으며, 재물이 관중에 있으면 금고와 창고에 쌓여 있는 것과 같습니다. 그러므로 급한 일이 있어 필요하면 하루아침에 모을 수 있습니다. 그러나 지금의 실무자는 근본을 먼저 제거하고 중요한 곳을 포기하며 하찮은 곳을 취하려 합니다. 이는 이른바 태아검(太阿劍)을 거꾸로 쥐고서 칼자루를 남에게 주는 꼴입니다.[27] 적을 제압하려고 할 때 줄기를 튼튼하게 하고 가지를 약하게 하는 방법과는 반대되며,[28] 다독여 회유하려고 할 때 가까운 곳이 즐거워하고 먼 곳이 귀의하게 만드는 방법에 어긋납니다. 통하는 방법을 찾으셔도 적절한 것이 없으니, 신은 삼가 폐하를 위해 안타깝게 생각합니다.

폐하께서는 신의 작은 정성을 굽어 살펴 저의 이 어리석은 계책을 들어주십시오. 파견한 여섯 군대의 병마를 모두 되돌리시고[29] 또 덕음(德音)을 내리시어 경성과 경기 고

---

25 승냥이와 이리[豺狼]는 국정을 농락하는 포학하고 간사한 자들을 가리킨다. 후한(後漢) 순제(順帝) 때 장강(張綱)이 지방 풍속을 순찰하라는 명을 받고서는, 타고 갈 수레의 바퀴를 낙양(洛陽) 도정(都亭)의 땅에 묻고서 "승냥이와 늑대가 길을 막고 있으니, 여우와 살쾡이 따위야 어찌 따질 것이 있겠는가[豺狼當路, 安問狐狸]."라고 하며 명을 받들지 않은 일에서 유래한 말이다. 『후한서(後漢書)·장강열전(張綱列傳)』에 보인다.

26 방기(邦畿)는 천자의 소재지인 수도와 그 주변 관할지역을 가리킨다.

27 태아(太阿)는 명검의 이름이다. 『한서·매복전(梅福傳)』에 진(秦)나라가 "태아검을 거꾸로 잡고서 초나라에게 칼자루를 넘겨주었다[倒持太阿, 授楚其柄]."라고 하였다.

28 『사기·한흥이래제후왕연표서(漢興以來諸侯王年表序)』에 "한(漢)나라의 팔구십 개의 군은 지형이 제후국 사이에 얽혀 있어 개의 이빨처럼 서로 붙어 있었다. 그 험하고 막힌 지리적 이점을 근거로 하여 뿌리와 줄기를 강하게 하고, 가지와 잎을 약화시키는 형세를 잡자 존비의 차이가 명확해져서 모든 일이 제자리를 얻게 되었다[而漢郡八九十, 形錯諸侯間, 犬牙相臨, 秉其厄塞地利, 強本幹弱枝葉之勢, 尊卑明而萬事各得其所矣]."라고 하였다. 이로써 지원군 강화 조치에 반대하는 주장을 뒷받침하였다.

29 당시에 동원(東苑)을 지키던 여섯 군대의 금군(禁軍)도 번진 토벌을 위해 관중을 벗어나 출병하였던 상황을 말한다.

을의 세금 일체를 취소해주신다면, 이미 세금을 바친 사람은 원망이 누그러지고 적정한 처분을 받은 사람들은 안정을 얻으므로 인심이 흔들리지 않고 나라의 근본이 절로 견고해질 것입니다. 그런 뒤에 시기에 맞는 일을 헤아려 명령을 시행하고 나름의 융통성을 발휘한다면[30] 따르지 않을 자가 있겠습니까? 근본을 바로잡고 혼란을 정리하는 데 이보다 쉬운 길은 없습니다.

論關中事宜狀

君人有大柄, 立國有大權, 得之必強, 失之必弱, 是則歷代不易, 百王所同. 夫君人之柄, 在明其德威; 立國之權, 在審其輕重. 德與威不可偏廢也, 輕與重不可倒持也. 蓄威以昭德, 偏廢則危; 居重以馭輕, 倒持則悖. 恃威則德喪於身, 取敗之道也; 失重則輕移諸己, 啓禍之門也.

臣聞理天下者, 若身之使臂, 臂之使指, 則小大適稱而不悖焉. 身所以能使臂者, 身大於臂故也; 臂所以能使指者, 臂大於指故也. 王畿者, 四方之本也, 京邑者, 又王畿之本也, 其勢當令京邑如身, 王畿如臂, 四方如指, 故用則不悖, 處則不危, 斯乃居重馭輕, 天子之大權也.

是以轉天下租稅, 委之京師; 徙郡縣豪傑, 處之陵邑; 選四方壯勇, 實之邊城. 其賦役則輕近而重遠也, 其惠化則悅近以來遠也.

是知立國之安危在勢, 任事之濟否在人. 勢苟安, 則異類同心也; 勢苟危, 則舟中敵國也. 陛下豈可不追鑒往事, 惟新令圖, 修偏廢之柄以靖人,[31] 復倒持之權以固國! 而乃孜孜汲汲極思勞神, 徇無已之求, 望難必之效.

關輔之間, 徵發已甚; 宮苑之內, 備衛不全. 萬一將帥之中, 又或負固邊壘, 誘致豺狼, 未審陛下復何以備之!

今之關中, 卽古者邦畿千里之地也, 秦嘗用之以傾諸侯, 漢嘗因之以定四海, 蓋由憑山河之形勝, 宅田里之上腴. 弱則內保一方, 當天下之半, 可以養力俟時也; 彊則外制東夏, 據域中之大, 可以蓄威昭德也. 豪勇之在關中者, 與籍於營衛不殊; 車乘之在關中者, 與列於廐牧不殊; 財用之在關中者, 與貯於帑藏不殊. 有急而須, 一朝可聚. 今執事者先拔其本, 棄重取輕, 所謂倒持太阿, 授人以柄. 議制置則彊幹弱枝之術反, 語綏懷則悅近來遠之道乖. 求諸通方, 無適而可, 臣竊爲陛下

---

30 원문의 '이장(弛張)'은 융통성을 발휘한다는 뜻이다. 『예기(禮記)·잡기 하(雜記下)』에 "활시위를 한 번 팽팽히 당기고 한 번 느슨하게 하는 것이 바로 문왕과 무왕의 도이다[一張一弛, 文武之道也]."라고 하였다.

31 '修'는 중화서국『육지집』에는 '循'으로 되어 있다.

惜之.

陛下儻俯照微誠, 過聽愚計, 所遣六軍士馬, 悉令旋旆, 又降德音, 京城及畿縣所稅, 一切停罷, 則已輸者弭怨, 見處者獲寧, 人心不搖, 邦本自固. 然後度時宜, 施敎令, 弛張自我, 何有不從? 端本整棼, 無易於此.

3. 천행(遷幸)의 사유를 논하는 주장

❁ 해제

당 덕종은 건중(建中) 4년(783)에 장안(長安)을 떠나 봉천(奉天)으로 천행(遷幸)하였다. 당 덕종이 번진의 반란을 자신의 탓으로 여겼으므로, 육지는 "폐하께서 스스로를 책망하심은 요임금이나 순임금과 같은 생각입니다. 그러나 도적을 부른 것은 실로 여러 신하의 죄입니다."라고 언급하면서 은근히 노기(盧杞)를[32] 비롯한 간신들의 잘못을 지적하였다. 그러나 당 덕종은 노기를 옹호하면서 반란은 역대로 늘 일어났으니 사람의 탓이 아니라 천명이라고 반박하였다. 육지는 조정에서 물러나온 후 이 글을 작성하여 올렸고, 번진의 반란은 신하들의 잘못에서 비롯되었다고 역설하였다.

호갈(胡羯)이[33] 난을 일으킨 후 남은 우환이 사라지지 않았으나 조정에서는 예전처럼 그들을 포용하려고 오래도록 힘썼습니다. 폐하께서는 천신과 같은 위엄으로 하늘의 뜻을 따라 복종하지 않는 나라를[34] 사방으로 정벌하셨습니다. 그러나 화란이 일어나고 병란이 이어진 지 3년이 되었습니다. 남은 주민들은 보급품을 대야 하는 고통이 있고, 전쟁에 나가는 이들은 전투를 해야 하는 근심이 있습니다. 떠나고 남는 이들이 모두 떠들썩하니 마을이 평온하지 못합니다. 징집된 병사는 날로 많아지고 소요되는 비용은 날로 늘어납니다. 농업과 잠업은 징발 때문에 황폐해지고 피와 살은 매질에 떨어져 나가니 백성은 근심스레 탄식하고 고을은 평온치 못합니다. 급하게 나라를 평정하기 위하여 여러 차례 동쪽으로 정벌군을 파견하니 변방의 수비는 허술해지고 금군(禁軍)도

---

32 노기(盧杞, ?~758)는 당나라 활주(滑州) 영창(靈昌) 사람으로 자는 자량(子良)이다. 부친은 노혁(盧奕)이고 문음(門蔭)으로 괵주자사(虢州刺史)에 올랐다. 그는 평소에 말재주가 좋아 당 덕종이 그를 문하시랑(門下侍郎)에 발탁하고 동중서문하평장사(同中書門下平章事)를 제수하였다. 그러나 성격이 음험하여 권력을 멋대로 휘둘러 많은 사람을 죽였고, 또 시기심이 많아 현명하고 유능한 사람을 미워했으며, 양염(楊炎)과 두우(杜佑), 안진경(顔眞卿) 등 자신과 대립하는 사람들을 모함하였다. 건중(建中) 4년(783), 경원(涇原)의 병사들이 반란을 일으켜 수도가 함락되자 삭방절도사(朔方節度使) 이회광(李懷光)이 여러 차례 글을 올려 노기의 죄를 성토하였으므로 노기는 신주사마(新州司馬)로 폄적되었다가 이후 풍주별가(灃州別駕)의 직위로 사망했다.

33 호갈(胡羯)은 흉노에 속하는 부족으로, 여기서는 안사(安史)의 난을 일으킨 안녹산(安祿山) 등을 가리킨다.

34 원문의 '부정(不庭)'은 복종하지 않는 나라, 즉 왕실(王室)에 내조(來朝)하지 않는 나라를 말한다. 『춘추좌씨전·은공(隱公) 10년』에 "왕명으로 내조하지 않는 나라를 토벌한다[以王命討不庭]."라는 말이 나온다.

줄어들었습니다. 세금을 납부하는 법은 도읍이[35] 특히 엄정하여 저택을 소유한 귀족은 모두 주택세를 납부하고 소상인은 거래마다 세금을 바쳐야 합니다. 신분이 귀한 사람도 우대하지 않고, 가까운 사람도 다르게 대우하지 않습니다. 그러자 민심이 동요하여 조정과 재야가 소란해졌으며 수도와 경기 지역도 불안해졌습니다.

폐하께서는 또 느슨해진 제도를 빠르게 정립하시려고 공의를 앞세워 은전(恩典)을 줄이고, 법률을 내세워 이치를 따지십니다. 그러나 너무 서두르면 신통한 판단력도 어긋날 수 있고 지나치게 세밀하면 예리한 관찰도 틀릴 수 있습니다. 판단을 급히 하다 보면 용서가 부족해지고, 또 의심스러운 것들을 잘 분별할 수 없기 때문입니다. 세밀히 관찰하다 보면 의심이 많아지고 또 예측한 것이 반드시 옳지만은 않습니다. 용서가 부족하면 중신들이 화를 두려워하며, 의심이 많아지면 아랫사람들은 혐의를 피하려고 합니다. 그래서 모반과 난리가 이어서 일어나고 원망과 비방이 함께 생깁니다.

폐하께는 믿을 만한 중신이 있고[36] 가까이서 모시는 신하가 있으며 간언하는 대신이 있고 지켜주는 관리가 있습니다. 그러나 그들은 위기에 처했을 때 정성을 다하지 못했으며 어려움이 닥쳤을 때 목숨을 바치지 못했습니다. 오늘의 우환을 초래한 것은 실로 여러 신하의 죄입니다.

폐하께서는 국가의 흥망성쇠는 천명에 의한 것일 뿐 사람에게 달린 것이 아니라고 하셨습니다. 신은 성품이 고집스럽고 용렬하며 학식이 천박하여 점술이나 비법의 원류는 모릅니다만 흥망성쇠의 조짐에 대해서는 예전에 여러 전적에서 보았습니다.

『서경』에 이르기를, "하늘이 보시는 것은 우리 백성을 통해 보시는 것이며, 하늘이 들으시는 것은 우리 백성을 통해 들으시는 것이다."[37]라고 하였습니다. 그렇다면 하늘이 보고 듣는 것은 모두 사람으로부터 비롯되는 것이며 인간사 외에 달리 천명이 있는 것이 아닙니다. 『역경』에 이르기를, "하늘이 보우하니 길하여 이롭지 않음이 없다."[38]라

35 원문의 '곡하(轂下)'는 천자(天子)가 타는 수레 아래라는 뜻으로, 수도를 뜻한다.

36 원문의 '고굉지신(股肱之臣)'은 임금이 자신의 팔다리처럼 여기는 신하로 믿을 만한 중신이라는 뜻이다. 『서경·익직(益稷)』에 "임금님이 밝으시고 충직한 신하들도 어질어 모든 일이 편안해질 것입니다[元首明哉, 股肱良哉, 庶事康哉]."라고 하였다.

37 『서경·태서 중(泰誓中)』에 보인다.

38 『주역(周易)·계사전(繫辭傳)』의 대유괘(大有卦) 상구(上九) 효사(爻辭)에 보인다.

고 하였습니다. 또 이르기를, "이행한 바를 보아 화복을 살핀다."[39]라고 하였으며 또 이르기를, "길흉이란 잘하고 못한 것의 모습이다."[40]라고 하였습니다. 그러니 천명은 사람으로부터 비롯되는 것이 분명합니다. 『춘추좌씨전(春秋左氏傳)』에 이르기를, "화복은 정해진 문이 없고 오로지 인간이 초래한다."[41]라고 하였습니다. 또 "인간은 하늘과 땅의 중간에 있는 것을 받아 태어나니, 이것이 운명이다. 따라서 행동과 몸가짐과 예의의 준칙에 의해 운명이 확정된다. 유능한 이는 그것을 길러 복을 부르고, 무능한 이는 그것을 망쳐 화를 부른다."[42]라고 하였습니다. 이렇듯 하늘과 인간의 관계는 상호 영향을 미치는 것이니 인간사가 잘 다스려지는데 하늘이 재난을 내리거나, 인간사가 어지러운데 하늘이 평화를 내리는 일은 없었습니다.

신이 들어 알기로는, 치세에 간혹 변란이 생기기도 하며 변란이 간혹 치세에 도움이 되기도 합니다. 어려움이 없는데 나라를 잘 지키지 못하는 경우도 있고, 어려움이 많은데 나라가 흥하는 경우도 있습니다. 치세에 간혹 변란이 생기는 까닭은 치세를 믿고 대비하지 않아서이며, 변란이 간혹 치세를 돕는 까닭은 변란을 당하여 두려워할 줄 알아서입니다. 어려움이 없는데 나라를 지키지 못하는 까닭은 임금의 막중한 임무를 홀시하고 근심과 두려움을 잊어서이며, 어려움이 많은데 나라가 흥하는 까닭은 온갖 어려운 일을 겪으면서 경계하고 조심할 줄 알아서입니다.

바라건대 폐하께서는 항상 생각하시고 깊이 헤아리십시오. 자신의 생각을 버리고 중론을 따르시며[43] 욕심을 물리치고 바른 도리를 따르십시오. 아첨꾼을 멀리하고 충직한 사람을 가까이하며 진실한 이를 등용하고 속이는 이를 물리치십시오. 참소하여 방해하는 길을 막고 간언하는 문을 넓히시며, 이익만 추구하는 법률을 없애고 백성을 쉬게 하는 방책에 힘쓰십시오. 소소한 능력의 소유자도 선발하여 모든 인재를 망라하시고, 작은 잘못이나 미움을 산 일로 잊히는 이가 없게 하십시오. 이 도는 알기 쉽고 행하기

39 『주역·이괘(履卦)』의 상구(上九) 효사(爻辭)에 보인다.

40 『주역·계사전(繫辭傳)』에 보인다.

41 『춘추좌씨전·양공(襄公) 23년』에 실려 있는 민자마(閔子馬)의 말이다.

42 『춘추좌씨전·성공(成公) 13년』에 실려 있는 유자(劉子)의 말이다.

43 『맹자(孟子)·공손추 상(公孫丑上)』에 "순임금은 위대한 점이 있으니, 선을 남과 함께하여 자신의 생각을 버리고 남을 따르며 남에게서 취하여 선을 행하기를 좋아하였다[大舜有大焉, 善與人同, 舍己從人, 樂取於人以爲善]."라고 하였다.

쉬우며 정신적 피로나 육체적 고통도 따르지 않으니, 오직 마음에 새겨두시기만 하면 됩니다. 저녁에 마음속으로 맹세하면 신명을 감화시키고 천지를 감동시킬 수 있으며, 아침에 사안에 적용해 시행하면 만민을 복종시키고 만방을 포용할 수 있습니다. 더욱이 폐하께서는 영명하신 자질을 타고나 황위를 계승하시어 온 나라의 부와 권력을 지니셨으며 여러 황제의 은덕이 백성에게 여전히 남아 있으니 만약 더욱 덕을 닦으신다면 못 이루실 일이 없습니다.

바라옵건대 폐하께서는 사람이 못났다고 하여 그 말을 버리지 마시고 말이 미진하다고 하여 그 충직함을 버리지 말아주십시오.[44] 신이 어리석어도 수없이 생각하였으니 혹 옳은 말도 있을 터이고[45] 혹 취할 점도 있을 것입니다.

論敘遷幸之由狀

自胡羯稱亂, 遺患未除, 朝廷因循, 久務容養. 陛下神武統天, 四征不庭. 兵連禍結, 行及三年. 居者有饋送之苦, 行者有鋒刃之憂. 去留騷然而閭里不寧矣. 聚兵日衆, 供費日多, 農桑廢於徵呼, 膏血竭於笞捶. 兆庶嗷然而郡邑不寧矣. 急於靖難, 累遣東征, 邊備空虛, 親軍寡弱. 聚斂之法, 轂下尤嚴, 邸第侯王, 咸輸屋稅, 裨販夫婦, 畢算緡錢. 貴而不見優,[46] 近而不見異. 群情動搖, 朝野囂然, 而京邑關畿不寧矣.

陛下又以百度弛廢, 志期肅淸, 持義以掩恩, 任法以成理. 神斷失於太速, 睿察傷於太精. 斷速則寡恕於人, 而疑似之間不容辯也; 察精則多猜於物, 而臆度之際未必然也. 寡恕則重臣懼禍, 多猜則群下防嫌. 叛亂繼起, 怨讟並興.

陛下有股肱之臣, 有耳目之任, 有諫諍之列, 有備衛之司, 見危不能竭其誠, 臨難不能效其死, 致今日之患, 是群臣之罪.[47]

---

44 『논어(論語)·위령공(衛靈公)』에 "군자는 말만 듣고서 그 사람을 쓰지 않고, 사람만 보고서 그 말을 버리지 않는다[君子不以言擧人, 不以人廢言]."라고 하였다.

45 원문의 '천려일득(千慮一得)'은 아무리 모자란 사람이라도 옳은 생각을 하는 경우가 있다는 뜻이다. 『사기·회음후열전(淮陰侯列傳)』에 "지혜로운 자도 천 가지 생각 중에 반드시 하나의 잘못이 있고, 어리석은 자도 천 가지 생각 중에 반드시 하나의 옳음이 있다. 그러므로 미친 사람의 말이라도 성인은 채택한다고 하는 것이다[智者千慮, 必有一失. 愚者千慮, 必有一得. 故曰狂夫之言, 聖人擇焉]."라고 하였다.

46 '見優'는 중화서국 『육지집』에는 '克優'로 되어 있다.

47 중화서국 『육지집』에는 '群臣' 앞에 '是'가 없다. 다만 교감기에서 '是'가 있는 판본이 여럿 있다고 하였다.

聖旨以家國興衰, 皆有天命, 應不由人者. 臣志性介劣, 學識庸淺, 凡是占算秘術, 都不涉其源流, 至於興衰大端, 則嘗聞諸典籍.『書』曰: “天視自我人視, 天聽自我人聽.” 此則天所視聽, 皆因於人, 非於人事之外, 別有天命也.『易』曰: “自天祐之, 吉無不利.” 又曰: “視履考祥.” 又曰: “吉凶者, 得失之象也.” 天命由人, 其義明矣.『春秋傳』曰: “禍福無門, 唯人所召.” 又曰: “人受天地之中以生, 所謂命也. 是以有動作威儀禮義之則以定命, 能者養之以福, 不能者敗以取禍.” 天人之間, 影響相準. 人事理而天命降亂, 人事亂而天命降康者, 未之有也.

臣聞理或生亂, 亂或資理, 有以無難而失守, 有因多難而興邦. 理或生亂者, 恃理而不修也; 亂或資理者, 遭亂而能懼也. 無難失守者, 忽萬機之重而忘憂畏也; 多難興邦者, 涉庶事之艱而知敕愼也.

惟陛下勤思焉, 熟計焉, 舍己以從衆焉, 違欲以遵道焉, 遠憸佞而親忠直焉, 推至誠而去逆詐焉, 杜讒沮之路廣諫諍之門焉, 埽求利之法務息人之術焉, 錄片善片能以盡群材焉, 忘小瑕小怨俾無棄物焉. 斯道易知, 易行, 不勞神, 不苦力, 但在約之於心, 夕誓之於心, 則可以感神明, 動天地; 朝施之於事, 則可以服庶類, 懷萬方. 況陛下稟英姿, 承寶曆, 四海之利權由己, 列聖之德澤在人, 苟能增修, 蔑有不濟.

惟陛下不以人廢言, 不以言廢直, 千慮一得, 或有取焉.

4. 봉천(奉天)에서[48] 지금의 절실한 문제를 논하는 주장

❁ 해제

건중(建中) 4년(783) 이회광(李懷光)은[49] 봉천(奉天)을 포위한 주차(朱泚)의 군대를 공격하여 봉천에 갇혀 있던 당 덕종을 구하였다. 이회광은 당 덕종을 직접 알현하고 노기(盧杞)와 조찬(趙贊) 등 간신들의 과오로 인해 변란이 일어났음을 상주하려 하였다. 그러나 노기 등은 오히려 이회광이 지체하느라 적을 섬멸하지 못하고 있다고 고하였고, 노기의 말을 들은 당 덕종은 이회광에게 먼저 다른 장수들과 협력하여 장안을 수복하라는 명령을 내렸다. 이회광은 간신들의 모함으로 당 덕종을 알현하지 못하게 되자 불만을 품고 군대를 이끌고 떠나버렸다. 당 덕종이 육지에게 이 문제를 하문하자, 육지는 이 글을 올려 신하들이 대립하는 문제는 상하의 소통 부재가 원인이므로 황제가 적극적으로 간언을 받아들일 것을 권하였다.

당 덕종은 건중 4년(783) 10월부터 이듬해인 흥원(興元) 원년(784) 2월까지 봉천에서 머물렀다. 중화서국 『육지집』에 실린 이 글의 표제는 '봉천논주당금소절무장(奉天論奏當今所切務狀)'이다.

지금 급한 일은 백성의 마음을 자세히 살피는 것입니다. 만약 백성의 마음이 몹시 바라는 것이라면 폐하께서 먼저 시행하시고, 백성의 마음이 몹시 싫어하는 것이라면 먼저 버리십시오. 바라는 것과 싫어하는 것을 천하의 백성들과 함께한다면 귀의하지 않을 백성이 없을 것입니다. 안정과 혼란의 근본적인 원인은 백성의 마음에 달렸습니

---

48 봉천(奉天)은 지금의 산시성(陝西省) 건현(乾縣)이다.

49 이회광(李懷光, 729~785)은 발해 말갈(渤海靺鞨) 사람이다. 본래는 여씨(茹氏)인데 선조가 전공을 세워 이씨(李氏)를 하사받았다. 어릴 때부터 종군하면서 공적을 쌓아 도우후(都虞侯)가 되었고, 덕종 초기에 검교형부상서(檢校刑部尙書)와 빈녕(邠寧), 삭방(朔方)의 절도사(節度使)를 지냈다. 무예와 전략이 출중하여 그가 토번(吐蕃)을 방비하자 토번이 감히 남쪽으로 침입하지 못하였다. 건중 3년(782) 황명에 따라 위박(魏博)에서 전열(田悅)을 제압하였고, 이듬해에 경원병변(涇原兵變)이 일어나 덕종이 봉천으로 피신했을 때는 원병을 보내 봉천을 둘러싼 주차(朱泚)의 군대를 물리쳤다. 공적을 인정받아 부원수(副元帥)와 중서령(中書令)을 배수받았으나 노기(盧杞) 등이 모함하며 입조를 방해하였으므로 덕종을 알현하지 못하였다. 그러자 이회광은 실망하여 떠나간 후 주차와 연합하여 반란을 일으켰고, 덕종은 한중(漢中)으로 피신하였다. 정원(貞元) 원년(785)에 자신의 군대가 패전하자 자결하였다.

다. 하물며 변고가 일어나 동요하는 시기, 위험의 향배가 갈리는 이때에는 백성이 귀의하면 나라가 공고해지고 백성이 떠나면 나라가 기울 것입니다. 폐하께서 백성의 마음을 잘 살펴서 그들이 바라는 것과 싫어하는 것을 함께하신다면 만민이 귀의하고 나라가 편안할 것이니, 어찌 이렇게 하지 않으시겠습니까!

말로 백성을 움직이면 감동이 깊지 않지만 행동으로 백성을 움직이면 그 반응이 반드시 신속합니다. 대체로 말은 사정에 따라 쉽게 할 수 있으나 행동은 사욕을 거슬러야 하므로 실천하기 어렵습니다. 말은 하기 쉬우므로 믿지 않을 수도 있지만, 행동은 실천하기 어려우므로 복종하지 않을 수 없습니다. 지금 폐하께서 난리를 평정하고 위기를 극복하며 백성을 구제하고 근심을 없애길 바라신다면, 스스로 욕심을 버리고 어려운 일을 행하시며 진심을 다하여 백성의 병폐를 없애주셔야 합니다. 그렇게 하시면 과오를 반성하는 뜻을 드러내실 수 있고 새롭게 바뀌겠다는 말씀에 부합하실 수 있습니다.

신이 삼가 듣기에 지방관의 생각이 조정에 상달되지 않고 조정 중신의 진정한 의견이 폐하께 상주되지 못한다고 합니다. 황제의 은택이 아랫사람에게 미치지 못하고 백성의 실상이 윗사람에게 들리지 않으며, 사실이 반드시 알려지지도 않고 알려진 일도 반드시 진실은 아닙니다. 상하 간에 소통이 되지 않고 진위가 뒤섞여 원망하는 소리와 비방하는 소리가 와글와글 시끄럽다면, 의심이나 불통이 없기를 바란들 가능하겠습니까! 두루 넓은 마음으로 경청하고 포용하는 것은 성군이라도 어려운 일이지만, 꽉 막히게 억누르고 시기하고 의심하면 백성은 괴로울 따름입니다. 바라옵건대 폐하께서 여러 방법을 신통하게 운용하시고 미세한 점까지 모두 살피시어 그 괴로움과 어려움을 없애주시옵소서. 마치 담금질한 칼날로 사마귀를 베어내듯, 둑을 터 물을 대주듯 해주옵소서.

신이 생각하건대, 문무백관이 조회에 참석하는 날에는 별도로 대면하여 각자 득실을 마음껏 말하게 하고, 후하게 예우하며 온화한 얼굴로 대하셔야 합니다. 말이 적절하고 논리가 타당하면 반드시 상을 내려 진정을 다하도록 이끌어주고, 식견이 부족하고 말이 어눌해도 너그럽게 받아들여 그 뜻을 가상히 여겨주십시오. 숨김없이 간언하면 그의 곧은 성격을 칭찬하고 그 비난을 아낌없이 받아들이시며, 방책이 쓸 만하면 그의 능력을 칭찬하고 즉시 그 방책을 시행하십시오. 평민의 소소한 선행도 빠짐없이 채택하며 선비들이 전하는 이야기도 싫증내지 말고 들어주십시오. 천하 사람의 지혜를 모아 총명함을 더하고 천하 사람의 마음에 따라 명령을 시행한다면 군주와 신하가 한마음이 될 것이니 어찌 따르지 않는 이가 있겠습니까! 먼 곳과 가까운 곳이 모두 마음으로 복종하며 귀순할 것이니[50] 그 누구와 함께 난을 일으킬 수 있겠습니까! 의심과 불통이 화합으로[51] 바뀌고 원망과 비방이 찬양으로 바뀔 것이니, 열이틀이면[52] 화평한 세상을 이루기에 충분합니다.

奉天論當今切務狀

當今所務, 在於審察群情. 若群情之所甚欲者, 陛下先行之; 群情之所甚惡者, 陛下先去之. 欲惡與天下同, 而天下不歸者, 未之有也. 夫理亂之本, 繫於人心, 況乎當變故動搖之時, 在危疑向背之際, 人之所歸則植, 人之所去則傾. 陛下安可不審察群情, 同其欲惡, 使億兆歸趣, 以靖邦家乎?

然動人以言者, 其感不深; 動人以行者, 其應必速. 蓋以言因事而易發, 行違欲而難成, 易發故有所未孚, 難成故無思不服. 今陛下將欲平禍亂, 拯阽危, 恤烝黎, 安反側, 唯當違欲以行己所難, 布誠以除人所病, 乃可以彰追咎之意, 副惟新之言.

竊聞郡國之志, 不達於朝廷; 朝廷之誠, 不升於軒陛. 上澤闕於下布, 下情壅於上聞, 實事不必知, 知事不必實, 上下否隔於其際, 眞僞雜糅於其間, 聚怨囂囂, 騰謗籍籍, 欲無疑阻, 其可得乎? 含宏聽納, 聖主之所難; 鬱抑猜嫌, 衆情之所病. 惟陛下神無滯用, 鑒必窮微, 愈其病而易其難, 如淬鋒潰疣, 決防注水耳.

臣謂宜因文武群官入參之日, 特加延接, 各使極言得失, 又當假之優禮, 悅以溫顔. 言切而理愜者, 必賞導以盡其情; 識寡而辭拙者, 亦容恕以嘉其意. 有諫諍無隱者, 褒其直而勿吝其非; 有謀猷可用者, 獎其能而亟行其策. 至於匹夫片善, 采錄不遺, 庶士傳言, 聽納無倦. 總天下之智以助聰明, 順天下之心以施敎令, 則君臣同志, 何有不從! 遠邇歸心, 孰與爲亂! 化疑梗爲訢合, 易怨謗爲謳歌, 浹辰之間, 足致和平.

---

50 원문의 '원이귀심(遠邇歸心)'은 먼 곳과 가까운 곳이 모두 마음으로 복속해온다는 뜻이다. 『주서(周書)·문제기 상(文帝紀上)』에 "내가 우문태(宇文泰)를 보니, 모습은 불세출의 영웅이고 뛰어난 꾀는 당시의 으뜸이라 먼 곳과 가까운 곳이 마음으로 복속하고 사졸들이 명령을 따른다[竊觀宇文夏州, 英姿不世, 雄謨冠時, 遠邇歸心, 士卒用命]."라고 하였다.

51 원문의 '흔합(訢合)'은 천지음양의 조화가 이루어져 기쁘게 화합한다는 뜻이다. 『예기·악기(樂記)』에 "하늘과 땅의 기운이 화합되어, 음과 양이 조화된다[天地訢合, 陰陽相得]."라고 하였다.

52 원문의 '협진(浹辰)'은 열이틀이라는 말로 자(子)에서 해(亥)까지의 12일 동안을 가리킨다. 협(浹)은 일주(一周)를 뜻하며, 진(辰)은 십이지를 뜻한다.

5. 봉천에서 일전의 상주가 시행되지 않은 점을 논하는 주장

❁ 해제

앞서 올린 주장에 대해 당 덕종이 별다른 반응을 보이지 않았으므로, 육지가 다시 이 글을 올려 총애하는 신하에게만 의존하지 말고 널리 간언을 받아들일 것을 간청하였다. 중화서국 『육지집』에는 '봉천논전소답주미시행장(奉天論前所答奏未施行狀)'이라는 표제로 실려 있다.

신이 알기로 국가 경영의 근본은 백성을 얻는 데 있으며 백성을 얻는 요체는 그 마음을 살피는 데 있다고 하였습니다. 그래서 공자도 "사람의 마음은 성왕(聖王)의 밭이다."[53]라고 하였으니, 사람의 마음에서 통치의 도리가 나온다는 말입니다. 시대의 성쇠나 정사의 득실과 같은 모든 일의 조화는 반드시 백성의 마음에 달려 있습니다. 마음이 통하고 막힘에 따라 성쇠가 나뉘고, 마음이 박(薄)하고 후(厚)함에 따라 득실이 달라집니다. 천하 백성의 마음을 잘 알기로는 성인보다 지혜로운 이가 없으며, 성인의 마음을 모두 표현한 것으로는 『주역(周易)』의 상(象)보다 심오한 것이 없습니다. 그 괘(卦)를 구별해보면, 곤(坤)이 위에 있고 건(乾)이 아래에 있는 것을 태(泰)라고 하였고,[54] 건이 위에 있고 곤이 아래에 있는 것을 비(否)라고 하였습니다. 그 상(象)을 취하여 위를 덜어내어 아래에 보태는 것을 익(益)이라고 하였고,[55] 아래를 덜어내어 위에 보태는 것이 손(損)이라고 하였습니다.[56]

건(乾)은 하늘이고 임금이며 곤(坤)은 땅이고 신하입니다. 하늘이 아래에 있고 땅이 위에 있으면 위치가 틀린 것입니다. 그런데도 도리어 태평[泰]하다고 한 것은 상하가 교류하기 때문입니다. 임금이 위에 있고 신하가 아래에 있으면 그 이치가 순조롭습니다. 그런데도 도리어 혼란[否]하다고 한 것은 상하가 교류하지 못하기 때문입니다. 기

53 『예기·예운(禮運)』에 보인다.

54 태괘(泰卦)의 상은 ䷊, 즉 '곤상건하(坤上乾下)'이다. 비괘(否卦)의 상은 ䷋, 즉 '건상곤하(乾上坤下)'이다.

55 익괘(益卦)의 단사(彖辭)에 '손상익하(損上益下)'라고 하였다.

56 손괘(損卦)의 단사(彖辭)에 '손하익상(損下益上)'이라고 하였다.

운[氣]이 교류하지 못하면 만물이 자라지 못하며, 마음이 교류하지 못하면 모든 나라가 화합하지 못합니다. 하늘의 기운이 아래로 내려가고 땅의 기운이 위로 올라간 후에 한 해의 농사가 완성됩니다. 임금의 은택이 아래로 흐르고 신하의 정성이 위에 도달한 후에 통치의 도리가 확립됩니다.

손(損)과 익(益)의 의미도 이와 같습니다. 군주가 스스로 절제하고 백성을 넉넉하게 해주면 백성은 필히 기뻐하며 군주를 받듭니다. 그러니 어찌 이득[益]이라고 하지 않겠습니까! 군주가 백성을 업신여기고 제멋대로 행동하면 백성은 반드시 원망하며 군주를 배반합니다. 그러니 어찌 손실[損]이라고 하지 않겠습니까! 그러므로 상하가 교류하면 태평하고 교류하지 않으면 혼란해지는 것입니다. 자신이 손실을 입으면 백성에게 이득이 되고 자신이 이득을 취하면 백성이 손실을 입으니, 백성의 마음을 얻는 일이 어찌 쉽겠습니까! 군주를 배에 비유하고 백성을 물에 비유하는데, 물은 배를 뜨게도 하고 전복시키기도 합니다.[57] 배는 통치의 방법이고 물은 백성의 마음이니, 배는 물길을 잘 따르면 뜨고 거스르면 가라앉습니다. 군주는 백성의 마음을 얻으면 안전하고 잃으면 위험합니다. 그래서 옛 성군은 백성 위에 있으면서도 마음은 반드시 천하의 마음을 따랐고 감히 천하의 백성을 이용하여 자신의 욕심을 채우지 않았습니다.

무릇 사물을 헤아리는 것은 생각이고 생각을 드러내는 것은 말입니다. 그런데 말에는 옳고 그름이 있으므로 사적을 살피는 것이 가장 좋습니다. 사적도 성공과 실패가 있으므로 지나간 일로 검증하는 것이 가장 좋습니다. 백성과 같은 바람을 가지면 흥하지 않은 적이 없었고 백성을 거스르고 자기 생각을 따르면 망하지 않은 적이 없었습니다. 선한 사람의 말을 따르고 간언을 받아들이면 안전하지 않은 경우가 없었고, 현명한 사람을 멀리하고 과오를 인정하는 것을 부끄럽게 여기면 위험하지 않은 경우가 없었습니다. 그래서 요(堯)임금의 덕을 칭송하여 "군중에게 물으며 자기 의견을 버리고 백성의 뜻을 따랐다."[58]고 하였으며, 순(舜)임금의 공을 말하여 "사방으로 눈을 밝게 뜨고 소리를 잘 들었다."[59]고 하였습니다. 걸왕(桀王)과 주왕(紂王)의 악행을 말할 때는 "고집스럽

---

57 『순자(荀子)·왕제(王制)』에 "군주는 배이고 백성은 물이다. 물은 배를 띄우기도 하지만 배를 전복시키기도 한다[君者舟也, 庶人者水也. 水則載舟, 水則覆舟]."라고 하였다.

58 『서경·대우모(大禹謨)』에 보인다.

59 임금이 사방의 모든 것을 다 듣고 보아서 훤히 아는 것을 말한다. 『서경·순전(舜典)』에 "사방의 눈을 밝히고, 사방의 귀를 트이게 하였다[明四目, 達四聰]."라고 하였다.

고 강한 성격이라 간언을 거부하고 달변이었으므로 잘못을 감추었다."[60]고 하였습니다. 지나간 사적에서 득실을 참고하고 검증된 사실에서 성쇠를 살펴보면, 바른 도리를 잃은 후 쇠하지 않은 사람이나 도리를 깨달은 후 흥하지 않은 사람이 과연 있었습니까? 각각의 행위에 상응하고 정확하게 영향이 따르니, 어찌 본보기로 삼지 않을 수 있겠으며[61] 경외하지 않을 수 있겠습니까? 진(秦)나라와 한(漢)나라부터 주(周)나라와 수(隋)나라에 이르기까지 시대가 다르고 사적이 다르지만, 요임금, 순임금처럼 노력하면 흥성하고 걸왕, 주왕과 같은 길을 가면 반드시 망했습니다. 백성을 모두 잃으면 완전히 실패하고 모두 얻으면 완전히 성공합니다. 선한 이와 함께할수록 공적이 크고 악한 이와 함께할수록 재앙이 커집니다. 선악이 똑같이 뒤따르는 것은 꿴 구슬꾸러미처럼 분명하니[62] 성패가 그 행동에 따라 갈릴 것은 불을 보듯 분명합니다. 이것이 역대로 나타난 좋은 본보기입니다.[63]

신이 근래에 효과가 더욱 분명했던 일들을 들어 간략하게 말씀드리겠습니다. 태종(太宗) 문황제(文皇帝)께서는[64] 하늘이 내린 재능으로 막중한 제위(帝位)에 올라 무력으로 난리를 평정하고 문덕(文德)으로 태평성대를 이루셨습니다. 뛰어난 책략이 온갖 사무에 시행되고 성스러운 공적은 구가(九歌)에[65] 기록되었습니다. 그런데도 여전히 조심하고 신중하게 처신하시며 민심을 잃을까 두려워하였고, 일찍 일어나 정사를 처리하며

60 『사기·은본기(殷本紀)』에 "지혜는 족히 간언을 막고 언사는 족히 비리를 덮고 꾸며내었다[知足以拒諫, 言足以飾非]."라고 하였다.

61 원문의 '칙이상지(則而象之)'는 본보기로 삼는다는 뜻이다. 『춘추좌씨전·양공(襄公) 31년』에 "임금이 임금다운 위의를 지니면, 신하들이 두려워하면서도 사랑하고, 표준으로 삼아 본받는다[君有君之威儀, 其臣畏而愛之, 則而象之]."라고 하였다.

62 원문의 '단여관주(端如貫珠)'는 꿴 구슬꾸러미 같다는 뜻으로 단정하게 서로 조화를 이루는 상태를 비유한 말이다. 『예기·악기(樂記)』에 "그러므로 노래라는 것은 올라갈 때는 솟는 것 같고 내려갈 때는 떨어지는 것 같으며, 구부러질 때는 꺾어지는 것 같고 멈추었을 때는 마른 나무 같다. 가볍게 구부러질 때는 곱자에 맞고 심하게 구부러질 때는 갈고리에 맞으며 계속 이어지는 것이 꿴 구슬꾸러미와 같다[故歌者上如抗, 下如队, 曲如折, 止如槀木, 倨中矩, 句中鉤, 纍纍乎端如貫珠]."라고 하였다.

63 원문의 '원귀(元龜)'는 본래 옛날 국가에서 점을 칠 때 사용하던 큰 거북인데, 본보기로 삼을 만한 과거의 일을 뜻한다.

64 이세민(李世民)의 묘호(廟號)는 태종(太宗)이고 시호(諡號)는 문황제(文皇帝)이다.

65 구가(九歌)는 당나라 때 만든 구공무(九功舞)의 악곡 가사를 가리키는 것으로 보인다. 『서경·대우모(大禹謨)』에 실린 "구가로 권면한다[勸之以九歌]."는 기록으로 보아 공덕을 찬양하며 후인이 본보기로 삼을 내용을 담은 노래로 보인다.

늦게까지 식사도 잊은 채 피곤하신 줄도 몰랐습니다. 아래에서는 사정을 전하지 못하는 일이 없었으며 위에서는 사사로운 판단이 없었습니다. 조회를 마친 후 여가 시간에는 시종하는 신하에게 정책을 자문하고 잘못을 지적하도록 하였으며 때로는 고금의 성패를 논하고 때로는 민간의 일을 물으셨습니다. 어리석은 군주의 난세를 언급할 때면 돌이켜보고 두려워하며 자신을 경계하셨고, 현명한 군주의 태평성세를 언급할 때면 기대하며 그와 같이 되려고 하셨습니다.[66] 농사일의 어려움을 언급할 때면 윗사람과 아랫사람이 함께 도우며 근검하고자 힘쓰셨고, 평민들의 고통을 언급할 때면 군주와 신하가 함께 염려하며 요역을 줄이도록 의논하였습니다. 도덕을 장려하고 위법을 징계하며 그와 같은 일을 점차 확대하였습니다.[67] 재상을 부를 때는 반드시 간관(諫官)과 함께 들도록 하여 조그만 잘못이라도 있으면 곧바로 경계하고 간언하게 하셨습니다. 한 가지라도 잘한 일이 있으면 반드시 승진을 명하고, 한마디라도 간언을 들으면 반드시 포상하셨습니다. 그러므로 때를 놓치는 일이 없었고 백성이 즐거워하며 성의를 다했습니다. 또 학자들을 불러서 교대로 궐내 관서에서 숙직하게 하고, 법전과 의례를 연구하거나 『시경』과 『서경』을 외우게 하셨는데, 밤이 깊도록 싫증내지 않으셨습니다. 태종 황제는 훌륭한 덕을 갖추었고 정관(貞觀)[68] 시대는 잘 다스려졌는데도 여전히 민심을 얻기에 힘쓰기를 이처럼 부지런히 하셨습니다. 이렇듯 민심이 통치의 도리에 중요한데 단 하루라도 신하를 접하지 않을 수 있겠습니까!

고종(高宗) 황제 초기에도 친히 민심을 청취하고 받아들이셨기에 모두가 칭송하며 정관 시기의 기풍이 있다고 하였습니다. 은택이 백성에게 여전히 남아 있고 전범이 후세까지 충분히 남겨진 데다, 다행히 새롭게 만들거나 바뀐 제도가 없었고 풍속이 건전하였으므로 수십 년간 천하가 무사태평했습니다. 그러나 태평 시대가 오래가자 자못 게으른 마음이 생겨났습니다.[69] 마침내 사성(嗣聖) 연간 측천무후(則天武后)가 국정에

---

66 『논어·이인(里仁)』에 "어진 이를 보거든 그와 똑같이 되기를 생각하고, 어질지 못한 이를 보거든 스스로 반성해야 한다[見賢思齊焉, 見不賢而內自省也]."라고 하였다.

67 원문의 '촉류자장(觸類滋長)'은 부류에 따라 점차 확장시켜 시행한다는 뜻이다. 『주역·계사전 상(繫辭傳上)』에 "이끌어 펴나가고 부류에 따라 확장시키면 천하의 능사를 다 마칠 수 있다[引而伸之, 觸類而長之, 天下之能事畢矣]."라고 하였다.

68 정관(貞觀)은 당 태종의 연호로 국정이 매우 안정되고 흥성한 시기이다.

69 『통감강목(通鑑綱目)』에 따르면, 당 고종은 즉위한 이래 매일 정사를 보았으나 천하가 평안하게 다스려지자

참여하더니 천수(天授) 연간에는 국호가 바뀌었습니다.[70] 널리 인재를 찾아 국가 경영의 큰 방책을 구하지 못하고[71] 가깝고 친한 사람만 신뢰하며 편하고 즐거운 일만 생각하였으니, 곧 변고가 생기고 나라가 기울어진 것이 아니겠습니까? 폐습이 일시에 풍미하고 그 유풍이 영향을 미쳐 신룡(神龍) 연간과 경운(景雲) 연간에[72] 총애를 받은 여인이 조정을 어지럽히고 황제의 눈과 귀를 막았던 것입니다.

현종(玄宗) 황제께서는 친히 큰 변고를 안정시키고 직접 바른 규범을 일으키셨으며, 마음을 열어 충언을 받아들이고 자신을 절제하여 간언을 따랐습니다. 그리하여 대신들은 감히 아랫사람의 사정을 덮지 못하였고 사적으로 친한 사람은 감히 공적인 논의에 관여하지 못하였습니다. 그렇게 조정이 정돈되고 정치가 평온한 시절이 30년간 이어졌습니다. 교화가 이미 시행되고 안정이 확보되었다고 여겨졌으므로 현종 황제도 '귀와 눈으로' 즐기는 것이 점차 늘어났고 걱정하고 수고하려는 생각이 점점 사라졌습니다. 권력을 탐하고 훔치려는 이들은 "덕이 요(堯)임금, 순(舜)임금과 같으신데 어찌 수고롭게 신경쓰십니까?"라고 말하였습니다. 황제의 뜻에 영합하여 아첨하는 이들은 "시대가 이미 태평하니 어찌 즐기지 않으십니까?"라고 말하였습니다. 깊이 생각하고 멀리 염려하는 사람이 있으면 허망한 소리로 백성을 놀라게 한다고 말하고, 올곧은 말과 절실한 간언을 하는 사람이 있으면 비방하는 언사로 명성을 얻고자 한다고 말하였습니다. 황제는 하늘처럼 높은 곳에서 바라만 보고, 재상은 조정에서 위세를 키웠습니다. 논의를 해야 할 신하들은 찬미하는 것을 직무라고 여기고, 법을 담당한 관리들은 황제의 뜻을 알아채는 것을 업무라고 생각하였습니다. 재물을 담당한 관리는 많이 거두는 것을 충성이라고 여기고, 권세 있는 가문은 많은 뇌물을 받는 것을 명망이라고 생각하였습니

격일로 정무를 보라는 재상의 권고를 따랐다.

70 사성(嗣聖)은 고종의 황태자로 제위를 이은 중종(中宗)의 연호이다. 천수(天授)는 중종이 폐위된 후 즉위한 예종(睿宗)의 연호이다. 고종의 황후였던 무후(武后)는 중종과 예종 재위 시 황태후로서 조회에 참여하고 정사에 관여했으며, 결국 두 황제를 폐위하였다. 천수 원년(690) 9월, 무후는 국호를 주(周)로 바꾸고 스스로 성신황제(聖神皇帝)가 되었다.

71 원문의 '주자(疇咨)'는 널리 인재를 구한다는 뜻이다. 『서경·요전(堯典)』에 요(堯)임금이 신하에게 "누가 때를 따라 등용할 만한가[疇咨若時登庸]?"라고 묻고, 또 "누가 나의 일을 잘 따르겠는가[疇咨若予采]?"라고 한 데서 유래한 말이다.

72 신룡(神龍)은 당 중종의 연호이고, 경운(景雲)은 당 예종의 연호이다. 중종과 예종 때 무후가 정사를 좌지우지한 일을 말한다.

다. 변방의 총신(寵臣)은[73] 나라를 훔칠 만한 세력을 지녔으며 조정의 총신은[74] 천자도 바꿀 수 있는 권력을 쥐었다는 풍문이 돌았습니다. 그리하여 난리의 조짐이 환히 나타나고 그 불길이 점점 심해지니, 온 천하 사람들이 마치 쌓인 섶 위에 있는 것 같아[75] 사람마다 불에 탈까 두려워하였습니다. 그런데도 조정에서는 모두가 사안을 덮어두고 아무도 살피지 않았으므로 큰 도적이 한번 일어난 후 지금까지 병폐가 되고 있습니다. 경계와 대비를 소홀히 하고 나태와 안일에 빠진 나머지 마음에 거슬리는 곧고 충성스러운 말은 기피하고, 욕심을 따르는 아첨하고 속이는 말은 달갑게 여기더니, 간언을 듣지 않아 점차 커다란 잘못에 이른 것이 아니겠습니까!

숙종(肅宗) 황제께서는 도적을 초래한 연유를 경계하시고 난리를 다스릴 책략을 찾으시고자 마음을 비우고 의견을 널리 받아들이셨으니 마치 태종 황제와 같으셨습니다. 신하를 불러 그 방책을 물으시느라 먹고 자는 것도 잊으셨으며, 진솔한 마음으로 백성의 마음을 헤아리고 흉금을 터놓고 자신을 잊은 채 사람들을 대하셨습니다. 그러자 소생의 희망이 가득해지고[76] 하늘과 짝할 만한[77] 황제의 공업이 일어났습니다.

선황께서는[78] 삼가고 부지런한 숙종 황제를 계승하면서도 더욱 온화하고 은혜로웠습니다. 은혜로우니 백성이 감동하고 온화하니 백성이 친하게 여겼습니다. 황제께서 본래 성품이 어질고 너그러우시며 많은 사안을 널리 살피시는지라, 숨겨진 사정이 있어도 끝내 황제에게 전달되었습니다. 그래서 군주와 신하가 모두 편안하고 백성도 얼마간 안식하였습니다.

폐하께서는 자태와 언변이 남달리 탁월하시며 군사적 책략과 웅대한 계획은 보통

---

73 당시 삼도(三道)의 병권을 지녔던 안녹산(安祿山)을 가리킨다.

74 당 현종의 총애를 받으며 막대한 권력을 행사한 고역사(高力士)를 가리킨다.

75 언제 화가 닥칠 줄 모르는 위태로운 상황을 비유한 것이다. 『한서·가의전(賈誼傳)』에 "섶나무 아래에서 불을 놓았는데 그 위에서 자면서, 불길이 아직 타오르지 않았다 하여 편안하다고 하니, 지금의 형세가 어찌 이것과 다르겠는가[夫抱火厝之積薪之下而寢其上, 火未及燃, 因謂之安, 方今之勢, 何以異此]!"라고 하였다.

76 원문의 '내소(來蘇)'는 후래기소(后來其蘇)의 준말이다. 『서경·중훼지고(仲虺之誥)』에 "우리 임금 오시기를 기다렸는데, 임금 오셨으니 소생하겠구나[徯予后, 后來其蘇]."라고 하였다.

77 원문의 '배천(配天)'은 하늘과 짝한다는 뜻으로 임금의 덕이 하늘같이 넓고 크다는 뜻이다. 『서경·군석(君奭)』에 "은나라 선왕(先王)이 예로써 올라가 하늘에 짝한 것이 여러 해가 되었다[殷禮陟配天, 多歷年所]."라고 하였다.

78 당 대종(唐代宗)을 가리킨다. 덕종은 대종의 장남이다.

이상이십니다. 또 현명하고 위엄 있게 다스리며 법으로 엄중하게 결단하십니다. 그러자 군주와 신하의 생각이 달라지고 윗사람과 아랫사람의 마음이 멀어졌습니다. 조정 안의 일조차 서로 깨우쳐주지 않으니, 드넓은 세상의 일을 어떻게 서로 소통하겠습니까! 이로 인해 사람마다 각기 마음을 숨기고 말하기를 꺼려하여[79] 장차 변란이 일어날 것 같아 만민이 모두 근심하기에 이르렀습니다. 폐하께서 오늘 목도하신 것들을 가지고 과거에 들은 이야기와 비교하여 무엇이 진실이고 거짓인지, 어떤 것이 이득이고 손실인지 검증해보신다면, 사안의 소통과 불통을 소상히 아실 것이며 사람들의 진심과 거짓을 모두 알게 되실 것입니다.

지금 폐하께서는 재난이 일어난 것을 반성하고 복록을 구하고자 하시며 위기를 극복하고 평안을 찾으려고 하십니다. 만약 태종 황제께서 창업하신 규범을 따르지 않고 숙종 황제께서 중흥하신 이치를 이어받지 않으시며, 천보(天寶) 연간에[80] 변란이 일어난 이유를 살피지 않으시고 오늘날 파천하게 된 연유를 찾지 않으신다면, 어떻게 폐하의 성스러운 마음을 믿게 하고 높은 명성을 드러내실 수 있겠습니까! 또한 어떻게 멀고 가까운 곳의 이야기에 다시금 귀 기울이고 백성의 불안한 마음을 되돌리실 수 있겠습니까!

---

79 원문의 '이언위휘(以言爲諱)'는 언론을 통제하여 사람들이 조정에 말을 올리는 것을 피하게 만드는 것이다. 『한서(漢書)·매복전(梅福傳)』에 "근자에 어리석은 백성이 상소를 올릴 적에 급하지 않은 말을 올리는 법에 저촉됨이 많았다. 혹 정위(廷尉)에게 맡겨져서 죽은 자들도 많았다. 양삭(陽朔) 이후로 천하에서는 말을 숨겼는데 조정은 더욱 심하였다[間者愚民上疏, 多觸不急之法, 或下廷尉, 而死者衆. 自陽朔以來, 天下以言爲諱, 朝廷尤甚]."라고 하였다.

80 천보(天寶)는 당 현종(唐玄宗)의 연호로 742년부터 756년까지이다. 천보 14년(755)에 안사의 난이 시작되었다.

奉天論前所奏未施行狀

臣聞立國之本，在乎得衆；得衆之要，在乎見情．故仲尼以謂“人情者聖王之田”，言理道所由生也．時之否泰，事之損益，萬化所繫，必因人情．情有通塞，故否泰生；情有薄厚，故損益生．通天下之情者，莫智於聖人；盡聖人之心者，莫深於『易』象．其別卦也，乾下坤上則曰泰，坤下乾上則曰否；其取象也，損上益下則曰益，損下益上則曰損.[81]

乾爲天爲君，坤爲地爲臣．天在下而地處上，於位乖矣，而反謂之泰者，上下交故也；君在上而臣處下，於義順矣，而反謂之否者，上下不交故也．氣不交則庶物不育，情不交則萬邦不和．天氣下降，地氣上騰，然後歲功成；君澤下流，臣誠上達，然後理道立．

損益之義，亦猶是焉．上約己而裕於人，人必悅而奉上矣，豈不謂之益乎；上蔑人而肆諸己，人必怨而叛上矣，豈不謂之損乎！然則上下交而泰，不交而否，自損者人益，自益者人損，情之得失，豈容易哉？喻君爲舟，喻人爲水，水能載舟，亦能覆舟．舟卽君道，水卽人情．舟順水之道乃浮，違則沒；君得人之情乃固，失則危．古先聖王之居人上也，必以其心從天下之心，而不敢以天下之人從其欲也．

夫揆物以意，宣意以言，言或是非，莫若考於有跡；跡或成敗，莫若驗於已行．與衆同欲靡不興，違衆自用靡不廢，從善納諫靡不固，遠賢耻過靡不危．故稱堯德，則曰：“稽於衆，舍己從人.”數舜功，則曰：“明四目，達四聰.”數桀紂之惡曰：“強足以拒諫，辯足以飾非.”考得失於已行之迹，鑒盛衰於已驗之符，孰失道而不衰，孰得理而不盛？報應以類，影響不差，胡可不則而象之，敬而畏之乎！粤自秦漢，曁于周隋，所遇殊時，所爲異迹，然與堯舜同務者必興，與桀紂同趣者必覆，全失衆則全敗，全得衆則全成，多同於善則功多，甚同於惡則禍甚．善惡從類，端如貫珠，成敗象行，明若觀火，此歷代之元龜也．

臣請粗舉近效之尤章章者以辯焉.[82] 太宗文皇帝以天縱之才，有神器之重，武定禍亂，文致太平．英略施於百勝,[83] 聖功被於九歌．然猶兢兢畏愼，懼失人心，夙興聽理，日旰忘勞，下無滯情，上無私斷．退朝之暇，宴接侍臣，諮訪謀猷，詢求過闕，或論往古成敗，或問人間事情．每言及暗主亂朝，則省懼自戒；言及賢君理代，則企竦思齊；言及稼穡艱難，則上下相匡，務遵勤儉；言及閭閻疾苦，則君臣同慮，議息征徭．懋德徽違，觸類滋長．每召宰相平章，必遣諫官俱入，小有頗失，隨卽箴規，得一善必命甄升,[84] 聽一諫必加褒錫．故時無闕事，人樂輸誠．又引文學之流，更直宿於內署，或講求典禮，或諷誦詩書，每至夜分，情忘厭倦．夫以太宗之德美，貞觀之理安，且猶務得人心，其

81 ‘曰損’은 중화서국 『육지집』에는 ‘爲損’으로 되어 있다.

82 ‘粗’는 중화서국 『육지집』에는 ‘麤’로 되어 있다.

83 ‘勝’은 중화서국 『육지집』에는 ‘務’로 되어 있다.

84 ‘升’은 중화서국 『육지집』에는 ‘昇’으로 되어 있다.

勤若此, 則人心之於理道, 可一日而不接乎?

高宗始年, 亦親聽納, 故當時翕然歸美, 以爲有貞觀之風. 兼賴遺澤在人, 先範垂裕, 幸無改作, 俗以阜康, 數十年間, 天下無事. 承平之業滋久, 倦勤之意頗彰. 卒有嗣聖臨朝, 天授革命. 豈不以經邦之道, 闕疇咨於大猷, 宴安之懷, 溺偏信於近狎, 馴致禍變, 幾將傾邦? 弊俗一靡, 餘風遂流, 訖神龍景雲之間, 孌倖亂朝, 聰明不達.

玄宗躬定大難, 手振宏綱, 開懷納忠, 克己從諫, 大臣不敢壅下情, 私昵不敢干公議, 朝淸道泰, 垂三十年. 謂化已行, 謂安可保, 耳目之娛漸廣, 憂勤之志稍衰. 貪權竊柄者則曰: "德如堯舜矣, 焉用勞神?" 承意趣媚者則曰: "時已太平矣, 胡不爲樂?" 有深謀遠慮者, 謂之迂誕驚衆; 有讜言切諫者, 謂之誹謗邀名. 至尊收視於穆淸, 上宰養威於廊廟, 議曹以頌美爲奉職, 法吏以識旨爲當官, 司府以厚斂爲公忠, 權門以多賂爲問望. 外寵持竊國之勢, 內寵擅迴天之謠,[85] 禍機熾然, 燄燄滋甚, 擧天下如居積薪之上, 人人懼焚, 而朝廷相蒙, 曾莫之省, 大盜一興, 至今爲梗. 豈不以忽於戒備, 逸於居安, 憚忠骾之怫心, 甘諛詐之從欲, 漸漬不聞其失, 以至於大失者乎?

肅宗懲致寇之由, 蘊撥亂之略, 虛受廣納, 同符乎太宗, 招延詢謀, 輟食廢寢, 洞啓誠腑, 推心與人, 豁披胸襟, 忘己應物. 故來蘇之望允塞, 配天之業勃興.

先皇帝繼守恭勤, 而益之以和惠. 惠則有感, 和則有親. 性本仁恕, 事多含弘, 情苟有阻, 終獲上通. 故君臣相安, 而人亦小息.

陛下英姿逸辯, 邁絶人倫, 武略雄圖, 牢籠物表, 以明威照臨, 以嚴法制斷. 君臣意乖, 上下情隔. 軒墀之間, 且未相諭, 宇宙之廣, 何由自通? 由是人各隱情, 以言爲諱, 至於變亂將起, 億兆同憂. 陛下以今日之所覩, 驗往時之所聞, 孰眞孰虛, 何得何失, 則事之通塞, 備詳之矣, 人之情僞, 盡知之矣.

今陛下將欲悔禍徼福, 去危從安, 若不循太宗創業之規, 襲肅宗中興之理, 鑒天寶致亂之所以, 懲今者遷幸之所由, 則何以孚聖懷, 彰令聞,[86] 新遠邇之聽, 歸反側之心乎!

---

85 '迴'는 중화서국 『육지집』에는 '回'로 되어 있다.

86 '令聞'은 중화서국 『육지집』에는 '令問'으로 되어 있다.

6. 봉천에서 신하들을 자주 대면하며 사안을 논의하도록 청하는 주장

❁ 해제

황제가 간언을 청취하는 방법과 태도에 대해 논한 글이다. 당 덕종은 신하들의 간언을 청취할 때 적잖은 고충이 있다고 토로하였다. 육지는 이 글을 올려 간언을 청취하는 방법과 주의할 점 등을 상세히 논하고 당 덕종에게 그중에 좋은 방법을 따르도록 권유하였다. 중화서국 『육지집』에는 '봉천청삭대군신겸허령논사장(奉天請數對群臣兼許令論事狀)'이라는 제목으로 실려 있다.

아는 것을 모두 말하는 것을 진심(盡心)이라고 하며, 옳은 도리로 주군을 섬기는 것을 충성이라고 합니다. 신이 마음속으로 오랫동안 스스로 다짐한 것은 진심으로 주군을 받들며 충성으로 주군에게 보답하는 것이었습니다. 다행히 현명하신 주군을[87] 만나 바라던 일을 할 수 있는 기회를 얻었습니다. 자리만 차지한다는 부끄러움을 면하고 또 칭찬도 들었으니 다만 부지런히 봉직하기를 바랄 뿐 감히 실수할 수 없었습니다. 폐하께서 이와 같은 방법을 널리 펴시어 만방에 시행하시고 정직한 사람을 장려하고 우둔한 사람도 아끼시며 장점을 취하고 단점을 버리신다면, 누구인들 소신처럼 최선을 다하려 하지 않겠습니까!

천자의 도리는 하늘과 같습니다. 하늘은 땅에 나쁜 나무가 있다고 해서 생장을 멈추게 하지 않으며, 천자는 때때로 소인이 있다고 해서 의견을 받아들이는 일을 그만두지 않습니다. 뛰어난 옛 군주 가운데 요(堯)임금이 가장 훌륭했는데 당시에 비록 네 명의 흉악한 신하가[88] 조정에 있었지만 함께 의논하는 것을 그치지 않았습니다. 그래서 "하늘의 위대함이여, 요임금만이 하늘을 본받았네."[89]라고 하였습니다. 이로 보아도 사람 중에는 악한 자와 바른 자, 현명한 자와 우둔한 자가 있으니 중요한 것은 그들을 각기 제자리에 있도록 하는 것입니다. 충성스럽고 훌륭한 이가 적다는 이유로 서로 묻고 의

87 원문의 '휴명(休明)'은 현명한 주군이라는 뜻으로 명군이나 태평성세를 찬미하는 말이다. 사조(謝朓)의 시 「시출상서성(始出尙書省)」에 "예전에 현명한 주군을 만나, 십 년 동안 궁궐에서 뵈었다네[惟昔逢休明, 十載朝雲陛]."라고 하였다.

88 공공(共工), 환두(驩兜), 곤(鯀), 삼묘(三苗)를 말한다.

89 『논어·태백(泰伯)』에 보인다.

논하며 견해를 주고받는 일을 결코 그만둘 수 없습니다.

신이 듣기에 백성의 도움은 신의에서 나오고 신의의 확립은 진정에서 나온다고 하였습니다. 마음에 진정을 지닌 후에야 백성이 의심하지 않도록 할 수 있으며, 자신이 신의를 지켜야 남에게 속이지 말라고 할 수 있습니다. 신의와 진정이 있어야 도움을 얻어 실패하지 않습니다. 일단 진정이 없으면 마음으로 믿지 못하고 일단 믿지 못하면 말이 통하지 않습니다. 그래서 성인은 신의를 중시하여 식량은 버릴 수 있어도 신의를 잃어서는 안 된다고 하였습니다.[90] 또 "진정은 만사의 시작이자 끝이다. 진정이 없다면 아무 일도 안 된다."[91]라고 하였습니다.

지극히 미미한 바닷가 새라도 거짓된 마음을 알아채니[92] 영험한 존재는 원래 속이기 어렵습니다. 옛 기록에 백성은 매우 우둔하지만 신령스럽다는 말이 있습니다. 무지한 백성은 어리석고 비천하여 우둔한 듯하지만 군주의 잘잘못을 모두 분별하고 군주가 좋아하고 싫어하는 것을 모두 알며, 군주가 숨기는 일을 모두 전하고 군주가 하는 일을 모두 본받습니다. 그래서 신령스럽다고 말한 것입니다. 그러므로 군주가 지략으로 통제하면 백성이 서로 속이고, 의심하는 모습을 보이면 백성이 서로 도적질합니다. 군주가 예법에 맞게 대하지 않으면 백성은 의리를 따르려는 생각이 약해지고, 군주가 은덕으로 보살피지 않으면 백성은 충성하려는 마음이 엷어집니다. 위에서 행하면 아래에서 따르고 위에서 베풀면 아래에서 보답하니, 마치 소리에 메아리가 따르고 형체에 그림자가 따르는 것과 같습니다. 형체가 곧지 않으면 그림자도 구부러지고 소리가 바르지 않으면 메아리도 간사합니다. 비천한 속임수를 마음에 품고서 얼굴에 드러나지 않기를

---

90 자공(子貢)이 공자에게 정사를 묻자 "양식을 풍족하게 하고 군대를 풍족하게 하면 백성이 신의를 지킬 것이다."라고 하였다. 자공이 "반드시 부득이 버린다면 이 세 가지 중에 무엇을 먼저 해야 합니까?" 하고 묻자, 공자는 "군대를 버려야 한다." 하였다. 자공이 "반드시 부득이 버린다면 이 두 가지 중에 무엇을 먼저 해야 합니까?" 하자, 공자는 "양식을 버려야 하니, 예로부터 사람은 누구나 다 죽지만, 백성이 신의가 없으면 제대로 살아갈 수 없다." 하였다. 『논어·안연(顏淵)』에 보인다.

91 『중용장구(中庸章句)』 제25장에 "진정은 스스로 이루어지는 것이고 도는 스스로 행하여야 하는 것이다. 진성은 사물의 끝과 시작이니 진정이 없으면 사물이 없다. 그러므로 군자는 진정을 귀하게 여긴다[誠者自成也, 而道自道也. 誠者物之終始, 不誠無物, 是故君子誠之爲貴]."라고 하였다.

92 『열자(列子)』에 나오는 이야기이다. 바닷가 사람이 매일 갈매기와 같이 놀며 친하게 지내 그가 손으로 쥐어도 새들이 여전히 내려와 앉곤 하였다. 그 아버지가 알고서 아들에게 새를 잡아오라고 하였더니, 다음날 갈매기들이 다가오지 않았다.

바라거나, 얼굴에 드러나는데도 보는 이가 알아채지 못하기를 바랄 수는 없습니다. 보는 이가 알아채는데도 백성이 의심하지 않기를 바라거나, 백성이 의심하는데도 반란이 일어나지 않기를 바라는 것은 예로부터 지금까지 불가능한 일이었습니다. 지금 변방에 불충한 자가 있으면 폐하께서 군사를 일으켜 정벌하십니다. 신하 중에 군주의 신의를 저버린 자가 있으면 폐하께서 주살하라는 명을 내리십니다. 담당 관리가 명령에 복종하며 그를 주살하고 감히 놓아주지 못하는 것은 폐하께서 신의를 지키면서 신의가 없는 저들을 질책하였기 때문입니다.

신이 알기로 『춘추좌씨전』에 이르길, "어느 누가 과실이 없겠는가? 과오를 저질러도 고칠 수 있다면 그보다 더 좋은 것은 없다."[93]라고 하였습니다. 중훼(仲虺)는 성탕(成湯)의 덕을 기술하며[94] "남의 장점을 자기 장점처럼 여겼으며, 과오를 고치는 데 인색하지 않으셨다."[95]라고 하였습니다. 길보(吉甫)는 선왕(宣王)의 공을 찬미하며 "제왕의 직무에 부족한 점이 있으면 중산보(仲山甫)가 보좌했네."[96]라고 하였습니다. 성탕이 성군(聖君)이라면 중훼는 성인을 돕는 대신인 성보(聖輔)입니다. 그런데 성보가 성군을 칭송하면서 과오가 없다고 칭찬하지 않고 과오를 고쳤다고 칭찬하였습니다. 주 선왕(周宣王)은 중흥을 이룩한 현군(賢君)이고[97] 길보(吉甫)는 문무를 겸비한 현신(賢臣)입니다. 그런데 현신이 현군을 칭송하면서 결점이 없다고 찬미하지 않고 결점을 보완하였다고 찬미하였습니다. 그러므로 성현은 과오를 고치는 것을 능력으로 여겼을 뿐 과오가 없는 것을 귀하게 여기지 않았습니다.

사람의 행동에는 반드시 과오가 있을 수 있으니 지혜로운 자나 몹시 어리석은 자나 모두 과오를 피할 수 없습니다. 그러나 지혜로운 자는 과오를 고쳐 선(善)으로 향하고, 어리석은 자는 과오를 수치로 여겨 결국 잘못을 저지릅니다. 선으로 나아가면 그 덕이 날로 새로워지니 이런 사람이 군자입니다. 잘못을 저지르면 그 잘못이 더욱 쌓이니 이

---

93 『춘추좌씨전·선공(宣公) 2년』에 보인다.

94 중훼(仲虺)는 탕(湯)임금의 대신이다. 탕임금은 성탕(成湯) 또는 상탕(商湯)이라고도 한다.

95 『서경·중훼지고(仲虺之誥)』에 보인다.

96 『시경(詩經)·대아(大雅)·증민(烝民)』에 보인다. 길보(吉甫)와 중산보(仲山甫)는 모두 주 선왕(周宣王)의 대신으로 선왕을 잘 보좌하였다.

97 주 선왕은 폭군인 주 여왕(周厲王)의 뒤를 이어 즉위하여 소공(召公)과 주공(周公)을 재상으로 삼고, 문왕(文王)과 무왕(武王)의 유풍을 이어받아 선정을 베풀어 주나라를 중흥하였다.

런 사람이 소인입니다. 중고(中古) 시기 이래로 순박한 풍속이 점차 쇠미해져 신하는 아첨을 잘하고자 하고 군주 역시 스스로를 성인으로 여기니[98] 이로부터 간사한 신하가 늘어나고 선량한 신하가 멀어지게 되었습니다. 또 이로부터 군주의 생각에 의혹이 생기고 간언하는 신하에게 죄목을 붙였습니다. 아첨하는 방법이 한번 유행하면 그 폐해가 이렇듯 심합니다.

신이 듣기에, 주위의 가벼운 말을 살폈기에 성인다워질 수 있었고[99] 대중의 의견을 들었기에 패업을 이룰 수 있었다고 하였습니다.[100] 『시경(詩經)·대아(大雅)』에서는 "미천한 백성에게 자문하네."[101]라고 하였고, 『상서(尙書)·홍범(洪範)』에서는 "일반 백성과 의논한다."라고 하였듯이, 성현들은 통치할 때 백성의 마음을 따르고자 힘썼습니다. 거창한 말도 증거가 없으면 군이 채택할 필요가 없으며,[102] 투박한 말이라도 이치에 맞으면 군이 버릴 필요가 없습니다. 또 듣기 좋은 말이라고 반드시 동의할 필요는 없고, 마음에 거슬리는 말이라고 반드시 부정할 필요도 없습니다.[103] 남들과 다른 의견이 꼭 옳지는 않으며 대중과 같은 의견이 꼭 그르지는 않습니다. 서투른 언사로 빠른 효과를 내려 한다고 반드시 어리석은 것은 아니며 달콤한 언사로 이익을 중시한다고 반드시 지혜로운 것도 아닙니다. 일반적으로 보통 사람의 마음은 미혹이 없을 수 없으니, 가벼운 문제를 소홀히 하기도 하고 욕심에 빠지기도 합니다. 만약 군주가 사사로운 생각을 따르느라 통치의 준칙을[104] 생각하지 않는다면 천하의 안정을 해치고 천하의 인심을 잃게 됩

98 『서경·주서(周書)』에 "시중드는 신하가 바르면 군주가 바르게 되고, 시중드는 신하가 아첨하면 군주가 스스로 성인이라고 여기게 된다[僕臣正, 厥后克正, 僕臣諛, 厥后自聖]."라고 하였다.

99 『중용장구』 제6장에 "순임금은 묻기를 좋아하며 천근한 말을 살피기를 좋아하고, 남의 악을 감춰 주고 선함은 드러냈다[舜好問而好察邇言, 隱惡而揚善]."라고 하였다.

100 진 문공(晉文公)은 초(楚)나라, 조(曹)나라와 대치하면서 곤경을 겪을 때마다 여론을 수용하여 문제를 해결하였다. 『춘추좌씨전·희공(僖公) 28년』에 "진나라 임금이 근심하여 여러 사람의 노래를 들었다[晉侯患之, 聽輿人之誦]."라고 하였다.

101 『시경·대아(大雅)·판(板)』에 보인다.

102 진(晋)나라 좌사(左思)의 「삼도부서(三都賦序)」에 "거창한 말도 검증되지 않았다면 아름다워도 정도(正道)는 아니다[侈言無驗, 雖麗非經]."라고 하였다.

103 이윤(伊尹)이 상(商)나라 탕왕(湯王)의 손자 태갑(太甲)에게 "어떤 말이 그대의 마음에 거슬리면 반드시 도에 맞을 것이라 생각하고, 어떤 말이 그대의 뜻에 맞으면 반드시 도에 어긋날 것이라 생각하라[有言逆于汝心, 必求諸道, 有言遜于汝志, 必求諸非道]."라고 하였다. 『서경·태갑 하(太甲下)』에 보인다.

104 원문의 '황극(皇極)'은 통치의 준칙이라는 뜻으로 황제가 갖추어야 할 대중지정(大中至正)한 통치 방법을 말한다. 『서경·홍범(洪範)』에 "다섯째는 황극이니, 황제는 그 표준을 세움이 있어야 한다[五皇極, 皇建其有極]."라고 하였다.

니다. 그래서 사람들이 일반적으로 가볍게 여기는 것을 성인은 오히려 중시합니다.

제가 알기에 아랫사람은 누구나 충성하기를 바라며 윗사람은 누구나 안정된 통치를 추구합니다. 그런데도 아랫사람은 늘 윗사람의 불안정한 통치를 고통스러워하고 윗사람은 늘 아랫사람의 불충을 힘들어합니다. 무슨 까닭이겠습니까? 서로 소통하지 못해서입니다. 아랫사람은 사정이 모두 윗사람들에게 전달되기를 바라고 윗사람 또한 정황이 모두 아랫사람에게 알려지기를 바랍니다. 그런데도 아랫사람은 항상 윗사람에게 전달하기 어려워 괴로워하고, 윗사람은 항상 아랫사람이 쉽게 알아듣지 못하여 괴로워합니다. 무슨 까닭이겠습니까? 아홉 가지 병폐가 제거되지 않아서입니다. 이른바 아홉 가지 병폐는 윗사람에게 여섯 가지가 있고 아랫사람에게 세 가지가 있습니다. 남을 이기기 좋아하는 것, 과오를 지적하면 부끄러워하는 것, 말솜씨를 발휘하는 것, 총명을 뽐내는 것, 위엄을 내세우는 것, 억지 쓰고 고집부리는 것, 이 여섯 가지는 군주의 병폐입니다. 아첨하는 것, 눈치 보는 것, 겁내는 것, 이 세 가지는 신하의 병폐입니다.

군주가 이기기를 좋아하면 필시 아첨을 달콤하게 여길 것이며, 군주가 과오를 부끄러워하면 필시 바른 간언을 싫어할 것입니다. 그러면 아첨하는 신하가 군주의 뜻을 따르느라 충성스럽고 진실한 말은 전하지 않을 것입니다. 군주가 말솜씨가 좋으면 필시 말로 공격하여 남을 꺾을 것이며, 군주가 총명을 뽐내면 필시 억측하며 남에게 속을까 염려할 것입니다. 그러면 눈치를 살피는 신하가 자신의 편의를 도모하느라 조언을 다하지 않을 것입니다. 군주가 위엄을 내세우면 필시 자세를 낮춰 남을 대하지 못할 것이며, 군주가 멋대로 고집을 부리면 필시 과오를 인정하고 권고를 받아들이지 못할 것입니다. 그러면 겁을 내는 신하가 허물을 잡히지 않으려고 진실한 말을 하지 않을 것입니다. 영토는 넓고 백성은 많으며 궁궐은 깊고 신분의 격차도 큽니다. 그러므로 백성 중에 뛰어난 사람으로[105] 지존의 용안을 뵈올 수 있는 자는 억만 명 가운데 하나도 안 됩니다. 혹 군주를 뵙는다 하여도 만나서 이야기를 나눌 수 있는 자는 또 천만 명 가운데 하나도 안 됩니다. 다행히 군주와 만나서 이야기를 나눌 수 있는 경우에도 그 사이에 여전히 아홉

105 원문의 '여헌(黎獻)'은 백성 중의 현인이라는 뜻이다. 『서경·익직(益稷)』에 "만방의 백성 중에 현인이 함께 왕의 신하가 되려고 생각할 것입니다[萬邦黎獻, 共惟帝臣]."라고 하였다.

가지 병폐가 존재하니, 윗사람과 아랫사람의 마음이 통하는 일이 드뭅니다.

조무(趙武)는 말을 더듬거렸으나 진(晉)의 현명한 대신이 되었고,[106] 강후(絳侯)는 꾸밈없이 투박하였으나 한(漢)의 재상이 되었습니다.[107] 유창한 말도 간혹 사실이라고 믿을 수 없으며 답답한 말도 간혹 이치는 깊을 수 있으니 어찌 말을 한번 주고받고서 그 능력을 다 알았다고 할 수 있겠습니까!

하늘이 내신 백성이 근본이 되어 국가가 이루어집니다. 사람에게 입이 있으니 말하지 않을 수 없으며, 사람에게 마음이 있으니 욕심이 없을 수 없습니다. 말이 위로 전해지지 않으면 아래에 원망이 생겨나며, 욕심이 좋은 쪽으로 귀착되지 않으면 사악한 쪽으로 집중됩니다. 성인은 백성을 힘으로만 통제할 수 없다는 것을 알고서 방목(謗木)을 세우고 간고(諫鼓)를 설치하여 말이 전해지도록 하였으며,[108] 예의를 존숭하고 성실과 신의로 안정시켜 욕심이 좋은 쪽으로 귀착되었습니다. 그 옛날 특별한 행적이 없어도 안정적으로 통치되었던 것은 모두 이런 방법을 썼기 때문입니다!

만약 도리를 어기고 마음 가는 대로 따르며 남의 의견을 버리고 자신의 뜻대로만 한다고 생각해보십시오. 욕심은 채워도 된다고 여기고, 대중은 속여도 된다고 여길 것입니다. 독단은 해롭지 않다고 여기고, 자문은 무익하다고 여길 것입니다. 아첨하는 것이 충성하고 순종하는 일이라고 여기고 착한 일을 권하고 악한 일을 간언하는 것은[109] 망령되고 어리석은 짓으로 여길 것입니다. 훌륭한 인물을 천거하는 것을 편 만들기라고 여기고, 악한 사람을 미워하는 것을 시기한다고 여길 것입니다. 많이 의심하는 것을 아랫사람을 부리는 방법이라고 여기고 세심하게 살피는 것을 사물을 이해하는 총명으로 여길 것입니다. 이런 것들은 통치의 도리와는 완전히 어긋나니 은(殷)나라의 본보기로

---

106 조무(趙武)는 조문자(趙文子)로 진(晉)나라의 재상이 되어 나라를 강국으로 이끌었다.

107 주발(周勃)은 한 고조(漢高祖)의 천하 평정을 도운 중신으로 강후(絳侯)에 봉해졌다. 인품이 순박하고 돈후하여 고조가 매우 신임하였으며, 고조 사후 여씨(呂氏) 일당을 주살하고 문제(文帝)를 옹립하여 우승상(右丞相)이 되었다.

108 방목(謗木)은 비방목(誹謗木)이라고도 하는데, 임금의 과실을 기록할 수 있도록 나리 위에 세워 둔 나무로 순(舜)임금이 만들었다. 간고(諫鼓)는 감간고(敢諫鼓)라고도 하는데, 간언하고자 하는 사람들이 칠 수 있도록 궁문에 설치한 북으로 요(堯)임금이 만들었다. 『회남자(淮南子)·주위훈(主衛訓)』에 보인다.

109 원문의 '헌체(獻替)'는 헌가체부(獻可替否)의 줄임말로, 신하가 임금에게 간언할 때 행해야 할 일을 건의하고 행하면 안 되는 일을 폐지하게 한다는 뜻이다.

충분히 증명할 수 있습니다.[110]

엎드려 바라옵건대 신하를 대하실 때는 이렇게 해주소서. 예법에 맞게 대우하고 온화하게 대해주소서. 달변으로 신하의 말을 막거나 스스로 총명을 뽐내지 마소서.[111] 먼저 깨달음을 능력으로 여기지 마시고 억측을 지혜라고 여기지 마소서. 좋고 싫음을 드러내어 신하들이 아첨하도록 하지 마시고 큰소리나 표정을 지어내어 위엄을 내세우지 마소서. 저울에 달아보면 따지지 않아도 가볍고 무거운 것이 저절로 구별되며, 거울에 비춰보면 의도하지 않아도 아름답고 추함이 저절로 드러나는 것과 같습니다. 군주의 심사를 거스르며[112] 직언하는 신하는 장려하며 가까이 두시고, 뛰어난 말솜씨로 참소하고 아첨하는 신하는 멀리 물리치십시오. 그러면 자연히 모든 사건의 실정이 막힘없이 전해지고 진언하는 말이 구차하지 않을 것입니다.

훌륭한 인재를 장려할 때는 이렇게 해주소서. 인재를 찾지 못할까 걱정하는 마음으로 구하시고 인재를 고루 갖추지 못할까 두려워하는 마음으로 등용하십시오. 목공이 재목을 쓸 때 곧고 굽은 것이 모두 쓸모가 있듯이, 푸른 바다로 강물이 모일 때 크고 작은 강물을 모두 받아들이듯이 해주십시오. 작은 일에 능하면 낮은 관직에 배치하고 큰 공을 세우면 큰 이익으로 보답하십시오. 불평 듣기를 싫어하지 마시고 친하게 지내는 것을 피하지 마시며 허물을 들춰내지 마시고 완전하기를 요구하지 마십시오.[113] 남의 말 때문에 등용을 취소하지 마시고 자신을 기준으로 삼아 남에게 요구하지 마십시오. 그러면 자연히 쓰이지 않는 인재가 없고 실속 없는 등용 역시 없을 것입니다.

간언을 받아들일 때는 이렇게 해주소서. 과오를 고치려는 마음으로 서둘러 과오를 찾으며, 과오를 고쳐주는 이를 선량하다고 여기고 과오를 알려주는 이를 현명하다고 여기십시오. 간언하는 이가 많으면 군주가 간언을 좋아함을 나타내며, 간언하는 말이

---

110 은나라는 하(夏)나라 쇠락의 사적을 본보기로 삼았다. 흔히 전인의 실패 사적을 가리키기도 한다. 『시경·대아(大雅)·탕(蕩)』에 "은나라의 본보기가 멀지 않다. 하후(夏后)의 시대에 있다[殷鑑不遠, 在夏后之世]."라고 하였다.

111 『논어·공야장(公冶長)』에 공자가 염옹(冉雍)을 평가하며 "말재주로 남을 상대하여 자주 남에게 미움을 받는다[禦人以口給, 屢憎於人]."라고 하였다.

112 원문의 '범안(犯顔)'은 심사를 거스른다는 말로, 임금이 싫은 낯빛을 보이더라도 바른 말로 간언한다는 뜻이다.

113 『논어·미자(微子)』에 "한 사람의 몸에 모든 것이 갖추어지기를 요구하지 않는다[無求備於一人]."라는 주공(周公)의 말이 보인다.

곧으면 군주가 현명함을 보여줍니다. 간언하는 이가 분별없이 멋대로 굴면 군주가 남을 용서할 수 있음을 알 수 있으며, 간언하는 말이 많으면 군주가 남의 의견을 따를 수 있음을 드러냅니다. 간언하는 이에게 작위와 포상의 이익을 준다면 군주도 안정된 통치의 이익을 얻으며, 간언하는 이가 충성을 다한다는 명성을 얻으면 군주 역시 간언을 채택한다는 명성을 얻습니다. 간언하는 이가 잘못하더라도 군주에게는 불미스러운 일이 없으니, 오직 간언이 절실하지 않을까 두렵고 천하의 일을 듣지 못할까 두려울 따름입니다.

성실하게 대하는 요점은 분명한 믿음을 보여주고 사람을 임용하는 방법에 달려 있습니다. 분명한 믿음을 보일 때 모든 말을 다할 필요는 없으나 이미 말했으면 지키는 것이 중요합니다. 사람을 임용할 때 선택하지 않을 수 없으나 이미 선택했으면 의심하지 않는 것이 중요합니다. 이미 말했으면 반드시 성실히 지켜야 그 명령을 따르라고 할 수 있으며, 임용하고서 의심하지 않아야 성공을 요구할 수 있습니다. 성실과 믿음이 한번 무너지면 온갖 일이 잘못되고 의심과 변심이 한번 생겨나면 뭇 신하들이 근심합니다. 그러므로 말이 혹 적절치 않다면 그 잘못을 근거로 말을 고칠 수는 있으나 구차하게 변명해서는 안 됩니다. 임용이 혹 타당하지 않다면 현명한 이를 찾아 대신할 수는 있어도 임용한 이를 의심해서는 안 됩니다.

바라옵건대 폐하께서는 부족한 점을 상세히 살피고 마땅한 일을 급히 행하시어 천하의 민심을 되돌리고 중흥의 공업을 이루시옵소서. 이것이 신의 소원이요, 억만 백성의 복이요, 나라의 무한한 복입니다.

奉天請數對群臣許令論事狀

夫知無不言之謂盡, 事君以義之謂忠. 臣之夙心, 久以自誓, 以此爲奉上之道, 以此爲報主之資. 幸逢休明, 獲展誠願, 旣免罪戾, 又蒙褒稱,[114] 庶奉周旋, 不敢失墜. 儻陛下廣推此道, 施及萬方, 咸獎直以矜愚, 各錄長而捨短, 人之欲善, 誰不如臣?

---

114 '蒙'은 중화서국 『육지집』에는 '爲'로 되어 있다.

天子之道, 與天同方, 天不以地有惡木而廢發生, 天子不以時有小人而廢聽納. 帝王之盛, 莫盛於堯, 雖四凶在朝, 而僉議靡輟. 故曰: "惟天爲大, 惟堯則之." 是知人有邪直賢愚, 在處之各得其所而已, 必不可以忠良者少, 而闕於詢謀獻納之道也.

臣聞人之所助在乎信, 信之所立由乎誠. 守誠於中, 然後俾衆無惑; 存信於己, 可以教人不欺. 唯信與誠, 有補無失. 一不誠則心莫之保, 一不信則言莫之行. 故聖人重焉, 以爲食可去而信不可失也. 又曰: "誠者物之終始, 不誠無物."

海禽至微, 猶識情僞, 含靈之類, 固必難誣. 前志所謂衆庶者至愚而神, 蓋以蚩蚩之徒, 或昏或鄙, 此其似於愚也. 然而上之得失靡不辨, 上之好惡靡不知, 上之所秘靡不傳, 上之所爲靡不效, 此其類於神也. 故馭之以智則人詐, 示之以疑則人偷, 接不以禮則徇義之意輕, 撫不以恩則效忠之情薄. 上行之則下從之, 上施之則下報之, 若響應聲, 若影從表, 表枉則影曲, 聲淫則響邪. 懷鄙詐而求顔色之不形, 顔色形而求觀者之不辨, 觀者辨而求衆庶之不惑, 衆庶惑而求叛亂之不生, 自古及今, 未之得也. 今方岳有不誠於國者, 陛下則興師以伐之; 臣庶有虧信於上者, 陛下則出令以誅之. 有司順命誅伐, 而不敢縱捨者, 蓋以陛下之所有, 責彼之所無故也.

臣聞『春秋傳』曰: "人誰無過? 過而能改, 善莫大焉." 仲虺述成湯之德, 曰: "用人惟己, 改過不吝." 吉甫美宣王之功曰: "袞職有闕, 惟仲山甫補之." 成湯聖君也, 仲虺聖輔也, 以聖輔而贊揚聖君, 不稱其無過, 而稱其改過; 周宣中興之賢主也, 吉甫文武之賢臣也, 以賢臣而歌誦賢主, 不美其無闕, 而美其補闕. 是則聖賢之意, 唯以改過爲能, 不以無過爲貴. 蓋爲人之行己, 必有過差, 上智下愚, 俱所不免. 智者改過而遷善, 愚者恥過而遂非. 遷善則其德日新, 是爲君子; 遂非則其惡彌積, 斯謂小人. 中古已降, 淳風浸微, 臣旣尙諛, 君亦自聖. 姦由此滋, 善由此沮, 帝王之意由此惑, 諫臣之罪由此生, 媚道一行, 爲害斯甚.

臣聞察邇言, 故能成聖化; 聽輿誦, 故能恢霸功. 『大雅』"詢于芻蕘", 『洪範』"謀及庶人", 聖賢爲理, 務循衆心.[115] 侈言無驗不必用, 質言當理不必違; 遜于志者不必然, 逆于心者不必否; 異于人者不必是, 同于衆者不必非; 辭拙而效速者不必愚, 言甘而利重者不必智. 人之常情, 罕能無惑, 忽於所輕, 溺於所欲. 苟縱私懷, 不稽皇極, 于以虧天下之理, 于以失天下之心. 故常情之所輕, 乃聖人之所重也.

竊謂爲下者莫不願忠, 爲上者莫不求理. 然而下每苦上之不理, 上每苦下之不忠者, 兩情不通也. 下之情莫不願達於上, 上之情莫不求知於下, 然而下恒苦上之難達, 上恒苦下之難知者, 九弊不去也. 所謂九弊者, 上有其六而下有其三. 好勝人, 恥聞過, 騁辯給, 衒聰明, 厲威嚴, 恣彊愎, 此六者, 君上之弊也; 諂諛, 顧望, 畏愞, 此三者, 臣下之弊也.

上好勝必甘於佞辭, 上恥過必忌於直諫, 如是則下之諂諛者順旨, 而忠實之語不聞矣. 上騁辯必

---

115 '循'은 중화서국 『육지집』에는 '詢'으로 되어 있다.

勦說而折人以言, 上衒明必臆度而虞人以詐, 如是則下之顧望者自便, 而切磨之辭不盡矣. 上厲威必不能降情以接物, 上恣愎必不能引咎以受規, 如是則下之畏愞者避辜, 而情理之說不申矣. 夫以區域之廣大, 生靈之衆多, 宮闕之重深, 高卑之限隔, 自黎獻而上, 獲覩至尊之光景者, 踰億兆而無一. 就獲覩之中, 得接言議者, 又千萬無一. 幸而得接者, 猶有九弊居其間, 則上下之情所通鮮矣.

趙武吶吶, 而爲晉賢臣; 絳侯木訥, 而爲漢元輔. 口給者事或非信, 辭屈者理或未窮. 胡可以一酬一詰, 而謂盡其能哉!

天生烝人, 本以爲國,[116] 人之有口, 不能無言; 人之有心, 不能無欲. 言不宣於上, 則怨讟於下; 欲不歸於善, 則湊集於邪. 聖人知衆之不可以力制也, 故植謗木, 陳諫鼓, 以宣其言, 尊禮義, 安誠信, 以歸其欲. 古之無爲而理者, 其率用此歟!

苟其違道以師心, 棄人而任己, 謂欲可逞, 謂衆可誣, 謂專斷無傷, 謂詢謀無益, 謂諛說爲忠順, 謂獻替爲妄愚, 謂進善爲比周, 謂嫉惡爲嫌忌, 謂多疑爲御下之術, 謂深察爲照物之明, 理道全乖, 殷鑒足徵.

伏願接下也, 待之以禮, 煦之以和, 不禦人以給, 不自衒以明, 不以先覺爲能, 不以臆度爲智, 不形好惡以招諂, 不大聲色以示威. 如權衡之懸, 不作其輕重, 輕重自辨; 如水鏡之設, 無意於妍媸,[117] 妍媸自彰. 有犯顔讜直者, 獎而親之; 有利口讒佞者, 踈而斥之. 自然物無壅情, 言不苟進矣.

獎善也, 求之若不及, 用之懼不周. 如梓人之任材, 曲直當分; 如滄海之歸水, 洪涓必容. 能小事則處之以小官, 立大勞則報之以大利, 不忌怨, 不避親, 不抉瑕, 不求備, 不以人廢擧, 不以己格人. 自然無不用之才, 亦無不實之擧矣.

納諫也, 以補過爲心, 以求過爲急, 以能改其過爲善, 以得聞其過爲明. 諫者多, 表我之能好; 諫者直, 示我之能賢; 諫者之狂誣, 明我之能恕; 諫者之漏泄, 彰我之能從. 諫者有爵賞之利, 君亦有理安之利; 諫者得獻替之名, 君亦得採納之名. 然猶諫者有失中, 而君無不美. 惟恐讜言之不切, 天下之不聞矣.

推誠也, 在彰信, 在任人. 彰信不務於盡言, 所貴乎出言則可復; 任人不可以無擇, 所貴乎已擇則不疑. 言而必誠, 然後可以求人之聽命; 任而勿貳, 然後可以責人之成功. 誠信一虧, 則百事無不紕繆; 疑貳一起, 則群下莫不憂虞. 是故言或乖宜, 可引過以改其言, 而不可苟也; 任或乖當, 可求賢以代其任, 而不可疑也.

惟陛下詳省所闕, 亟行所宜, 歸天下之心, 濟中興之業. 此臣之願也, 億兆之福也, 宗社無疆之休也.

---

116 '本'은 중화서국 『육지집』에는 '合'으로 되어 있다.

117 '媸'는 중화서국 『육지집』에는 '蚩'로 되어 있다.

7. 봉천에서 존호(尊號)에 대해 논하는 주장

❁ 해제

당 덕종에게 존호(尊號)를 더하는 문제를 논한 글이다. 건중(建中) 4년(783) 당 덕종이 이듬해에 개원(改元)할 계획을 세우는 중에 신하들이 겸하여 황제의 존호에 한두 글자를 더할 것을 청하였다. 당 덕종이 육지에게 의견을 묻자 육지는 '봉천논존호가자장(奉天論尊號加字狀)'을 올려 반대하는 의견을 밝혔다. 그리고 이후에 그 문제를 재론하면서 이 글을 올린 것이다. 당시에 성신문무황제(聖神文武皇帝)라는 존호를 사용하던 당 덕종은 육지의 뜻을 받아들여 이듬해의 사면서에서도 기존의 존호를 사용하였다.

중화서국 『육지집』에 '봉천논존호가자장(奉天論尊號加字狀)'과 '중논존호장(重論尊號狀)'이 연이어 수록되었는데 후편이 바로 이 글이다. 『당문수(唐文粹)』에는 '봉천논존호장제이수(奉天論尊號狀第二首)'로 되어 있다.

신이 알기로 덕이 하늘과 합치하는 이를 황(皇)이라 부르고 덕이 땅과 합치하는 이를 제(帝)라고 부르며 덕이 사람과 합치하는 이를 왕(王)이라고 부릅니다.[118] 하늘을 아버지로 삼고 땅을 어머니로 삼아 사람을 양육하며 만물을 다스려 각기 합당한 자리를 찾도록 하는 이를 천자(天子)라고 부릅니다. 이것은 모두 지극히 존귀한 이의 특별한 칭호이며 지극히 찬미할 이의 위대한 이름이기에 설령 변경한다고 해도 이보다 나을 수 없습니다. 복희(伏羲), 신농(神農), 황제(黃帝), 요(堯), 순(舜)은 인류가 출현한 이래 가장 신성한 덕을 지닌 군주였으며, 천하 사람들이 지극하게 존경하고 찬미하였습니다. 그런데도 그들을 지칭하는 칭호는 황(皇) 혹은 제(帝)라고 하여 오직 한 글자만 사용하였고 겸하지도 않았습니다.

우(禹)와 탕(湯)이 이어서 즉위하였는데 그들은 모두 위대한 성인이었지만 여전히 자신이 부족하다고 여기며 존호를 왕(王)으로 낮추었습니다. 성(姓)이 영(嬴)인 진(秦)

---

118 『백호통의(白虎通義)』에 "덕이 천지에 합치되면 제(帝)라고 하고 인의에 합치되면 왕(王)이라고 하니, 우열을 구분한 것이다. 『예기·시법(謚法)』에 '덕이 천지를 닮았으면 제라고 하고 인의가 있으면 왕이라고 한다.' 고 하였다[德合天地者稱帝, 仁義合者稱王, 別優劣也. 禮記謚法曰, 德象天地稱帝, 仁義所在稱王]."라고 되어 있다.

나라의 군주는 은(殷)나라와 주(周)나라 때의 도덕에 못 미쳤는데도 복희씨(伏羲氏)와 금천씨(金天氏)의 이름을 훔치고 황(皇)과 제(帝)를 겸하여 처음으로 황제(皇帝)라고 불렀습니다.[119] 후대에 이르자 어리석은 군주들이 오히려 성유(聖劉)니 천원(天元)이니 하는 존호를 가지게 되었습니다.[120] 그러나 군주의 무게는 칭호에 있지 않으니, 그 칭호를 높여도 공적에 도움이 되지 않고 칭호를 낮추어도 미덕이 손상되지 않습니다. 칭호를 낮추면 겸손하며[121] 옛일을 살핀다는 칭찬을 얻을 것이고, 칭호를 높이면 능력이나 뽐내고[122] 아첨을 받아들인다는 비판을 받을 것이니, 그 득실은 뚜렷하게 분별할 수 있습니다. 그러하니 훌륭한 칭호를 더해 민심을 잃는 것보다 옛 존호를 지키며 하늘이 내리는 경계를 받드는 것이 낫습니다.

백성이 군주의 겸손함을 좋아하므로 하늘도 순조롭게 도울 것입니다. 한 번의 조치로 겸손함과 순조로움의 두 가지 미덕을 갖출 수 있습니다. 밖으로는 백성의 마음을 수습할 수 있고 안으로는 심오한 명운(命運)에 대응할 수 있습니다. 위로는 먼 옛날처럼 덕을 높일 수 있고 아래로는 영원토록 규범을 남길 수 있습니다. 버려진 규칙을 바로세우고 옛 과오를 바로잡는 것은 지극히 총명한 일이요, 헛된 수식을 없애고 이익을 얻는 것은 매우 지혜로운 일입니다. 이전의 성인들이 영원토록 위대한 이름을 보존하면서 늘 으뜸으로 칭송되는 까닭은 이러한 의리를 잘 알았기 때문입니다. 폐하께서는 어찌 아까워하며 버리지 못하시고 오히려 쓸모없는 칭호를 더하여 우환을 당하려고 하십니까!

노자(老子)의[123] 『도덕경(道德經)』에 "왕과 제후는 스스로를 고(孤), 과(寡), 불곡(不穀)

---

119 원문의 '희(羲)'는 복희씨(伏羲氏)로 황(皇)으로 불리며, '호(皞)'는 금천씨(金天氏)로 제(帝)라 불렸다. 진시황은 천하를 통일하고 왕에서 황제로 칭호를 바꾸었다.

120 전한(前漢)의 애제(哀帝)는 연호를 바꾸면서 존호를 진성유태평황제(陳聖劉太平皇帝)로 바꾸었다. 북주(北周)의 선제(宣帝) 역시 연호를 바꾸면서 천원황제(天元皇帝)라고 자칭하였다.

121 원문의 '겸광(謙光)'은 겸손하다는 뜻이다. 『주역·겸괘(謙卦)·단사(彖辭)』의 "겸은 높으면서 빛난다[謙尊而光]."에서 유래한 말로, 존귀한 자가 겸손하고 사양하는 것을 말한다. '계고(稽古)'는 옛일을 살핀다는 뜻으로, 『서경·요전(堯典)』의 "옛 요임금을 상고하건대 방훈(放勳)이라고 불리셨으니, 공경하고 밝고 문채가 있으며 사려가 깊고 편안하셨다[曰若稽古帝堯, 曰放勳, 欽明文思安安]."에서 유래한 말이다.

122 원문의 '긍능(矜能)'은 능력을 뽐낸다는 뜻이다. 『서경·열명 중(說命中)』에 "좋은 점이 있다고 생각하면 그 좋은 점을 잃어버리고, 그 능력을 자랑하면 그 공을 잃게 된다[有其善, 喪厥善, 矜其能, 喪厥功]."라고 하였다.

123 원문의 '현원(玄元)'은 노자(老子)를 가리킨다. 당 고종(唐高宗)이 박주(亳州)에 있는 노자의 묘(廟)를 알현하면서 노자를 태상현원황제(太上玄元皇帝)라고 하였다.

이라고 부른다."[124]라고 하였으니, 낮춤을 근본으로 삼은 것입니다. 주 양왕(周襄王)이 난리를 만나 정(鄭)지방에 머물 때 제후에게 "불곡(不穀)하고 부덕(不德)한 이 몸이 비천하게 정 땅에 있게 되었다."[125]라고 하였는데, 『춘추』에서 예법에 맞다고 한 것은 이름을 낮추었기 때문입니다. 한(漢) 광무제(光武帝)가 "상주문을 올릴 때 성(聖)이라는 표현을 쓰지 말라."는 조령을 내렸는데, 역사서에서 칭송한 까닭은 자신을 낮추었기 때문입니다. 이윤(伊尹)은 자신의 주군이 요(堯)나 순(舜)만 못하다고 부끄러워했습니다.[126] 소신 역시 부끄럽습니다.

奉天論尊號狀

臣聞德合天者謂之皇, 德合地者謂之帝, 德合人者謂之王. 父天母地以養人, 理物各得其宜者, 謂之天子. 是皆至尊之殊號, 極美之大名, 雖欲變更, 無踰於此. 故伏羲, 神農, 黃帝, 堯, 舜, 自生人已來,[127] 君德之最神聖者, 天下尊之美之, 亦已至矣. 而其指以爲號者, 或曰皇, 或曰帝, 唯目一字,[128] 且猶不兼.

禹, 湯繼興, 莫匪大聖, 尙自菲薄, 降號爲王. 嬴秦德衰於殷, 周, 而名竊於羲, 皞, 兼皇與帝, 始總稱之. 流及後代, 昏僻之君, 乃有聖劉, 天元之號. 是知人主輕重, 不在名稱, 崇其號無補於徽猷, 損其名不傷於德美. 然而損之有謙光稽古之善, 崇之獲矜能納謟之譏, 得失不侔, 居然可辨.[129] 與其增美稱而失人心, 不若黜舊號以祗天戒.

人旣好謙, 天亦助順. 惟謙與順,[130] 一擧而二美從之. 外可以收物情, 內可以應玄運, 上可以高德於敻古, 下可以垂法於無窮. 興廢典, 矯舊失, 至明也; 損虛飾, 收美利, 大智也. 前聖之所以永保鴻名, 常爲稱首者, 達於玆義而已矣. 陛下何憚而不革, 反欲加冗號以受實患哉!

---

124 고(孤), 과(寡), 불곡(不穀)은 덕이 부족하거나 결실을 맺을 능력이 없다는 뜻의 겸사(謙辭)이다.

125 『춘추좌씨전·양공(襄公) 13년』에 보인다.

126 이윤(伊尹)이 "내가 나의 임금을 요순처럼 만들지 못한다면, 내 마음은 시장에서 종아리를 맞는 것처럼 부끄러울 것이요, 한 사람이라도 살 곳을 얻지 못한다면, 이는 나의 죄라고 할 것이다[予弗克俾厥后爲堯舜, 其心愧恥若撻于市, 一夫不獲, 則曰時予之辜]."라고 하였다. 『서경·열명 하(說命下)』에 보인다.

127 '已'는 중화서국 『육지집』에는 '以'로 되어 있다.

128 '目'은 중화서국 『육지집』에는 '自'로 되어 있다. 번역은 '사용한다'는 뜻으로 중화서국 『육지집』의 '自'를 따랐다.

129 '辨'은 중화서국 『육지집』에는 '辯'으로 되어 있다.

130 '惟'는 중화서국 『육지집』에는 '唯'로 되어 있다.

玄元之[131]道德經曰: “王侯自謂孤, 寡, 不穀.” 以賤爲本也; 周襄王遭亂居鄭, 告于諸侯曰: “不穀不德, 鄙在鄭地.” 春秋禮之, 以其能降名也. 漢光武詔令 “上書者不得言聖”, 史冊稱之, 以其能損己也. 伊尹恥其君不如堯, 舜, 臣亦恥之.

131 원문의 ‘之’는 중화서국 『육지집』에는 없다.

8. 봉천에서 사면서에 대해 논하는 주장

❁ 해제

건중(建中) 5년(784) 주차(朱泚)의[132] 반란이 평정되자 당 덕종은 흥원(興元) 원년으로 개원(改元)하고 정월에 대사면령을 내렸다. 이 글은 당 덕종의 명으로 기초(起草)한 사면서의 초고를 육지가 다시 검토하면서 그 내용과 문장에 대한 자신의 의견을 피력한 것이다. 육지는 정성을 다한 문장만이 당 덕종의 깊은 반성을 표현하고 백성에게 감동을 줄 수 있다고 주장하고, 진심을 전달하는 문장의 중요성을 강조하였다. 중화서국『육지집』에는 '봉천논사서사조장(奉天論赦書事條狀)'이라는 표제로 실려 있다.

중서성(中書省)에서 마련한 사면서를 보니, 평온했던 과거에 사용했다면 어느 정도 통하겠으나 지금 시행하는 것은 적절치 않을 듯합니다.[133] 그 이유는 이렇습니다. 지금 비록 겹겹의 포위는 풀렸으나 도망친 도적들이 여전히 남아 있으며, 황제께서 도읍으로 돌아가지 못하셨고 국가의 권력이 제자리를 찾지 못했기 때문입니다. 피로한 자가 쉬지 못하고 공을 세운 자가 상을 받지 못했으며, 곤궁한 자를 구제할 겨를이 없고 억울한 자가 호소할 방도도 없습니다. 장차 여러 어려움을 해소하고 백성의 마음을 얻는 방법은 오로지 사면서의 정성스러운 말에 달려 있습니다. 국가의 안위가 달린 문제를 어찌 소홀히 할 수 있겠습니까!

말로 백성을 감동시키려고 하면서 감정이 깊지 않고 표현 또한 간절하지 않으면 그 누가 받아들이려고 하겠습니까? 전에 성탕(成湯)은 재난을 당하자 뽕밭에서 기도하며

---

132 주차(朱泚, 742~784)는 당나라 유주(幽州) 창평(昌平) 사람이다. 처음에 유주 노룡절도사(盧龍節度使) 이회선(李懷仙)의 부장(部將)이었으나 대종(代宗) 대력(大曆) 3년(768) 주희채(朱希彩)를 도와 이회선을 주살하였다. 대력 7년(772), 주희채 역시 주살된 후 주차는 유후(留后)로 추대되었고 곧 절도사를 자임하였다. 대력 9년(774), 주차는 당나라 조정에 입조(入朝)하고 동생 주도(朱滔)를 유후로 삼았으며 얼마 뒤에는 주도가 절도사를 맡도록 하였다. 덕종 건중(建中) 3년(782), 주도는 당나라에 반기를 들어 파직되었다. 이듬해 경원(涇原)의 군사들이 경사(京師)에서 변란을 일으켜 경사가 함락되고 덕종이 봉천(奉天)으로 파천하자, 주차는 그 틈을 타서 황제의 자리에 올라 나라 이름을 진(秦)이라고 하였으며, 흥원(興元) 원년(784)에는 나라 이름을 한(漢)이라고 하고 스스로 한원천황(漢元天皇)이라고 불렀다. 그러나 이성(李晟)이 경사를 수복하자 주차는 팽원(彭原)으로 달아났고, 이후 자신의 부장에게 살해되었다.

133 황제의 각종 조서는 중서사인(中書舍人)이 기초(起草)하여 올리는데, 중서사인은 모두 6인이다.

스스로 머리카락을 잘라 희생물로 삼았습니다.[134] 옛사람이 이른바 "머리카락을 자를 때는 피부 끝까지 닿게 하고 손톱을 자를 때는 살까지 파고들게 해야 한다."[135]라고 말한 것은 실로 정성이 지극하지 않으면 남을 감동시킬 수 없으며 많은 손해를 입지 않으면 많은 이익을 불러올 수 없기 때문입니다. 지금 이 사면의 글도 그와 같습니다. 과오를 뉘우치는 뜻이 깊지 않으면 안 되고 허물을 자책하는 말이 극진하지 않으면 안 됩니다. 백성을 널리 불러들여 맞이하고 고르게 은택이 미치도록 하지 않으면 안 됩니다. 답답한 것을 풀어줄 때는 속을 터놓을 수 있게 해주어야 하고, 허물을 씻어줄 때는 흔적도 없게 해주어야 합니다. 그리하여 천하 사람이 이 말을 들으면 갑자기 일변하여 마치 깜깜한 어둠을 헤치고 환한 빛을 보는 것처럼 만들어줘야 합니다. 사람마다 바라는 것을 얻는다면 따르지 않을 이가 어디에 있겠습니까?

『역경(易經)』에 이르길, "성인이 백성을 감동시키면 천하가 화평하다."[136]라고 하였습니다. 무릇 감동이란 진실로 마음에서 우러나오며 사업으로 구체화되는데, 간혹 사람들이 이해하지 못하면 말로 설명해야 합니다. 말은 반드시 마음을 살펴야 하며 마음은 반드시 사업에 맞아야 합니다. 이 세 가지가 서로 부합하여 각기 역할을 하고 지극한 정성에 바탕해야 감동을 이끌어낼 수 있습니다. 그러하니 어찌 사안을 상세히 다루지 않을 수 있으며 어찌 표현에 힘쓰지 않을 수 있겠습니까? 어리석으나마 충정을 다 바치오니 엎드려 재가를 받고자 합니다.

---

134 탕왕(湯王)은 여러 해 가뭄이 들자 자신의 머리카락과 손톱을 잘라내 희생물로 삼고 뽕밭에서 하늘에 기도하였다.

135 삼국 시대 위(魏)나라 응거(應璩)의 「여광천장잠문유서(與廣川長岑文瑜書)」에 "예전 하(夏)나라 우(禹)임금은 양우(陽盱)의 강에서 기도하였고, 은(殷)나라 탕(湯)임금은 뽕나무 숲에서 기도하였는데, 말을 하기도 전에 물이 돌아 흐르고 말이 다 끝나기도 전에 못물이 불어났다. 지금 구름이 쌓였다가 다시 흩어지고 비가 내렸다가 다시 그치니, 현인과 성인의 능급이 다르고 우열의 자질이 다른 터에, 머리카락을 자를 때는 피부 끝까지 닿게 하고, 손톱을 자를 때는 살까지 파고들게 하지 않을 수 있겠는가[昔夏禹之解陽盱, 殷湯之禱桑林, 言未發而水旋流, 辭未卒而澤滂沛. 今者雲重積而復散, 雨垂落而復收, 得無賢聖殊品, 優劣異姿, 割髮宜及膚, 翦爪宜侵肌乎]?"라고 하였다.

136 『주역·함괘(咸卦)』의 단사(彖辭)에 보인다.

奉天論赦書狀

中書所撰赦文, 臣以爲用於平昔, 頗亦可行, 施之當今, 則恐未稱. 何則? 今重圍雖解, 逋寇尙存, 皇輿未復, 國柄未歸, 勞者未獲休, 功者未及賞, 困窮者未暇恤, 滯抑者未克申.[137] 將欲紓多難而收群心, 唯在赦令誠言而已. 安危所屬, 其可忽諸!

動人以言, 所感已淺, 言又不切, 人誰肯懷? 昔成湯遇災禱於桑野, 躬自髡剔以爲犧牲. 古人所謂割髮宜及膚, 翦爪宜侵體, 良以誠不至者物不感, 損不極者益不臻. 今玆德音, 亦類於是. 悔過之意不得不深, 引咎之辭不得不盡. 招延不可以不廣, 潤澤不可以不弘, 宣暢鬱堙. 不可不洞開襟抱; 洗刷疵垢, 不可不盪去瘢痕. 使天下聞之, 廓然一變, 若披重昏而睹朗曜, 人人得其所欲, 則何有不從者乎?

『易』曰: "聖人感人心而天下和平." 夫感者, 誠發於心, 而形於事, 人或未諭, 而宣之以言, 言必顧心, 心必副事, 三者符合, 不相越踰, 本於至誠, 乃可求感. 事何可不詳, 言何可不務? 罄輸愚懇, 伏聽聖裁.

137 '申'은 중화서국 『육지집』에는 '伸'으로 되어 있다.

9. 봉천에서 한림학사 승진안에 대해 논하는 주장

❁ 해제

봉천으로 천행(遷幸)한 당 덕종은 수행한 육지를 비롯한 한림학사들을 승진시키고 노고를 치하하고자 하였다. 그러나 육지는 이 글을 올려 신하의 직분과 상벌 시행의 선후 등을 논하면서 한림학사들을 승진시키려는 계획에 대해 반대의 뜻을 밝히고 사양하였다.

신은 과분하게도 유학(儒學)으로 한림원(翰林院) 학사에 선발되었습니다. 그 직분이 국가의 대사를 논의하는 것은 아니지만 성상을 가까이서 모시는 은혜를 입었습니다. 그러나 폐하께서 군대를 일으키실 때 승리할 수 있는 계략을 내지 못하였고, 적으로부터 피난하시는 폐하를 따르면서도 기발한 계책을 내지 못하였습니다. 위험을 보면서도 목숨을 바치는 절개가 없었으며,[138] 어려움을 알면서도 죽음을 무릅쓰고 싸우지 못했습니다. 주군을 모시면서 큰일은 모두 버려두었으니 소소한 직무를 바쁘게 수행했던 일쯤이야 어찌 대단하다고 할 수 있겠습니까!

무릇 군주에게 신하가 있는 것은 국가를 잘 통치하기 위해서입니다. 통치의 도리를 잃지 않았다면 변란이 어째서 생겼겠습니까! 변란이 일어나는 것은 통치가 잘못되었기 때문입니다. 그러니 주군에게 어려움이 닥치게 된 것은 실로 신하들의 죄입니다. 그렇기에 군주가 근심하면 신하는 치욕으로 여기고 군주가 치욕을 당하면 신하는 목숨을 바칩니다.[139] 지금 폐하께서 수도의 변두리에서 노숙하시니 이는 치욕입니다. 원수 같은 도적들이 가까이에 밀집해 있으니 이 또한 근심스러운 일입니다. 지금 직위에 있는 신하 중에 중임을 맡은 자의 죄가 더 크며 가까이에서 모시는 자의 책임이 더 큽니다. 신의 직분은 퍽 가까이에서 군주를 모시는 일입니다. 그러니 마땅히 더 질책을 받아야

138 『논어 헌문(憲問)』에 "이익을 보면 의리를 생각하고 위험을 보면 목숨을 바치고 오래된 약속에 평소의 말을 잊지 않는다면 또한 완전한 사람이라 할 수 있을 것이다[見利思義, 見危授命, 久要不忘平生之言, 亦可以爲成人矣]."라고 하였다.

139 춘추 시대 범려(范蠡)가 "임금이 근심하면 신하는 더욱 노력하고, 임금이 욕을 당하면 신하는 죽어야 한다[君憂臣勞, 君辱臣死]."라고 하였다. 『국어(國語)·월어 하(越語下)』에 보인다.

하는데 어찌 영예를 더해주실 수 있겠습니까!

벌을 줄 때 귀하고 가까운 사람을 우선하고 천하고 멀리 있는 사람을 나중에 두면 명령을 따르지 않는 일이 없습니다. 상을 줄 때 천하고 멀리 있는 사람을 우선하고 귀하고 가까운 사람을 나중에 두면 공로를 빠뜨리는 일이 없습니다. 군주를 따르고 가족을 잊는 것은 신하의 본분인데 행차를 모시며 따른 일이 어찌 따로 칭찬할 만한 일이겠습니까?

奉天論擬與翰林學士改轉狀

臣謬以儒學, 選居翰林, 雖職異訏謨, 而恩參近侍. 當陛下用兵之會, 乏決勝之籌; 從陛下避狄之遊, 靡出奇之計. 見危闕授命之節, 知難無伏死之爭. 事君大猷, 臣則皆曠, 屑屑供職, 曾何足云?

夫君之有臣, 以濟理也, 理不失道, 亂何由生? 亂之浸興, 由理乖也; 君之及難, 實臣罪也. 是以主憂則臣辱, 主辱則臣死. 今陛下露處郊畿, 斯謂辱矣; 寇讎密邇, 亦云憂矣. 凡今在位, 任重者其罪大, 職近者其責深. 臣之職司, 頗亦爲近, 是宜當責, 安可增榮?

行罰先貴近而後卑遠, 則令不犯; 行賞先卑遠而後貴近, 則功不遺. 徇主忘家, 臣子常分, 追陪輦蹕, 曷足甄稱?

10. 봉천에서 경림(瓊林), 대영(大盈)의 두 부고(府庫)를 비울 것을 청하는 주장

❁ 해제

황제의 전용 공물(貢物) 창고인 경림(瓊林)과 대영(大盈)의 재물을 풀어 공적을 세운 사람들에게 나누어줄 것을 간청하는 주장이다. 당시 봉천의 행궁에 머물던 당 덕종은 경림과 대영이라는 창고를 설치하고 공물을 사적으로 사용하였다. 육지는 이 글을 올려서 창고의 재물을 풀어 나누어줌으로써 비상 시기에 황제가 백성과 함께 어려움을 나눈다는 뜻을 보여줄 것을 간청하였다. 당 덕종은 육지의 건의를 듣고 창고의 현판을 제거하였다.

신이 듣기에, 세금을 적게 거두도록 법을 제정해도 여전히 욕심을 부리는 병폐가 있으니, 탐욕을 부리도록 법을 제정하면 그 병폐를 어떻게 해결하겠냐고 하였습니다.[140] 백성에게 공의를 보여도 사욕을 부리는 병폐가 생기는데 백성에게 사욕을 보인다면 그 병폐는 필시 막기 어려울 것입니다. 그래서 성인이 교훈을 남겨 재물을 천하게 여기고 겸양을 귀하게 여기며 이익을 멀리하고 청렴을 숭상하도록 하였습니다. 천자는 재물의 유무를 묻지 않고 제후는 재물의 다소를 말하지 않으며[141] 대부는 세금을 많이 거두는 신하를 두지 않는다고 하였습니다.[142] 이 모두가 어찌 재물을 갖고 싶은 마음을 떨쳐버릴 수 있었기 때문이겠습니까! 재물을 가지려는 욕심으로 화근을 만들고 풍속과 교화를 그르쳐 나라를 어지럽힐까 봐 진실로 두려워했을 뿐입니다. 그러므로 힘써 거둬들여 궤짝을 채우는 것은 필부의 부유함이며 흩어 나눠주고 만민의 마음을 거두어들이

---

140 『춘추좌씨전·소공(昭公) 4년』에 "법을 만들 때 적게 거두도록 하여도 여전히 탐욕을 부리는 폐단이 있으니, 법을 만들 때 탐욕을 부리도록 하면 장차 그 폐단을 어찌하겠는가[作法於涼, 其弊猶貪, 作法於貪, 弊將若之何]?"라고 하였다.

141 『순자·대략(大略)』에 "그러므로 천자는 많고 적음을 말하지 않고, 제후는 이로움과 해로움을 말하지 않으며, 대부는 얻고 잃음을 말하지 않고, 사(士)는 재화를 유통시키지 않는다[故天子不言多少, 諸侯不言利害, 大夫不言得喪, 士不通財貨]."라고 하였다.

142 『대학(大學)』에 노(魯)나라의 대부(大夫) 맹헌자(孟獻子)가 말하기를, "대부의 집에서는 세금을 많이 거두어들이는 신하를 기르지 않으니, 세금을 많이 거두어들이는 신하를 두기보다는 차라리 도둑질을 하는 신하를 두겠다[百乘之家, 不畜聚斂之臣, 與其有聚斂之臣, 寧有盜臣]."라고 하였다.

는 것은 천자의 부유함입니다. 천자의 위업은 하늘과도 같아서 낳고 기르지만 자부하지 않고, 기르고 거두어들이지만 사유(私有)하지 않습니다. 만물의 도리에 맞게 부여하며 사사로운 정을 잊습니다. 취하되 탐내지 않고 흩어주되 낭비하지 않습니다. 그 대상은 크고 넓으며 그 수단은 정밀합니다. 그런데 어찌 모두를 위한 방법을 버리고 사적인 재물을 모을 필요가 있겠습니까. 지존의 위상을 낮추어 관리의 직책을 대신하고 천자의 지위를 욕보이며 필부의 축재(蓄財)를 본받으시렵니까. 그리하면 법률이 무너지고 백성을 잃으며 간사한 자를 부르고 원망이 쌓일 것입니다.

지금의 경림(瓊林)과 대영(大盈)의 부고(府庫)는 모두 개원(開元) 시기에 창설되었다고 하는데,[143] 조세는 관리에게 맡기어 경비로 쓰고 진상품은 천자에게 귀속시켜 사적인 수요를 충당하고 있습니다. 그러나 사치는 욕심을 싹트게 하고 끝내는 도적을 끌어들입니다.

폐하께서는 즉위 초기에 근검절약을 충실히 행하시고 욕심을 버리셨습니다. 비록 황실 내고(內庫)의 소장품을 태부(太府)에[144] 귀속시키지는 않으셨으나, 여러 지방의 헌상품을 대궐로 들이지 않으셨으므로 청렴하고 엄정한 기풍으로 나라가 크게 변모하였습니다. 그리하여 논자들이 모두 한 문제(漢文帝)가 천리마를 거절한 일과 진 무제(晉武帝)가 꿩 머리털 옷을 태워버린 일을 오늘날 다시 본다고 하였습니다.[145] 근자에 도적들이 반역하여 강상(綱常)을 어지럽히고 황제의 어가가 외지로 행차하게 되었으니, 이렇게 근심스럽고 위태로운 형세 속에서는 마땅히 삼가고 애쓰는 마음을 다지셔야 합니다. 그런데 신이 얼마 전 군영에 사신으로 가는 임무를 받아 행궁을 나서다가 문득 보니, 오른쪽 행랑 아래에 두 부고의 이름을 붙인 팻말이 있고 각 도(道)의 진귀한 공물(貢物)이 모두 각 부고에 나뉘어 쌓여 있었습니다. 외람된 생각으로 혹 군사들이 불만을 품고 원망할까 하여

143 개원(開元)은 당 현종(玄宗)의 연호이다.

144 태부(太府)는 관서 이름으로 태부시(太府寺)가 황실 내의 부고(府庫)를 제외한 여러 국고를 총괄하였다. 당시에 세력 있는 장군들의 무절제한 물품 요구를 통제하기 어려워지자, 국고의 물품을 황실 내부의 부고인 대영(大盈)에 보관하게 하고 환관에게 관리하게 하였다. 그 결과 황제의 개인 물품처럼 관리되고 그 출입 상황을 알기 어려웠으며 환관들이 그것을 잠식하였다.

145 누군가 한 문제(漢文帝)에게 천리마를 헌상하자, 문제는 그 말을 타고 혼자서만 앞서 어디로 가겠느냐며 거절하고 헌상품을 받지 않겠다는 조서를 내렸다. 어떤 신하가 진 무제(晉武帝)에게 꿩 머리털로 만든 옷을 헌상하자, 무제는 기이한 복장은 전례(典禮)에 맞지 않는다며 대전 앞에서 태워버리고 전례를 어기는 자는 벌한다는 명을 내렸다.

부고의 관리에게 묻고 또 저잣거리의 말을 들어보니, 과연 걱정한 대로 서운한 감정이 이미 많이 쌓여 있었습니다. 어떤 이는 성을 내며 비방하고 어떤 이는 방자하게 유언비어를 퍼뜨리는데, 난리를 도모하려는 마음과 충성을 회의하는 생각이 꽤 담겨 있었습니다. 이로 보건대 어리석고 순박한 백성의 식견은 고하를 분별하지 못하므로 고귀한 존엄으로만 대해서는 안 되고 정성으로 감동시켜야 한다는 것을 알았습니다.

근자에 폐하를 호위한 육군(六軍)이[146] 처음으로 경사를 떠나가 비축한 물품이 거의 없는 상태로 밖으로는 흉악한 무리를 물리치고 안으로는 위험한 상황을 방비하게 되었습니다. 추위와 굶주림이 번갈아 닥쳐오는 바람에 사상자가 이어졌으나 병사들이 목숨을 다해 힘을 합쳐 마침내 큰 어려움을 극복하였습니다. 이는 실로 폐하께서 자신의 몸을 위하지 않으시고 사사로운 욕심을 버리시며, 즐기시는 것을 끊고 병사들과 함께하시며 음식을 거두어 공로가 있는 이들에게 먹이셨기 때문입니다. 엄한 통제가 없는데도 이반(離叛)하지 않은 것은 감동하였기 때문이며, 후한 상이 없는데도 원망하지 않은 것은 줄 것이 없는 사실을 알았기 때문입니다. 그러나 지금 포위는 이미 풀리고 옷과 음식이 풍부한데도 유언비어와 비방이 마구 생겨나며 군사들의 마음이 점차 떠나고 있으니, 그에 따른 우환이 어찌 백성이 흩어지는 것뿐이겠습니까!

국가의 사업이 공익을 위해 하는 것이면 백성은 반드시 즐겨 따르며, 개인을 받들기 위해 하는 것이면 백성은 반드시 거스르며 배반합니다. 연 소왕(燕昭王)이 금대(金臺)를 쌓은 일은 천하가 현명하다고 칭송하지만[147] 은 주왕(殷紂王)이 옥 술잔을 만든 것은 오랜 세월 동안 악행으로 전해지고 있습니다.[148] 백성을 위하고 자신을 위하는 차

146 『육주약선』 '2. 관중(關中) 지역의 사안을 논하는 주장'의 '동원(東苑)' 주석(17쪽 24번) 참조.

147 전국 시대 연 소왕(燕昭王)은 좋은 인재를 찾고자 하였다. 곽외(郭隗)는 죽은 말의 뼈를 5백 금(金)에 샀더니 1년도 안 되어서 살아 있는 천리마의 주인이 절로 찾아왔다는 고사를 인용하면서, 재능이 부족한 자신부터 후하게 대우하면 천하의 인재가 절로 모일 것이라고 하였다. 이에 연 소왕이 연경(燕京)에 황금대(黃金臺)를 세우고 인재를 초빙하니, 극신(劇辛), 악의(樂毅), 추연(鄒衍) 등의 명사가 다투어 찾아왔다. 『전국책(戰國策)·연책(燕策)』에 보인다.

148 『사기·송미자세가(宋微子世家)』에 따르면, 주왕이 처음 상아 젓가락을 만들자 기자가 탄식하며 "저 사람이 상아 젓가락을 만들었으니, 반드시 옥 술잔을 만들 것이다. 옥 술잔을 만들고 나면 반드시 먼 지방의 진기한 물건들을 생각하여 가져다 쓸 것이니, 수레와 말과 궁실을 사치스럽게 할 조짐이 여기서부터 시작되어 구제할 수 없게 되리라[箕子者, 紂親戚也. 紂始爲象箸, 箕子歎曰 彼爲象箸, 必爲玉桮. 爲桮則必思遠方珍怪之物而御之矣, 輿馬宮室之漸, 自此始, 不可振也]."라고 하였다는 이야기가 보인다.

이가 있기 때문입니다. 주 문왕(周文王)의 사냥터는 백 리나 되었는데도 당시 사람들이 너무 작다고 걱정하였고, 제 선왕(齊宣王)의 사냥터는 사십 리인데도 당시 사람들이 너무 크다고 탓하였습니다.[149] 이익을 공유하고 독점하는 차이가 있었기 때문입니다.

지혜로운 이는 위기를 계기로 안정을 구축하고 현명한 이는 잘못을 바로잡아 덕을 완성합니다. 폐하께서 진실로 기물을 지나치게 풍족하게 쓰지 않으시며 옷과 음식을 반드시 아랫사람에게 나누어주시고, 두 부고의 재물을 모두 내어 유공자에게 하사하시어 대중이 바라는 것을 함께한다는 마음을 담담하게 표현하실 수 있으시겠습니까? 그렇게 폐하의 순수한 마음을 백성에게 전하며 기대하지 않던 특별한 은혜를 이들에게 내려주신다면, 병사들은 확실하게 내려지는 상을 바라보며 공을 세우려고 하고, 만민은 잘못을 바로잡는 정성에 기뻐할 것입니다. 그 누가 이러한 덕망에 귀의하려 하지 않겠습니까? 그리되면 변란은 반드시 다스려지고 도적은 반드시 평정되어, 천천히 여섯 마리 말이 끄는 어가(御駕)를[150] 몰아 도읍으로 돌아가서 무너진 법령을 일으켜 시행하고 어지러운 강령을 정돈하실 수 있습니다. 폐하께서는 옛 의례(儀禮)를 되찾고 각 고을은 일정하게 조세를 바칠 것이니 귀하신 신분의 천자께서 어찌 가난을 걱정하시겠습니까?

똑똑한 장사꾼이라면[151] 적은 것을 아끼다가 많은 것을 잃는 일은 하지 않으며, 보통 사람이라도 가까운 일에 빠져 먼 일을 모르는 것을 질책합니다. 하물며 위대하고 성스러운 지위에서 시기에 맞추어 대응하시는 일은 실로 오늘이 지나기 전에 시행하셔야 마땅할 것입니다.

---

149 제 선왕(齊宣王)이 맹자(孟子)에게 "과인의 동산은 사방 40리인데도 백성이 오히려 크다고 여기는 것은 어째서입니까[寡人之囿, 方四十里, 民猶以爲大, 何也]?"라고 묻자 맹자가 "문왕의 동산은 사방 70리인데 꼴 베고 나무하는 자들도 그곳에 가며, 꿩을 잡고 토끼를 잡는 자들도 그곳에 가서 백성과 함께하였으니, 백성이 작다고 여기는 것이 당연하지 않겠습니까[文王之囿, 方七十里, 芻蕘者往焉. 雉兎者往焉, 與民同之, 民以爲小, 不亦宜乎]?"라고 대답하였다는 이야기가 『맹자·양혜왕(梁惠王)』에 보인다.

150 여섯 마리 말은 천자의 수레를 모는 말로 여기서는 천자의 어가(御駕)를 뜻한다.

151 원문의 '염고(廉賈)'는 당장의 이익보다는 장래의 이득을 생각하여, 쌀 때 사고 비쌀 때 팔아서 원가의 몇 곱의 이득을 얻는 똑똑한 장사꾼이다. 『사기·화식열전(貨殖列傳)』에 보인다.

奉天請罷瓊林大盈二庫狀

臣聞: 作法於涼, 其弊猶貪; 作法於貪, 弊將安救? 示人以義, 其患猶私; 示人以私, 患必難弭. 故聖人之立敎也, 賤貨而尊讓, 遠利而尙廉. 天子不問有無, 諸侯不言多少, 百乘之室, 不畜聚斂之臣. 夫豈皆能忘其欲賄之心哉! 誠懼賄之生人心而開禍端, 傷風敎而亂邦家耳. 是以務鳩斂而厚其帑櫝之積者, 匹夫之富也; 務散發而收其兆庶之心者, 天子之富也. 天子所作, 與天同方. 生之長之, 而不恃其爲; 成之收之, 而不私其有. 付物以道, 混然忘情. 取之不爲貪, 散之不爲費. 以言乎體則博大, 以言乎術則精微. 亦何必撓廢公方, 崇聚私貨, 降至尊而代有司之守, 辱萬乘以效匹夫之藏. 虧法失人, 誘姦聚怨!

今之瓊林, 大盈, 皆云創自開元, 稅賦委之有司, 以給經用; 貢獻歸于天子, 以奉私求. 侈欲萌柢, 終以餌寇.

陛下嗣位之初, 敦行約儉, 斥遠貪饕. 雖內庫舊藏, 未歸太府; 而諸方曲獻, 不入禁闈. 淸風肅然, 海內丕變. 議者咸謂漢文却馬, 晉武焚裘之事, 復見於當今. 近以寇逆亂常, 鑾輿外幸, 既屬憂危之運, 宜增儆勵之誠. 臣昨奉使軍營, 出遊行殿,[152] 忽覩右廊之下, 牓列二庫之名, 諸道貢珍, 遽私別庫. 竊揣軍情, 或生觖望, 試詢候館之吏, 兼採道路之言, 果如所虞, 積憾已甚, 或忿形謗讟, 或醜肆謳謠, 頗含思亂之情, 亦有悔忠之意. 是知甿俗昏鄙, 識昧高卑, 不可以尊極臨, 而可以誠意感.[153]

頃者六師初降, 百物無儲, 外扞兇徒, 內防危堞, 凍餒交侵, 死傷相枕, 畢命同力, 竟夷大艱. 良以陛下不厚其身, 不私其欲, 絶甘以同卒伍, 輟食以啗功勞. 無猛制而人不攜, 懷所感也; 無厚賞而人不怨, 悉所無也. 今者攻圍已解, 衣食已豐, 而謠讟方興, 軍情稍阻, 其患豈徒人散而已!

國家作事, 以公共爲心者, 人必樂而從之; 以私奉爲心者, 人必咈而叛之. 故燕昭築金臺, 天下稱其賢; 殷紂作玉杯, 百代傳其惡, 蓋爲人與爲己殊也. 周文之囿百里, 時患其尙小; 齊宣之囿四十里, 時病其太大, 蓋同利與專利異也.

智者因危而建安, 明者矯失而成德. 陛下誠能器用不在過豐, 衣食必以分下, 凡在二庫貨賄, 盡令出賜有功, 坦然布懷, 與衆同欲, 推赤心於腹中, 降殊恩於望外, 將卒慕必信之賞, 人思建功; 兆庶悅改過之誠, 孰不歸德? 如此則亂必靖, 賊必平, 徐駕六龍, 旋復都邑, 興行墜典, 整緝棼綱. 乘輿有舊儀, 郡國有恒賦, 天子之貴, 豈當憂貧!

恡少失多, 廉賈不處; 溺近迷遠, 中人所非. 況乎大聖應機, 固當不俟終日.

---

152 '遊'는 중화서국 『육지집』에는 '由'로 되어 있다. '經'으로 된 판본도 있다. 석천본(石川本)과 『전당문(全唐文)』에는 '遊'로 되어 있다.

153 '意'는 중화서국 『육지집』에는 '義'로 되어 있다.

11. 봉천에서 이건휘(李建徽),[154] 양혜원(楊惠元)[155] 두 절도병마사에 대해 올리는 주장

❁ 해제

삭방절도사(朔方節度使) 이회광(李懷光)의 휘하에 속한 이건휘(李建徽)와 양혜원(楊惠元)이 각자 군사를 거느릴 수 있도록 청하는 글이다. 당 덕종이 봉천으로 파천한 후 주차(朱泚)의 군대에게 포위되자 이회광은 군대를 이끌고 와 주차를 물리쳤다. 전공을 올린 이회광은 덕종을 알현하고 간신 노기(盧杞)의 처형을 주청하려고 하였다. 그러나 노기가 황제를 설득하여 알현을 미루고 이회광에게 먼저 남은 적을 토벌하게 하였다. 불만을 품은 이회광은 함양(咸陽)에 주둔한 채 시기를 엿본다는 구실로 전투를 미루면서 몰래 주차와 결탁하였다. 당시 이성(李晟), 이건휘, 양혜원 등의 장수가 모두 인근에 주둔하고 있었는데, 이성은 이회광에게 병합될 것을 염려하여 상소를 올려 군사의 이동을 요청하였다. 육지는 이건휘와 양혜원의 형세가 고립되면 반드시 이회광에게 병합될 것이라고 예견하고, 두 장수를 모두 이회광의 휘하에서 독립시키도록 주청하기 위해 이 글을 올렸다. 후에 결국 이회광이 이건휘와 양혜원을 습격하여 군대를 병합하였다.

이회광은 지금 맡아서 통솔하고 있는 군대로도 흉악한 역적을 제압하기 충분합니다. 그런데도 머뭇거리며 나아가지 않는 데는 다른 이유가 있는 듯합니다. 근심스러운

154 이건휘(李建徽, ?~?)는 당나라의 장수이다. 대력(大曆) 말년에 연주자사(延州刺史)를 지내었으며 건중(建中) 2년(781)에 방주자사(坊州刺史)와 부방단연도단련관찰사(鄜坊丹延都團練觀察使)가 되었다. 건중 4년(783)에 당시 봉상절도사(鳳翔節度使) 주차(朱泚)가 반란을 일으키자 이건휘가 와서 이회광(李懷光)의 지원군이 되었다. 이회광은 후에 사람을 보내 이건휘를 습격하여 군대를 빼앗았고 이건휘는 도망하였다.

155 양혜원(楊惠元, ?~784)은 당나라의 장수로 평주(平州) 출신이다. 처음에 평로절도사(平盧節度使) 유정신(劉正臣)의 휘하에 있었는데 충성스럽고 용맹하며 지략이 뛰어나 명장으로 이름이 났다. 후에 양혜원은 신책군(神策軍)에 소속되어 신책군경서병마사(神策軍京西兵馬使)의 관직을 받아 봉천(奉天)을 수비하였다. 건중(建中) 2년(781)에 양혜원은 위박절도사(魏博節度使) 전열(田悅)의 반란에 맞서 싸우며 전공을 세웠고 검교공부상서(檢校工部尙書)로 승진하였으며 패주자사(貝州刺史)의 대리로서 분녕절도사(邠寧節度使) 이회광(李懷光)의 휘하에 있게 되었다. 건중 4년(783)에 주차(朱泚)가 반란을 일으키자 이회광과 양혜원이 달려가 봉천을 포위한 군대를 공격하여 공적을 올렸다. 흥원(興元) 원년(784)에 모반한 이회광은 양혜원의 군대를 빼앗고 군사를 보내 양혜원 부자 3인을 살해하였다. 양혜원은 사후에 상서좌복야(尙書左僕射)에 추증되었다.

것은 그의 군대가 너무 강력하여 주위의 도움이 필요하지 않다는 점입니다. 얼마 전 이성, 이건휘, 양혜원 세 절도사의 군대를 그의 군영에 소속시켰는데, 이것은 공을 이루는 데는 도움이 되지 않고 그저 일만 만들 것입니다. 그 이유는 이러합니다. 네 장수의 군대가 보루를 맞대고 있으나 장수들이 서로 다른 마음을 먹고 있습니다. 세력의 차이를 따지자면 크고 작음이 현격하지만, 직함으로 보자면 서로 예속되지 않기 때문입니다.

이회광은 군사가 적고 지위가 낮은 이성 등을 가볍게 여기고, 이성 등은 이회광이 도적을 내버려두고 간계(奸計)를 꾸민다고 의심합니다. 그들은 평소에는 서로 비방하는 말을 막으려고 하고 전시에는 공을 나누게 될까 봐 걱정하면서 서로 으르렁대며 화합하지 못하니, 필시 양쪽 다 온전하지 못할 것입니다.

오래도록 도적을 평정하지 못하고 있는데 새로운 우환이 생겼으니, 걱정스럽고 위험한 상황이 급박하여 실로 마음이 꺼림칙합니다. 최선의 방법은 우환이 싹트기 전에 없애는 것이고, 차선은 조짐이 나타나자마자 잘못을 바로잡는 것입니다. 하물며 사안이 이미 나타나고 재난이 일어나려는데도 내버려둔 채 해결방안을 도모하지 않는다면 어떻게 난리를 막을 수 있겠습니까.

군대를 지휘하고 장수를 부리려면 실정을 파악하는 것이 중요합니다. 나누고 합칠 때나 서두르거나 천천히 하는 시기는 각각 적절함이 있어야 합니다. 나누어야 하는데 합치면 혼란을 초래하고, 합쳐야 하는데 나누면 공이 적어집니다. 서둘러야 하는데 천천히 하면 기회를 잃고, 천천히 해야 하는데 서두르면 실책을 저지르게 됩니다. 요령을 얻고 시기가 맞아야 거행해도 계획이 실패하지 않고 조처해도 형세가 위태롭지 않습니다.

지금 군대를 주둔시키고도 제대로 쓰지 못하고 장수를 모아 놓았으나 합심하지 못하니, 그대로 두면 서로 제재하지 못하여 화의 실마리만 커집니다.[156] 장수들이 각자 나뉘어서 능력을 발휘하고 경쟁하게 한다면 공훈을 세울 수도 있을 것입니다. 사안에는 반드시 대응할 방도가 있으니 판단을 내린 후에는 의심하고 주저해서는 안 됩니다. 싸움을 그치게 하려면 떼어놓지 않으면 안 되고, 불을 끄려면 서두르지 않으면 안 됩니다. 폐하께서는 부디 도모하소서.

---

156 원문의 '여계(厲階)'는 화의 실마리라는 뜻이다. 『시경 · 대아(大雅) · 상유(桑柔)』에 "누가 화의 실마리를 만들었는가? 지금까지 병폐가 되고 있다[誰生厲階, 至今爲梗]."라고 하였다.

奉天奏李建徽楊惠元兩節度兵馬狀

懷光當管師徒, 足以獨制凶寇, 逗留未進, 抑有他由. 所患太強, 不資傍助. 比者又遣李晟, 李建徽, 楊惠元三節度之衆, 附麗其營, 無益成功, 秖足生事. 何則? 四軍接壘, 群帥異心, 論勢力則懸絶高卑, 據職名則不相統屬. 懷光輕晟等兵微位下, 晟等疑懷光養寇蓄姦, 端居則防飛謗, 欲戰則恐分功, 齟齬不和, 必不兩全.

舊寇未平, 新患方起, 憂危所切, 實堪疚心. 太上消慝於未萌, 其次救失於始兆, 況乎事情已露, 禍難垂成, 委而不謀, 何以寧亂? 制軍馭將, 所貴見情, 離合疾徐, 各有宜適. 當離者合之則召亂, 當合者離之則寡功, 當疾而徐則失機, 當徐而疾則漏策. 得其要, 契其時, 然後擧無敗謀, 措無危勢.

今者屯兵而不肯爲用, 聚將而罔能叶心. 留之不足以相制, 徒長厲階; 析之各競於擅能, 或建勳績. 事有必應, 斷無可疑. 解鬪鬥不可以不離, 救焚不可以不疾, 惟陛下圖之.

12. 어가가 양주(梁州)에 행차했을 때 오이와 과일을 진상한 사람을 관직에 의망한 일을 논하는 주장

❁ **해제**

홍원(興元) 원년(784) 2월, 당 덕종은 이회광을 태위(太尉)에 임명하고 철권(鐵券)을[157] 하사하였다. 그러나 이회광은 공을 세우고도 당 덕종을 만나지 못한 일로 앙심을 품게 되었고 철권을 던져버리고는 몰래 주차(朱泚)와 연합하여 반란을 일으켰다. 이로 인해 당 덕종은 급히 양주(梁州)로 파천하게 되었다. 도중에 한 백성이 오이와 과일을 진상하자 당 덕종은 기특하게 여기고 그에게 관직을 내리려고 하였다. 그러자 육지가 이 글을 올려 만류하며 관직의 의미에 대해 설명한 것이다.

신상(信賞)은 공을 세운 자에게 빠짐없이 보답하는 데 달려 있고, 필벌(必罰)은 죄를 지은 자를 빠짐없이 징계하는 데 달려 있습니다.[158] 공이 없는데 관직을 얻는다면 관직이 가벼워지고, 죄가 없는데 형벌을 받는다면 형벌이 문란해집니다. 관직과 형벌은 나라의 중대한 강령이니 강령이 하나라도 어지러워지면 온갖 조목이 모두 해이해집니다.

천보(天寶) 말엽에 총애를 받은 여인이 나라를 기울게 하여[159] 친밀한 사람에게 관직을 주고 총애하는 사람에게 상을 주자 천하가 방종해지며 기강이 문란해지기 시작하였습니다. 하사할 재물이 부족해지자 상으로 관직을 주는 풍조가 일어났고, 유공자에게 줄 관직이 부족해지자 산관(散官), 시관(試官)이라는[160] 호칭이 유행하였습니다. 청의(靑衣)와 주의

157 철권(鐵券)은 군주가 공신에게 하사하던 쇠로 만든 패(牌)로, 한 고조(漢高祖)가 공신들을 봉하는 데 사용하였던 것으로부터 유래하였다. 표면에는 공신의 이력과 은수(恩數)를 새기고 공을 기록하며, 안쪽에는 면죄(免罪)나 감록(減祿)을 새겨 나중의 화를 면하게 하였다. 반을 쪼개어 왼쪽은 공신에게, 오른쪽은 내부(內府)에 간직한다.

158 신상(信賞)은 공이 있는 사람에게 반드시 상을 주는 것이고, 필벌(必罰)은 죄를 범한 자에게 반드시 벌을 수는 것이다. 『한비자(韓非子)·외저설 우상(外儲說右上)』에 "신상필벌하면 싸우게 할 만하다[信賞必罰, 其足以戰]."라고 하였다.

159 당 현종(唐玄宗)이 총애하던 양귀비(楊貴妃)를 말한다.

160 산관(散官)은 품계(品階)만 있고 실직(實職)이 없는 벼슬이고, 시관(試官)은 정식으로 임명되지 않은 벼슬을 가리킨다.

(朱衣)를 입은 자가 아전들 사이에 섞이고 금어대(金魚袋)와 자의(紫衣)를[161] 천한 이들에게 널리 베풀었습니다. 향기 나는 풀과 악취 나는 풀을[162] 분별하지 않고 경수(涇水)와 위수(渭水)를[163] 구분하지 않은 지 이제 20년이 되었으나 여전히 바로잡지 못하고 있습니다.

지금의 병폐는 관직을 가볍게 여기는 것입니다. 법을 제정하여 관직을 귀하게 하더라도 중시하지 않을까 걱정인데, 만약 스스로 포기한다면 장차 무엇으로 사람들을 권면하겠습니까. 나라를 바로세우는 방도는 의리와 권력이고, 사람을 유인하는 방법은 명예와 이익입니다. 명예는 허명에 가깝지만 교화에서는 소중한 것이고, 이익은 실리에 가깝지만 덕목 중에서는 가벼운 것입니다.

재물을 하사하고 녹봉을 주는 것은 실리로 표창하는 방법이며, 등급에 차등을 두고 복식을 다르게 하는 것은 허명으로 아름답게 하는 방법입니다. 윗자리에 있는 사람은 반드시 그 의리를 분명히 알고 변화에 통달하여 서로 표리를 이루게 해야 합니다. 그리하여 사람들이 날마다 사용하면서도 모르게 하여야 국가의 권력을 얻을 수 있습니다.

삼가 살피건대, 법령에 실려 있는 관직에는 직사관(職事官), 산관(散官), 훈관(勳官), 작호(爵號)가 있습니다. 종류는 네 가지이나 직무를 맡고 녹봉을 받는 것은 오직 직사관 하나뿐이니, 이 직책으로 재주 있고 능력 있는 자의 차례를 정하고 어질고 덕 있는 자의 자리를 정합니다. 이것이 이른바 실리를 주면서 허명을 기탁하는 것입니다. 훈관, 산관, 작호 세 가지는 대체로 복색(服色)과 자음(資蔭)에[164] 그칠 따름이나 이 직책으로 높고 귀한 신분을 구분하고 많고 적은 공로를 구별합니다. 이것이 이른바 허명을 빌려 실리를 돕게 하는 것입니다. 허(虛)와 실(實)이 상보하므로 사람이 지나친 상을 받지 않고, 가벼운 것과 중한 것이 서로 견제하므로 나라는 권력을 잃지 않습니다.

지금의 원외(員外)와 시관(試官)은 훈관, 산관, 작호와 비슷하니, 칼날 사이를 뚫고 들어가 힘을 다해 싸운 사람에게 이 직책으로 상을 주어 보답합니다. 지금 어찌다 오이

161 금어대(金魚袋)는 삼품(三品) 이상의 관리가 몸에 차고 다녔던 물고기 모양의 장식이고, 자의(紫衣)는 품관(品官)들이 입던 자주색의 도포이다.

162 『춘추좌씨전·희공(僖公) 4년』에 "향내 나는 풀 하나와 악취 나는 풀 하나를 같이 두면 십 년이 지나도 냄새가 남는다[一薰一蕕, 十年尙有餘臭]."라고 하였다.

163 경수(涇水)와 위수(渭水)는 중국 산시성(陝西省)에 있는 강 이름인데, 경수는 탁하고 위수는 맑으므로 청탁(淸濁)과 시비(是非)를 비유한다.

164 자음(資蔭)은 선대의 공적에 따라 관직을 주는 것이다.

한 그릇을 바치거나 과일 한 바리를 들고 왔다는 이유로 시관에 제수하여 헌상품에 보답한다면, 저 칼날을 무릅쓰고 힘을 다해 싸운 사람들이 필시 서로 말하기를,

"나는 목숨을 돌보지 않은 대가로 이 관직을 얻었는데 이 사람은 오이와 과일을 바쳐 관직을 얻었다. 국가가 나의 목숨을 오이나 과일과 마찬가지로 여기는구나."

라고 할 것입니다. 오이와 과일은 식물입니다. 사람을 식물과 같이 여긴다면 누가 다시 국가를 위하여 힘쓰고자 하겠습니까.

오이를 심고 과일나무를 심는 사람은 대부분 시골 사람이며, 가난한 사람이 필요한 것은 옷과 음식뿐입니다. 굳이 그를 기쁘게 해주고 싶다면 돈과 비단으로 후하게 상을 주는 것이 낫습니다. 그렇게 하면 사람은 이익을 잃지 않고 나라는 권력을 잃지 않아 각기 마땅한 바를 얻으니, 양쪽이 각자의 보배를 보전할 것입니다.

駕幸梁州論獻瓜果人擬官狀

信賞在功無不報, 必罰在罪無不懲, 非功而獲爵則爵輕, 非罪而肆刑則刑褻. 爵賞刑罰, 國之大綱, 一綱或棼. 萬目皆弛. 天寶季年, 嬖幸傾國, 爵以情授. 賞以寵加, 天下蕩然, 紀綱始紊. 財賦不足以供賜, 而職官之賞興焉; 職員不足以容功, 而散試之號行焉. 青朱雜沓於胥徒, 金紫普施於輿皂, 薰蕕無辨, 涇渭不分, 二紀于玆, 莫之能整.

當今所病, 方在爵輕, 設法貴之, 猶恐不重, 若又自棄, 將何勸人? 立國之道, 惟義與權; 誘人之方, 惟名與利. 名近虛而於教爲重. 利近實而於德爲輕. 錫貨財, 賦秩廩, 所以彰實也; 差品列, 異服章, 所以飾虛也. 居上者必明其義, 達其變, 相須以爲表裏, 使人日用而不知, 則爲國家之權得矣.

謹按命秩之載于甲令者, 有職事官焉, 有散官焉, 有勳官焉, 有爵號焉. 雖其流有四, 然其掌務而授俸者, 唯繫於職事之一官, 以序才能, 以位賢德, 此所謂施實利而寓之虛名者也. 其勳散爵號三者, 所繫大抵止於服色資蔭而已, 以馭崇貴, 以甄功勞, 此所謂假虛名以佐實利者也. 虛實交相養, 故人不瀆賞, 輕重互相制, 故國不廢權.

今之員外試官, 頗同勳散爵號. 突銛鋒者, 以是賞之; 竭筋力者, 以是酬之. 今或捧瓜一器, 挈果一盛, 亦授試官, 以酬所獻, 則彼突銛鋒而竭筋力者, 必相謂曰: "吾以忘軀命而獲官, 此以進瓜果而獲官. 是乃國家, 以吾之軀命, 同於瓜果矣." 瓜果草木也. 視人如草木, 誰復爲用哉? 植瓜樹果, 多是野人, 貧者所資, 惟在衣食. 必欲使之歡欣, 不如厚賞錢帛, 人不失利. 國不失權. 各得所宜. 兩全其寶.

13. 흥원(興元) 연간에 이초림(李楚琳)을[165] 달래도록 청하는 주장

❁ 해제

반란을 일으킨 이초림을 달래어 포섭할 것을 청하는 글이다. 이초림은 주차(朱泚)의 부하로서 반란에 가담하였으며 봉상절도사(鳳翔節度使) 장일(張鎰)을 죽이고 스스로 봉상절도유후(鳳翔節度留后)를 자칭하였다. 주차의 반란이 진압되고 봉천의 포위가 풀리자 이초림은 여러 차례 당 덕종에게 사자(使者)를 보내고 조공을 바쳤으나 당 덕종은 그를 탐탁지 않게 여겼으므로 찾아온 사자를 만나보지 않았다. 신하들은 이초림이 기회를 엿보다가 다시 반란을 일으킬까 염려하였다. 육지는 이 글을 올려 이초림을 방비할 것을 권유하였고 당 덕종은 태도를 바꾸어 사자를 잘 대접하고 이초림을 위로하는 조서를 내렸다.

이초림은 어렵고 위급한 시기를 틈타 기하(岐下)에서[166] 소란을 일으켜 장수를 죽이고 흉적의 우두머리와 결탁하였습니다. 지금 그가 양쪽을 돌아보고 있는 것은 하늘이 그의 마음을 이끌어주었기 때문입니다.

한 고조(漢高祖)는 진평(陳平)의 행실이 좋지 않은 줄 알면서도 버리지 않았고,[167] 한

165 이초림(李楚琳)은 주차(朱泚)가 신뢰하는 부하 장수였다. 주차가 반란을 일으키자 이초림은 군사를 일으켜 절도사 장일(張鎰)을 죽이고 봉상절도유후(鳳翔節度留后)를 자칭하였다. 그러나 이초림은 매우 교활하여 주차와 연락하면서도 출병하여 돕지는 않고 형세를 관망하다가 기회를 기다려 움직이곤 하였다. 주차가 패하여 죽은 후에 반역에 동조하였던 원휴(源休)와 이자평(李子平) 등이 모두 봉상(鳳翔)으로 도주하자 이초림은 그들을 죽여서 그 수급을 봉천(奉天)의 행재소로 보내 공을 얻고자 하였다. 그 후 이초림은 여러 차례 사신을 보내어 조정에 재물을 바치면서 윤허를 얻어 절월(節鉞)을 획득하기를 요청하였다. 그러나 덕종은 이초림의 사람됨과 행실을 미워하여 이초림의 사자를 만나주지 않고, 혼감(渾瑊)을 봉상절도사(鳳翔節度使)로 삼으려고 하였다. 당시 한림학사였던 육지는 상주문을 올려 대란이 막 평정되었으므로 봉상 지역을 안정시키기 위해 이초림이 다른 마음을 먹지 않도록 달래야 한다고 간언하였다. 덕종은 그제야 이초림의 사신을 잘 대우하고 조서를 보내 안심시켰다.

166 기하(岐下)는 기산(岐山) 아래라는 뜻으로, 이초림이 난을 일으킨 봉상(鳳翔)이 기산과 가까우므로 이렇게 말한 것이다.

167 진평(陳平)은 한 고조(漢高祖)의 신하이다. 그가 장수들에게 금을 받은 사실이 알려지자 고조는 그를 추천한 위무지(魏無知)를 책망하였다. 그러자 위무지는 "신이 말한 것은 능력이고 폐하께서 물은 것은 행실입니다."라고 하였다. 결국 고조는 진평을 중용하였다. 『사기·진승상세가(陳丞相世家)』에 보인다.

신(韓信)이 스스로 왕이 되자 처음에는 분개하였으나 결국 제후에 책봉하였습니다.[168] 괴통(蒯通)은 이치를 따졌으나 목숨을 보전하였고,[169] 옹치(雍齒)는 원한이 쌓인 사람이었으나 먼저 상을 받았습니다.[170] 이것이 한 고조가 제업(帝業)을 이룰 수 있었던 이유입니다.

제 환공(齊桓公)은 허리띠의 고리를 쏘아 맞힌 적을 살려두었다가 재주를 보아 임용하고[171] 진 문공(晉文公)은 소매를 자른 이에 대한 원한을 풀어 재난을 모면하였습니다.[172] 이것이 환공과 문공이 패업(霸業)을 이룰 수 있었던 이유입니다. 그러하니 중요한 일에 당면하면 죄 있는 자라도 부득불 용납해야 하고, 시기가 맞으면 원수라도 부득불 등용해야 합니다.

폐하께서 기필코 평소의 행실을 자세히 따지시고 오래된 흠집을 뒤에라도 들추어내고자 하신다면, 과오를 고치더라도 허물을 보충하기 부족하고 스스로 새사람이 되어도 속죄하기에 부족합니다. 지금 장수들이 어찌 모두 흠결이 없겠습니까. 사람마다 깊이 살피고 성찰한다면 누군들 의심하고 두려워하지 않겠습니까.

공자가 이르기를,

---

168 한신(韓信)이 제(齊)나라를 점령한 뒤 가왕(假王)이 되기를 청하자 한 고조는 몹시 성을 내었다. 그러자 장량(張良)과 진평(陳平)이 한 고조의 발을 밟아 만류하고, 한신을 제왕(齊王)에 봉하도록 하였다. 『사기·회음후열전(淮陰侯列傳)』에 보인다.

169 괴통(蒯通)은 한신에게 모반을 권유한 인물이다. 한신이 잡혀 죽은 뒤 한 고조는 괴통을 삶아 죽이려 하였으나, 주인을 위해 충성을 다했을 뿐이라는 그의 말을 듣고 용서하였다. 『한서·괴통열전(蒯通列傳)』에 보인다.

170 옹치(雍齒)는 한 고조가 가장 미워하던 신하이다. 한 고조는 즉위한 뒤 장량(張良)의 계책을 받아들여 옹치를 먼저 십방후(什方侯)에 봉하였다. 그러자 동요하던 장수들이 모두 안정을 찾았다. 『사기·유후세가(留侯世家)』에 보인다.

171 춘추 시대 제(齊)나라 관중(管仲)의 고사이다. 제나라 공자 규(糾)와 소백(小伯)이 군주의 자리를 차지하기 위해 귀국하였는데, 공자 규를 섬기던 관중이 소백을 화살로 쏘았다. 화살은 소백의 허리띠 고리에 맞았으나 소백은 죽은 척하여 관중을 속이고 먼저 도성으로 들어가 군주의 자리에 올랐으니, 그가 환공이다. 환공은 포숙(鮑叔)의 건의에 따라 관중을 용서하고 재상으로 삼았다. 『사기·제태공세가(齊太公世家)』에 보인다.

172 춘추 시대 진(晉)나라의 여생(呂甥)과 극예(郤芮)가 대궐에 불을 질러 문공(文公)을 죽이려 하였다. 환관 피(披)가 이 사실을 알리고자 접견을 청하였으나, 문공은 과거에 피가 자신을 죽이려 한 일을 언급하며 "그때 너에게 소매를 잘린 옷이 아직도 남아 있으니 너는 떠나라."라고 하였다. 그러나 피가 관중의 고사를 거론하며 원한을 잊으라고 설득하자 문공은 마음을 돌려 접견을 허락하였다. 결국 문공은 피의 고변으로 위기를 벗어났다. 『춘추좌씨전·희공(僖公) 24년』에 보인다.

"어질지 않은 사람을 너무 심하게 미워하면 난리를 일으킨다."[173]

라고 하였고, 『서경(書經)·군진(君陳)』에 이르기를,

"완고한 사람에게 성을 내거나 미워하지 말라."

라고 하였습니다. 삼가 바라오니 반드시 영명한 군주의 큰 계책과 성인의 격언을 귀감으로 삼으소서. 어리석은 선비의 소소한 충성을[174] 택하심으로써 부흥의 위업을 무너뜨려서는 안 될 것이옵니다.

興元請撫循李楚琳狀

李楚琳乘時艱危, 俶擾岐下, 賊殺戎帥, 款結兇渠. 今能兩端顧望, 乃是天誘其衷. 知陳平無行而不棄, 忿韓信自王而遂封, 蒯通以析理獲全, 雍齒以積恨先賞, 此漢祖所以恢帝業也; 置射鉤之賊而任其才, 釋斬袪之怨以免於難, 此桓文所以弘霸功也. 然則當事之要, 雖罪惡不得不容; 適時之宜, 雖仇讎不得不用.

陛下必欲精求素行, 追抉宿疵, 則是改過不足以補愆, 自新不足以贖罪. 凡今將吏, 豈得盡無疵瑕? 人皆省思, 孰免疑畏? 孔子曰: "人而不仁, 疾之已甚, 亂也." 君陳曰: "無忿疾于頑." 伏願必以英主大略, 聖人格言爲元龜, 固不可納豎儒小忠, 以虧撓興復之業也.

---

173 『논어·태백(泰伯)』에 "용맹을 좋아하고 가난을 싫어하면 난리를 일으키고, 어질지 않은 사람을 너무 심하게 미워하면 난리를 일으킨다[好勇疾貧, 亂也, 人而不仁, 疾之已甚, 亂也]."라고 하였다.

174 작은 충성[小忠]은 사소한 일에 충성을 바쳐 군주에게 아첨하는 것을 말한다. 『한비자·식사(飾邪)』에 "작은 지혜는 일을 도모하게 할 수 없고, 작은 충성은 법을 주관하게 할 수 없다[小知不可使謀事, 小忠不可使主法]."라고 하였다.

14. 홍원 연간에 강공보(姜公輔)를[175] 풀어주도록 논하는 주장

❁ 해제

홍원 원년(784) 3월, 장녀 당안공주(唐安公主)가 죽자 당 덕종은 탑을 짓고 후하게 장사지내고자 하였다. 강공보가 표문을 올려 이 계획을 반대하자 당 덕종은 그가 강직함을 과시한다고 여겨 파직하려 하였다. 육지는 파직당할 위기에 처한 강공보를 구해주기 위해 이 글을 올려 그를 변호하였다.

강공보는 예전에 한림원에 있으면서 신과 오랫동안 같은 직분을 맡았습니다. 신이 지금 이치에 근거하여 변론하면 사당(私黨)을 비호한다는 혐의를 받을 것입니다. 그러나 성상의 뜻을 그대로 따른다면 군주의 잘못을 바로잡아야 하는 의리에 어긋납니다. 혐의를 받는 일은 자신의 몸에 우환을 끼치는 데 그치는 반면, 의리에 어긋나는 일은 실로 군주의 은혜를 욕되게 하는 것입니다. 자기 한 몸을 위해 군주를 잊는 것은 신하의 수치이고, 혐의를 벗겨주고 의리를 장려하는 것은 군주의 명철한 은혜입니다.

옛말에 이르기를,

"뜻을 따르는 것은 총애를 받는 길이요, 뜻을 거스르는 것은 미움을 받는 길이다."[176]

라고 하였습니다. 명철한 군주는 이 점을 알고서 성실하고 정직한 자를 가상히 여기고 직언으로 간언하는 자를 의롭게 여기며, 어리석고 천한 자를 용서하고 과장되고 허황된 자는 용납함으로써 직언을 장려하고 과실을 알려주기를 바랐습니다. 직언을 구하면 지혜가 더욱 커지고 과실을 알면 덕이 더욱 빛나게 됩니다.

쇠퇴하고 어지러운 나라의 어리석고 혼미한 군주는 과실을 숨기고 직언에 분개합니

---

175 강공보(姜公輔, 730~805)의 자는 덕문(德文)이고, 애주(愛州) 사람이다. 건중(建中) 4년(783) 10월, 주차(朱泚)가 반란을 일으켜 봉천을 공격하자 덕종을 호위하면서 책략을 내어 공을 세웠으므로 간의대부(諫議大夫) 겸 동중서문하평장사(同中書門下平章事)로 승진하였다. 그러나 이후 덕종이 장녀 당안공주(唐安公主)를 위해 탑을 짓고 후하게 장사지내려 하자 표문을 올려 반대하였으므로 덕종의 심기를 거슬러 폄적되었다. 정원(貞元) 21년(805) 순종(順宗)이 즉위한 후 강공보는 길주자사(吉州刺史)로 다시 기용되었으나 부임하기 전에 별세하였다.

176 『삼국지(三國志)·위기전(衛覬傳)』에 나오는 말이다.

다. 아첨하는 사람은 충성을 바친다고 여기고, 간언하는 사람은 악행을 들춰낸다고 여깁니다. 원망이 나라에 넘치는데도 귀로 들으려 하지 않고, 악명이 하늘을 찌르는데도 마음으로 깨달으려 하지 않습니다. 혼미한 군주는 나라가 거의 전복될 지경에 이르러도 여전히 잘못을 알지 못합니다.

패망한 자의 전철을 따르면 전복되지 않는 경우가 없고 성공한 자의 궤적을 따르면 흥성하지 않는 경우가 없습니다. 폐하께서는 해와 달처럼 명철하고 강과 바다처럼 도량이 넓으시니 간언을 거부하고 과오를 숨긴 걸왕(桀王)과 주왕(紂王)의 사특함을[177] 바로잡고, 좋은 말을 들으면 절하고 허물을 고친 우왕(禹王)과 탕왕(湯王)의 정성을[178] 따라야 할 것입니다.

선비는 현명하건 어리석건 모두 등용해야 마땅하고, 간언은 크건 작건 모두 개진하도록 힘써야 합니다. 여러 사람의 지혜를 자신의 지혜로 삼고 여러 사람의 마음을 자신의 마음으로 삼아야 합니다. 부지런히 의견을 묻고 받아들여 오직 선(善)을 추구하며, 심지어 비방하는 말이라도 들으려 하고 여론도 청취해야 합니다. 순무와 무의 뿌리가 맛이 없어도 캐야 하는 것처럼[179] 꼴 베고 나무하는 사람이 미천해도 의견을 물어보아야 합니다.[180] 지금 강공보는 꼴 베고 나무하는 사람이나 순무와 무에 비하면 더 훌륭하고 중요한 사람이 아니겠습니까! 설령 그가 비유한 말이 적당하지 않더라도 여론의 이야기보다는 낫지 않겠으며 지적한 말이 지나치게 격렬하더라도 비방하는 말보다는 낫지 않겠습니까.

---

177 걸왕(桀王)은 관용방(關龍逄), 이윤(伊尹) 등이 올린 간언을 따르지 않고 폭정을 행하다가 탕왕에게 토벌되었다. 『사기·은본기(殷本紀)』에 주왕(紂王)에 대해 "지혜는 간언을 물리칠 만하고, 말은 잘못을 꾸밀 만하다[智足以拒諫, 言足以飾非]."라고 하였다.

178 『서경·고요모(皐陶謨)』에 "우임금은 좋은 말을 들으면 절하고 옳다고 하였다[禹拜昌言曰兪]."라고 하였고, 『맹자·공손추 상(公孫丑上)』에 "우임금은 좋은 말을 들으면 절을 하였다[禹聞善言則拜]."라고 하였다. 『서경·중훼지고(仲虺之誥)』에 탕임금에 대해 "사람을 쓸 때는 자신과 같이 대우하시고 허물을 고칠 적에 인색하지 않으셨으며 관대하고 어질어서 백성이 모두 믿었습니다[用人惟己, 改過不吝, 克寬克仁, 彰信兆民]."라고 하였다.

179 『시경·곡풍(谷風)』에 "순무나 무를 캐는 것은 뿌리 때문만이 아니다[采葑采菲, 無以下體]."라고 하였다. 뿌리가 맛이 없다고 잎과 줄기를 버릴 수 없는 것처럼 사람의 용모가 볼품없다고 덕을 버려서는 안 된다는 뜻이다.

180 『시경·판(板)』에 "옛사람이 말하기를, 꼴 베고 나무하는 사람에게도 물으라 하였네[先民有言, 詢于芻蕘]."라고 하였다. 미천한 사람의 말도 받아들여야 한다는 뜻이다.

성상께서는 또 "탑을 짓는 비용은 매우 적으니 재신(宰臣)이 논의할 만한 일이 아니다."라고 하셨는데, 어리석은 신의 생각으로는 그렇지 않습니다. 이치가 옳은지 그른지를 물어야지 어찌 일의 크고 작음을 따지겠습니까. 만약 탑을 짓는 것이 옳다면 공사가 크더라도 그게 무슨 해가 되겠습니까. 만약 탑을 짓는 것이 그르다면 비용이 적더라도 그것을 말한 사람에게 무슨 죄가 있겠습니까.

작은 것은 큰 것의 조짐이요, 은미한 것은 장차 드러날 것의 싹입니다. 조금씩 흐르는 물을 막지 않으면 결국 뽕나무 밭이 바다로 변할 것이요, 처음 불이 붙었을 때 끄지 않으면 끝내 들판을 태울 것입니다. 물이 불어나고 불이 거세지면 그때는 어찌할 수 없습니다.

신하는 군주에게 공경하는 마음을 다하여 공경하고 사랑하는 마음을 다하여 사랑합니다. 공경하면 군주가 존귀하고 영화롭게 되기를 원하고, 사랑하면 군주가 허물과 악에 빠지는 것을 두려워합니다. 만방의 백성 중에 어진 자는 모두 그렇습니다. 하물며 조정의 반열에 있으면서 보필하는 직임을 맡은 신하는 군주가 욕되면 함께 욕되고 군주가 편안하면 함께 편안할 것입니다. 그러한 신하가 지금 말을 하지 않는다면 누가 또 말을 하겠습니까? 만약 간언이 허물을 지적하는 것이라면, 숙부의 심장을 가른 군주는 현명한 왕에게 비난을 받지 않았을 것입니다.[181] 만약 간언이 명성을 구하는 행위라면, 제 몸을 돌보지 않은 신하는 경전에 교훈으로 남지 않았을 것입니다.[182]

허물을 지적하여 강직함을 과시하는 신하보다 허물을 고쳐서 칭송을 받는 군주가 훌륭합니다. 간언을 올려 명성을 구하는 신하보다 간언을 받아들여 미덕을 이루는 군주가 훌륭합니다. 이 기회를 이롭게 쓴다면 많은 것을 얻을 수 있을 것입니다. 행여 신하가 허물을 지적한다는 이유로 성을 내어 고치지 않는다면 폐하께서는 직언을 싫어한다는 비난을 초래할 것입니다. 신하가 명성을 구한다는 이유로 쫓아내며 용납하지 않

181 은(殷)나라 주왕(紂王)을 말한다. 『사기·은본기(殷本紀)』에 따르면, 주왕의 숙부 비간(比干)이 주왕의 음란함을 간언하자, 주왕은 "성인(聖人)은 심장에 구멍이 일곱 개가 있다고 하는데 내가 보고자 한다."라고 하며 비간의 심장을 갈라 죽였다.

182 원문의 '비궁(匪躬)'은 신하가 자기 몸의 안위를 돌보지 않고 국사에 헌신하는 것을 말한다. 『주역·건괘(蹇卦)·육이(六二)』에 "왕의 신하가 충성을 다하는 것은 제 몸 때문이 아니다[王臣蹇蹇, 匪躬之故]."라고 하였다.

는다면 폐하는 간언을 거스른다는 비방을 받을 것입니다. 이렇게 되면 폐하의 허물은 가릴수록 더욱 드러나고, 강공보의 명성은 감출수록 더욱 드러날 것입니다. 과감하게 시행하기에는 잃는 것이 너무 큽니다. 하나는 얻지만 다른 하나를 잃으니 신중하지 않을 수 있겠습니까.

興元論解姜公輔狀

姜公輔頃在翰林, 與臣久同職任. 臣今據理辨直, 則涉於私黨之嫌; 希旨順承, 則違於匡輔之義. 涉嫌止貽於身患, 違義實玷於君恩. 徇身忘君, 臣之恥也; 別嫌獎義, 主之明也.

古語有之: "順旨者愛所由來, 逆意者惡所從至." 哲后興王, 知其若此, 諒直者嘉之, 訐犯者義之, 愚淺者恕之, 狂誕者容之, 招直言, 求過行. 招直則其智彌大, 求過則其德彌光. 唯衰亂之朝, 闇惑之主, 諱其過行, 忿其直言, 以阿諛爲納忠, 以諫爭爲揚惡. 怨讟溢於下國, 而耳不欲聞; 腥德達於上天, 而心不求寤. 迨乎顚覆, 猶未知非. 與敗同轍者罔不覆, 與成同軌者罔不昌. 以陛下日月之明, 江海之量, 自當矯癸, 辛拒諫飾非之慝, 協禹, 湯拜言改過之誠.

士無賢愚, 咸宜錄用; 言無大小, 皆務招延, 以衆智爲智, 以衆心爲心. 孜孜訪納, 唯善是求, 乃至求謗言, 聽輿誦. 葑菲不以下體而不采, 芻蕘不以賤品而不詢. 今公輔比於芻蕘, 葑菲, 豈不優且重哉? 縱使引喩非當, 不猶愈於輿誦乎? 矯激過深, 不猶愈於謗言乎?

聖旨又以 "造塔役費微小, 非宰臣所論之事", 下臣愚戇, 竊謂不然. 當問理之是非, 豈論事之大小? 若造塔爲是, 役雖大而作之何傷; 若造塔爲非, 費雖小而言者何罪? 夫小者大之漸, 微者著之萌. 涓涓不遏, 終變桑田; 燄燄靡除, 卒燎原野. 流煽已甚, 固無及矣.

臣子之於君父也, 盡其敬而敬焉, 盡其愛而愛焉. 敬則願及於尊榮, 愛則懼陷於過惡. 萬邦黎獻, 莫不皆然. 而況位列朝廷, 任當輔弼, 主辱與辱, 主安與安, 此而不言, 誰復言者? 若以諫爭爲指過, 則剖心之主, 不宜見罪於哲王; 若以諫爭爲取名, 則匪躬之臣, 不應垂訓於聖典.

指過以示直, 固不如改過以見稱; 進諫以取名, 固不如納諫之爲美. 因而利焉, 所獲多矣. 儻或怒其指過而不改, 則陛下招惡直之譏; 黜其取名而不容, 則陛下被違諫之謗. 是乃掩己過而過彌著, 損彼名而名益彰. 果而行之, 所失大矣. 一獲一失, 可不愼乎!

15. 흥원 연간에 적진에서 행재소(行在所)로 온 관원들에 대해 계속 해서 논하는 주장

❁ 해제

당 덕종은 적진을 빠져나와 행재소로 찾아온 관원들이 혹시 심중에 간악한 계획을 품고 있는 것은 아닐까 염려하였다. 육지는 이 글을 통해 행재소로 온 자들을 의심하지 말고 포상을 내려 은혜를 베풀어야 한다고 설득하였다.

백관의[183] 업무를 총괄하는 재상은 한 가지 직책을 담당하는 관리와 다르며, 만국을 소유한 천자는 백관을 다스리는 재상과는 또 다릅니다. 존귀한 자는 요체를 다스리고 비천한 자는 세목을 주관하며, 존귀한 자는 넓고 큰 것을 숭상하고 비천한 자는 가깝고 작은 것에 힘쓰는 법입니다. 그러하니 작은 일을 자세히 살피고 미미한 간계를 규찰하는 것, 이것은 담당 관리의 직분입니다. 만 가지 정무를 다스리고 여러 관장(官長)을 선발하며, 강령을 총괄하여 여러 조목이 모두 거행되도록 하고, 가까운 것을 명확히 하여 여러 방면에서 자연히 통용되도록 하는 것, 이것은 재상의 직분입니다. 어리석은 자와 지혜로운 자를 모두 용납하고, 큰일과 작은 일을 빠짐없이 하늘처럼 덮어주고 땅처럼 받아들이며, 면류관에 구슬과 솜을 드리워[184] 눈과 귀를 어둡게 하고,[185] 흠집이나 미움을 가려주고 힘써 포용하는 것,[186] 이것은 천자의 덕입니다.

성왕(聖王)은 천하가 넓어서 이목(耳目)이 두루 미치지 못한다는 것을 알았습니다. 그

183 원문의 '백규(百揆)'는 백관의 업무를 총괄하는 재상을 가리킨다. 『서경·순전(舜典)』에 "백규에 앉히시니 백규의 일이 제때에 펴졌다[納於百揆, 百揆時敘]."라고 하였다.

184 원문의 '수류(垂旒)'는 면류관(冕旒冠) 앞뒤에 구슬 줄을 드리우는 것으로, 삿된 것을 보지 않겠다는 뜻을 나타낸다. 『백호통의·불면(紼冕)』에 "구슬을 드리우는 것은 삿된 것을 보지 않기 위해서이다[垂旒者, 示不視邪]."라고 하였다. '주광(黈纊)'은 면류관의 양쪽 귓가의 좌우에 늘어뜨린 누런 솜으로, 참언을 듣지 않고 긴급하지 않은 말을 함부로 듣지 않으려는 뜻을 나타낸다.

185 『회남자·주술훈(主術訓)』에 "그러므로 옛 임금들은 면류관 앞에 구슬을 드리워 눈을 가리고, 누런 솜으로 귀를 막아서 총명함을 덮었다[故古之王者, 冕而前旒, 所以蔽明也, 黈纊塞耳, 所以掩聰]."라고 하였다.

186 『춘추좌씨전·선공(宣公) 15년』에 "하천과 연못은 더러운 것을 받아들이고, 산과 숲은 나쁜 것을 끌어안으며, 훌륭한 옥도 하자를 품고 있다. 나라의 임금이 더러운 것을 포용하는 것은 하늘의 도이다[川澤納汙, 山藪藏疾, 瑾瑜匿瑕. 國君含垢, 天之道也]."라고 하였다.

러므로 깨끗한 무위(無爲)의 마음으로 사물이 스스로 행하는 것을 보았습니다. 수많은 억조창생을 자신의 지혜와 힘으로 감당할 수 없음을 알았으므로 한결같이 지극하고 성실한 마음으로 불성실한 백성을 감동시켰습니다. 이와 다르게 행동하는 군주는 한 사람이 보고 듣는 것으로 천하의 변하는 모습을 모조리 알고자 하고, 한 사람이 생각하고 방비하는 것으로 억조창생의 간사한 속임수를 이기려 합니다. 그러나 지혜를 부리고 정신을 쓸수록 도에서 더욱 멀어집니다. 진시황(秦始皇)은 호위를 삼엄하게 하고 의심이 많았으나 형가(荊軻)가 음모를 실행하였고,[187] 광무제(光武帝)는 관대하고 후덕하였기에 마원(馬援)이 정성을 다하였습니다.[188] 이 어찌 마음을 비우고 남을 대하면 남도 따르고자 하고, 권모술수로 남을 다스리면 남이 끝내 다가오지 않는 것이 아니겠습니까.

성상께서는 지혜가 뭇사람보다 뛰어나 신하를 가볍게 대하는 마음이 있으며, 생각이 만 가지 정무에 두루 미쳐 홀로 세상을 다스리려는 뜻이 있습니다. 여러 계책을 두루 생각하여 지나치게 신중하게 방비하고, 여러 사람의 마음을 환하게 알아서 일이 일어나기 전에 살피십니다. 또한 백관을 엄격하게 구속하고 형벌에 의하여 통치하는 제도를 두셨으며, 위엄으로 사방을 제압하고 힘으로 약한 자를 이기려는 의지가 있습니다. 성상께서는 혼자 생각하고 결정하며 오로지 성상의 총명에 의지하십니다. 항복하는 자가 있으면 틈을 엿보는 것이라고 생각하시며, 진심을 다하려는 자가 있으면 유세하는 것이라고 여기십니다. 관군이 패배할 것이라고 논하는 자가 있으면 간사한 계책으로 훼방한다고 시기하시고, 흉적의 무리가 강하고 교활하다고 아뢰는 자가 있으면 적을 위해 과장하는 것이라 의심하십니다. 또 계책을 올리는 자가 있으면 말이 누설될까 봐 막으시고, 간언을 올리는 자가 있으면 비방을 퍼뜨릴까 봐 꺼리십니다.

백성의 마음은 점차 무너지고 도적의 난리는 더욱 커져 마침내 도성 안에 전쟁이 일어나 대궐을 지키지 못하게 되었습니다. 성상께서는 이러한 시기에 서둘러 큰 소리로

---

187 형가(荊軻)는 전국 시대 위(衛)나라 사람으로, 연(燕)나라 태자(太子) 단(丹)을 위해 자객이 되어 진시황(秦始皇)을 죽이러 갔으나 실패하였다. 『사기·자객열전(刺客列傳)』에 보인다.

188 마원(馬援)이 외효(隗囂)의 사자(使者)로 광무제를 만나러 갔을 때, 광무제는 평복을 입고 친구처럼 영접하였다. 마원은 그 정성에 감동하여 외효에게 돌아가지 않고 광무제의 신하가 되어 충성을 바쳤다. 마원이 62세 때 복파장군(僕波將軍)이 되어 교지(交趾)를 정벌하러 가게 되자, 광무제는 마원의 나이가 너무 많아 원정에 무리가 될까 걱정하였으나 마원이 말에 뛰어오르는 용맹을 보였으므로 광무제가 찬탄하며 허락하였다. 『후한서·마원열전(馬援列傳)』에 보인다.

하명하시어 만방에 사과의 뜻을 표하며 시기를 받은 충신들의 원망을 풀어주고 그중에서 특별히 강직한 자를 등용하여 높은 관직을 주셔야 합니다. 그리고 거짓으로 아첨한 죄를 규찰하고 그중에서 가장 간사하고 망령된 자의 죄를 물어 사형에 처해야 합니다. 이렇게 아랫사람을 다스린다면 누군들 감히 진심을 다하지 않겠으며, 이렇게 사람들을 포용한다면 누군들 복종하지 않겠습니까.

삼가 헤아리건대, 형건(邢建) 등의 무리는 필시 역적을 도운 무리가 아닐 것입니다. 설사 그들의 종적이 의심스럽더라도 법규를 잠시 완화하여 너그럽게 대해주시기 바랍니다. 아울러 능력을 헤아리고 사안에 따라 용서한다면 은택이 미치는 곳마다 백성들이 노래를 부르며 귀의할 것이니, 사방에 이러한 은택이 흐른다면 누군들 기뻐하며 받들지 않겠습니까.

興元論續從賊中赴行在官等狀

任總百揆者, 與一職之守不同; 富有萬國者, 與百揆之體復異. 蓋尊領其要, 卑主其詳; 尊尙恢宏, 卑務近細. 是以綀覈小事, 糾察微奸, 此有司之守也; 維禦萬樞, 選建庶長, 總綱而衆目咸擧, 明邇而群方自通, 此大臣之任也; 愚智兼納, 洪纖靡遺, 蓋之如天, 容之如地, 垂旒黈纊而黜其聽察, 匿瑕藏疾而務於包含, 此天子之德也.

聖王知宇宙之大, 不可以耳目周, 故淸其無爲之心, 而觀物之自爲也; 知億兆之多, 不可以智力勝, 故壹其至誠之意, 而感人之不誠也. 異於是者, 乃以一人之聽覽, 而欲窮宇宙之變態; 一人之防慮, 而欲勝億兆之姦欺. 役智彌精, 失道彌遠. 秦皇嚴衛雄猜, 而荊軻奮其陰計; 光武寬容博厚, 而馬援輸其款誠. 豈不以虛懷待人, 人亦思附; 任數禦物, 物終不親?

陛下智出庶物, 有輕待人臣之心; 思周萬幾, 有獨馭區寓之意. 謀呑衆略, 有過愼之防; 明照群情, 有先事之察. 嚴束百辟, 有任刑致理之規; 威制四方, 有以力勝殘之志. 獨斷宸慮, 專任睿明. 降附者意其窺覘, 輸誠者謂其遊說. 論官軍撓敗者, 猜其挾奸毁沮; 陳兇黨強狡者, 疑其爲賊張皇. 獻計者防其漏言, 進諫者憚其宣謗.

人心轉潰, 寇亂愈滋, 遂至轂下生戎, 宮闈不守. 儻陛下能於此際, 遽敷大號, 謝過萬方. 敘忠良見忌之冤, 而擧其尤鯁亮者, 加之厚秩; 糾阿諛不實之罪, 而數其極姦妄者, 處之大刑. 以此臨下, 誰敢不誠? 以此懷人, 何有不服?

竊料邢建等輩, 必非助逆之徒, 假如跡涉疑似, 亦望屈法裕人, 並量器能, 隨事甄貸, 惠澤所及, 謳歌乃歸, 流聞四方, 孰不欣戴!

16. 흥원 연간에 혼감(渾瑊),[189] 이성(李晟)[190] 등이 스스로 기회를 잡을 수 있도록 허락하기를 청하는 주장

❁ 해제

홍원 원년(784), 토번(吐蕃)의 상결찬(尙結贊)이 출병하여 도성 수복을 돕겠다고 하였다. 당 덕종은 군사가 적었던 혼감과 이성 두 장수로 하여금 토번의 도움을 받아 도성을 수복하도록 하였고, 그 전에 육지를 보내어 혼감과 이성의 군대를 자세히 살피고 와서 실정을 고하게 하였다. 육지는 명령에 따라 두 장수의 군대를 살피고 온 후 이 글을 올려 혼감과 이성에게 군대의 행정을 위임하도록 주청하였다.

장수의 귀중한 임무는 전담하여 책략을 짜고, 군대가 기발한 책략으로 승리하도록 하는 것입니다. 그러나 군사의 기무를 멀리서 제어하다 보면 변화의 때를 놓치기 쉽고 장수가 천자의 명령을 받아야 하면 위엄이 없어집니다.[191] 장수에게 병권을 나누어 주는 것은[192] 관여하지 않겠다고 맹세하는 것이고, 부월(斧鉞)을 주는 것은[193] 전담하여 결정하게 하는 것입니다. 군대가 패배하면 장수를 여러 사람 앞에서 죽이고 전쟁에서

---

189 혼감(渾瑊, 736~800)은 당나라의 명장이다. 원래 이름은 진(進)이고 고란주[皐蘭州, 지금의 영하(寧夏) 청동협(青銅峽) 남쪽] 출신으로 철륵족(鐵勒族) 혼(渾) 부족 사람이다. 곽자의(郭子儀)의 부장(部將)이었으나 연이은 전공으로 좌금오위대장군(左金吾衛大將軍)이 되었고 관직은 검교사도(檢校司徒), 중서령(中書令)에 이르렀으며 함녕왕(咸寧王)에 봉해졌다. 시호는 충무(忠武)이다.

190 이성(李晟, 727~793)의 자는 양기(良器), 조주(洮州) 임담[臨潭, 지금의 간쑤(甘肅)] 사람이다. 그는 처음에 변방의 말단 장수였으나 여러 차례 적을 진압하는 공을 세워 진급하였다. 흥원 원년(784), 이성은 장안(長安)을 수복하고 주차(朱泚)의 난을 평정한 공로로 삼진절도사(三鎭節度使)가 되고 서평군왕(西平郡王)에 봉해졌다. 『구당서(舊唐書)·이성전(李晟傳)』에 보인다.

191 『춘추좌씨전·민공(閔公) 2년』에 "군대의 통솔은 명령을 제정하는 데 달려 있을 뿐입니다. 임금께 여쭈면 위엄이 없고 마음대로 명령을 내리면 불효가 됩니다[師在制命而已, 稟命則不威, 專命則不孝]."라고 하였다.

192 원문의 '분곤(分閫)'은 궐문의 안팎을 나눈다는 말로 지방으로 출정하는 장군에게 병권을 나누어주는 것을 말한다. 고대에 임금이 출정하는 장수를 보낼 때 꿇어앉아 수레바퀴를 밀며 "궐문 안은 과인이 다스리고 궐문 밖은 장군이 다스린다[閫以內者, 寡人制之. 閫以外者, 將軍制之]."라고 한 데서 유래하였다. 『사기·풍당열전(馮唐列傳)』에 보인다.

193 부월(斧鉞)은 작은 도끼와 큰 도끼로, 출정하는 장수에게 생살권(生殺權)을 부여한다는 뜻에서 주던 것이다. 『예기·왕제(王制)』에 "제후는 천자가 활과 화살을 하사해야 정벌할 수 있고 부월을 하사해야 사람을 죽일 수 있다[諸侯賜弓矢然後征, 賜鈇鉞然後殺]."라고 하였다.

승리하면 장수의 공훈을 기록합니다. 이것이 형벌을 사용하지 않아도 군율이 바로 서고 수고롭게 마음을 쓰지 않아도 무공(武功)을 이루는 방법입니다.

혹자는 위임하기를 주저하며 자신이 통제하고 결단하는 것을 큰 권한이라고 여기고, 책임을 맡기지 않은 채 지휘하는 대로 따르는 사람을 좋은 장수라고 여깁니다. 그리하여 들판에서 창칼이 교차하는데 구중궁궐에서 계책을 짜고, 잠깐 사이에 기미가 변하는데 천 리 밖에서 책략을 정하게 됩니다. 명령을 어기면 순종하지 않는 것이 되고, 명령을 따르자니 기회를 놓칩니다. 순종하지 않으면 군주의 위엄이 훼손되고, 기회를 놓치면 군주의 백성이 패배합니다. 윗사람은 훼방을 놓는다는[194] 비난을 받고 아랫사람은 패전을 책임질 의지가 없으니,[195] 지금의 일은 이런 상황과 절실하게 관련되어 있습니다.

진(秦)과 양(梁) 지역은 길이 구불구불하며 천 리나 멀리 떨어져 있습니다. 먼 곳의 장수를 위엄으로 대하자니 그 세력을 제어할 수 없고, 계책을 전달하자니 거리가 멀어 정밀하지 못합니다. 설사 그 와중에 마음대로 명을 어기는 자가 있더라도 폐하께서 즉시 명을 어긴 죄를 물어 그를 죽일 수 있겠습니까? 신은 그럴 수 없으리라 우려하는 바입니다. 폐하께서 즉시 군사를 빼앗고 장수를 바꿀 수 있겠습니까? 신은 이 역시 그럴 수 없으리라 우려하는 바입니다. 이렇게 되면 명을 어기는 자에게 벌을 시행할 수 없고 명을 따르는 자에게도 적절한 보상을 할 수 없을 것이니, 비단 이익이 없을 뿐만 아니라 실로 손해가 막심합니다.

폐하께서는 신중히 말씀하시어 말에 무게를 두시고, 간곡히 부탁하여 정성을 보여야 할 것입니다. 말에 무게가 있으면 군주의 도가 높아지고, 정성껏 부탁하면 사람의 마음이 감동합니다. 군주가 높아지면 엄하지 않아도 사람들이 복종하고 사람들이 감동

194 원문의 '철주(掣肘)'는 남의 팔꿈치를 잡아당긴다는 말로, 공연히 다른 사람의 일에 간섭하여 마음대로 하지 못하게 훼방을 놓는다는 뜻이다. 노(魯)나라 복자천(宓子賤)이 단보(亶父)의 수령으로 임명되어 떠나갈 적에 임금에게 요청하여 글씨를 잘 쓰는 사람 두 명을 데려갔다. 고을의 아전들이 모두 모였을 때 그들에게 글씨를 쓰게 하고는, 글씨를 쓰려고 하면 옆에서 팔꿈치를 잡아당기고, 글씨를 잘못 쓰면 또 화를 내었다. 이들이 사직하고 돌아가 임금에게 자초지종을 고하니, 임금은 복자천의 의도를 깨닫고 간섭하지 않았다. 『여씨춘추(呂氏春秋)·구비(具備)』에 보인다.

195 원문의 '사수(死綏)'는 군대가 패하면 죽음으로 패전을 책임진다는 뜻이다. 『사마법(司馬法)』에 "장군은 수레에 오르는 끈을 잡고 죽는다[將軍死綏]."라고 하였다.

하면 명령하지 않아도 일이 이루어집니다. 그러한 형세라면 지혜로운 자는 마음껏 지모를 부리고 용감한 자는 마음껏 힘을 쓸 것이며, 높고 낮은 지위의 사람들이 모두 직분을 다하고 어질고 어리석은 자들이 각자 뜻을 이룰 것입니다. 장수는 스스로 충성을 다하고 병사들은 즐거이 전장에 나아갈 것이니 구속과 통제를 못 이겨 어쩔 수 없이 따르는 자와 비교한다면 그 의지와 기운이 어찌 백 배 차이에 그치겠습니까.

군주의 권한이 신하와 특별히 다른 점은 자신을 쓰지 않고 사람을 쓰는 데 있습니다. 그 요령은 백성의 마음을 따르는 데 있고 비결은 시대의 변화에 통달하는 데 있습니다. 지금 그 요령과 비결을 여기에 제법 갖추어 서술하였으니, 깊이 생각해보신다면 아마 취할 점이 있을 것입니다.

興元請許渾瑊李晟等自取機便狀

將貴專謀, 兵以奇勝. 軍機遙制則失變, 戎帥稟命則不威. 分之於閫, 誓莫干也; 授之以鉞, 俾專斷也. 軍敗則死衆, 戰勝則策勳, 不用刑而師律貞, 不勞慮而武功立.

其或疑於委任, 以制斷由己爲大權; 昧於責成, 以指麾順旨爲良將. 鋒鏑交於原野, 而決策於九重之中; 機會變於斯須, 而定計於千里之外. 違令則失順, 從令則失宜. 失順則挫君之嚴, 失宜則敗君之衆. 上有掣肘之譏, 下無死綏之志, 當今事宜, 所繫尤切.

秦, 梁迴繚, 千里而遙, 臨之以威, 則力勢不制; 授之以策, 則阻遠不精. 設使其中或有肆情干命者, 陛下能於此時戮其違詔之罪乎? 臣竊恐未能也; 陛下復能奪其兵而易其將帥乎? 臣亦恐未能也. 是則違命者既不果行罰, 從命者又未必合宜, 匪唯無益, 其損實多.

陛下宜愼其言以取重, 深其托以示誠. 言見重則君道尊, 托以誠則人心感. 尊則不嚴而衆服, 感則不令而事成. 其勢當令智者騁謀, 勇者奮力, 小大咸極其分, 賢愚各適其懷, 將自效忠, 兵自樂戰. 與夫迫於驅制, 不得已而從之者, 志氣何啻百倍哉! 夫君上之權, 特異臣下者, 唯不自用, 乃能用人. 其要在順於物情, 其契在通於時變. 今之要契, 頗具於茲, 儻蒙究思, 或有可取.

17. 흥원 연간에 중관(中官) 및 조관(朝官)에게 정난공신(定難功臣)의 이름을 하사한 일을 논하는 주장

❁ 해제

당 덕종이 봉천으로 파천하였을 때 어가(御駕)를 따랐던 중관(中官) 및 조관(朝官)을 정난공신(定難功臣)으로 봉하는 일의 부당함을 논한 글이다.

신이 듣기로 상으로는 공적을 칭찬하고 명예로는 행적을 드러낸다고 하였습니다. 상이 공적과 맞지 않으면 충성의 결과를 저버리는 것이고 명예가 행적을 넘어서면 분에 넘치는 짓을 하는 폐단이 일어나니, 한편으로는 국권을 흔들기에 충분하고 한편으로는 풍속을 어지럽히기에 충분합니다.

얼마 전 봉천에 어가가 머물며 환난이 임박하였을 때, 마침내 흉악한 역적을 물리친 것은 실로 무신(武臣)들 덕택이었습니다. 폐하께서 난리를 평정한 공훈을 표창하고 특별히 공신의 칭호를 내리신 것은 명분과 실상이 부합하고 일이 시기에 맞습니다.

대궐에서 가까이 모시는 자들이나 조정의 반열에서 자리만 채우고 있는 신하들로 말하자면, 비록 분주하고 공손하게[196] 각자 자기 직분을 수행하긴 하였으나 적을 몰아내고 토벌하는 것은 본디 맡은 소임이 아닙니다. 그들은 위험을 보고도 돕지 못했으니 어찌 공신이라 하겠으며, 도적을 깊숙이 불러들였으니 누가 난리를 평정했다고 하겠습니까? 난(難)을 겪기는 했지만 정(定)은 무슨 근거로 하시는 말씀입니까? 수고한 일은 있다 할지라도 어찌 공이 있다고 하겠습니까?

신은 조정 관원의 반열에 있는 것도 과분한데 또 공신의 이름을 하사받는 대상에 포함되기까지 하였습니다. 스스로 헤아려보아도 안 되는 줄 알겠는데, 하물며 공론은 어떠하겠으며 갑주를 입고 싸운 군사들은 어떻게 생각하겠습니까? 사람들은 반드시 폐하께서 가까운 자를 지나치게 사랑하고 여러 관사(官司)를 두루 포용하려고 한 결과라

196 원문의 '각거(恪居)'는 공손하다는 뜻으로 관리가 공손하게 자신의 직분을 다하는 것을 말한다. 『춘추좌씨전·양공(襄公) 23년』에 "공경히 아침저녁으로 문안하고 신중하게 관직을 수행하였다[敬共朝夕, 恪居官次]."라고 하였다.

고 생각할 것입니다. 이는 필시 전사들의 분발하는 마음을 꺾고 훈신들의 원망하는 분위기를 만들 것입니다.

기뻐하는 자는 적고 자만하는 자는 많으니 헛된 명예를 주고서 실질을 잃을 것이요, 신하의 과시하는 마음만 만족시키고 국가의 큰 계책을 병들게 할 것입니다. 이익과 손해가 명료하니 분별하기 어렵지 않습니다.

한 고조(漢高祖)는 호걸을 제압하고 당 태종(唐太宗)은 세상을 평정하였습니다. 천하가 안정된 뒤 공훈을 논하였는데, 그중에 남다른 공적을 이룬 소하(蕭何)와 조참(曹參)이 있었고[197] 원대한 계책을 세운 방현령(房玄齡)과 두여회(杜如晦)가 있었습니다.[198] 이들이 세운 공격과 수비의 전략은 남과 비교할 수 없을 정도로 탁월했습니다. 그런데도 장수들은 소하 등이 패현(沛縣) 풍읍(豐邑)의 고향 친구라고 일컫고, 방현령 등은 문서나 작성하는 아전이라고 하며 수긍하지 않고 자못 기세등등하게 반대했습니다.[199] 심지어 소매를 걷고 하늘을 가리키기도 하고 칼을 뽑아 기둥을 찍기도 했으며, 마주보고 이야기하며 반란을 모의하기도 하고[200] 떠들썩하게 원통함을 호소하기도 했습니다.[201]

더구나 지금은 나라의 행보가 여전히 어렵고 교화가 아직 미흡한 때입니다. 공적이

---

197 소하(蕭何)와 조참(曹參)은 모두 유방(劉邦)을 보좌하여 한나라를 세운 개국 공신으로, 차례로 상국이 되어 협력하며 국정을 보좌하였다. 소하가 제정한 법을 조참이 변경하는 일 없이 그대로 준수하였다는 '소하가 만들고 조참이 따른다[蕭規曹隨].'라는 고사가 『사기·조상국세가(曹相國世家)』에 보인다.

198 방현령(房玄齡)과 두여회(杜如晦)는 당 태종(唐太宗) 때의 개국공신이다. 방현령은 책략에 뛰어나고 두여회는 결단을 잘 내렸기에 서로 협력하여 태평성대를 이루었다는 '방모두단(房謀杜斷)'의 고사가 『구당서·방현령두여회전(房玄齡杜如晦傳)』에 보인다.

199 한 고조는 패현(沛縣) 풍읍(豐邑) 출신으로 소하(蕭何)와 조참(曹參) 역시 이곳 출신이다. 고조가 제위에 오른 뒤 이들을 비롯한 20여 인을 대공신(大功臣)에 봉하자 장량(張良)이 문제를 제기하며 "지금 폐하께서 천자가 되어 봉한 사람은 모두 소하, 조참처럼 친애하는 옛 친구입니다."라고 하였다. 이는 『사기·유후세가(留侯世家)』에 보인다. 또 당 태종이 공신을 봉한 뒤 신하들에게 의견을 구하자 회안왕(淮安王) 이신통(李神通)이 "의병을 일으켰을 때 신의 군사가 가장 먼저 왔는데, 방현령 등은 문서나 작성하는 아전으로서 1등 공신이 되었으니 신은 수긍할 수 없습니다."라고 하였다. 이는 『구당서·방현령열전(房玄齡列傳)』에 보인다.

200 한 고조가 낙양(洛陽)의 남궁(南宮)에서 귓속말을 하며 반란을 도모하던 장수들을 목도하고 장량에게 연유를 물으니, 장량은 "천자가 되신 후, 봉해진 자들은 다 옛 친구들이고 죽임을 당한 자들은 모두 원한이 있던 자들이었습니다. 그러므로 이들이 서로 모여 반란을 도모하는 것입니다."라고 하였다.

201 당 태종이 공신을 봉한 뒤 장군 구사리(丘師利) 등이 자신의 공을 과시하며 소매를 걷고 하늘을 가리키기도 하고 손으로 땅에 금을 긋기도 하며 격렬히 따진 일이 있다. 이는 『구당서·방현령열전(房玄齡列傳)』에 보인다. 또 한 고조가 진나라의 가혹한 법을 폐지하고 간편한 법을 제정한 뒤 연회를 열었는데, 신하들이 술을 마시며 공을 자랑하다가 취하여 함부로 이름을 부르기도 하고 칼을 뽑아 기둥을 치기도 하였다. 이는 『사기·숙손통열전(叔孫通列傳)』에 보인다.

있는 자를 표창해도 미덥지 않을까 걱정인데 공적도 없는 자를 표창한다면 비난받는 것이 당연합니다. 우선 적이 평정되기를 기다렸다가 녹훈하셔도 늦지 않을 것입니다.

論中官及朝官賜名定難功臣狀

臣聞賞以懋庸, 名以彰行. 賞乖其庸, 則忠實之效廢; 名浮於行, 則濆冒之弊興. 一足以撓國權, 一足以亂風俗. 頃以駐蹕奉天, 迫於患難, 竟攘凶逆, 實賴武人, 遂旌定難之勳, 特賜功臣之目, 名頗符實, 事亦會時. 至如宮闈近侍, 班列具臣, 雖奔走恪居, 各循厥職, 而驅除翦伐, 諒匪所任. 見危無補, 曷謂功臣; 致寇方深, 孰云定難? 難則當之, 定將安據; 勞或有矣, 功其謂何?

臣忝搢紳之列, 又當受賜之科, 竊自校量, 猶知不可, 而況於公議乎? 況於介胄之士乎? 人必謂陛下溺愛近習, 汎該群司, 必將沮戰士激勵之心, 結勳臣憤恨之氣. 所悅者寡, 所慢者多, 所與者虛名, 所失者實事. 所悅者臣卜之夸志, 所病者國家之大猷. 利害皎然, 不爲難辨.

漢高之制服雄豪, 太宗之削平區寓, 天下旣定, 乃論功勳. 有蕭, 曹之殊庸, 有房, 杜之碩畫, 戰守經略, 倬乎殊倫. 猶謂豐, 沛故人, 刀筆文吏, 諸將不服, 頗相訐揚. 乃至攘袂指天, 拔劍擊柱, 偶語謀反, 諠譁訟冤. 矧今國步猶艱, 王化未洽, 當功而獎, 尙恐未孚, 獎又非功, 固宜見誚. 且俟賊平, 甄錄非晚.

18. 흥원 연간에 흩어진 나인을 모으는 일을 논하는 주장

❁ 해제

당 덕종은 변란이 어느 정도 진정되자 장군 혼감(渾瑊)에게 봉천으로 와서 흩어진 나인들을 찾아 모아 행재소로 보내라는 명령을 내렸다. 육지는 이 글을 올려 그 명령의 부당함을 지적하였다.

폐하의 지극한 정성이 하늘과 땅을 움직이고 깊은 후회가 귀신과 사람을 감동시켰으므로 모든 신령이 복을 내리고 만백성이 덕에 귀의하였습니다. 역적의 우두머리가 비로소 평정되어 어가가 곧 돌아가게 되자, 가까운 교외로부터 먼 세상 끝까지 온갖 부역으로 피폐해진 백성과 중상을 입고 지친 병졸들이 모두 죽음을 무릅쓰고 병든 몸을 일으켜 세웠습니다. 그들은 모두 귀를 기울이고 어깨를 움츠린 채 덕음(德音)을 듣고자 하며 성상의 은택을 바라고 있습니다.

폐하께서는 도적을 초래한 일을 경계로 삼으시었고 높은 자리의 위태로움을 아십니다. 그리고 통치에 힘쓰고자 걱정하시고 말씀의 권위를 회복할 일을 시급히 여기고 계십니다. 그러나 줄이고 줄여도 사치하는 풍조가 쉽게 퍼질까 두렵고, 어렵고 어려운 상황이라도 경계하고 삼가는 태도가 오래가지 못할까 걱정입니다. 도모할 때 시작이 완벽하더라도 잘 마치는 경우가 드문데, 처음부터 잘 도모하지 않는다면 어떻게 끝이 좋겠습니까.

나인이라는 칭호를 가진 이들은 중궁(中宮)의 말단에 해당합니다. 존귀한 천자는 황궁(皇宮)을 소유하는 부(富)를 가지고 있으니, 이와 같은 무리는 원래 그 수가 많은 법입니다.[202]

원흉을 제거한 지 아직 12일도 지나지 않았고 경하드리고자 분주히 오는 사람들이 길에 이어지고 있습니다. 어찌 스스로 군주의 덕을 손상시키며 먼저 여인네들부터 찾

202 『서경·중훼지고(仲虺之誥)』에 "어진 이를 홀대하고 권세가에게 붙는 무리가 참으로 많다[簡賢附勢, 寔繁有徒]."라고 하였다.

아야 하겠습니까. 또 나인들에게 여비를 마련해주고 속히 행재소로 보내라고 하신 일을 수많은 눈이 보았고 여러 사람의 입을 통해 퍼졌습니다. 이는 성상에게 경하하고 의지하는 마음에[203] 답하고 백성들의 새로운 정치에[204] 대한 바람에 부응하는 조치는 아닐 것입니다.

무왕(武王)이 은(殷)나라를 정벌한 뒤 미처 수레에서 내리기 전에 한 일이 있고 수레에서 내린 뒤에 한 일이 있다고 하였으니, 먼저 할 일과 나중에 할 일을 혼동하지 않은 것을 찬미한 말입니다.[205]

지금 당장 힘써야 할 일은 속히 대신을 파견하여 소식을 먼저 전하게 하고 신주(神主)를 맞아들이며 교외의 제단을 수선하여 제사를 지내고 사죄의 뜻을 고하는 것입니다. 그런 다음에 절의를 지켜 죽은 사람을 조문하고 공적을 세운 사람을 위로하며, 백성을 다독여 모이게 하고 원로를 우대해야 합니다. 뒤집히고 기울어진 것을 안정시키고 적의 위협에 못 이겨 따랐던 사람들을 관대히 용서해야 합니다. 억울한 사람들의 원한을 풀어주고 충성스럽고 강직한 사람을 표창하며, 할 일을 잃은 선비에게 벼슬을 주고 생업을 포기한 사람을 다시 일으켜야 합니다. 이와 같은 일들은 모두 먼저 해야 하는 일이니 나중에 해서는 안 됩니다. 복식과 기물을 꾸미고 전각과 누대를 수선하며 귀와 눈을 즐겁게 해줄 사람을 채우고 수건과 빗을 들고 모실 사람을 뽑는 것은 모두 나중에 해야 할 일이니 먼저 해서는 안 됩니다.

나중에 해야 할 일을 먼저 하면 임금 노릇하는 도리를 잃고, 먼저 해야 할 일을 나중에 하면 나라를 다스리는 의리에 어긋납니다. 옛날에 나라를 일으킨 제왕들은 반드시 이 점을 주의하였으니, 폐하께서 장차 부흥에 힘쓰고자 하신다면 또 어찌 주의하지 않

---

203 원문의 '경뢰(慶賴)'는 경하하고 의지한다는 뜻이다. 『서경·여형(呂刑)』에 "임금 한 사람이 선정을 베풀어 경사가 있으면 만백성이 거기에 의지하여 그 편안함이 영원할 것이다[一人有慶, 兆民賴之, 其寧惟永]."라고 하였다.

204 원문의 '유신(維新)'은 새로운 정치를 편다는 뜻으로, 국가의 위기를 극복하여 나라를 부흥시키는 것이다. 『시경·문왕(文王)』에 "주나라가 비록 오래된 나라이나, 하늘의 명이 새롭게 되었다[周雖舊邦, 其命維新]." 라고 하였다.

205 주 무왕(周武王)이 은나라를 정벌한 뒤 수레에서 내리기 전에 황제(黃帝)의 후손을 계(薊)에, 요(堯)의 후손을 축(祝)에, 순(舜)의 후손을 진(陳)에 봉하였다. 수레에서 내린 뒤에는 하후씨(夏后氏)의 후손을 기(杞)에 봉하고 은나라의 후손을 송(宋)으로 보냈으며, 왕자 비간(比干)의 묘소를 조성하고 갇혀 있는 그의 아들을 풀어주었다. 『예기·악기(樂記)』에 보인다.

을 수 있겠습니까?

게다가 나인들이 흩어져 사라진 지 이미 여러 달이 지났으므로 전란 중에 필시 장졸들의 소유가 되었을 것입니다. 그 사람들이 만약 조금이라도 지각이 있다면 나인들을 찾지 않아도 스스로 바칠 것이고, 만약 몹시 무지하다면 나인들을 찾아도 그저 걱정거리를 만들 뿐입니다.

옛사람이 끊어진 갓끈을 감추어주고 말을 훔쳐간 사람에게 술을 준 이유가 어찌 애정을 잊었기 때문이겠습니까.[206] 군주의 체통을 알았기 때문에 그러했던 것입니다. 명철한 자는 작은 일로 큰일을 방해하지 않습니다. 바라옵건대 폐하께서는 위태로웠던 시기를 생각하여 나라를 안정시키는 일을 마치 못 닿을 것처럼 간절히 바라시고, 난리를 잊은 채로 다시 나라를 잃어버리는 일을 마치 뜨거운 물을 만지는 것처럼 놀라며 경계하소서. 그러면 덕이 제왕들의 본보기가 되고 통치는 그에 따라 화평하게 이루어질 것입니다. 안일과 욕망을 탐하다가 재앙의 덫을 밟는 것과 비교한다면 그 이익과 손해의 차이가 너무나 크다고 할 수 있습니다.

興元論取散失內人等狀

陛下至誠動於天地, 深悔感於神人, 百靈降康, 兆庶歸德. 渠魁始平, 法駕將返, 近自郊甸, 遠周寰瀛, 百役疲瘵之甿, 重傷殘廢之卒, 皆忍死扶病, 傾耳竦肩, 想聞德聲, 翹望聖澤.

陛下以致寇爲戒, 以居上爲危, 以務理爲憂, 以復言爲急.[207] 損之又損, 尙懼汰侈之易滋; 艱之惟艱, 猶患戒愼之難久. 謀始盡善, 克終已稀, 始而不謀, 終則何有? 夫以內人爲號, 蓋是中壼末流, 天子之尊, 富有宮掖, 如此等輩, 固繁有徒.

翦除元惡, 曾未浹辰, 奔賀往來, 道路如織. 何必自虧君德, 首訪婦人? 又令資裝, 速赴行在, 萬

206 초 장왕(楚莊王)이 신하들과 연회를 즐기는데 바람이 불어 촛불이 꺼졌다. 누군가 이 틈을 이용하여 장왕이 총애하는 미인에게 입을 맞추자 미인이 그의 갓끈을 잡아 끊고 장왕에게 알려 범인을 잡게 하였다. 그러나 장왕은 자리에 있던 모든 이에게 갓끈을 끊으라고 명하였다. 이는 『설원(說苑)』에 보인다. 진 목공(秦繆公)이 아끼던 준마를 잃고 찾아다니다가 야인(野人)들이 준마를 잡아먹으려 하는 것을 발견하였다. 목공은 웃으며 "말고기를 먹는데 술을 마시지 않으면 몸이 상할까 걱정된다."라고 하며 그들에게 술을 먹이고 떠났다. 이는 『여씨춘추』에 보인다.

207 '言'은 중화서국 『육지집』에는 '宮'으로 되어 있다.

目閱視, 衆口流傳, 恐非所以答慶賴之心, 副惟新之望也. 武王克殷, 有未及下車而爲之者, 有下車而爲之者, 蓋美其不失先後之宜也.

當今所務, 宜速遣大臣, 馳傳先往, 迎復神主, 修整郊壇, 展禋享之儀, 申告謝之意. 然後吊恤死義, 慰犒有功, 綏輯烝黎, 優問耆耋, 安定反側, 寬宥脅從, 宣暢鬱堙, 褒獎忠直, 官失職之士, 復廢業之人, 是皆宜先, 不可後也. 至如崇飾服器, 繕緝殿臺, 備耳目之娛, 選巾櫛之侍, 是皆宜後, 不可先也.

宜後而先, 則爲君之道喪; 宜先而後, 則理國之義差. 古之興王, 必愼於此, 陛下將務興復, 又安可不愼乎? 且散失內人, 已經累月, 旣當離亂之際, 必爲將卒所私. 其人若稍有知, 不求當自陳獻; 其人若甚無識, 求之適使憂虞.

昔人所以掩絶纓而飮盜馬者, 豈必忘其情愛? 蓋知爲君之體然也. 以小妨大, 明者不爲. 願陛下企思危固國如不及, 懲忘亂喪國如探湯, 德爲帝範, 理致時雍. 與夫貪逸欲而踐禍機, 其利害亦云遠矣.

19. 어가(御駕)가 환도(還都)하려 할 때 출발하는 날짜를 논하는 주장

❁ 해제

당 덕종은 서둘러 환도를 준비하도록 하고 출발할 날짜까지 정하였다. 그러나 예정한 날짜는 마침 우기에 해당하여 행차하기에 좋지 않았다. 육지는 이 글을 올려 장마도 내리고 길도 험하니 어가가 환도하는 날짜를 미룰 것을 청하였다.

폐하께서 앞서 칙지를 내리시어 출발할 날을 이미 정하셨고 담당 관리가 명을 받들 준비도 대략 끝났다고 합니다. 다만 장마가 한창 심하여 길이 험하므로 여러 사람이 모두 걱정하면서도 감히 아뢰지 못하고 있습니다. 지금 출발일이 점차 다가오는데 먹구름은 여전히 짙게 드리웠으니, 높고 낮은 관원들이 수군거리며 갈수록 걱정하고 두려워하고 있습니다.

포곡(褒谷)과 사곡(斜谷)은[208] 험준하여 평소에도 가기 무서운 길로 일컬어집니다. 산꼭대기 바위를 따라 좁은 길이 나 있고 깎아지른 절벽에 위태로운 잔도(棧道)가 매달려 있습니다. 백 리 사이에 험한 곳이 수없이 많고, 하루 가는 길에 물을 서너 번 건너야 하는 곳도 있습니다. 장마가 계속되면 여러 봉우리에서 물이 쏟아지고 커다란 바위가 무너져내려 어마어마한 굉음이 끊이지 않습니다. 깊은 골짜기에 물이 넘쳐흐르면 오도 가도 못하게 됩니다. 이러한 일은 힘으로 버티거나 계책으로 막을 수 있는 것이 아닙니다.

필부가 혼자 말을 타고 가더라도 많은 장애물을 넘어가야 하는데, 하물며 만승천자가 시기를 정하여 행차하고 모든 관원이 그림자처럼 뒤를 따르는 상황에서 뜻하지 않은 위험을[209] 넘기고 막을 수 없는 재앙을 감당할 수 있겠습니까. 행여 산길이 비로 무너지거나 잔도가 진흙에 잠겨버린다거나, 혹은 호위하는 의장대가 한 명이라도 빠지거

---

208 포곡(褒谷)과 사곡(斜谷)은 산시성(陝西省) 한중(漢中)의 종남산(終南山)에 있는 골짜기의 두 입구이다. 남쪽 입구를 포곡, 북쪽 입구를 사곡이라 한다.

209 원문의 '부존(不存)'은 생명을 보존할 수 없을 정도의 위험을 말한다. 『한서·사마상여전 하(司馬相如傳下)』에 "갑자기 사나운 맹수를 만나서 위험한 상황에 놀라다[卒然遇軼才之獸, 駭不存之地]."라고 하였는데, 안사고(顔師古)의 주(註)에 "부존은 편안히 있을 수 없는 것이다[不存, 不可得安存也]."라고 하였다.

나 뒤따르는 수레의 말이 약간이라도 놀란다면 아무리 많은 사람이 있다 한들 무슨 소용이겠습니까.

또 장마가 더욱 심해지면 계곡의 냇물이 모두 넘칠 것이고, 산길이 끊어지면 이동할 방법이 없습니다. 첩첩산중에서 나아가지도 물러나지도 못할 것이니 하루라도 양식이 모자라면 장차 어떻게 하겠습니까?

공자가 말하기를, "빨리 가고자 하면 도달하지 못한다."[210]라고 하였으니, 이 말이 참으로 옳습니다. 폐하께서 생각을 바꾸시어 날이 개기를 조금 기다리신다면 비록 출발하는 날짜는 늦춰지더라도 길을 가다가 지체하는 일은 없을 것입니다. 서두르지 않아도 빨리 갈 수 있으니 참으로 건도(乾道)의 운행에[211] 부합하며, 신묘한 기미를 알아채니[212] 하늘같은 안목이라고 하겠습니다. 여러 사람의 논의를 가만히 듣다가 이와 같이 성상께 아룁니다.

鑾駕將還論發日狀

先頒勅旨, 已定行期, 所司供承, 亦聞粗備. 但以霖潦方甚, 道路阻艱, 衆情同憂, 莫敢論奏. 今發日漸逼, 陰雲尙繁, 小大嗷嗷, 愁懼轉甚.

褒, 斜峻阻, 素號畏途, 緣側逕於巓巖, 綴危棧於絶壁. 或百里之內, 曆險且千; 或一程之中, 涉水數四. 若遇積雨滯浸, 群峯澍流, 巨石崩奔, 訇殷相繼, 深谷瀰漫, 往來不通, 悉非功力之所支, 籌略之所遏.

匹夫單騎, 尙且過防, 況萬乘時行, 千官景從, 而可以蹈不存之險, 冒無禦之災乎? 如或磴路淶崩, 閣道淹圮, 環衛之儀少缺, 屬車之馬微驚, 縱有億徒, 何所爲用? 又或霪滯更深, 谿澗皆溢, 逕路旣絶, 傳送無由, 連山萬重, 進退不可, 一日乏食, 將如之何?

孔子曰: "欲速則不達." 誠哉是言. 儻迴睿旨, 少俟開晴, 則發期雖延, 涉路無滯, 不疾而速, 允叶乾行, 知幾其神, 是謂天鑒. 竊聞羣議, 輒以上陳.

---

210 『논어·자로(子路)』에 "빨리 가고자 하면 도달하지 못한다[欲速則不達]."라고 하였다.

211 건도(乾道)의 운행은 천도(天道)를 가리킨다. 『주역·동인(同人)』의 단사(彖辭)에 "사람과 들에서 함께하면 형통하리니 큰 강을 건너는 것이 이롭다. 이는 건도(乾道)가 운행하기 때문이다[同人于野亨, 利涉大川, 乾行也]."라고 하였다.

212 『주역·계사전 하(繫辭傳下)』에 "기미를 아는 것은 신묘함이로다[知幾其神乎]."라고 하였다.

20. 하중(河中)을 수복한 뒤 군사를 해산하기를 청하는 주장

❁ 해제

마수(馬燧),[213] 혼감(渾瑊) 등이 이회광(李懷光)을 토벌하고 하중 지방을 수복한 후, 후속 조치를 논한 글이다. 정원(貞元) 원년(785) 마수는 하중을 점거하고 있는 이회광을 공격할 것을 주장하였다. 조정의 명을 받은 마수는 하중 지방에 가서 충의를 명분으로 내세워 이회광의 군대를 설득하였고, 마침내 이회광의 부하인 우명준(牛名俊)과 군사들이 이회광의 수급을 베고 조정에 항복하도록 하였다. 육지는 이 글을 올려 하중 지방을 진압한 후 그 지역의 군대를 해산하여 군사들이 일반 백성으로 귀의할 수 있도록 활로를 열어줄 것을 청하였다.

신은 화가 복을 낳기도 하고 복이 화를 낳기도 한다고 들었습니다. 잃는 것은 얻는 것에서 오는 순리이며 얻는 것은 잃는 것의 발단이 됩니다. 요행으로는 오랫동안 복을 누릴 수 없고 또 항상 얻기만을 기대할 수 없습니다. 복을 누릴 때도 화를 염려해야 복을 지킬 수 있고, 얻었을 때도 없을 경우를 생각하지 못하면 반드시 잃습니다. 신은 아첨하고 아부하는 무리와 거칠고 성급하게 일을 벌이는 자들이 다투어 감언이설을 올리고 이익을 좇으며 욕심을 내도록 회유하여 포판(蒲坂)의[214] 군사를 돌리게 하고 다시 회수(淮水)와 기수(沂水)를 정벌하도록 청할까 봐 두렵습니다. 이런 논의가 한번 나오면 반드시 혼란의 단초가 될 것이니, 건중(建中) 연간의 난리를[215] 통해서도 이 점을 확인

---

213 마수(馬燧, 726~795)는 당나라의 장군으로 자는 순미(洵美)이고 마현(馬炫)의 동생이다. 여주(汝州) 겹성[郟城, 지금의 하남(河南) 겹현(郟縣)] 사람으로 어릴 때부터 병법을 익혀 지략이 뛰어났다. 대종(代宗) 보응(寶應) 연간에 정주(鄭州)와 회주(懷州), 농주(隴州), 상주(商州) 등의 자사(刺史)를 지냈고, 대력(大曆) 연간에 이영요(李靈耀)와 전열(田悅)을 격파하며 하동절도사(河東節度使)가 되었다. 이후 조정으로 들어와 검교병부상서(檢校兵部尙書), 동중서문하평장사(同中書門下平章事)를 지냈고 북평군왕(北平郡公)에 봉해졌으며, 또 이회광(李懷光)을 평정한 공으로 광록대부(光祿大夫) 겸 시중(侍中)을 역임하였다. 그러나 토번(吐蕃)과 동맹을 맺었다가 습격을 당하여 절도사에서 파직되고 병권을 박탈당하였다. 당시에 이성(李晟), 혼감(渾瑊)과 함께 삼대장(三大將)으로 불렸다. 시호는 장무(莊武)이다.

214 포판(蒲坂)은 하동(河東)의 지명으로, 순(舜)임금이 도읍하였다는 곳이다. 여기서는 하중을 말한다.

215 건중(建中) 연간에 이회광이 단수실(段秀實)을 대신하여 경원절도사(涇原節度使)가 되었는데, 경원의 군사들은 이회광이 포악하다는 소문을 듣고 두려워하였다. 유문희(劉文喜)가 군사들을 겁주어 반란을 일으키자

할 수 있습니다.

명령을 거역한 장수를 죽이지 않은 것도 아니요, 반란을 일으킨 군대를 정벌하지 않은 것도 아닙니다. 과감한 결단이 확고하지 않은 것도 아니요, 크나큰 분노를 터뜨리지 않은 것도 아닙니다. 그러나 백성이 보살피는 은혜를 입지 못한 채 살육의 소문만 들려오니, 죄가 있건 없건 감히 안심하지 못하였습니다. 그리하여 벌떼처럼 뭉쳐서 토벌에 저항하고 이리처럼 두리번거리며[216] 성은을 배신하는 무리가 양하(兩河)에[217] 가득 차고 회이(淮夷)까지[218] 뻗쳤으며 삼보(三輔)를[219] 흔들고 도성을 침략하였습니다. 어가(御駕)가 두 번이나 파천하고 행궁(行宮)이 포위될 정도로 위태롭고 어려웠던 상황은 실로 두려웠습니다.

폐하께서는 성심으로 잘못을 깊이 뉘우치시고 평소와는 다른 큰 호령을 내리셨습니다. 무력을 남용하는 행위가[220] 난리를 조장한다는 것을 아시고, 무거운 세금을 거두는 행위가 재정을 피폐하게 한다는 것을 아셨습니다. 마음껏 사람을 해치는 행위가 위험을 자초한다는 것을 아시고, 민심을 어기고 방종하는 행위가 악을 쌓는다는 것을 아셨습니다. 백성의 곤란이 극에 달하면 원망이 일어난다는 것을 아시고, 위아래가 막히면 민심을 잃는다는 것을 아셨습니다. 찬란히 빛나는 조서를 내리니 이와 더불어 새로운 시작이 열렸습니다. 조서를 선포하는 곳마다 듣는 이들이 모두 눈물을 흘렸고, 흉악한 사람이라도 반드시 탄식하였습니다. 정성이 만물을 감동시키니 이렇게 되었습니다.

이로부터 간사한 자들이 생각을 바꾸고 어진 백성이 귀의하였습니다. 왕을 참칭하며 반란한 자가 위호(僞號)를 삭제하고 죄를 청하였으며,[221] 틈을 보아 쥐처럼 머리를

덕종은 이회광과 주차(朱泚)에게 조서를 내려 토벌하게 하였다.

216 이리는 겁이 많아서 뜻밖의 습격에 대비하기 위해 항상 좌우를 돌아보는 버릇이 있는데, 여기서는 두려워서 전전긍긍하는 사람을 이에 비유하였다.

217 『육주약선』 '1. 양하(兩河)와 회서(淮西) 지역의 사안을 논하는 주장(奏狀)'의 '양하(兩河)' 주석(11쪽 1번) 참조.

218 '회이(淮夷)'는 고대에 회하(淮河) 유역에 살던 부족으로 여기서는 회하 유역을 가리킨다.

219 『육주약선』 '2. 관중(關中) 지역의 사안을 논하는 주장'의 '삼보(三輔)' 주석(17쪽 23번) 참조.

220 원문의 '독무궁병(黷武窮兵)'은 무력을 남용한다는 뜻이나. 『삼국지·오서(吳書)·육항전(陸抗傳)』에 "장수들에게 내맡겨두고 명성을 추구하며, 군대를 다 동원하여 무력을 남용한다[而聽諸將徇名, 窮兵黷武]."라고 하였다.

221 왕무준(王武俊, 735~801)과 같은 자를 가리킨다. 왕무준은 반란을 일으켜 조왕(趙王)을 참칭하였으나 조정에 귀순하여 성덕군절도사(成德軍節度使)에 임명되었다.

내밀던 장수들도 모두 한결같은 정성으로 수고를 다했습니다.[222] 천하 사람들의 마음이 모두 일변하였습니다.

이전에는 토벌하여도 반란이 더욱 일어났는데 지금은 풀어주어도 남김없이 귀의하고, 이전에는 백만의 군사로도 힘에 부쳤는데 지금은 한 자 길이의 조서로 두루 교화할 수 있습니다. 이로 보건대 성왕(聖王)이 치도(治道)를 펼치고 악인을 복종시키는 방법이 덕에 달려 있지 병력에 달려 있지 않다는 것은 명백합니다.

천하를 소유하고 백성을 자식으로 삼는 사람은 천하의 소원을 자신의 소원으로 삼고 백성의 마음을 자기 마음으로 삼아야 합니다.[223] 백성이 바라는 바를 이루어주고 백성이 두려워하는 바를 없애주어야 하며 백성이 구하는 것을 주어야 합니다. 이렇게 하면 집집마다 편안하고 사람마다 만족합니다. 집안이 편안하면 나라도 굳건하고, 사람이 만족하면 임금도 편안합니다. 이로 보건대 살리기를 좋아하는 덕을 만물에게 베푸는 것이 스스로를 살리는 방법이요, 편안하게 베푸는 덕을 만물에게 베푸는 것이 스스로를 편안하게 하는 기술입니다.

이 때문에 옛날의 성군은 백성이 즐거워하는 삶을 자신도 즐거워하며 백성과 삶을 같이하였으므로 윗사람과 아랫사람이 모두 즐거움을 얻었습니다. 그리고 백성이 이롭게 여기는 평안을 자신도 이롭게 여기며 백성과 함께 평안을 누렸으므로 공사(公私)의 이익을 모두 보전하였습니다.

혹여 회유할 줄 모르고 공격하는 데만 힘쓰며 교화가 미진한 것을 반성하지 않고 진심어린 감동이 부족한 것을 허물로 여기지 않을 수도 있을 것입니다. 권위적으로 대하고 분노를 쏟아내며, 사람을 금수처럼 여겨 들판에서 해치고, 사람을 초개처럼 가볍게 보아 칼날로 벨 수도 있을 것입니다. 반역하여 예의를 갖추지 않으면 토벌을 명하고, 토벌하여 이기지 못하면 형벌을 의논할 수도 있을 것입니다. 이렇게 하면 죄를 지은 자는 사형을 당할까 두려워하고 명령을 받드는 자는 공이 없다는 책망을 염려할 것입니다. 백성은 생계가 곤란하여 변란을 일으킬 생각을 품고 사졸들은 죽음을 꺼려하여 집

---

222 마수(馬燧), 한황(韓滉), 진소유(陳少遊) 등 세력이 강했던 변방의 장수들을 말한다.

223 『노자(老子)』 제49장에 "성인은 항상 사사로운 마음이 없어, 백성의 마음을 자기 마음으로 삼는다[聖人常無心, 以百姓心爲心]."라고 하였다.

으로 돌아갈 마음을 먹을 것입니다. 만백성의 마음이 서로 부딪치니 난리가 어찌 평정되겠습니까.

군주의 권세는 은혜를 내리고 위엄을 세우는 것에 달려 있습니다. 두 가지는 함께 시행해야 하며 하나를 버려서는 안 됩니다. 은혜만 있고 위엄이 없으면 두려워하지 않고, 위엄만 있고 은혜가 없으면 심복하지 않습니다. 만약 은혜를 베풀어 심복하게 할 수 있다는 사실만 알고 위엄을 세우는 수단을 버린다면, 은혜를 베풀어도 그저 약한 모습을 보일 뿐입니다. 어찌 심복할 리가 있겠습니까. 만약 위엄으로 두렵게 할 수 있다는 사실만 알고 은혜를 베푸는 덕을 버린다면, 위엄을 부려도 그저 적을 부를 뿐입니다. 어찌 두려워할 리가 있겠습니까. 그러므로 나라를 잘 다스리는 자는 은혜를 베풀어 위엄을 쌓고, 위엄을 세워 은혜를 귀하게 만듭니다. 위엄을 쌓으니 꺾이지 않고 은혜가 귀해지니 은정(恩情)이 생깁니다. 그렇게 하여 은혜와 위엄이 서로 쌓이고 번갈아 행해지는 것입니다.

지금 황실의 운세가 중흥하고 하늘이 내린 화를 뉘우치고 있으니, 사특한 자들이 깜짝 놀라며 뭇 생령이 다시 보는 시기입니다. 지금 위엄은 이미 세워졌으나 은혜는 미흡하니 위로는 하늘의 돌봄에 부응하고 아래로는 백성의 마음을 수습하여야 합니다. 악에 물든 하중(河中) 지역의 무리를 모두 용서하여 죄를 묻지 마시고, 참람한 반역을 저지른 회우(淮右) 지역의 죄인을 모두 사면하여 새롭게 해주소서. 피폐한 백성을 구휼하고 전투에 지친 군사가 쉬도록 하여 지난해에 내린 종전(終戰)의 명령에 합당한 신의를 보이시고 위대한 군주가 허물을 포용하는 덕으로 인(仁)을 베푸소서.

이렇게 하면 위엄을 부리지 않아도 신명(神明)처럼 두려워하고, 은혜를 낭비하지 않아도 부모처럼 그리워할 것입니다. 의심하고 두려워하는 자들은 필시 "참람한 반역을 저지른 회우 지방의 죄인도 사면받았는데 우리가 무슨 걱정이 있으랴."라고 할 것이고, 위협을 받아 악행에 동참한 자들은 필시 "악에 물든 하중의 무리도 용서받았는데 우리가 무엇을 꺼리랴."라고 할 것입니다. 지치고 괴로워 평안을 바라는 자들은 필시 "우리 임금께서 싸움에 이긴 군대를 부리지 않고 억제하시니 참으로 정벌을 멈추겠구나."라고 할 것이며, 피폐하고 상처입어 안정된 통치를 바라는 자들은 필시 "우리 임금께서 난적을 미워하는 분노를 참고서 터뜨리지 않으시니 참으로 백성의 어려움을 염려하시는구나."라고 할 것입니다. 천하 사람들의 마음이 이와 같은데 변란이 종식되지 않고 통치가 시행되지 않는 경우는 없습니다.

收河中後請罷兵狀

臣聞禍或生福, 福亦生禍. 喪者得之理, 得者喪之端. 福不可以屢徼幸,[224] 得不可以常覬覦. 居福而慮禍, 則其福可保; 見得而忘喪, 則其喪必臻. 臣竊懼諂諛希旨之徒, 險躁生事之輩, 競効甘言, 誘開利欲, 請迴蒲坂之戈, 復起淮, 沂之役. 斯議一啓, 必有亂階. 建中之難, 其事可徵.

阻命之帥, 非不誅也; 伐叛之師, 非不克也; 介焉之斷, 非不堅也; 赫斯之怒, 非不逞也. 然以人不見恤, 惟戮是聞, 有辜無辜, 不敢自保. 姦結以拒討, 狼顧以背恩, 彌兩河而亘淮夷, 盪三輔而盜京邑, 鑾輅爲之再駕, 行宮至于合圍, 杌隉艱屯, 實足寒心.

陛下懷悔過之深誠, 降非常之大號, 知黷武窮兵之長亂, 知急征重斂之剿財, 知殘人肆欲之取危, 知違衆率心之稔慝, 知烝庶困極之興怨, 知上下鬱堙之失情, 德音渙然, 與之更始. 所在宣敭之際, 聞者莫不涕流, 雖或兇獷匪人, 亦必爲之歔欷. 誠之動物, 乃至于斯.

由是姦回易慮, 黎獻歸心. 假王叛援之夫, 削僞號以請罪; 觀釁首鼠之將, 壹純誠以效勤. 天下之情, 翕然一變. 曩討之而愈叛, 今釋之而畢來; 曩以百萬之師而力殫, 今以咫尺之詔而化洽. 是則聖王之敷理道, 服暴人, 任德而不任兵, 明矣.

有天下而子百姓者, 以天下之欲爲欲, 以百姓之心爲心. 固當遂其所懷, 去其所畏, 給其所求, 使家家自寧, 人人自遂. 家苟寧矣, 國亦固焉; 人苟遂矣, 君亦泰焉. 是則好生以及物者, 乃自生之方; 施安以及物者, 乃自安之術.

是以昔之聖王, 知生者人之所樂, 而己亦樂之, 故與人同其生, 則上下之樂兼得矣; 知安者人之所利, 而己亦利之, 故與人共其安, 則公私之利兩全矣.

如或昧於懷柔, 務在攻取, 不徵教化之未至, 不疵誠感之未孚, 惟峻威是臨, 惟忿心是肆. 視人如禽獸, 而暴之原野; 輕人如草芥, 而勦之銛鋒. 叛者不賓, 則命致討; 討者不克, 則將議刑. 是使負釁者懼必死之誅, 奉辭者慮無功之責. 編甿困於杼軸而思變, 士卒憚於死喪而念歸. 萬情相攻, 亂豈有定!

夫君之大柄, 在惠與威, 二者兼行, 廢一不可. 惠而罔威則不畏, 威而罔惠則不懷. 苟知夫惠之可懷, 而廢其取威之具, 則所敷之惠, 適足以示弱也, 其何懷之有焉? 苟知夫威之可畏, 而遺其施惠之德, 則所作之威, 適足以召敵也, 其何畏之有焉? 故善爲國者, 宣惠以養威, 蓄威以尊惠. 威而能養則不挫, 惠而見尊則有恩. 是以惠與威交相蓄也, 威與惠互相行也.

今皇運中興, 天禍將悔, 衆慝驚心之日, 群生改觀之時. 威則已行, 惠猶未洽. 誠宜上副天眷, 下收物情. 宥河中染汚之黨, 悉無所問; 赦淮右僭逆之罪, 咸與惟新. 蠲貸疲甿, 休罷戰士, 符往歲息兵之令以彰信, 丕大君含垢之德以布仁.

---

224 '屢'는 중화서국『육지집』에는 '久'로 되어 있다.

如是則威不用而畏如神明, 惠不費而懷如父母. 凡在危疑懼討者, 必將曰: “淮右僭逆之罪且赦矣, 吾屬何患焉!” 凡在脅從同惡者, 必將曰: “河中染汚之黨且宥矣, 吾屬何疚焉!” 凡在倦苦思安者, 必將曰: “吾君有戰勝之師, 抑而不騁, 信乎其罷征矣.” 凡在凋殘望理者, 必將曰: “吾君有嫉亂之憤, 抑而不騁, 忍而不攄, 信乎其恤隱矣.” 天下之心若此, 而禍亂不息, 理道不行者無之.

21. 대성(臺省)의 장관(長官)이 속리(屬吏)를 천거하도록 허락하기를 청하는 주장

❁ 해제

대성(臺省)의 장관(長官)이 부하 관원을 천거할 수 있도록 청한 글이다. 당 덕종이 임명한 양염(楊炎), 노기(盧杞) 등은 사사로운 당파를 이루고 충신을 배척하였으므로 주위의 원성이 높았다. 이 때문에 정원(貞元) 이후로 관원을 임명할 때는 재상의 천거가 있더라도 상세히 조사한 뒤에 임명하였다. 육지가 재상이 된 후에는 대성의 장관이 부하 관원을 천거할 수 있도록 하되, 임명된 관원이 제대로 직임을 수행하지 못하면 천거한 자를 연좌하여 벌하도록 하였다. 그러나 각 장관과 천거한 관원들이 모두 한통속이 되어 뇌물이 횡행하고 능력 있는 인재가 선발되지 못한다는 비난이 일어났다. 이에 당 덕종이 조서를 내려 재상이 직접 관원을 발탁하게 하였으므로, 육지가 이 글을 올려 사안을 논한 것이다.

이전 왕조에는 향리에서 인재를 등용하는 거선(擧選) 제도와[225] 장관이 부하를 임명하는 벽서(辟署) 제도가[226] 있었습니다. 인재를 누차 시험하고 널리 찾아보아 품행과 재능이 있는 이를 장려하고 엽관(獵官)하는[227] 이가 없도록 하기 위해서였습니다. 옛날 주(周)나라에서는 백경(伯冏)을 태복(太僕)으로 삼아 명하기를,

"네 막료(幕僚)를 신중히 선발하여 현명한 선비를 쓰도록 하라."[228]

---

225 주(周)나라는 향리에서 재덕(才德)이 있는 사람을 추천하면 조정에서 그 기량에 따라 등용하는 '향리거선(鄉吏擧選)' 제도를 시행하였다. 한 문제(漢文帝)는 향리거선 제도를 계승하여 현량방정(賢良方正), 효렴(孝廉), 수재(秀才)의 천거 제도를 마련하였다. 현량방정은 책문을 통해 직언과 극간에 능한 이를 선발하는 것이고, 효렴은 지방에서 효행이 있고 청렴결백한 사람을 천거하여 선발하는 것으로, 지방민의 다소에 따라 천거 인원을 다르게 했다. 위진남북조 시대에는 각 군(郡)에 소중정(小中正)을, 주(州)에는 대중정(大中正)을 두어 전국의 인재를 추천하게 하는 구품중정제(九品中正制)를 시행하였다. 수(隋)·당(唐) 이후 과거 제도가 발달하면서 없어졌다.

226 벽서(辟署)란 한(漢)나라 때 장리(長吏)가 하속(下屬)을 직접 천거하여 임용하는 제도로 중앙과 지방에서 모두 시행되었다.

227 엽관(獵官)은 관직을 얻으려고 갖은 방법으로 노력하는 것을 말한다.

228 『서경·경명(冏命)』에 나오는 말로, 주 목왕(周穆王)이 백경(伯冏)을 태복정(太僕正)으로 삼으며 훈시한 내용이다. "너의 막료들을 신중히 선발하되, 말을 잘하고 낯빛을 좋게 하며 편벽되고 아첨하는 사람을 쓰지 말고 현명한 선비만 쓰도록 하라[愼簡乃僚, 無以巧言令色便辟側媚, 其惟吉士]."라고 하였다.

라고 하였습니다. 이것이 바로 옛 왕조에서 장관에게 명령을 내리면 장관이 막료를 스스로 선발했다는 명백한 증거입니다.

한(漢)나라는 많은 선비를 구하려고 힘썼는데, 선발하는 방법은 비단 관청에서 초빙하는 데 그치지 않고 또 부임(父任)과 형임(兄任)이란 제도가[229] 있어서 모두 낭관(郎官)이 될 수 있었습니다. 관리는 처음 선발되면 삼서(三署)에[230] 섞여 있다가 대성(臺省)에 결원이 생기면 즉시 보충하였습니다.

위(魏)·진(晉) 이후로는 백관을 선발할 때 선부(選部)를 통하는 경우가 많았으나, 다만 고위직과 중요직의 경우는 재상이 백관 중에 성과가 좋은 자를 살펴 청을 올려 임명하였습니다.

우리나라(당나라)의 제도는 5품 이상의 모든 관원은 제칙(制勅)으로 임명하고, 6품 이하는 칙지(勅旨)로 임명하였습니다. 제칙이라는 것은 재상들이 상의한 후 타당하다고 상주하여 임명하는 것이고, 칙지라는 것은 이부(吏部)에서 인재를 살펴보고 관직에 임명한 뒤에 조지(詔旨)를 내려 따르기만 하는 것으로 가부를 따지지 않습니다.

개원(開元) 연간에 이부에서 순자격(循資格) 제도를[231] 마련하여 기거(起居), 습유(拾遺), 보궐(補闕), 어사(御史) 등의 관원을 모두 선조(選曹)에서[232] 열거한 대로 하고 있고, 인재를 시험하여 선발하는 규례는 지금 없습니다. 그러나 상참관(常參官)을[233] 모두 재상의 선택에 맡긴다는 말은 들어보지 못했으니, 이러한 것이 근래에 행해진 일이라는 명백한 증거입니다.

그 뒤로 옛 법도가 질서를 잃고 아첨하는 신하가 조정에서 전횡하였습니다. 여러 사람의 논의를 버리고 자기의 권력을 중요하게 여겼으며 공적인 천거를 폐지하고 사적인 은혜를 베풀었습니다. 이렇게 되자 조정의 모든 관직은 당시 재상의 뜻에서 나온 자가

---

229 부임(父任)과 형임(兄任)은 부친과 형을 통해 관직에 임명하는 일종의 음서제(蔭敍制)이다.

230 삼서(三署)는 한나라 때의 오관서(五官署), 좌서(左署), 우서(右署)의 합칭이다.

231 순자격(循資格)은 당나라 개원(開元) 연간에 배광정(裴光庭)이 이부상서(吏部尙書)로 있을 때 만든 제도로, 연한(年限)을 따져 관직에 임명하는 방법이다. 일종의 연공서열제로서 인재의 현불초(賢不肖)와 관계없이 자급마다 일정한 기한을 정해서 기한을 채운 뒤에야 승진할 수 있도록 하였는데, 이를 통해 청탁이 횡행하던 당시의 문제는 해소하였으나 후에 인재를 얻는 방법이 아니라고 하여 폐지되었다.

232 선조(選曹)는 관리를 평가하고 관직을 수여하는 일을 담당한 관서이다.

233 상참관(常參官)은 5품 이상의 직사관(職事官)과 8품 이상의 공봉관(供奉官)을 말한다.

아니면 나아갈 수가 없었습니다.

신이 외람되게도 명을 받고 재상의 자리에 오르게 되었으니, 즉시 아뢰고자 합니다. 모든 관사의 장관 및 부관(副官), 양성(兩省)의[234] 공봉(供奉)은[235] 재상이 의망(擬望)하고, 대성(臺省) 소속 관료는 장관이 선택하되 일단 천거하면 평생 보증해야 합니다. 각기 관직을 제수하는 문서에 천거한 이유를 자세히 표기하였다가 어진 이를 얻으면 고과를 올리고 관직을 높이며, 실상과 다르면 녹봉을 빼앗고 속전(贖錢)을 내게 합니다. 자주 좋은 성과를 내면 포상하여 승진시키고, 자주 과실을 저지르면 파직하여 쫓아냅니다. 이렇게 하면 비단 낮은 관리를 찾아낼 수 있을 뿐만 아니라 고위 관리도 살펴보고 시험해볼 수 있습니다.

성상께서는 칙지를 내려 소신이 모두 선발하도록 하시고 여러 관사에 믿고 맡기면 안 된다고 하셨습니다. 평소의 법제에 따르면 재상은 몇 사람에 불과합니다. 사람이 아는 것은 한계가 있기 마련이라 필시 수많은 선비를 두루 알지는 못할 것입니다. 이치상 이리저리 물어보아야 하니, 이렇게 되면 공적인 천거가 사적인 천거로 변하고 공개적인 선발이[236] 암암리에 밀어넣는 식으로 바뀔 것입니다. 장관에게 위임하여 신중하게 막료를 선발하게 하는 것이 나을 듯하니, 선발할 사람이 적은 만큼 찾는 방법도 정밀할 것입니다. 장관이 어진 이를 얻으면 감식안이 있다는 명성을 얻고, 실상과 다르다면 어리석어 잘못하였다는 비난을 받을 것입니다. 제 몸을 아끼는 것이 인지상정입니다. 하물며 대성의 장관이라면 누가 사심(私心)에 따라 함부로 행동하여 명예를 잃고 비난을 받으려 하겠습니까.

이른바 대성의 장관이란 복야(僕射), 상서(尙書), 좌우승(左右丞), 시랑(侍郎) 및 어사대부(御史大夫), 중승(中丞)입니다. 지금의 재상은 지난날 대성의 장관이었고, 지금 대성

---

234 양성(兩省)은 중서성(中書省)과 문하성(門下省)을 말한다.

235 공봉(供奉)은 좌우상시(左右常侍) 이하 습유(拾遺), 보궐(補闕), 기거랑(起居郎), 사인(舍人) 등을 말한다.

236 원문의 '명양(明揚)'은 공개적으로 선발하여 이미 현달한 사람은 더 밝게 드러내고, 미천한 사람도 천거하여 쓴다는 말로, 귀천(貴賤)에 구애받지 않고 덕 있는 자를 기용한다는 뜻이다. 『서경·요전(堯典)』에 "이미 높은 자리에 있는 자를 드러내어 밝히고 미천한 사람도 올려서 쓴다[明明揚側陋]."라고 하였다. '암투(暗投)'는 깜깜한 밤에 행인의 앞에다 빛나는 구슬을 몰래 던져 주면 모두 칼에 손을 대면서 좌우를 두리번거릴 것이라는 '명주암투(明珠暗投)'의 고사에서 나온 말로, 훌륭한 인재가 등용되지 못하고 질시와 비난을 받는 상황을 비유한다.

의 장관은 장래의 재상입니다. 단지 직명이 잠시 다를 뿐 업무가 갑자기 달라지는 것은 아닙니다. 장관으로 있을 때 한두 명의 직속 관리조차 천거하지 못하는데, 어떻게 재상의 자리에 올라서 수많은 관료를 선택할 수 있단 말입니까.

군주는 재상을 선택하고, 재상은 장관을 선택하고, 장관은 막료를 선택합니다. 직임이 높을수록 선택할 사람은 줄어들고, 시험해야 할 관리의 지위가 낮을수록 천거하는 일은 가벼워집니다. 등용하는 방법에 질서가 있고, 선발하는 인재는 비슷한 무리입니다. 비슷한 무리이니 행실을 자세히 알 수 있고, 질서가 있으니 다른 요구를 막을 수 있습니다. 인재를 얻는 데 힘쓰려 한다면 이보다 쉬운 일은 없을 것입니다.

사람의 재주와 행실은 예로부터 온전한 경우가 드무니, 장점이 있으면 반드시 단점이 있기 마련입니다. 만약 장점을 취하고 단점을 보충한다면 천하에 등용하지 못할 사람이 없고, 단점을 문제 삼아 장점을 버린다면 천하에 버리지 못할 선비가 없을 것입니다. 게다가 사람의 마음마다 미워하는 것과 좋아하는 것이 있고, 취향마다 같은 것과 다른 것이 있습니다. 이러한 일에 대해 여론을 듣는다면 누군들 비난을 면할 수 있겠습니까.

請許臺省長官擧薦屬吏狀

前代有鄕里擧選之法, 長吏辟署之制, 所以明歷試, 廣旁求, 敦行能, 息馳騖也. 昔周以伯冏爲大僕, 命之曰: "愼柬乃寮, 其惟吉士!" 是則古之王朝, 但命其大官, 而大官得自柬寮屬之明驗也.

漢朝務求多士, 其選不唯公府辟召而已, 又有父任兄任, 皆得爲郞. 選入之初, 雜居三署, 臺省有闕, 卽用補之. 魏, 晉已後, 採擇庶官, 多由選部. 唯高位重職, 乃由宰相考庶官之有成效者, 請而命焉.

國朝之制: 庶官五品已上, 制勅; 六品已下, 旨授. 制勅者, 蓋宰相商議奏可而除拜之也; 旨授者, 蓋吏部銓材署職, 然後詔旨但從之, 而不可否者也. 開元中, 吏部奏置循資格. 起居, 遺, 補, 御史等官, 並列於選曹. 銓綜之例, 至今不刊. 未聞常參之官, 悉委宰臣選擇, 此又近事之明驗也.

其後舊典失序, 倖臣專朝, 捨僉議而重己權, 廢公擧而行私惠. 是使周行庶品, 苟不出時宰之意者, 則莫致焉.

臣猥蒙任使, 待罪宰相, 卽以上陳. 百司之長, 兼副貳等官, 及兩省供奉之職, 宰臣叙擬. 臺省屬寮,[237] 長官選擇. 一經薦揚, 終身保任. 各於除書之內, 具標擧授之由. 得賢則進考增秩, 失實則奪俸贖金, 亟得則褒升, 亟失則黜免. 非止搜揚下位, 亦可閱試大官.

聖旨令臣並自柬擇,[238] 不可信任諸司者. 宰輔常制, 不過數人, 人之所知, 固有限極, 必不徧諳多士. 理須展轉詢訪, 是則變公擧爲私薦, 易明敭以暗投. 恐不如委任長官, 愼柬寮屬, 所柬旣少, 所求亦精. 得賢有鑒識之名, 失實當闇謬之責. 人之常性, 莫不愛身, 況於臺省長官, 孰肯徇私妄擧, 以傷名取責者乎!

所謂臺省長官, 卽僕射, 尙書, 左右丞, 侍郎及侍御史大夫,[239] 中丞是也. 今之宰相, 則往日臺省長官也; 今之臺省長官, 乃將來之宰臣也. 但是職名暫異, 固非行業頓殊. 豈有爲長官之時, 則不能擧一二屬吏; 居宰相之位,[240] 則可擇千百具寮?

人主擇輔臣, 輔臣擇庶長. 庶長擇佐寮. 所任愈崇, 故所擇愈少; 所試漸下, 故所擧漸輕. 進不失倫, 選不失類. 以類則詳知實行, 有倫則杜絶儌求. 將務得人, 無易於此. 人之才行, 自昔罕全, 苟有所長, 必有所短. 若錄長補短, 則天下無不用之人; 責短捨長, 則天下無不棄之士. 加以情有憎愛, 趣有異同, 求諸物議, 孰免譏嫌?

---

237 '寮'는 중화서국 『육지집』에는 '僚'로 되어 있다.

238 '柬'은 중화서국 『육지집』에는 '揀'으로 되어 있다.

239 '侍御史大夫'는 중화서국 『육지집』에는 '御史大夫'로 되어 있다.

240 '相'은 중화서국 『육지집』에는 '臣'으로 되어 있다.

22. 영남(嶺南)에[241] 시박중사(市舶中使)를[242] 두도록 청한 일을 논하는 주장

❁ 해제

영남 경략사(嶺南經略使)가 안남(安南)의 시장을 철폐하기를 청하며 외국과의 무역 업무를 맡고 있는 조정의 시박중사(市舶中使)를 파견해달라고 요청하였다. 그러나 육지는 그 요청을 허가해서는 안 된다고 주장하며 이 글을 올렸다. 『육지집』에는 '논영남청어안남치시박중사장(論嶺南請於安南置市舶中使狀)'이라는 제목으로 실려 있다.

영남 경략사(嶺南經略使)가 아뢰기를,

"요사이 선박들이 안남(安南)에[243] 가서 교역하는 경우가 많으니 영남의 진상품을 올리는 일을 거르게 될까 실로 두렵습니다. 신은 지금 관원을 차임하여 안남으로 보내 시장을 철폐하려 하니, 신의 관원과 함께 일을 담당할 중사(中使) 한 명을 정해 보내주소서."라고 하였습니다.

먼 나라의 상인은 오직 이익만 추구하니, 평안하면 찾아오고 어지러우면 곧 떠납니다. 광주(廣州)는[244] 요충지에 있고 세간에서 번화하다고 일컬어지므로 교역하는 무리가 평소에도 분주하게 모여듭니다. 지금 갑자기 상인들에게 가까운 곳을 놓아두고 먼 곳으로 가라고 하며 가운데를 버리고 구석으로 가라고 하려면, 과하게 엄격히 하지 않는 한 필시 그들을 회유하는 데 실패할 것입니다. 구슬이 궤 속에서 망가지면 장차 누구를 탓하겠으며,[245] 진주가 경계 밖으로 달아나면 어찌 다시 쫓아갈 수 있겠습니까.[246]

---

241 영남(嶺南)은 당나라의 행정구역이었던 영남도(嶺南道)를 가리키는 말로 현재의 광동(廣東), 광서(廣西), 해남(海南) 지역과 베트남의 홍하(紅河) 삼각주 일대가 포함된다.

242 시박사(市舶使)는 당(唐)나라 때부터 관세 징수 등 외국 무역에 관한 모든 사무를 맡아 보던 관청이다.

243 안남(安南)은 지금의 베트남 지역으로 당나라 때 안남도호부(安南都護府)가 설치되었다.

244 광주(廣州)는 바다와 가까운 지리적인 여건으로 당나라 때 남해무역의 중심지로 자리잡았다.

245 『논어·계씨(季氏)』에 "구슬이 궤 속에서 망가지면 맡아 지키는 사람은 책임을 피할 수 없다[龜玉毁於櫝中, 是誰之過與]."라고 하였다.

246 후한(後漢) 때 합포(合浦)에서 진주가 많이 생산되었는데, 어떤 태수가 탐욕을 부리자 진주가 다른 곳으로 옮겨가는 바람에 굶어죽는 이들이 속출하였다. 그러나 맹상(孟嘗)이 부임하여 선정을 펼치자 진주가 다시 돌아왔다. 『후한서·순리열전(循吏列傳)』에 보인다.

『서경(書經)』에 이르기를,

“먼 지방의 물품을 귀하게 여기지 않으면 먼 지방의 사람들이 가까이 다가온다.”[247] 라고 하였습니다. 지금 안남 경략사가 이렇게 욕심을 내고 있으니, 우리와 풍속이 다른 그곳 민심이 귀의하지 않는 것은 당연합니다. 게다가 그는 또 성상의 마음을 흔들려고 중사(中使)를 보내달라고 합니다. 이렇게 하면 천하에 탐욕을 부리는 기풍을 드러내 보이고 조정에 뇌물이 오가는 길이 열릴 것입니다. 청렴한 기풍을 더럽히고 성상의 교화를 훼손하니 법에 따라 꾸짖어야 마땅합니다. 이 일은 진실로 따르기 어렵습니다.

게다가 영남과 안남은 모두 군주의 땅이며, 중사(中使)와 외사(外使)는 모두 군주의 신하입니다.[248] 군대와 국가에 필요한 것이라면 모두 일정한 절차와 오래된 제도를 두었으며, 사람마다 직분을 받들고자 하니 누가 감히 직무를 다하지 않겠습니까. 어찌 영남만 믿고 안남과 절교하며 중사만 중요시하고 외사를 경시하시는지요. 이 사안은 성심으로 응대하는 체모를 잃고 또 재물을 천시하는 기풍을 훼손할 따름이니, 부디 불허하시고 중사를 보내지 마소서.

論嶺南請置市舶中使狀

嶺南經略使奏: “近日舶船, 多往安南市易, 進奉實懼闕供, 臣今欲差官就安南收市, 望定一中使與臣使司同勾當者.” 遠國商販, 唯利是求, 綏之斯來, 擾之則去. 廣州地當要會, 俗號殷繁, 交易之徒, 素所奔湊. 今忽捨近而趨遠, 棄中而就偏, 若非侵刻過深, 則必招懷失所. 玉毁櫝中, 是將誰咎; 珠飛境外, 安可復追?

書曰: “不貴遠物, 則遠人格.” 今旣徇欲如此, 宜其殊俗不歸. 況又將蕩上心, 請降中使, 示貪風於天下, 延賄道於朝廷. 黷汙淸時, 虧損聖化, 法宜當責, 事固難依. 且嶺南, 安南, 莫非王土; 中使, 外使, 悉是王臣. 若緣軍國所須, 皆有令式恒制, 人思奉職, 孰敢闕供! 豈必信嶺南而絶安南, 重中使以輕外使! 殊失推誠之體, 又傷賤貨之風. 望押不出.

---

247 『서경·주서(周書)·여오(旅獒)』에 나오는 말로, 먼 지역에서 오는 물건들을 탐내거나 아끼지 않으면 먼 지역의 사람들이 귀의한다는 뜻이다.

248 『시경·소아(小雅)·북산(北山)』에 “하늘 아래 모든 곳이 왕의 땅 아님이 없으며, 땅의 모든 물가에 이르기까지 왕의 신하 아님이 없다[普天之下, 莫非王土; 率土之濱, 莫非王臣].”라고 하였다.

23. 경동(京東)의 수운(水運)에서 거두는 각가(脚價)를[249] 경감하도록 청하는 주장

❁ 해제

조운에 드는 비용을 절감하고 변방의 군량을 늘리는 방안을 논한 글이다. 정원(貞元) 초기에 토번(土蕃)이 맹약을 어기고 국경을 침범했으므로 당나라는 군사 17만 명을 모아 변방을 지키도록 하였다. 군사들에게 달마다 지급되는 곡식 17만 곡(斛)은 모두 관중(關中)에서 수매하고 있었다. 육지는 이 글을 올려 곡식이 많은 관중에서 화적(和糴)을[250] 시행할 것을 청하였다. 중화서국 『육지집』에는 '청감경동수운수각가어연변주진저축군량사의장(請減京東水運收脚價於緣邊州鎭儲蓄軍糧事宜狀)'이라는 제목으로 실려 있다.

군지(軍志)에 이르기를,

"열 길의 바위 성과 백 보의 해자가 있더라도 곡식이 없으면 지킬 수 없다."[251]

라고 하였습니다. 그러므로 조조(晁錯)는[252] 변방을 안정시킬 계책을 논하면서 곡식을 저장하는 것이 요점이라 하였고, 조충국(趙充國)은[253] 강족(羌族)을 물리칠 방법을 건의하면서 먼저 둔전(屯田)에 힘쓰게 하였습니다.

지금 폐하께서 널리 갑병을 징발하여 성(城)과 진(鎭)을 나누어 지키게 하셨는데, 호부(戶部)의 보급을 바라는 자가 8, 9만 명이 넘습니다. 그러나 천 리 길에 군량을 운반하면서 험한 곳을 거치다 보면, 쌀 1곡(斛)을 운반하여 변방의 군사에게 보내는 데 먼 곳은 5, 6천 전(錢)이 소비되고 가까운 곳도 그 절반이 넘습니다. 또한 눈보라를 맞아 동상에

---

249 각가(脚價)는 운반비를 말한다.

250 화적(和糴)은 관청에서 민간의 곡식을 구매하는 것이다. 정부가 민간의 곡물을 사들이는 것을 적(糴)이라 하는데, 정부가 싼값으로 강제로 사들이지 않고, 정부와 민간 사이에서 양해가 성립되는 적절한 가격으로 사들이는 것을 화적이라 한다. 화폐경제가 발달한 당나라 중기 이후 크게 발달하였다.

251 『한서·식화지(食貨志)』에 보인다.

252 조조(晁錯)는 한 문제(漢文帝)에게 올린 「논수변비새소(論守邊備塞疏)」, 「논모민사새하소(論募民徙塞下疏)」에서 북방 지역의 안정을 위하여 둔전제를 시행하자고 주장하였다.

253 조충국(趙充國)은 한 선제(漢宣帝) 때 강족을 비롯한 오랑캐들이 배반하자, 둔전법(屯田法)의 유익함을 상주하고 이를 시행하여 공을 세웠다. 이는 전쟁을 서두르기보다는 둔전을 시행하여 적에게 장기적인 압박을 가하는 전술이었다.

걸리는 고통을 겪고 승냥이나 이리 같은 도적들이 노략질할 우려를 감수해야 합니다. 재물을 쏟아붓고 물력을 다하더라도 군사들에게 매일 보급하는 군량이 충분하지 않아 걱정이니, 곡식을 저장하여 비상시를 대비하는 일은 단념하여 생각할 겨를조차 없습니다.

폐하께서는 얼마 전 변방의 병사가 너무 많아서 군량을 운반하기가 힘들고 비용이 많이 든다는 이유로 군대에서 민간의 쌀을 사들이는 방안을 마련하여 군량 운송을 줄이고 백성에게 두 배의 값을 쳐주는 제도를 제정하여 농사를 권장하였습니다. 이 명령이 처음 시행되자 백성이 모두 기뻐하여 농사짓는 사람이 날마다 늘어나고 곡식값이 해마다 내렸습니다. 만약 담당 관원이 경중을 조절하는 방법을 알아서 장기적인 계책을 마련하여 계속 잘 지키며 법대로 시행하고 풍흉(豐凶)을 자세히 살펴 거둔 곡식을 잘 계산한다면, 콩과 보리는 반드시 관청의 창고로 들어가고 베와 비단은 모두 농부에게로 갈 것입니다.

혹시 힘은 있지만 밑천이 없거나 거주하고 싶지만 방법이 없는 사람이 있다면 종자와 양식을 대여해주고 밭을 갈 소를 빌려줍니다. 그러면 수자리를 사는 군졸은 자연히 돌아갈 생각을 잊고 가난한 사람은 기꺼이 이사할 것이며, 식량은 충분해지고 변방은 충실해질 것입니다. 둔전을 감독하는 수고가 없어도 비축량은 절로 늘어나고, 군사를 징발하고 천경(踐更)하는[254] 소란이 없어도 수비는 더욱 굳건해질 것입니다.

그런데 담당 관원이 도량이 작고 인색하여 명령을 제대로 따르지 않고, 국가에서 제정한 대비책을 잊고 시장에서 통하는 구차한 도리를 따랐습니다. 풍년이 되어 곡식을 파는 사람에게 값을 깎으려고만 하며 때맞춰 거두어들여 저장하지 못했고, 재해를 당하여 먹고살기 어려운 사람에게 양식이 부족하다는 점을 헤아리지 않고 도리어 곡식을 수매하였습니다.

호부(戶部)에서는 남은 물품을 싼값에 파는 것을 이득으로 여겨 변방의 군량이 많은지 적은지 살피지 않습니다. 군사(軍司)에서는 소득에 값을 더 치는 것을 이익으로 여겨 농부의 수고를 돌보지 않습니다. 심지어 장부를 허위로 기록하고 창고를 거짓으로 지정하니, 그 수량을 헤아려보면 억만이 넘지만 그 실상은 백에서 열도 안 됩니다.

---

254 천경(踐更)은 병졸로 징발된 자가 대신 사람을 사서 보내는 제도이다.

요즘 변방의 여러 주(州)는 수년간 큰 풍년이 들어 곡식이 몹시 흔하여 곡식의 수매량이 많고 값이 싸므로 예전의 상황과는 사뭇 다릅니다. 백성을 고생시키거나 법을 바꾸지 않고, 세금을 더 거두거나 관청의 돈을 소비하지 않으며, 또 귀와 눈으로 즐기는 오락을 폐지하거나 쓸데없이 들어가는 비용을 절약하지 않고도 오직 조운(漕運) 한 가지를 제대로 시행하는 것만으로 변방 군사 10만 명의 1년 양식을 폐하를 위해 바치고자 합니다.

전례대로 하면 장강(長江), 회수(淮水)의 여러 도(道)에서 쌀 110만 석을 하음(河陰)까지 운송해야 하지만, 내년에는 80만 석은 남겨두고 30만 석만 운송하소서. 전례대로 하면 하음에서 태원창(太原倉)까지[255] 쌀 70만 석을 운송해야 하지만, 내년에는 50만 석은 남겨두고 20만 석만 운송하소서. 전례대로 하면 태원창에서 동위교(東渭橋)까지[256] 쌀 40만 석을 운송해야 하지만, 내년에는 20만 석은 남겨두고 20만 석만 운송하소서.

장강과 회수에 남겨둔 80만 석은 전운사(轉運使)에게 맡겨 수로에 인접한 주현(州縣)에서 한 말당 80문(文)에 판매하게 하소서. 포함된 조미(糙米)와[257] 세미(細米)의 수량을 제외하더라도 한 말당 시가(時價)보다 50문이 싸므로 궁핍한 이들을 구제할 수 있는데, 계산하면 64만 관(貫)의 돈이 됩니다. 경감된 운송비를 차례로 더하여 계산하면 69만 관의 돈을 얻을 수 있으니, 도합 돈 133만 관을 얻을 수 있습니다.

그리고 떼어 남겨놓은 20만 관을 경조부(京兆府)로 보내어 장안(長安) 시내와 동위교에 시장을 열어 쌀 20만 석을 관청에서 구매하게 하소서. 한 말당 돈 1백 문으로 계산하면 시가보다 30문 이상 가격이 높으니 농민에게 유리합니다. 그 쌀은 동위교 및 태원창에 보내 저장하여 매년 조운하는 40만 석의 수요를 충당하게 합니다. 그래도 돈 113만 관이 남으니 변방에서 쌀을 구입하는 데 사용할 수 있습니다.

호부에서 구매하여 군대에 공급하는 군량 외에 따로 저장하여 두는 것까지 계산해 보면 구매할 곡식은 135만 석입니다. 총 135만 석을 돈으로 환산하면 102만 6천 관입니다. 그러면 남는 돈 10만 4천 관은 두었다가 이듬해 관청에서 쌀을 구매해야 할 때

255 태원창(太原倉)은 당나라 섬주(陝州)에 위치한 창고이다.

256 동위교(東渭橋)는 당나라 장안 근교 동북쪽 즈음에 있었다.

257 조미(糙米)는 왕겨만 벗긴 쌀을 말한다.

사용할 수 있습니다. 장강과 회수 지역에서 쌀을 판매한 돈과 조운 비용에서 절감한 돈을 모두 전운사에게 맡겨 능(綾), 견(絹), 시(絁), 면(綿) 네 가지를 구매합니다.

민호(民戶)에서 개간한 밭의 크기를 헤아려 먼저 곡식값을 지불하고 기한을 정해 곡식을 받습니다. 그러나 팔기를 원하지 않는 자에게는 강제로 징수하지 않도록 합니다. 납부한 쌀은 쌀 6되를 곡식 한 말로 환산합니다. 모두 계산하면 저장한 곡식은 135만 석이니, 이것은 11만 2천 5백 명의 1년치 양식입니다. 내년 가을에 풍년이 든다면 다시 백여 만 석을 모을 수 있습니다.

변방의 군량이 넉넉하면 변방의 수비는 저절로 됩니다. 이것으로 토벌하면 여유가 있고, 이것으로 지키면 오래갈 수 있습니다. 이것으로 군사를 늘리면 가는 곳마다 군량이 부족할 걱정이 없고, 이것으로 군량을 사들이면 탐욕스러운 장수가 가로채지 못합니다. 강토를 넓히고 국경을 지키는 자는 계책을 이룰 수 있고, 나라를 좀먹고 군사를 도발하는 자는 죄를 피할 수 없습니다. 이것이야말로 무공(武功)을 세우는 기반이며 변방을 안정시키는 근본입니다. 영토를 지키고 사람을 보호하는 데 이보다 급한 일은 없습니다.

국비(國費)를 쏟아붓고 사재(私財)를 내놓더라도 있는 힘을 다해 애써야 합니다. 하물며 지금 이 계책은 한 사람도 괴롭히지 않고 여러 가지 일을 폐지하지 않으면서도 평소의 비용 안에서 낭비하는 돈을 거두고 백만 석의 양식을 남겨 변방을 쉽게 튼튼히 할 수 있는 것입니다. 또 농사를 권장하고 궁핍한 사람을 진휼할 수 있는 이로움이 그 사이에 있습니다. 이것은 하늘이 폐하에게 오랑캐를 물리치고 군사를 안정시킬 기회를 주는 것이니 놓쳐서는 안 됩니다.

請減京東水運收脚價狀

軍志曰: "雖有石城十仞, 湯池百步, 無粟不能守也." 故晁錯論安邊之策, 要在積穀; 充國建破羌之議, 先務屯田.

今陛下廣徵甲兵, 分守城鎭, 仰給於度支者尙八九萬人. 千里饋糧, 涉履艱險, 運米一斛, 達于邊軍, 遠或費錢五六千, 近者猶過其半. 犯雪霜皸瘃之苦, 冒豺狼剽掠之虞. 傾財用而竭物力, 猶苦日給之不充, 其於儲蓄以備非常, 固亦絶意而不暇思也.

陛下頃以邊兵衆多, 轉餽勞費, 設就軍和糴之法以省運, 制與人加倍之價以勸農. 此令初行, 人皆悅慕, 耕稼日滋, 粟麥歲賤. 向使有司, 識重輕之術, 弘久遠之謀, 守之有恒, 施之有制, 謹視豐秏, 善計收積, 菽麥必歸於公廩, 布帛悉入於農夫.

其或有力而無資, 願居而靡措, 貸其種食, 假以犁牛. 自然戍卒忘歸, 貧人樂徙, 可以足食, 可以實邊. 無屯田課責之勞, 而儲蓄自廣; 無徵役踐更之擾, 而守備益嚴. 而有司隘悋,[258] 不克將順. 忘國家制備之謀, 行市道苟且之意. 當稔而顧糴者, 則務裁其價, 不時斂藏; 遇災而艱食者, 則莫揆乏糧, 抑使收糴.

度支以苟售滯貨爲功利, 而不察邊食之盈虛; 軍司以所得加價爲羨餘, 而不恤農人之勤苦. 至有空申簿帳, 僞指囷倉, 計其數則億萬有餘, 考其實則百十不足.

近者緣邊諸州, 頻歲大稔, 穀糴豐賤, 殊異往時. 不勞人, 不變法, 不加賦稅, 不費官錢, 不廢耳目之娛, 不節浮冗之用, 唯於漕運一事, 請爲陛下致邊軍十萬人一年之糧.

舊例: 從江, 淮諸道運米一百一十萬石至河陰, 來年請停八十萬石, 運三十萬石. 舊例: 從河陰運米七十萬石至太原倉, 來年請停五十萬石, 運二十萬石. 舊例: 從太原倉運米四十萬石至東渭橋, 來年請停二十萬石, 運二十萬石.

其江, 淮所停運米八十萬石, 請委轉運使, 於遭水州縣, 每斗八十價出糶, 計以糙米與細米分數相接之外, 每斗猶減時價五十文, 以救貧乏, 計得錢六十四萬貫文, 節級所減運脚, 計得六十九萬貫, 都合得錢一百三十三萬貫.

請支二十萬貫付京兆府, 令於京城內及東渭橋開場和糴米二十萬石, 每斗與錢一百文, 計加時估價三十已上, 用利農人. 其米便送東渭橋及太原倉收貯, 充塡每年轉漕四十萬石之數. 尙有錢一百一十三萬貫文, 以供邊鎭和糴.

除度支旋糴供軍之外, 別擬儲備者, 計可糴得粟一百三十五萬石. 通計一百三十五萬石, 當錢一百二萬六千貫文, 猶合剩錢十萬四千貫, 留充來年和糴. 江, 淮糶米及減運米脚錢, 並委轉運使, 便折市綾, 絹, 絁, 綿四色.

各量人戶墾田多少, 先付價直, 立限納粟. 不願糶者, 亦勿強徵. 其有納米者, 每米六升, 折粟一斗. 總計貯備粟一百三十五萬石, 是十一萬二千五百人一年之糧. 來秋若遇順成, 又可更致百餘萬石.

邊蓄旣富, 邊備自修, 以討則有齎, 以守則可久, 以加兵則不憂所至乏食, 以斂糴則不爲貪將所邀. 恢疆保境者, 得以遂其謀; 蹙國跳軍者, 無所辭其罪. 是乃立武之根柢, 安邊之本源, 守土庇人, 莫急於此.

傾公藏而發私積, 猶當悉力以務之, 況今不擾一人, 無廢百事, 但於常用之內, 收其枉費之資, 百萬贏糧, 坐實邊鄙. 又有勸農賑乏之利, 存乎其間, 此蓋天錫陛下攘戎狄而安國家之時, 不可失也.

---

258 '悋'은 중화서국 『육지집』에는 '吝'으로 되어 있다.

24. 아뢴 일에 대해 논하는 주장

❁ 해제

육지가 당 덕종의 밀지(密旨)를 받고서 예전에 논했던 사안을 다시 논하는 글이다.

신이 듣기로 왕자(王者)의 도(道)는 넓고 분명하여 삼무사(三無私)의 뜻을 받들어 천하를 위로하니,[259] 공평하고 광대하여 기울거나 치우침이 없다고 합니다.[260] 머리 같은 군주와 팔다리 같은 신하는 의리상 실로 한 몸이나 마찬가지이니, 서로 자문하고 진언하며 하루에 만 가지 업무를 처리합니다.[261] 말을 하도록 해도 뜻을 다 전하지 못하거늘, 말을 막는다면 뜻을 어떻게 전하겠습니까. 보필이 어려워지면 기무가 적체될 것이니 아무리 세밀하게 살펴보신다고[262] 하더라도 실제로는 소홀한 부분이 늘어날까 걱정입니다. 우러러 바라건대, 총명하신 성상께서는 다시 헤아려 처결하소서.

묘찬(苗粲)은 젊은 나이에 문자(門子)로서[263] 일찍 조정에 올라 습유(拾遺), 보궐(補闕)을 역임하였습니다. 그는 20여 년 동안 꾸준히 온순하고 공손한 태도를 지키고, 삼가고 신중하며 게으르지 않았습니다. 단정하고 영리하여 직분을 수행하기에 충분하였고, 문장과 학식은 자신을 아름답게 하기에 충분하였습니다. 폐하께서는 묘찬의 선친이 예전에 지나

259 『예기·공자한거(孔子閒居)』에 "하늘은 사사로이 덮어주는 것이 없고 땅은 사사로이 실어주는 것이 없고 해와 달은 사사로이 비춰주는 것이 없다. 이 세 가지를 받들어 천하를 위로하니, 이를 삼무사(三無私)라 한다[天無私覆, 地無私載, 日月無私照. 奉斯三者以勞天下, 此之謂三無私]."라는 공자의 말이 보인다.

260 『서경·홍범(洪範)』에 "편벽됨이 없고 편당함이 없으면 왕자의 도가 넓어질 것이요, 편당함이 없고 편벽됨이 없으면 왕자의 도가 평평해질 것이며, 뒤집어짐이 없고 치우침이 없으면 왕자의 도가 정직해집니다[無偏無黨, 王道蕩蕩. 無黨無偏, 王道平平, 無反無側, 王道正直]."라고 하였다.

261 만기(萬幾)는 제왕의 수많은 업무를 가리킨다. 『서경·고요모』에 고요(皐陶)가 우(禹)임금에게 고하기를 "안일함과 욕심으로 나라를 다스리지 마시고 경계하고 두려워하소서. 하루 이틀에 일이 만 가지나 됩니다[無敎逸欲有邦, 兢兢業業, 一日二日萬幾]."라고 하였다.

262 원문의 '주무(綢繆)'는 환란이 닥치기 전에 빈틈없이 준비하여 예방하는 것을 말한다. 『시경·빈풍(豳風)·치효(鴟鴞)』에 "하늘에서 비가 아직 내리지 않을 때에, 저 뽕나무 뿌리를 거두어 모아서 문을 단단히 얽어서 매어 놓는다면, 지금 이 아래에 있는 사람들이 혹시라도 감히 나를 업신여기겠는가[迨天之未陰雨, 徹彼桑土, 綢繆牖戶, 今此下民, 或敢侮予]?"라고 하였다.

263 문자(門子)는 주(周)나라 때 경대부(卿大夫)의 적자(嫡子)를 일컫던 말이다.

친 말을 하였고[264] 자식들의 이름을 짓는 방법도 의리에 어긋났다고 여기셨습니다.[265] 그러나 차마 분명하게 질책하여 내쫓지는 않으시고 단지 외직으로 바꾸어 임명하셨습니다.

나라를 다스리고 백성을 감화시키는 방법은 한 가지 선행을 칭찬하고 한 가지 악행을 처벌하는 데 달려 있습니다. 사람에게 벼슬을 내릴 때 반드시 조정에서 하고 사람에게 형벌을 내릴 때 반드시 저자에서 하는 이유는 여러 사람이 보지 못하고 일이 드러나지 않을까 염려해서입니다.[266] 상을 받으면 편안히 여기며 부끄러운 기색이 없고, 형벌을 내리면 그대로 받으면서 원망하는 말이 없는 것은 성군이 천하 사람들과 함께하기 때문입니다. 칭찬하면서 선(善)을 말하지 않으면 이는 사사로운 은혜이고, 처벌하면서 악(惡)을 기록하지 않으면 이는 중상모략입니다. 사사로운 은혜를 내리면 주는 것과 받는 것이 분명하지 않아 총애를 바라는 길이 열리고, 중상모략하면 바른 사람과 그른 사람을 구별할 수 없어 참소하는 일이 일어납니다.

어떤 이는 세월이 이미 오래되어 조사할 수 없다고 하고, 어떤 이는 사리(事理)와 체면에 방해가 되니 숨겨야 한다고 합니다. 어떤 이는 악행의 흔적이 드러나지 않으니 다른 명분을 빌어야 한다고 하고, 어떤 이는 그 사람을 버리면 그만이지 분명하게 꾸짖을 필요는 없다고 합니다. 이들의 말은 모두 인정과 이치에 가까운 듯하나 그 뜻은 기실 왜곡과 기만을 내포하고 있습니다.

주공(周公)과 같은 성인도 유언비어를 피하지 못했고,[267] 곽광(霍光)과 같은 충신도 고발을 당했습니다.[268] 지난날 성왕(成王)이 깨닫고 소제(昭帝)가 밝혀주지 않았다면 두

---

264 육지는 당시 낭중(郎中)이었던 묘찬(苗粲)을 승진시키려 하였으나 덕종이 허락하지 않으며, "그 아비인 묘진경(苗晉卿)은 과거 섭정을 하던 때에 신하답지 못한 언사를 했었고, 게다가 그가 열 아들에게 붙인 이름은 제왕들과 똑같다."라고 하였다. 그래서 묘찬은 발탁되지 못했을 뿐만 아니라 지방 관리로 폄적되었다. 『신당서(新唐書)·묘찬전(苗粲傳)』에 보인다.

265 묘찬의 부친 묘진경에게는 열 명의 아들이 있었는데, 묘진경은 아들들에게 모두 옛날 제왕(帝王)의 이름을 붙였다.

266 『공자가어(孔子家語)·형정(刑政)』에 "이 때문에 사람에게 벼슬을 내릴 때는 반드시 조정에서 여러 사람과 함께하고, 사람에게 형벌을 내릴 때는 반드시 저자에서 여러 사람과 함께 버린다[是故爵人必於朝, 與衆共之也. 刑人必於市, 與衆棄之也]."라고 하였다.

267 주(周)나라 성왕(成王) 때 주공(周公)이 섭정하였는데, 성왕의 숙부인 관숙(管叔)과 채숙(蔡叔)이 주공이 왕위를 찬탈하려 한다는 유언비어를 퍼뜨렸다. 『서경·금등(金縢)』에 보인다.

268 한 소제(漢昭帝) 때 연왕(燕王) 단(旦), 상관걸(上官桀), 상홍양(桑弘羊) 등은 거짓 편지를 꾸며내어 곽광(霍光)이 모반하려는 마음을 품고 있다고 무고하였다. 그러나 한 소제는 그 편지가 가짜라는 것을 알아채었다. 『한서·곽광열전(霍光列傳)』에 보인다.

임금의 미덕은 전해지지 않고 두 신하의 원통한 무고는 밝혀낼 수 없었을 것입니다. 훗날 사람들이 지금을 본다 해도 이와 같을 것이니, 삼가 바라건대 더욱 깊이 유념하시고 특별히 성찰하소서. 그렇게 하시면 어찌 묘씨 일족이 요행히 힘입어 존속하는 데 그칠 따름이겠습니까.

성상의 칙지에 이르기를,

"육지는 지나치게 청렴하고 신중하여 뇌물을 모두 사절하는데, 채찍이나 가죽신 따위는 받아도 무방하다."[269]

라고 하셨습니다. 신은 성품이 실로 용렬하니 어찌 사심을 잊었겠으며, 집이 본디 가난하니 어찌 욕심이 없겠습니까. 그러나 신이 스스로 엄격하고 조심하며 힘써 염치 있게 가다듬는 이유는, 성상의 두터운 은혜를 입어 중요한 관직을 차지하고서도 앞장서 교화를 펼쳐 풍속을 맑고 도탑게 하지 못하였고 또 요역을 줄이고 곤궁한 백성들을 구하지도 못하였기 때문입니다. 만약 신이 부끄럽고 두려운 줄도 모르고 다시 뇌물을 받는 길이 열리게 한다면 나라를 걱정하는 성심을 잊고 제 몸을 불태우는 화를 자초할 것입니다. 이 때문에 구구하게 남다른 지조를 지키며 사사로운 교유를 단절하였습니다. 이것이 나라를 다스리는 대도(大道)에[270] 보탬이 되지 않음을 잘 알지만, 적어도 큰 누를 끼치는 일만은 면하고자 한 것입니다.

폐하께서 신을 지나치게 청렴하고 신중하다고 책망하신 것은 치도(治道)에 어긋납니다. 행여 탐욕스러운 무리가 끝없이 주청을 올리고 교묘한 이단의 말을 아뢰어 성상의 덕을 현혹시키고 어지럽힐까 두렵습니다. 말단의 서리가 작은 뇌물을[271] 받더라도 도에 어긋나면 부끄러워할 줄 압니다. 하물며 공경(公卿)과 대신(大臣)의 반열에 있거나 방백(方伯)과 연수(連帥)의[272] 직임을 맡은 자가 어찌 뇌물을 받아야만 정성을 다하겠습니까.

공자가 말하기를,

---

269 덕종은 정원(貞元) 9년(793) 2월에 밀지를 하사하였다.

270 원문의 '대유(大猷)'는 나라를 다스리는 대도(大道)라는 뜻이다. 『시경·소아(小雅)·교언(巧言)』에 "바르고 뚜렷한 제도를 성인이 정하셨네[秩秩大猷, 聖人莫之]."라고 하였다.

271 원문의 '포저(苞苴)'는 뇌물이 남의 눈에 띄지 않도록 거적에 싸서 보내는 것으로, 포(苞)는 물품을 싸는 것이고 저(苴)는 밑에 까는 것이다.

272 방백(方伯)과 연수(連帥)는 모두 주(周)나라 때 제후의 수장을 일컫는 말이다.

"대신은 공경하지 않으면 안 되니, 사람들이 지침으로 삼기 때문이다. 가까운 신하는 조심하지 않으면 안 되니, 사람들이 방도로 삼기 때문이다."[273]
라고 하였습니다. 지침이 기울어지면 그림자도 구부러지고 방도가 치우치면 악행을 저지르게 됩니다. 만약 대신과 가까운 신하가 재물을 받아도 된다면 장관과 막료 누군들 안 되겠습니까. 조정은 방진(方鎭)에서 재물을 받고 방진은 주(州)에서 재물을 받고, 주는 현(縣)에서 재물을 받고 현은 마을에서 재물을 받을 것이니, 마을은 장차 어디서 재물을 받겠습니까. 이것은 모두 지친 백성의 간과 뇌, 힘줄과 골수입니다.

작은 것을 이롭게 여기는 자는 반드시 큰 해를 입고, 시작을 쉽게 여기는 자는 반드시 끝에 후회합니다. 채찍이나 가죽신을 마다하지 않으면 반드시 가죽옷까지 받고, 가죽옷을 마다하지 않으면 반드시 비단까지 받을 것입니다. 비단을 마다하지 않으면 반드시 수레까지 받고, 수레를 마다하지 않으면 반드시 금은보화까지 받을 것입니다. 작은 시냇물 정도라도 그치지 않으면 재난은 골짜기처럼 깊어지고, 터럭만큼이라도 차이가 생기면 흠집이 산처럼 쌓입니다.

『춘추좌씨전(春秋左氏傳)』에 이르기를,

"윗자리에 있는 사람은 자기 마음을 깨끗이 씻고 기다린 뒤에야 남을 다스릴 수 있다."[274]
라고 하였으니, 공정하지 않으면 사람들을 다스릴 수 없다는 말입니다. 또 이르기를,

"나라를 다스리는 자는 뇌물이 없는 것을 근심할 것이 아니라 훌륭한 명성이 없는 것을 근심해야 한다. 제후의 뇌물이 공실(公室)에 모이면 제후가 다른 마음을 품는다."[275]
라고 하였으니, 탐욕으로는 제후를 회유할 수 없다는 말입니다.

『예기(禮記)』에 구경(九經)이[276] 있는데, 그중에 "조회(朝會)와 빙문(聘問)을 제때에 하되, 많이 보내고 조금 받는 것이 제후를 회유하는 방법이다."

---

273 『예기·치의(緇衣)』에 보인다.

274 『춘추좌씨전·양공(襄公) 21년』에 보인다.

275 『춘추좌씨전·양공(襄公) 30년』에 보인다.

276 『예기·중용(中庸)』에 "천하와 국가를 다스리는 데 아홉 가지 법도, 즉 구경(九經)이 있으니, 몸을 닦는 것[修身], 어진 이를 존경하는 것[尊賢], 친척을 친애하는 것[親親], 대신을 공경하는 것[敬大臣], 신하들을 제 몸처럼 여기는 것[體群臣], 백성을 자식처럼 대하는 것[子庶民], 먼 곳의 사람들을 순화하는 것[柔遠人], 제후를 회유하는 것[懷諸侯]이다."라고 하였다.

라고 하였습니다. 여기서 사람을 회유하는 방도는 덕을 귀하게 여기고 재물을 천하게 여기는 것임을 알 수 있습니다. 줄 때는 증정하는 물자를 후하게 보내고 받을 때는 간소한 예의만 차려 박하게 받으니, 사람들에게 사양하는 마음을 존귀하게 여긴다는 것을 가르치고 탐내지 않는 마음을 보여주기 위해서입니다. 조정에서부터 시작하여 지방까지 시행하면 청렴한 기풍이 점차 확대되고 침탈하는 병폐가 싹트지 않을 것이니, 지방은 잘 다스려지고 조정은 더욱 높아질 것입니다. 이것이 바로 교화는 위로부터 내려오고 다스림은 아래에서 이루어진다는 것입니다. 가까운 자는 기쁘게 복종하고 멀리 있는 자는 귀의하고자 할 것이니,[277] 이것은 모두 뇌물이 없으므로 얻어지는 결과입니다.

論所宣事狀

臣聞王者之道, 坦然著明, 奉三無私, 以勞天下, 平平蕩蕩, 無側無偏. 夫元首股肱, 義實同體, 諮詢獻納, 一日萬幾. 宣之使言, 猶未盡意, 言若有阻, 意何由通! 啓沃旣難, 機務斯壅. 雖荷綢繆之顧, 實增曠廢之憂. 仰希聖聰, 更賜裁處.

苗粲少以門子早登朝班, 歷拾遺, 補闕, 二十餘年, 溫恭有加, 恪愼無怠. 端敏足以守職, 文學足以飾身. 陛下以粲先父常有過言, 名子之方, 又乖義類, 不忍明加斥黜, 但令改授外官.

理國化人, 在於獎一善罰一惡. 爵人必於朝, 刑人必於市, 惟恐衆之不覩, 事之不彰. 受賞安之無怍色, 當刑居之無怨言, 此聖王所以與天下公共者也. 獎而不言其善, 斯謂曲貸; 罰而不書其惡, 斯謂中傷. 曲貸則授受不明, 而恩倖之門啓; 中傷則枉直莫辨, 而讒間之道行.

或云歲月已久, 不可究尋; 或云事體有妨, 須爲隱忍; 或云惡跡未露, 宜假他名; 或云但棄其人, 何必明責. 詞皆近於情理, 意實包於矯誣.[278] 以周公之聖, 不免流言; 霍光之忠, 亦遭告訐. 向非成王覺寤, 昭帝保明, 則二主之德美不傳, 二臣之冤誣莫辨. 後之視今, 固亦如此, 伏願稍留睿思, 特加省察. 豈惟苗氏一族存歿幸賴而已乎?

聖旨謂淸愼太過. 都絶饋遺, 如鞭靴之類, 受亦無妨. 臣性實凡鄙, 寧忘顧私? 家本窶貧, 安能無欲? 所以深自刻愼, 勉修廉隅者, 蓋由負戴厚恩, 尸竊大任. 旣不克導揚風敎, 致俗淸淳; 又未能

277 『예기·학기(學記)』에 "가까운 자는 기쁘게 복종하고 멀리 있는 자는 그리워하는 것, 이것이 대학의 도이다[近者悅服而遠者懷之, 此大學之道也]."라고 하였다.

278 '包'는 중화서국 『육지집』에는 '苞'로 되어 있다.

減息征徭, 濟人窮困. 若無恥懼, 更啓賄門, 是忘憂國之誠, 仍速焚身之禍. 由是苟行特操, 杜絶交私. 誠知無補大猷, 所冀免貽深累.

陛下責臣以淸愼太過, 有乖理道. 或恐貪婪之輩,[279] 務逞無厭之求, 巧陳異端, 惑亂聖德. 夫以胥吏末流, 苞苴微賕, 苟或違道, 且猶知慙; 況乎公卿大臣之間, 方岳連帥之任, 豈資納賄, 然後致誠!

孔子曰: "大臣不可不敬也, 是人之表也; 邇臣不可不愼也, 是人之道也." 表傾則影曲, 道僻則行邪. 若大臣, 邇臣可以受財, 則庶長, 寀寮孰爲不可! 朝廷取之於方鎭, 方鎭取之於州, 州取之於縣, 縣取之於鄕, 鄕將安取哉! 是皆出於疲人之肝腦筋髓耳.

利於小者, 必害於大; 易於始者, 必悔於終. 鞭靴不已, 必及衣裘; 衣裘不已, 必及幣帛; 幣帛不已, 必及車輿; 車輿不已, 必及金璧. 涓流不止, 谿壑成災; 毫末旣差, 丘山聚釁.

『春秋傳』曰: "在上位者, 洒濯其心以待之, 而後可以理人." 言私曲之不可以莅衆庶也. 又曰: "長國家者, 非無賄之難,[280] 無令名之難. 諸侯之賄聚於公室, 則諸侯貳." 言貪欲之不可以懷諸侯也.

『禮記』有九經, 其一曰"朝聘以時, 厚往而薄來, 所以懷諸侯"也. 是知懷撫之道, 貴德賤財. 於往也則厚其贈送之資, 於來也則薄其贄幣之禮. 訓人以尊讓, 示人以不貪. 始于朝廷, 行于郡國. 廉節之風漸廣, 侵漁之害不萌, 郡國斯乂, 朝廷益尊. 所謂化自上流, 理由下濟, 近者悅服, 而遠者歸懷. 是皆無賄之致也.

---

279 '婪'은 중화서국 『육지집』에는 '惏'으로 되어 있다.

280 '難'은 중화서국 『육지집』에는 '患'으로 되어 있다.

25. 변방의 수비를 논하는 주장

❁ 해제

정원(貞元) 8년(792) 중서시랑(中書侍郞)에 제수된 육지가 오랑캐의 침입이 잦은 변방의 수비를 강화하기 위해 여러 가지 대책을 논한 글이다. 당시에 오랑캐가 자주 침범하는 가을이 되면 하남(河南), 장강(長江), 회수(淮水) 등지의 병사를 서북 변방으로 이동시켜 오랑캐의 침입을 방비하였다. 그러나 병사들이 먼 거리를 이동하느라 지치고 또 변방의 풍습에 익숙하지 않은 까닭에 전투에서 자주 패배하였다. 육지는 이러한 상황을 소상히 설명하고 변방에 상주하는 군대를 두어 생업에 종사하는 한편 변방을 수비하도록 하자는 의견을 제시하였다. 또한 변방의 장수에게 통수권이 없어서 전투에 즉각적으로 대응하기 어려운 사정을 자세히 나열하고 장수에게 군대의 통수권을 위임할 것을 주장하였다. 당 덕종은 이 글을 읽고 감동하여 육지에게 포상을 내렸다고 한다.

변방을 수비하고 오랑캐를 막는 것은 국가의 중대사이며, 병사를 다스리고 군량을 풍족하게 하는 것은 변방을 수비하고 오랑캐를 막을 수 있는 주요한 방법입니다. 병사를 잘 다스리지 못하면 쓸 만한 군대가 없고, 군량이 부족하면 지역을 굳게 지킬 수 없습니다. 병사를 잘 다스리는 것은 적소에 배치하는 데 달려 있고, 군량을 풍족하게 하는 것은 적절하게 거두는 데 달려 있습니다. 성상께서 다행히 신의 우둔한 생각을 들어주시고 우선 곡식 모으기에 힘쓰셨습니다. 그리하여 백성이 세금을 더 내지 않고 관리들이 재화를 더 쓰지 않고도 가만히 앉아서 변방에 쌓인 군량이 백만 섬이 넘었습니다. 군량을 넉넉하게 하는 재원은 대략 마련되었으나 병사를 다스리는 방법은 아직 정밀하지 않습니다. 신이 감히 시험 삼아 계획을 세워 보았으니 혹 채택하시기를 바랍니다.

오랑캐가 화근이 된 지는 오래되었습니다. 오랑캐가 찾아와 복종하도록[281] 하는 것을 중시하는 사람은 "덕이 아니면 변방의 사람들을 교화할 수 없다."라고 합니다. 그러

281 원문의 '즉서(卽敘)'는 찾아와 복종한다는 뜻이다. 『서경·우공(禹貢)』에 "곤륜과 석지와 거수와 서융이 찾아와 복종하였다[崑崙析支渠搜西戎卽敘]."라고 하였다. 서(敘)를 '공이 펼쳐지다'라고 보기도 한다.

나 이것은 위엄이 서지 않으면 덕으로 다스릴 수 없음을 모르는 것입니다. 무력을 좋아하는 사람은 "군대가 아니면 흉포한 오랑캐를 복종시킬 수 없다."라고 합니다. 그러나 이것은 덕을 닦지 않으면 군대도 믿을 수 없음을 모르는 것입니다. 화친에 힘쓰는 사람은 "결연을 맺으면 우호를 다질 수 있다."라고 합니다. 그러나 이것은 내가 결연을 맺어도 저쪽에서 다시 끊을 수 있음을 모르는 것입니다. 긴 성곽이 좋은 방법이라고 여기는 사람은 "험한 요새를 설치하면 나라를 굳건히 지키고 오랑캐를 막아낼 수 있다."라고 합니다. 그러나 이것은 국력과 인재가 부족하면 험한 요새도 믿을 수 없고 성곽도 지킬 수 없음을 모르는 것입니다. 정벌이[282] 훌륭한 방법이라고 여기는 사람은 "오랑캐를 쫓아내고 저지하면 침략을 막아낼 수 있고 원정하는 수고를 덜 수 있다."라고 합니다. 그러나 이것은 무기가 예리하지 않고 성채가 견고하지 않으면 오랑캐를 저지하려 해도 막을 수 없고 쫓아내려 해도 물리칠 수 없음을 모르는 것입니다.

중국도 흥성할 때와 쇠퇴할 때가 있고, 오랑캐도 강할 때와 약할 때가 있습니다. 사세(事勢)도 이로울 때와 해로울 때가 있고, 조치도 안전할 때와 위험할 때가 있습니다. 그러므로 반드시 고정된 규칙이란 없으며 항상 승리하는 방법도 없는 것입니다. 하후(夏后)는[283] 오랑캐를 복종시켜 교화를 베풀었고, 고공단보(古公亶父)는[284] 오랑캐를 피해 달아나 왕업을 일으켰습니다. 주(周)나라가 북방에 성을 쌓자 엄윤(玁狁)이[285] 물러났고, 진(秦)나라가 임조현(臨洮縣)에[286] 장성을 구축하자 종묘사직이 무너졌습니다. 한 무제(漢武帝)는 흉노를 토벌한 후 후회하였으나[287] 당 태종(唐太宗)은 돌궐을 정벌한 후

282 원문의 '박벌(薄伐)'은 가볍게 오랑캐를 치는 것이다. 『시경·소아(小雅)·유월(六月)』에 "잠깐 오랑캐를 정벌하여 큰 공을 올린다[薄伐玁狁, 以奏膚公]."라고 하였다.

283 하후(夏后)는 중국 최초의 세습왕조인 하 왕조(夏王朝)의 군주를 가리킨다.

284 고공단보(古公亶父)는 주 문왕(周文王)의 조부이다. 고대 주(周) 부족의 수령으로서 빈(豳) 지역에서 오랑캐를 피하여 산시(陝西)의 기산(岐山) 아래로 내려와 주원(周原)에 성읍을 세웠다. 이곳을 근거로 주나라가 점차 세력을 키워 강성해졌다.

285 엄윤(玁狁)은 산시(陝西)와 간쑤(甘肅) 지역 일대에 거주하던 고대의 이민족으로 대융(犬戎), 북융(北戎), 북적(北狄)이라고 불렸다.

286 임조(臨洮)는 간쑤성(甘肅省) 중부에 위치해 있으며, 황하 상류 문명의 발상지 중 하나로 고대에는 적도(狄道)라고 불렸다. 진 헌공(秦獻公)이 서융(西戎)을 물리치고 적도현(狄道縣)과 환도현(桓道縣)을 건립하였는데 후에 이곳이 임조현이 되었다.

287 한 무제(漢武帝)는 30여 년간 흉노 정벌을 위해 군대를 소집하고 원정을 하였으므로 호구(戶口)가 반으로 줄어드는 등 국가 재정이 크게 손실되었다.

안정을 이루었습니다.[288] 한 문제(漢文帝)와 한 경제(漢景帝)는 흉노와 화친을 약속하였지만 당시 외적의 우환을 없애지 못했고,[289] 한 선제(漢宣帝)와 한 원제(漢元帝)는 다독이고 용납하여 여러 세대에 걸쳐 안녕을 유지하였습니다.[290] 이렇게 상황이 달랐던 것은 중국의 성쇠가 형세에 따라 다르고, 오랑캐의 강약이 시기에 따라 달랐기 때문입니다. 또 사세의 이해가 실정에 따라 다르고, 조치의 안위가 편의에 따라 달랐기 때문입니다. 사세를 잘 알아도 시기를 가늠하지 못하면 실패하였고, 시기를 잘 타면서 적절함을 잃지 않으면 성공했습니다. 형세와 변화가 서로 다르니 어찌 한 가지만 고수할 수 있겠습니까.

우리나라는 안녹산(安祿山)이[291] 난을 일으키고 숙종(肅宗)께서 중흥한 이후에 번진(藩鎭)을 철거하여 국내를 안정시키고 외적의 힘을 빌려 내란을 평정하였습니다.[292] 그러자 토번(吐蕃)이 야금야금 쳐들어오고 회흘(回紇)도 자주 침범하였습니다. 중국은 군사를 일으킬 경황이 없어 40여 년 동안 서쪽으로 뇌물을 보내고 북쪽으로 말 값을 보상하였으나, 저들의 불평을 막고 교만한 마음을 만족시키기에는 부족하였습니다. 그래서 멀리 떨어진 지역의 병사와 말을 징집하여 변방의 수자리를 지키도록 하였으나, 여전히 저들의 침략을 막을 수 없었습니다. 오랑캐들은 조금 난입해오면 백성을 노략질하고 깊숙이 침입하면 도성 근방까지 놀라게 하였습니다. 그러므로 당시 변방을 안정시킬 방책을 논의하는 자들은 대부분 힘든 일을 애써서 하고 쉬운 일은 소홀히 여기며

---

288 당 태종(唐太宗)은 정관(貞觀) 3년(629) 이정(李靖), 이세적(李世勣) 등을 장수로 삼아 10만여 군사를 이끌고 돌궐을 토벌하게 하여 이듬해 돌궐을 멸망시켰다.

289 한 문제(漢文帝)는 공주를 시집보내는 등 흉노족과 화친 정책을 펼쳤고, 그 아들 한 경제(漢景帝) 역시 화친 정책을 고수하였다. 두 황제가 재위하는 동안 흉노는 자주 화친 조약을 어기고 침입해왔지만 큰 전쟁은 없었다.

290 한 선제(漢宣帝)는 흉노족의 수령이었던 호한야선우(呼韓邪單于)와 질지선우(郅支單于) 등의 경쟁 관계를 이용하여 외교술을 펼쳐 이들이 스스로 입조(入朝)하게 하였다. 그 아들인 한 원제(漢元帝)는 왕소군(王昭君)을 흉노족의 수령에게 보내어 화친을 유지하였다.

291 안녹산(安祿山)은 당 현종(唐玄宗) 시기 점차 세력이 커져가던 번진(藩鎭)의 장수이다. 양국충(楊國忠) 토벌을 빌미로 755년에서 763년에 이르기까지 약 9년 동안 반란군을 지휘하였다. 당 현종이 피신하자 황태자가 대신 즉위하였는데, 그가 곧 숙종(肅宗, 재위 756~762)이다.

292 당 숙종(唐肅宗) 지덕(至德) 원년(757)에 회흘(回紇)과 토번(吐蕃)이 사신을 보내 원조의 뜻을 밝혔으므로, 그해와 이듬해 곽자의(郭子儀)와 광평왕(廣平王)이 회흘과 토번의 군사를 원조받아 반란군을 진압하였다. 그러나 반란군 진압이 끝나자 회흘은 당나라에 말 값을 요구하면서 노략질하였다. 당나라가 회흘에게 뇌물을 준 후에는 어느 정도 잠잠해졌지만 이후에도 회흘이 반란군 진압을 빌미로 노략질하는 일이 잦았다.

단점을 고치려 힘쓰고 장점은 대수롭지 않게 여겼습니다.

지난날 많은 변고가 있어 백성의 고초가 다 끝나지 않았는데, 조정에서는 군대를 대거 징발하여 적의 영토 깊숙이 들어가려고 합니다. 하지만 앞으로는 승부가 확실치 않을 염려가 있고 뒤로는 군량 수송이 끊어질 근심이 있습니다. 이것은 그야말로 사세를 헤아리지 않고 힘든 일을 애써 하는 것이라고 할 수 있습니다. 하늘이 주는 재능은 일을 분담하도록 하니 공적을 독차지할 수 없고, 땅이 생산하는 물산은 지역마다 적합한 것이 있으니 이익을 겸하지 않습니다. 그러므로 여러 지방의 풍속은 강점과 약점이 각각 다릅니다. 남의 강점은 뛰어넘을 수 없고, 나의 약점은 나아지기를 바랄 수 없습니다. 나의 약점을 고치려고 애쓰며 남의 강점과 겨루려고 한다면 반드시 위태로울 것이고, 나의 강점을 이용하여 남의 약점을 틈타 공격하면 반드시 안전할 것입니다.

강한 오랑캐는 물과 풀이 있는 곳에 마을을 만들고 수렵으로 음식을 충당합니다. 또한 말을 많이 길러 능숙하게 내달리며 목숨을 가볍게 여기고 패배를 부끄러워하지 않습니다. 이것은 오랑캐의 강점이지만 중국의 약점입니다. 그런데 중국이 병사와 수레를 늘려 오랑캐와 힘을 겨루고 달리기를 다툰다면, 이는 중국의 약점을 고치려고 애쓰며 오랑캐의 강점과 겨루려는 것이라고 하겠습니다.

장차 위험을 없애 평안하게 하고 낭비를 없애 절약하고자 한다면, 쉬운 일부터 신중히 시행하고 강점을 제대로 발휘하는 방법뿐입니다. 장수와 관리를 선발하여 백성을 위로하고, 기율을 세워서 군사들을 훈련시켜야 합니다. 덕을 드러내어 위엄을 보좌하고, 가까이 있는 자를 길들이고 멀리 있는 자를 회유해야 합니다.[293] 또 침략하려는 폭도들에 금령을 내려 우리의 신의를 보이고, 공격에 대한 논의를 자제하여 오랑캐를 안심시켜야 합니다. 저들이 화친을 원하면 잘 대우하되 맹약은 맺지 말고, 저들이 도적질을 하면 엄하게 방비하되 보복은 하지 않아야 합니다. 이것이 지금 할 수 있는 쉬운 일입니다. 무력을 천시하고 지혜를 소중히 여기며 죽이기를 싫어하고 살리기를 좋아해야 합니다. 영토를 다스리고 요충지를 지키며, 농업에 힘써서 식량을 풍족하게 하고 군사

293 『서경·고명(顧命)』에 "멀리 있는 자를 회유하고 가까이 있는 자를 잘 길들인다[柔遠能邇]."라고 하였다.

들을 훈련시켜 무력을 축적해야 합니다. 만전을 기할 수 없으면 도모하지 말고, 백전백승할 수 없으면 싸우지 말아야 합니다. 소규모로 침입하면 위세를 과장하여 침입을 막고, 대규모로 침입하면 계책을 써서 돌아가도록 만듭니다.

이른바 적의 병폐를 틈타서[294] 싸우지 않고 적병을 굴복시키는 것이 중국의 강점입니다. 우리의 강점은 곧 오랑캐의 약점이며, 우리가 쉽게 여기는 것은 곧 오랑캐가 어려워하는 것입니다. 강점으로 약점을 통제하면 힘은 적게 들이고도 많은 공적을 거둘 수 있고, 쉬운 것으로 어려운 것을 대응하면 재물은 적게 쓰면서 빨리 일을 성취할 수 있습니다. 이 방법을 버려두고 쓰지 않으면 반대로 적이 틈을 노릴 것이니, 이것이 이른바 창을 거꾸로 들고 창고달을 적에게 준다는 것입니다.[295]

신이 듣건대, 장인이 일을 잘하려면 반드시 먼저 도구를 예리하게 하며,[296] 장수가 적을 이기려 하면 반드시 먼저 병사를 훈련한다고 하였습니다. 병사를 훈련하는 방법은 그 쓰임에 따라 또 다릅니다. 위급한 상황을 구할 때 쓰는 군사는 임시로 난제를 해결하게 하고, 갑작스러운 적군을 막기 위해 쓰는 병사는 천천히 기회에 대응하게 합니다. 그러면 빠르고 적절하게 일을 하며 정해진 틀에 구속되지 않고, 기발하고 놀라운 계책을 내어 보통 사람들의 생각을 따르지 않을 수 있습니다. 진퇴와 사생은 오직 장수의 명령을 따를 뿐이니 이들이 이른바 '진격하고 토벌하는 병사'입니다.

주둔하며 수자리를 지킬 때 쓰는 병사는 일이나 비용이 지속적이니 권도(權道)를 따르는 것과는 형세가 다릅니다. 사물의 이치에 맞지 않으면 사람들이 편하게 여기지 않고, 인지상정으로 원하는 것이 아니면 사람들이 머무르지 않습니다. 이로우면 권면하고 익숙하면 편하게 여기며, 친지들을 보살피면서 삶을 즐겁게 여기고 가업을 돌보면서 죽음을 잊습니다. 그러므로 치리(治理)의 기술로 다스려야 하고 법과 규제로 몰아세우면 안 되니, 이들이 이른바 '주둔하여 수비하는 병사'입니다.

---

294 『손자병법(孫子兵法)·작전(作戰)』에 "무릇 병기가 무뎌지고 예기가 꺾이고 힘이 다하고 재화가 바닥나면, 제후는 그 병폐를 틈타서 일어난다[夫鈍兵挫銳, 屈力殫貨, 則諸侯乘其弊而起]."라고 하였다.

295 창고달[鐏]은 창의 물미를 말하는 것으로, 창을 땅에 꽂기 위하여 창대의 끝에 끼우는 뾰족한 쇠이다. 『한서·매복전(梅福傳)』에 진(秦)나라가 "태아검을 거꾸로 잡고서 초(楚)나라에게 칼자루를 넘겨주었다[倒持太阿, 授楚其柄]."라고 하였다. 남을 이롭게 해주고 자신은 도리어 해를 입는 상황을 비유한다.

296 『논어·위령공(衛靈公)』에 "장인이 그 일을 잘하려면 반드시 먼저 그 연장을 예리하게 해야 한다[工欲善其事, 必先利其器]."라고 하였다.

변방 지역을 지키고 오랑캐를 막기 위해서는 '주둔하여 수비하는 병사'를 선발해야 합니다. 옛날에 병사의 선발과 배치를 잘한 사람은 반드시 병사들의 습성을 헤아려서 알맞은 지역을 구별하였으며, 병사들의 능력을 살펴서 좋아하는 것과 싫어하는 것을 알아내었습니다. 병사들의 능력을 사용하되 습성을 거스르지 않고, 풍속을 바로잡되 알맞은 것은 바꾸지 않았습니다. 병사들이 잘하는 것을 장려하되 못하는 것을 요구하지 않고, 잘못된 행동을 금지하되 원치 않는 장소에 두지 않았습니다. 그들이 주거지를 즐겁게 여기고 마음을 놓도록 하며, 기세를 떨치고 은정(恩情)을 맺을 수 있도록 하였습니다. 그러므로 출정할 때는 병사가 충분하고 거주할 때는 식량이 풍족하며, 지키면 공고하고 싸우면 강하였습니다. 그 방법은 다름이 아니라 인정(人情)에 따라 편하게 하였을 뿐입니다.

지금은 병사들을 여러 곳에서 징발하고 나누어서 변방을 지키게 하므로 병사들이 번갈아 오가며 수자리를 지킵니다. 궁벽한 변방의 땅은 천 리에 걸쳐 적막하니 차가운 바람에 살갗이 갈라지고 날리는 모래에 눈이 아픕니다. 승냥이와 이리 같은 오랑캐를 이웃으로 삼고 전투를 놀이로 삼으며, 낮에는 창을 짊어진 채 밭을 갈고 밤에는 봉수(烽燧)에 기대어 경비를 서야 합니다. 날마다 찔리고 다칠까 염려하고 즐겁게 쉬는 날이 전혀 없습니다. 본래 그 지역에서 태어나 그 풍속에 익숙하고 어려서부터 보고 자라서 편안히 여기는 사람이 아니라면, 주둔지에서 편하게 지내며 적을 익숙하게 여기기는 어려울 것입니다.

관동(關東)[297] 땅은 온갖 물산이 풍부한 곳인데 종군하는 병사들은 더욱 우대를 받으므로 따뜻하고 배부른 것에 익숙하고 즐겁고 편안한 것에 길들여졌습니다. 그들은 외딴 요새와 황폐한 변방에서 고생하는 이야기를 들으면 괴로워하며 얼굴색이 변하고, 강한 번진과 사나운 오랑캐의 이름을 들으면 놀라고 두려워 기운이 빠집니다. 그런 그들에게 친족을 떠나고 집을 버리라고 할 수 있겠습니까. 하물며 번갈아 쉬는 기간에는 장수의 통솔도 받지 않은 채 귀공자처럼 비용을 받고 미인처럼 휴식을 취합니다. 진격해도 공을 세울 것을 요구하지 않고, 퇴각해도 엄한 규율을 적용하지 않습니다. 그들이 변

297 당(唐)나라의 관동(關東)은 하북(河北)과 하남(河南)의 동쪽으로 지금의 산둥성(山東省)과 요령성(遼寧省) 등지이다.

방에 올 때는 모두 의기양양한 모습이지만 머무르는 동안 확고한 마음이 없습니다. 그들은 돌아갈 날을 손꼽아 헤아리고 목을 빼어 배급을 기다리며, 귀환 날짜가 늦어질까 걱정하고 오랑캐가 쳐들어올까 늘 염려합니다. 그 병폐가 다만 무익함에 그칠 뿐이겠습니까?

상벌로 무리를 다스리는 것은 먹줄로 곡선과 직선을 긋고 저울로 경중을 재는 것과 같으며, 끌채 끝의 쐐기로 수레를 고정하고 재갈과 굴레로 말을 복종시키는 것과 같습니다. 무리를 다스릴 때 상벌을 사용하지 않으면 선한 자와 악한 자가 섞이고 유능한 자와 무능한 자를 구별할 수 없습니다. 공과(功過)에 적합하지 않게 등용하면 간사한 자가 총애를 얻고 충성스러운 자가 물러나게 됩니다. 그러면 등용하나 등용하지 않으나 그 병폐는 다를 바가 없습니다.

근래에 권력이 아랫사람에게 내려가고 조정이 실권을 잃은 뒤로, 죄가 있어도 숨기며 드러내지 않고 공이 있어도 의심하며 상을 주지 않게 되었습니다. 그러자 죽음으로 절개를 지킨 사람이 동료들의 조롱을 받고, 무리를 이끌고 앞장서 공격한 사람이 병사들의 원망을 받게 되었습니다. 군대를 무너뜨리고 국토를 빼앗긴 사람이 부끄럽고 두려운 마음을 품지 않게 되었고, 원조를 늦추다가 기회를 놓친 사람이 스스로 지혜롭고 능력 있다고 여기게 되었습니다. 포상과 좌천이 사라져 제대로 시행되지 않고 칭찬과 비방이 분분하여 어지러우니, 공정하고 충성스러운 사람이 바르게 행동하다가 도리어 곤란에 빠지고, 부패하고 비뚤어진 사람이 사욕을 채워도 여전히 우대를 받습니다. 이러한 점들이 바로 의로운 선비들이 마음 아파하고 용감한 장사들이 흩어지는 이유입니다.

군대의 통수권이 한곳에 모이면 군사들의 마음이 흐트러지지 않고, 호령이 다르지 않으면 뜻하는 대로 빠르고 느리게 움직일 수 있으며, 기회를 놓치지 않으면 기세가 절로 강성해집니다. 이렇게 하면 적은 것이 많아지고 약한 것이 강해지니 변화의 시작과 마무리가 손바닥을 뒤집는 것처럼 쉽습니다. 비유하자면 마치 팔로 손가락을 움직이며 마음으로 몸을 다스리는 것과 같습니다.

그러나 통수권이 여러 곳에서 나오면 군사들의 마음이 통일되지 않고, 호령이 제대로 시행되지 않아 빠르고 느리게 해야 할 적절한 때를 잃으며, 기회를 놓쳐 기세가 절로 약해집니다. 용사가 다쳐서 절름발이가 된 듯하고 무리가 흩어져서 약해지니 겁을 내어 우왕좌왕할 조짐이[298] 진영을 배치하기도 전에 보입니다. 이것은 마치 한 나라에 세 사람의 재상이 있고[299] 양 열 마리에 아홉 명의 목자가 있는 것과 같습니다.[300] 군사를 엄격히 통제하려 한들 잘되겠습니까?

군사를 다스릴 때 가장 중요한 요체는 공평함입니다. 그러므로 군사의 재능을 살펴보고 용기를 가늠하며, 힘든 일과 쉬운 일을 비교하고 안전과 위험을 헤아려야 합니다. 그리하여 우열의 등급을 자세히 따져 의복과 음식의 등급 제도를 정해야 합니다. 현재 궁벽한 변방 지역에서 장기간 주둔한 병사들은 모두 많은 전투와 부상을 겪으며 살아남은 자들로서, 복역할 때는 노력을 다하였으며 전투할 때는 용감무쌍하였습니다. 그러나 그들에게 지급되는 의복과 식량은 다만 자신이 쓸 정도에 지나지 않아서, 으레 처자식과 나누어 쓰느라 항상 춥고 굶주린 기색을 면하지 못합니다. 반면, 수자리를 지키러 온 관동(關東)의 병사들은 세월이 몇 해나 지나도 높은 성을 불안해하고 외적에 대한 방비가 미숙하여 적과 맞서는 것을 겁내고 복역도 게을리합니다. 그런데도 그들에게는 의복과 식량이 몇 등급 넘게 후하게 지급되고 차와 약의 공급이 끊이지 않으며 채소와 간장 등의 물자도 보태줍니다. 군사들 간의 풍족하고 부족한 모습의 차이가 이렇듯 현격합니다. 하는 일이 다르지 않은데 급여와 대우가 다르다면 보통 사람의 마음으로는 감내하기 어려울 것입니다. 하물며 공적과 무예가 열등한 군사들이 의복과 식량을 더 지급받는다면, 마음이 없지 않는 한 누군들 화가 나지 않겠습니까?

장수가 군대에 있으면 임금의 명령을 따르지 못하는 경우가 있다고 했습니다.[301] 이것은 실로 적절한 기회를 만났을 때는 멀리서 결정이 내려지기를 기다릴 수 없고, 조정과 전장 양쪽의 명령을 따를 수 없음을 말한 것입니다. 권한을 완전히 위임하지 않은 채 장수가 적을 이기고 공을 이루기를 바랄 수 없습니다. 얼마 전부터 변경 군대의 거

---

298 원문의 '두요(逗撓)'는 겁을 내어 진지에 머물며 적을 피하는 것이다. '이석(離析)'은 갈라지고 흩어지는 것이다.

299 『춘추좌씨전·희공(僖公) 5년』에 "한 나라에 공이 세 명이니, 나는 누구를 따라야 하나[一國三公, 吾誰適從]?"라고 하였다.

300 군사는 적고 장수는 많은 상황을 비유한다. 『수서(隋書)·양상희전(楊尙希傳)』에 "이른바 백성은 적고 관리는 많으니 양 열 마리에 목자가 아홉인 격이다[所謂民少官多, 十羊九牧]."라고 하였다.

301 『사기·손자오기열전(孫子吳起列傳)』에 "신이 이미 명을 받아 장군이 되었으나, 장군이 군대에 있으면 임금의 명을 따르지 않는 경우가 있습니다[臣旣已受命爲將, 將在軍, 君命有所不受]."라는 손무(孫武)의 말이 보인다.

취를 대부분 성상께서 판단하셨습니다. 성상께서는 무신들을 선발하면서 쉽게 통제하는 것을 우선으로 생각하시고 부대를 많이 만들어 힘을 분산시키고 장수의 책임을 가볍게 하여 의지를 약하게 하였습니다. 결국 장수들이 임무를 완수하고자 하는 의무감이 사라지고 죽음으로써 실패를 책임지려는 의지가 약해졌습니다. 첫째도 명령을 따라야 하고 둘째도 명령을 따라야 하며, 군사들의 마음과 달라도 군주의 명령을 따라야 하고 사리에 어긋나도 역시 군주의 명령을 따라야 하기 때문입니다.

양국의 국경이 접한 곳에서 두 군대가 서로 대치하고 있을 때, 기회가 오면 잠시의 틈도 용납되지 않습니다. 계책을 세워 놓고 기다리더라도 때를 놓칠까 걱정인데, 그때 가서 비로소 계책을 세운다면 허술한 것이 당연합니다. 하물며 천 리 떨어진 곳에 있는 구중궁궐 깊숙한 곳에서는 진술한 내용을 분명히 알기 어려우며 보고 듣는 것이 동일하지 않습니다. 빠짐없이 대책을 세우려 하지만 성인(聖人)이라도 어쩔 수 없는 경우가 있을 것입니다. 오랑캐의 갑작스러운 공격은 마치 폭풍처럼 빠르지만 역마가 전하는 서신은 열흘에서 한 달이 걸려야 비로소 보고됩니다. 국토를 수비하는 장수들은 병력이 적어 감히 적에게 대항하지 못하고, 나뉘어 주둔하는 장수들은 조서가 없으면 군대를 출정시키려 하지 않습니다. 머뭇거리는 사이 도적들이 이미 가까이 진격해올 것이니, 방목하던 말과 키우던 소들은 모두 빼앗기고, 농사짓고 나무하던 백성은 모두 포로가 될 것입니다.

신의 생각으로는, 여러 도(道)의 장군과 군사들이 번갈아가며 방추(防秋)하는[302] 제도를 폐지하는 것이 마땅하다고 봅니다. 그리고 본래 있던 군사의 수를 삼등분하여 삼분의 일은 해당 도(道)의 절도사에 위임하여 변방의 성에 거주하기를 원하는 청장년들을 모집하여 이주시키도록 합니다. 다른 삼분의 일은 해당 도(道)에서 의복과 식량만 공급하도록 하고, 관내(關內)의 여러 군(軍)과 주(州)에 위임하여 변방의 군대에 들어가기를 원하는 번인(蕃人)과 한인(漢人) 자제를 모집하도록 합니다. 또 다른 삼분의 일은 해당 도(道)에서 의복과 식량을 내어 응모한 사람들에게 지급하며, 또한 호부(戶部)에서

302 중국 서북쪽의 유목 민족들은 수확을 하여 식량이 풍성한 가을을 기다려 침략하여 왔으므로, 가을이 되면 중국은 변방 지역의 경비를 강화하고 군대를 추가로 파견하여 오랑캐를 수비하도록 하였다. 이것을 '방추(防秋)'라고 한다.

농경에 쓸 소를 구입하여 여러 군(軍)에서 모집해온 사람들에게 집집마다 한 마리씩 지급하고 또 종자를 주어 파종하고 재배하도록 합니다. 그러면 적이 왔을 때는 스스로 전투에 나아가고 농사지을 때가 되면 집에서 힘써 경작할 것입니다. 이렇게 하면 병력이 강하지 않을 수 없고 식량도 풍족하지 않을 수 없습니다. 갑자기 왔다가 홀연히 떠나가는 병사들과 같이 논할 수 있겠습니까!

또 신이 생각하기에 문무에 능한 신하를 뽑아 한 사람은 농우원수(隴右元帥),[303] 한 사람은 삭방원수(朔方元帥), 또 한 사람은 하동원수(河東元帥)로 삼아서, 원수만 통수권을 가지고 나머지는 모두 없애야 합니다. 태원(太原)·봉상(鳳翔)[304] 등의 부(府)와 여러 군(郡) 중에 인구가 비교적 많은 곳은 좋은 관리를 신중하게 선발하여 부윤(府尹)과 군수(郡守)로 삼습니다. 그들에게 밖으로는 군대의 규율을 지키고 안으로는 농업과 잠업을 감독하여 군량을 보태고 무기고를 채우도록 합니다. 병사를 다스릴 적합한 방법이 생기고 군대를 선발하는 법도가 분명해지면, 사치와 낭비를 줄여 재물을 풍족하게 하고 의복과 군량의 등급 제도를 정하여 군사들을 화목하게 합니다. 위임하는 길을 넓혀 용처를 넓히고 상벌의 법도를 분명하게 하여 성과를 매깁니다. 이렇게 중국의 강점을 더욱 신중히 지키고 지금 쉽게 할 수 있는 일들을 착실히 해야 합니다. 이렇게 한다면 오랑캐들이 두려워하지 않거나 변방 지역이 조용하지 않은 일은 없을 것입니다.

論緣邊守備事宜狀

備邊禦戎, 國家之重事; 理兵足食, 備禦之大經. 兵不理則無可用之師, 食不足則無可固之地, 理兵在制置得所, 足食在斂導有方. 陛下幸聽愚言, 先務積穀, 人無加賦, 官不費財, 坐致邊儲, 數逾百萬. 足食之原粗立, 理兵之術未精, 敢試籌量, 庶備采擇.

戎狄爲患, 自古有之. 尊卽敘者則曰: "非德無以化要荒." 曾莫知威不立, 則德不能馴也; 樂武威者則曰: "非兵無以服凶獷." 曾莫知德不修, 則兵不可恃也; 務和親者則曰: "要結可以睦鄰好."

303 농우(隴右)는 농서(隴西)로, 농산(隴山) 서쪽 지역을 두루 칭한다. 지금의 간쑤성(甘肅省) 서쪽에 해당한다.

304 태원(太原)은 지금의 산시성(山西省) 성회(省會)이다. 봉상(鳳翔)은 지금의 산시성(陝西省) 보계시(寶雞市) 동북쪽에 있는 봉상현에 해당한다.

曾莫知我結之, 而彼復解之也; 美長城者則曰: "設險可以固邦國而扞寇讎." 曾莫知力不足而人不堪, 則險之不能恃, 城之不能有也. 尙薄伐者則曰: "驅遏可以禁侵暴而省征徭." 曾莫知兵不銳而壘不完, 則遏之不能勝, 驅之不能去也.

夫中夏有盛衰, 夷狄有強弱, 事機有利害, 措置有安危, 故無必定之規, 亦無長勝之法. 夏后以敍戎而聖化茂, 古公以避狄而王業興, 周城朔方而玁狁襄, 秦築臨洮而宗社覆, 漢武討匈奴而貽悔, 太宗征突厥而致安, 文, 景約和親而不能弭患於當年, 宣, 元弘撫納而足以保寧於累葉. 蓋以中夏之盛衰異勢, 夷狄之強弱異時, 事機之利害異情, 措置之安危異便. 知其事而不度其時則敗, 附其時而不失其稱則成, 形變不同, 胡可專一?

國家自祿山構亂, 肅宗中興, 撤邊備以靖中邦, 借外威以寧內難, 於是吐蕃呑噬, 回紇馮陵. 中國不遑振旅, 四十餘年, 西輸賄幣, 北償馬資, 尙不足塞其煩言, 滿其驕志; 復又遠徵士馬, 列戍疆陲, 猶不能遏其奔衝, 止其侵侮. 小入則驅略黎庶, 深入則震驚邦畿. 時有議安邊之策者, 多務於所難, 而忽於所易; 勉於所短, 而略於所長.

頃屬多故, 人勞未瘳, 而欲廣發師徒, 深踐寇境, 前有勝負未必之虞, 後有饋運不繼之患, 可謂不量事勢而務於所難矣. 天之授者, 有分事, 無全功; 地之產者, 有物宜, 無兼利. 是以五方之俗, 長短各殊, 長者不可踰, 短者不可企. 勉所短而校其所長, 必殆; 用所長而乘其所短, 必安. 強者以水草爲邑居, 以射獵供飮茹, 多馬而尤便馳突, 輕生而不恥敗亡, 此戎狄之所長, 中國之所短, 而欲益兵蒐乘, 角力爭驅, 可謂勉所短而校其所長矣.

將欲去危就安, 息費從省, 在其愼守所易, 精用所長而已. 擇將吏以撫寧衆庶, 修紀律以訓齊師徒, 耀德以佐威, 能邇以柔遠, 禁侵掠之暴以彰吾信, 抑攻取之議以安戎心, 彼求和則善待而勿與結盟, 彼爲寇則嚴備而不務報復, 此當今之所易也. 賤力而貴智, 惡殺而好生, 修封疆, 守要害, 務農以足食, 練卒以蓄威, 非萬全不謀, 非百剋不鬪. 寇小至則張聲勢以遏其入, 寇大至則謀其大以邀其歸.

所謂乘其弊, 不戰而屈人之兵, 此中國之所長也. 我之所長, 乃戎狄之所短; 我之所易, 乃戎狄之所難. 以長制短, 則用力寡而見功多; 以易敵難, 則財不匱而事速就. 捨此不務, 而反爲所乘, 斯謂倒持戈矛以鐏授寇者也.

臣聞工欲善其事, 必先利其器; 武欲勝其敵, 必先練其兵. 練兵之中, 所用復異, 用之於救急, 則權以紓難; 用之於暫敵, 則緩以應機. 故事有便宜, 而不拘常制; 謀有奇詭, 而不徇衆情. 進退死生, 唯將所命, 此所謂攻討之兵也. 用之於屯戍, 則事資可久, 勢異從權, 非物理所愜不寧, 非人情所欲不固. 利焉則勸, 習焉則安, 保親戚則樂生, 顧家業則忘死. 故可以理術馭, 不可以法制驅, 此所謂鎭守之兵也.

夫欲備封疆禦戎狄, 固當選鎭守之兵. 古之善選置者, 必量其性習, 辨其土宜, 察其技能, 知其欲惡, 用其力而不違其性, 齊其俗而不易其宜, 引其善而不責其所不能, 禁其非而不處其所不欲, 使之樂其居, 定其志, 奮其氣勢, 結其恩情. 故出則足兵, 居則足食, 守則固, 戰則強. 其術無他, 便於人情而已矣.

今者散徵士卒, 分戍邊陲, 更代往來, 以爲守備. 窮邊之地, 千里蕭條, 寒風裂膚, 驚沙慘目, 與豺狼爲隣伍, 以戰鬪爲嬉遊, 晝則荷戈而耕, 夜則倚烽而覘, 日有剽害之慮, 永無休暇之娛. 自非生於其域, 習於其風, 幼而覩焉, 長而安焉, 罕能寧其居而狎其敵也.

關東之壤, 百物阜殷, 從軍之徒, 尤被優養, 慣於溫飽, 狎於歡康. 聞絶塞荒陬之苦, 則辛酸動容; 聆強蕃勁虜之名, 則懾駭奪氣. 而乃使之去親族, 捨園廬. 矧又有休代之期, 無統帥之馭, 資奉若驕子, 姑息如倩人, 進不邀之以成功, 退不加之以嚴憲,[305] 其來也, 咸負得色;[306] 其止也, 莫有固心. 屈指計歸, 張頤待飼, 猶患還期之賒緩, 恒念戎醜之充斥, 其弊豈唯無益哉?

夫賞罰之於馭衆也, 猶繩墨之於曲直, 權衡之於重輕, 輗軏之所以行車, 銜勒之所以服馬也. 馭衆而不用賞罰, 則善惡相混, 能否莫殊; 用之而不當功過, 則姦妄寵榮, 忠實擯抑. 用與不用, 其弊一也.

自頃權移於下, 柄失於朝, 罪以隱忍而不彰, 功以嫌疑而不賞, 使亡身效節者獲誚於等夷, 率衆先登者取怨於士卒, 僨軍蹙國者不懷於愧畏, 緩救失期者自以爲智能. 褒貶旣闕而不行, 稱毁復紛然相亂, 公忠者直己而反罹困厄, 敗撓者行私而例獲優崇. 此義士所以痛心, 勇夫所以解體也.

夫統帥專一, 則人心不分; 號令不貳, 則疾徐如意; 機會靡愆, 則氣勢自壯. 以少爲衆, 以弱爲強, 變化翕闢, 在於反掌之內, 是猶臂之使指, 心之制形. 節制多門, 則人心不一; 號令不行, 則疾徐失宜; 機會不及, 則氣勢自衰. 勇廢爲尫, 衆散爲弱, 逗撓離析, 兆乎戰陣之前, 是猶一國三公, 十羊九牧, 欲令齊肅, 其可得乎?

理戎之要, 最在均齊, 故閱其材, 程其勇, 校其勞逸, 度其安危, 明申練覈優劣之科, 以爲衣食等級之制. 今者窮邊之地, 長鎭之兵, 皆百戰傷夷之餘, 服役則勞, 臨敵則勇. 然衣糧所給, 唯止當身, 例爲妻子所分, 常有凍餒之色. 而關東戍卒, 歲月踐更, 不安危城, 不習戎備, 怮於應敵,[307] 懈於服勞. 然衣糧所頒, 厚踰數等, 繼以茶藥之饋, 益以蔬醬之資. 豐約相形, 縣絶斯甚. 夫事業未異而給養有殊, 人情不能甘也. 況乎績藝劣而衣食優, 苟未忘懷, 孰能無慍?

將在軍, 君命有所不受. 誠謂機宜不可以遠決, 號令不可以兩從, 未有委任不專, 而望其剋敵成功者也. 自頃邊軍去就, 裁斷多出宸衷, 選置戎臣, 先求易制, 多其部以分其力, 輕其任以弱其心, 遂令分閫責成之義廢, 死綏任咎之志衰, 一則聽命, 二亦聽命, 爽於軍情亦聽命, 乖於事宜亦聽命.

夫兩疆相接, 兩軍相持, 事機之來, 間不容息, 蓄謀而竢,[308] 猶恐失之, 臨時始謀, 固已踈矣. 況乎千里之遠, 九重之深, 陳述之難明, 聽覽之不一, 欲其事無遺策, 雖聖者亦有所不能焉. 戎虜馳突,

---

305 '加'는 중화서국 『육지집』에는 '處'로 되어 있다.

306 '得'은 중화서국 『육지집』에는 '德'으로 되어 있다.

307 '怮'은 중화서국 『육지집』에는 '怯'으로 되어 있다.

308 '竢'는 중화서국 『육지집』에는 '俟'로 되어 있다.

迅如風飇,[309] 駬書上聞,[310] 旬月方報. 守土者以兵寡不敢抗敵, 分鎭者以無詔不肯出師, 逗留之間, 寇已奔逼. 牧馬屯牛, 鞠爲椎剽; 穡夫樵婦,[311] 罄作俘囚.

臣愚謂宜罷諸道將士番替防秋之制, 率因舊數而三分之: 其一分, 委本道節度使募少壯願住邊城者以徙焉; 其一分, 本道但供衣糧, 委關內諸軍州, 募蕃漢子弟願傳邊軍者以給焉; 又一分, 亦令本道但出衣糧, 加給應募之人, 又令度支和市耕牛, 就諸軍城募人至者, 家給耕牛一頭, 並賜種子, 勸之播植, 寇至則人自爲戰, 時至則家自力農. 是乃兵不得不強, 食不得不足, 與夫倏來忽往, 其可同等而論哉!

臣又謂宜擇文武能臣一人爲隴右元帥, 一人爲朔方元帥, 一人爲河東元帥, 唯元帥得置統軍, 餘並停罷. 太原, 鳳翔等府, 及諸郡戶口稍多者, 愼柬良吏, 以爲尹守, 外奉師律, 內課農桑, 俾爲軍糧, 以壯戎府. 理兵之宜旣得, 選帥之道旣明, 然後減姦濫虛浮之費以豐財, 定衣糧等級之制以和衆, 弘委任之道以宣其用, 縣賞罰之典以考其成, 而又愼守中國之所長, 謹行當今之所易, 如是而戎狄不威懷, 疆埸不寧謐者, 未之有也.

---

309 '飇'는 중화서국 『육지집』에는 '飈'로 되어 있다.

310 '駬'은 중화서국 『육지집』에는 '驛'으로 되어 있다.

311 '穡'은 중화서국 『육지집』에는 '嗇'으로 되어 있다.

26. 전서(田緖)가 비문(碑文)을 청탁하며 보낸 말과 비단을 돌려보낼 것을 청하는 주장

✿ 해제

하북(河北) 지역의 위박절도사(魏博節度使) 전서(田緖)가 자신의 부친 전승사(田承嗣)의 비문을 지어달라고 하는 부탁을 고사하면서 덕종에게 올린 글이다. 전서의 부친 전승사는 당 숙종(唐肅宗) 건원(乾元) 초에 위박절도사로 임명되어 위주(魏州), 박주(博州), 상주(相州), 패주(貝州), 위주(衛州), 전주(澶州) 등 지금의 하북 남부와 산동(山東) 북부를 관할하였다. 전승사의 조카로서 뒤를 이어 위박절도사가 된 전열(田悅)은 건중(建中) 3년(782)에 위왕(魏王)을 참칭(僭稱)하며 위주를 대명부(大名府)로 개칭하고, 성덕(成德), 치청(淄靑), 유주(幽州) 등의 번진(藩鎭) 세력과 결합하여 반란을 일으켰다. 흥원(興元) 원년(784) 4월, 전승사의 여섯째 아들 위박행군사마(魏博行軍司馬) 전서는 전열을 죽이고 다시 조정에 귀의하여 위박절도사 겸 관찰사에 임명되었다. 육지는 어명을 받아 전서의 부친 전승사를 위한 비문을 짓게 되었고, 전서는 육지에게 말과 비단을 보내어 후의를 보였다. 그러나 육지는 끝내 비문을 짓지 않고 전서에게 받은 말과 비단을 돌려보낼 것을 청하는 글을 올렸다.

절도사 전서(田緖)는 절도수군(節度隨軍) 유첨(劉瞻)을 시켜 신에게 편지를 보내어 그의 부친 전승사(田承嗣)의 은공을[312] 기리는 비문을 지어달라고 부탁하며 말과 비단을 선물로 보냈습니다. 신은 일전에 비문을 작성하라는 칙지를 받았으나 반년이 지난 지금까지 끝내 짓지 못했습니다. 진실로 권면하고 경계하는 도리는 충의가 우선이며, 칭찬하고 비판하는 언사는 『춘추』에서도 중시하였기 때문입니다.[313] 작위는 요행히 얻을

312 원문의 '유애(遺愛)'는 덕정(德政)을 베풀어 후대에 은택을 미친 사람을 말한다. 『춘추좌씨전·소공(昭公) 20년』에 "자산이 죽자, 중니가 듣고서 눈물을 흘리며 '옛날의 유애이다'[及子產卒, 仲尼聞之, 出涕曰, 古之遺愛也]."라고 하였다. 중화서국 『육지집』에는 본문이 '令爲其亡父承嗣撰遺愛碑文'으로 되어 있다.

313 『춘추(春秋)』는 직분(職分)을 바로잡는 정명(正名)과 선악(善惡)을 엄격하게 판별하는 포폄(褒貶)의 원칙에 따라 용어를 철저히 구별하여 서술하였다. 이렇게 명분에 따라 준엄하게 기록하는 것을 '춘추필법(春秋筆法)'이라고 한다.

수 있지만 명성은 속임수와 권력으로 얻을 수 있는 것이 아닙니다. (이로써) 옛 전철을 밟으려는 자가 밝은 법도를 두려워하며 분수를 넘지 못하도록 하고, 간사하고 망령된 것을 믿는 자가 현명한 논의를 돌아보고 부끄러움을 알도록 합니다. 칭찬하고 비판하는 언사가 분명하면 통치에 도움이 됩니다.

전승사는 군사를 일으켜 황명을 거역하고 온갖 악행을 저질렀으나 끝내 하늘의 벌을 면하고 온전한 몸으로 땅에 묻혔습니다. 이는 선조(先朝, 중종)께서 한스럽게 여기고 의로운 선비들이 개탄하였던 바입니다.[314] 지금 전서가 여전히 성상에게 대항하는 마음이 있으면서도 부친의 은공을 칭송하여 달라고 청하니, 미천한 신은 마음이 답답하고 실로 분한 마음이 듭니다.

신은 외람되게 성상의 은덕을 입어 재상의 자리에 있으면서도 간악한 무리들을 척결하거나 치국의 법도에 도움이 되지 못했습니다. 게다가 지금은 부끄러운 언사를 꾸며내어 흉악한 자의 덕을 찬양하고, 저들의 후한 뇌물을 받아 탐욕의 풍조를 답습하게 되었습니다. 마음이 편치 않고 일을 억지로 하기도 어려워 여러 차례 붓을 들었다가 글을 지어낼 수 없어 번번이 잡았던 붓을 던지며 크게 한숨을 쉬고는 그만두었습니다.

어제 전서가 사람을 보내왔기에 신도 완곡하게 답을 하였습니다. 거절하는 말을 한 적은 없으니, 의심하거나 멀리하지 않도록 할 셈이었습니다. 그가 보내온 편지를 삼가 봉하여 성상께 올립니다. 그가 보내온 말과 비단은 바로 돌려보냈으니, 감히 아뢰지 않을 수 없습니다.

---

314 『당서(唐書)·번진전(藩鎭傳)』에 의하면 전승사(田承嗣, 705~779)는 평주(平州) 노룡(盧龍), 즉 지금의 하북(河北) 노룡현(盧龍縣) 출신으로 본래는 안녹산(安祿山)의 부장이었는데 공을 쌓아 무위장군(武衛將軍)이 되었다. 안사(安史)의 난이 실패하자 당 왕조에 항복하여 위박절도사(魏博節度使)가 되었다. 전승사는 조정의 명을 잘 따르지 않았으므로 당 왕조는 그를 회유하기 위해 다시 동중서문하평장사(同中書門下平章事)에 임명하였다. 대력(大曆) 10년(775), 전승사가 계속 조정의 명령을 따르지 않자 조정에서는 이보신(李寶臣), 이정기(李正己), 주도(朱滔) 등을 보내 그를 토벌하였다. 처음의 전투에서 여러 차례 패배하자 전승사는 암암리에 이정기와 결탁하고 이보신과 주도를 이간질하였다. 그리고 표문(表文)을 올려 죄를 자인하고 처벌을 내릴 것을 청하여 결국 조정의 사면을 받았다. 이듬해 전승사는 다시 이영요(李靈曜)의 반란을 도왔으나 실패한 후에 또 표문을 올려 죄를 자인하고 사면을 받았다. 전승사는 위주(魏州)와 박주(博州), 상주(相州), 위주(衛州), 명주(洺州), 전주(澶州), 패주(貝州) 등 지금의 하북 남부와 산동 북부를 점거하고 5만 명의 군사를 양성하였으며, 대력 14년(779) 75세의 나이로 병사한 후 태보(太保)로 추증되었다. 절도사의 관직은 그의 조카인 전열(田悅)에게 세습되어, 번진 군벌이 관직을 세습하는 선례가 되었다.

請還田緖所寄撰碑文馬絹狀

田緖使節度隨軍劉瞻送書與臣, 爲其父承嗣撰遺愛碑文,[315] 送馬絹以申情貺. 臣先奉恩旨, 令撰碑文, 于今半年, 竟未綴緝. 良以勸戒之道忠義攸先, 褒貶之詞春秋所重. 爵位有僥倖而致, 名稱非詐力可求, 將使循軌轍者畏昭憲而莫渝, 怙姦妄者顧淸議而知恥. 褒貶苟明, 亦足助理.

田承嗣阻兵犯命, 靡惡不爲, 竟逭天誅, 全歸土壤, 此乃先朝所愧恨, 義士所惋嗟. 今田緖尙干宸嚴, 請頌遺愛, 微臣隘跼, 實憤于心. 謬承恩光, 備位台輔, 旣未能滌除姦慝, 裨益大猷,[316] 而又飾其愧詞, 以贊兇德, 納彼重賂, 以襲貪風, 情所未安, 事固難強. 屢嘗執翰, 不能措詞, 輒投所操, 太息而止.

昨見田緖使人, 臣亦婉爲報答, 旣無拒絶之言, 計亦不至疑阻. 其來書謹封進, 所送馬及絹, 便領卻回訖,[317] 不敢不奏.

---

315 '爲其父'는 중화서국『육지집』에는 '令爲其亡父'로 되어 있다.

316 '裨'는 중화서국『육지집』에는 '匡益大猷'로 되어 있다.

317 중화서국『육지집』에는 본문이 '所送馬及絹等, 令劉瞻便領卻回訖'로 되어 있다.

27. 조정의 관리에게 결원이 생기는 경우 및 자사(刺史) 등의 관리가 진급하는 절차를 논하는 주장

❁ 해제

인재의 등용과 절차 등을 논한 상소문이다. 덕종은 의심이 많은 성격이라 크고 작은 일들을 신하에게 위임하지 못하였다. 인재의 등용도 반드시 직접 하였으며 재상의 소청을 허가하는 경우가 적었다. 또 한번이라도 잘못을 저지른 신하는 끝까지 다시 쓰지 않았으며 언사가 좋은 사람만 선발되었으므로 성실한 인재가 등용되지 못하였다. 인재들이 제대로 등용되지 못하고 적체가 심해지자, 육지가 이 문제를 논하기 위해 상주한 것이다.

신은 경전에서 "많은 선비가 북적이니 문왕께서 평안하시네."[318]라는 구절과 "관직을 비우지 마십시오. 하늘의 일을 사람이 대신하고 있는 것입니다."[319]라는 구절을 읽었습니다. 선비는 많지 않으면 안 되고, 관직은 채우지 않으면 안 된다는 말입니다. 무릇 성인(聖人)이 인재를 아끼는 방법은 자리에서 몸을 기울여[320] 의견을 구하는 것뿐만이 아닙니다. 그를 관직에 등용해 학문과 실적을 존중하고, 자주 시험하여 능력을 발휘하게 합니다. 선행을 표창하여 언사를 존중해주고, 녹봉을 우대하여 품위를 지키도록 합니다. 이렇게 세월이 오래 지나면 명성과 실적이 모두 높아지므로 그가 조정에 도열하면 왕실이 높아지고, 그가 지방에 분봉을 받으면 번진이 높아집니다. 이러한 이유로 『예기(禮記)』에서 학문과 실적을 완성한 선비를 드러내어 기록하였고,[321] 『주역(周易)』

---

318 『시경·대아(大雅)·문왕(文王)』에 "많은 선비가 북적이니, 문왕께서 이로써 평안하시네[濟濟多士, 文王以寧]."라고 하였다.

319 『서경·우서(虞書)·고요모(皐陶謨)』에 "관직을 비우지 마십시오. 하늘의 일을 사람이 대신하고 있는 것입니다[無曠庶官, 天工人其代之]."라고 하였다.

320 몸을 기울여 현인을 대한다는 것은 제왕들이 예의를 갖추어 현사를 대하는 모습이다.

321 원문의 '조사(造士)'는 『예기·왕제(王制)』에 "사도에게 추천된 자는 향의 요역이 면제된다. 학(學)에 추천되었으며 사도에게 추천되어 향역이 면제된 자를 조사(造士)라고 한다[升於司徒者不征於鄕, 升於學者不征於司徒, 曰造士]."라는 구절이 나온다. 공영달(孔穎達)의 소(疏)에서는 "학업이 완성된 자를 조사(造士)라고 한다[學業既成, 卽爲造士]."라고 하였다.

에서 현명한 선비를 기르는 것을 숭상하였습니다.[322]

옥을 옥돌인 채로 버려두면 돌조각이지만 갈고 닦으면 귀한 옥이 되며, 물이 수원에서 나와 막히면 진흙탕이 되지만 물길이 트여 흘러가면 시내와 연못을 이룹니다. 왕업을 일으킨 훌륭한 보좌는 모두 말세를 만나 버려진 인재였는데, 말세에는 어리석은 사람이었지만 성세를 만나자 지혜로운 사람이 되었습니다. 사람의 재능과 성품도 시대와 더불어 높아지거나 낮아지는 법입니다. 인재를 좋아하면 나오고 장려하면 높아지며 억누르면 쇠퇴하고 배척하면 사라집니다. 이것이 인재가 줄어들기도 하고 늘어나기도 하는 이유입니다.

조정에 인재가 부족한 것은 일곱 가지 병폐가 있기 때문입니다. 원류가 맑지 않은데 하류만 방비하는 것이 첫째요, 실상을 살피지 않고 널리 찾으려고만 하는 것이 둘째요, 지나치게 꼼꼼하게 찾는 것이 셋째요, 과실을 심하게 미워하는 것이 넷째요, 잘못된 방법으로 시험하는 것이 다섯째요, 취사선택의 순리를 어기는 것이 여섯째요, 옛일만 따르고 가부(可否)를 가리지 않는 것이 일곱째입니다.

다소(多少)에 차이가 나면 가량(嘉量)이[323] 아니고서는 공평하게 잴 수 없고, 경중(輕重)이 다르면 현형(縣衡)이[324] 아니고서는 확정할 수 없습니다. 최근의 관리 임명은 이와는 많이 달랐으니, 임명한 관리의 숫자로 재상의 경중을 헤아렸습니다. 재상이 성상의 총애를 받으면 과도하게 추천하더라도 반드시 등용되고, 재상이 성상과 소원해지면 정당하게 의망(擬望)해도 허락받는 일이 드물었습니다. 인재들이 출사하는 길이 막히고 통하는 것은 오직 재상이 성상에게 받는 은택이 박한가 후한가에 달려 있습니다. 이것이 이른바 원류가 맑지 않은데 하류만 방비하는 병폐입니다.

현명하고 능력 있는 사람을 등용하는 것은 진실로 군자가 할 일입니다. 악인을 막고 선인을 높이는 일은 소인이 할 수 없는 일입니다. 군자는 인재를 아끼는 마음을 갖지만

---

322 『주역·상전(象傳)』에 "성인은 현명한 사람을 기르시니 만민에게 미친다[聖人養賢, 以及萬民]."라고 하였다.

323 가량(嘉量)은 왕망(王莽)이 만들어 반포한 고대의 도량(度量) 기구로서, 열 말(斛), 한 말(斗), 한 되(升), 한 홉(合), 한 작(龠)의 도량형을 하나의 기구에 모두 갖추고 있었다고 한다.

324 현형(縣衡)은 저울의 일종이다. 『순자·해폐(解蔽)』에 "그래서 욕심이나 미워함도 없고, 시작이나 끝도 없고, 가까움이나 멂도 없고, 넓음이나 얕음도 없고, 옛날이나 지금도 없어서, 만물을 겸하여 펴서 저울에 맞게 한다[故無欲無惡, 無始無終, 無近無遠, 無博無淺, 無古無今, 兼陳萬物而中縣衡焉]."라고 하였다.

소인은 선한 사람을 비방하는 것이 이롭다고 여깁니다. 인재를 아끼고 끌어오는 것은 당파와 비슷하게 보이고, 비방하고 방해하는 것은 공론과 유사하게 보입니다. 당파와 비슷한 것 같으면 구별하지 않고 의심하고, 공론과 유사한 것 같으면 살펴보지 않고 신뢰합니다. 이것이 이른바 실상을 살피지 않고 널리 찾기만 하는 병폐입니다.

사람의 도량은 둥글고 모나며 크고 작은 차이가 있고, 관리의 직무는 어렵고 쉬우며 한가하고 바쁜 구별이 있습니다. 명칭에는 허실(虛實)의 구별이 있고 업적에는 상하(上下)의 차이가 있습니다. 최근에 재상이 소임을 감당하지 못하여, 관직에 궐석이 생길 때마다 신중히 선발하여 보고를 올리면 성상께서 미흡하게 여겨 다른 이를 구하라는 명령을 내리신 일이 두세 번이나 있었습니다. 인재 선정의 요건이 점점 높아지자 얻을 수 있는 인재의 수준은 더욱 낮아졌습니다. 이는 독단으로 판단하고 여론을 따르지 않으며, 주위 사람 중에서 선발하고 공론을 헤아리지 않기 때문입니다. 선발하는 사람에게 실제 권한이 없고 임용하는 방법이 여러 갈래이기 때문에 관직의 등급에 질서가 없고 명분과 실제가 상반됩니다. 이것이 이른바 지나치게 꼼꼼하게 찾는 병폐입니다.

수레를 비출 만한 환한 구슬도 어긋난 결이 있기 마련이고[325] 연이은 성채와 바꿀 만한 옥벽도 흠이 있기 마련입니다.[326] 하물며 감정이 있는 사람이 어찌 허물을 면할 수 있겠습니까. 제 환공(齊桓公)은 허리띠 고리에 활을 쏜 관중(管仲)을 꺼리지 않았으므로 제후를 규합하는 공적을 이루었습니다.[327] 진 목공(秦穆公)은 한 번의 잘못으로 덕을 덮지 않았으므로 아홉 번 패배한 수치를 씻었습니다.[328] 그런즉, 인재의 허물을 덮고

---

325 제 위왕(齊威王)과 위 혜왕(魏惠王)이 교외에서 만나 사냥을 하였는데, 위 혜왕이 "왕께도 역시 보물이 있으시지요?"라고 질문하자 위왕이 "없습니다."라고 대답하였다. 위 혜왕이 계속하여 "저의 소국에도 12채의 수레 앞뒤를 밝힐 수 있는 직경이 한 치쯤 되는 구슬이 10개 정도 있는데, 만승의 나라에 어찌 보물이 없습니까?"라고 하였다. 위왕은 "제가 보물이라고 여기는 것과 왕께서 보물이라고 여기는 것이 다릅니다."라고 하며, 나라를 지키는 동량 같은 신하들이 천 리를 비추는 진짜 보물이라고 하였으므로 위 혜왕이 부끄러워하였다. 『사기·전경중완세가(田敬仲完世家)』에 보인다.

326 조 혜문왕(趙惠文王)이 화씨(和氏)의 옥을 얻자 진 소왕(秦昭王)이 소문을 듣고 조 혜문왕에게 편지를 보내어 15개의 성을 주고 옥과 바꾸기를 원하였다. 이로 인해 화씨의 옥은 '연성(連城)'이라는 별칭을 가지게 되었다. 『사기·염파인상여열전(廉頗藺相如列傳)』에 보인다.

327 『육주약선』 '13. 홍원(興元) 연간에 이초림(李楚琳)을 달래도록 청하는 주장'의 제 환공(齊桓公) 고사(69쪽 171번) 참조.

328 진 목공(秦穆公)의 장수 맹명(孟明)은 효산(崤山)의 전투에서 진(晉)나라에 대패하였다. 그러나 진 목공은 맹명을 계속 장수로 두었으며 이후 여러 차례의 전투에서 연이어 패배하였음에도 계속 그를 등용하였다. 마침내 맹명이 큰 승리를 거두자 진 목공은 효산으로 가서 30년 전의 군사들의 시신을 묻고 제사를 지내었다.

등용하는 것은 패권을 쥐고 제왕이 되는 길이요, 과오를 기억하고 인재를 버리는 것은 쇠퇴하고 난이 일어나는 원인입니다. 폐하께서는 참으로 선행을 좋아하시지만 또 심하게 과실을 따지십니다. 인재가 한번 견책을 당하면 끝내 버려지니, 이것이 이른바 과실을 심하게 미워하는 병폐입니다.

"군자는 말을 아끼지만 소인은 말을 먼저 한다."[329]라고 합니다. 말을 더듬거나 말수가 적다고 반드시 어리석은 사람은 아니며, 말이 많고 말재주가 좋다고 반드시 지혜로운 사람은 아닙니다. 그러므로 현명한 군주는 언사만으로 사람을 판단하거나[330] 임의로 선비를 선발하지 않으며, 모든 작록(爵祿)을 정할 때는 여러 사람과 함께합니다.[331] 만약 어떤 사람의 선행이 좋다고 하여 효용을 구별하지 않고, 언사가 듣기 좋다고 하여 행동을 검증하지 않는다면, 인재의 진퇴(進退)가 애증의 감정에 따르게 되고 사람들의 이합(離合)이 취향의 이동(異同)에 좌우될 것입니다. 이것은 짐작으로 곡직(曲直)을 재단하고 손으로 경중(輕重)을 헤아리는 것과 같으니, 아무리 정밀하고 미세하다고 해도 오류가 있게 마련입니다. 이것이 이른바 잘못된 방법으로 시험하는 병폐입니다.

하늘이 낳은 사물은 그 용도가 겹치는 것이 거의 없습니다. 누구나 천성적으로 잘하는 것이 있는가 하면 못하는 것도 있으며, 재능에 맞는 것이 있는가 하면 맞지 않는 것도 있습니다. 뛰어난 목공은 바퀴와 서까래의 용도에 따라 재목을 쓰므로 구부러진 나무나 올곧은 나무나 버리는 법이 없습니다. 훌륭한 마부는 험난하거나 평탄한 장소에 따라 적절하게 말을 몰므로 노둔한 말이나 천리마나 천성을 잃지 않습니다. 제왕이 흥성하기로는 당(唐)나라와 우(虞)나라 같은[332] 시기가 없으며, 훌륭한 보좌로는 후직(后稷)과 하우(夏禹)만한[333] 신하가 없었습니다. 그들은 각자 능한 일을 맡았으며 능력을 겸비하려고 애쓰지 않았습니다. 이로써 국토를 안정시키고 백곡을 파종하였으며 오교

329 『예기·방기(坊記)』에 "그러므로 군자는 말을 아끼고 소인은 말을 먼저 한다[故君子約言, 小人先言]."라고 하였다.

330 『예기·표기(表記)』에 "군자는 언사만으로 사람을 다 판단하지 않는다[君子不以辭盡人]."라고 하였다.

331 『예기·왕제(王制)』에 "조정에서 사람에게 작위를 줄 때는 여러 사람과 함께한다[爵人於朝, 與衆共之也]."라고 하였다.

332 당(唐)과 우(虞)는 각각 요(堯)임금과 순(舜)임금이 통치하던 시기로 태평성대를 뜻한다.

333 후직(后稷)과 하우(夏禹)는 각각 요임금과 순임금의 명을 받아 백성에게 농경을 가르치고 산천을 정비하였다.

(五教)를[334] 널리 펴고 오형(五刑)의[335] 순서를 세웠습니다. 그러자 예악(禮樂)이 흥성하며 조화를 이뤘고 오랑캐들이 복종하였으며 짐승과 물고기까지도 모두 평안했습니다.

이것은 적임자를 선발하여 적재적소에 임용하고 능력을 벗어나는 일을 요구하지 않고 권한 내의 일을 막지 않았기 때문입니다. 그렇게 하면 일은 지극히 순조롭게 진행되고 사람은 그의 재능을 다할 수 있습니다. 그렇지 못하면 관직의 승진과 좌천이 감정을 따르게 되고 처음과 끝의 방향이 달라지며, 사람들이 자신의 능력을 헤아리지 못하고 다른 사람들과 함께할 때도 성의를 다하지 않습니다. 인재가 마음에 들면 분수에 넘는 일을 맡기고 마음에 거슬리면 지나치게 책망하니, 이것이 이른바 취사선택의 순리를 어기는 병폐입니다.

지금 의논하는 사람들은 대부분 "내외의 여러 관리는 그 직분을 오래 맡겨야 한다."라고 하고, 또 "관직에 적임자가 없으면 비워두어야 한다."라고 합니다. 이런 말은 모두 늙은 서생이 늘 하는 말을 되풀이하는 것일 뿐 시대의 변화를 헤아리지 못한 것이며, 오래된 법의 찌꺼기를 묵수하는 것일 뿐 실제의 사정에 근거한 것이 아닙니다. 이런 말은 성상의 눈과 귀를 현혹하며 통치와 교화를 어지럽힐 따름입니다. 옛날에는 풍속이 소박하고 관직명도 많지 않았으므로 단지 우매한 자와 현명한 자를 구별했을 뿐 순서를 따지지 않았습니다. 빠른 효과를 관리에게 요구하지 않았고, 사소한 차이로 사무를 계산하지 않았습니다. 작은 선행으로 포상하고 승진시키거나 한 번의 잘못으로 징벌하고 내쫓지 않았습니다. 그러므로 『우서(虞書)』에 "삼 년마다 업적을 살피며, 세 차례 살펴 우둔한 자를 퇴출하고 현명한 자를 등용한다."[336]라고 하였으니, 반드시 9년을 기다려서 비로소 임용과 해임을 결정한 것입니다. 그러나 임용된 사람은 출신이 비천하더라도[337] 재상에 오르기도 했으니 오래도록 직분을 맡기는 것이 무슨 병폐가 되었겠습

334 오교(五教)는 오상(五常)의 교화, 즉 아버지의 의리[父義], 어머니의 자애[母慈], 형의 우애[兄友], 동생의 공경[弟恭], 자녀의 효도[子孝] 등 다섯 가지 윤리 도덕의 교육을 말한다.

335 오형(五刑)은 이마에 글자를 새기는 묵형(墨刑), 코를 베는 의형(劓刑), 발을 베는 비형(剕刑), 생식기를 베는 궁형(宮刑), 사형인 대벽(大辟)을 말한다.

336 『서경·순전(舜典)』에 "삼 년마다 업적을 상고한다. 세 번 상고하여 우매한 자를 퇴출하고 현명한 자를 등용한다[三載考績, 三考黜陟幽明]."라고 하였다.

337 원문의 '측미(側微)'는 비천하다는 뜻으로, 『서경·순전』에 "우(虞)의 순(舜)임금은 출신이 비천하다[虞舜側微]."라고 하였다.

니까!

한(漢)나라의 제도에 "부자사(部刺史)의[338] 녹봉은 6백 섬, 군수(郡守)의 녹봉은 2천 섬이다."라고 하였습니다. 자사(刺史) 중에 고과 성적이 높은 자는 승진하여 군수가 되고, 군수 중에 고과 성적이 높은 자는 조정에 들어가 구경(九卿)이 되며, 구경에서 승진하면 아상(亞相), 상국(相國)이 되었습니다. 이렇게 녹봉 6백 섬의 관리로부터 재상의 자리에 오르기까지 중간에 거치는 관직은 서너 번 바뀔 따름이니, 오래도록 그 직임을 맡아도 불합리할 것이 없었습니다.

그러나 요즘은 설치된 관직이 점점 많아지고 서열과 등급이 더욱 세밀해졌습니다. 지금 현읍(縣邑)의 관직에는 7등급의 차이가 있고 주부(州府)에는 9등급의 차이가 있으며, 성랑(省郎)에는 5등급의 구별이 있고[339] 간관(諫官)에는 3등급의 구별이 있습니다.[340] 조정의 여러 대(臺)와 시(寺)도 모두 이와 비슷하며[341] 모두 일정한 자급(資級)이 있어서 각각 순서대로 맡아야 합니다. 만약 당(唐)나라와 우(虞)나라의 옛일에 의거하여 모두 9년을 기한으로 한다면, 고위 관리들은 항상 인재가 부족하여 고민할 것이고 말단 관리들은 매번 머리가 희어져 한탄할 것입니다. 삼대(三代)의 통치와는 손해와 이익이 달라졌으니 어찌 다만 변화만을 좋아하기 때문이겠습니까.[342] 시대의 형세에 따라 바꾸지 않을 수 없기 때문입니다. 옛 전례를 참고하려고 할 때는 모름지기 시비를 분별해야 하니, 옳은 것은 고칠 필요가 없고 틀린 것은 지킬 필요가 없습니다. 하물며 전례에도 틀린 것이나 지금과는 어긋나는 차이점이 있다면 어찌해야겠습니까!

재능을 살피고 관리를 뽑는 데는 세 가지 방법이 있습니다. 첫 번째는 관리를 발탁

338 부자사(部刺史)는 한(漢) 왕조 때 중앙에서 지방으로 파견한 감찰관(監察官)이다.

339 성랑(省郎)은 황제의 시종관(侍從官)을 가리키는데 궁중에 살면서 행동을 삼가므로 성랑이라는 별칭이 생겼다. 이부와 병부를 가리키는 전행(前行), 호부와 형부를 가리키는 중행(中行), 예부와 공부를 가리키는 후행(後行)과 낭중(郎中), 원외(員外)의 5등급으로 구별된다.

340 간관(諫官)은 간의대부(諫議大夫), 보궐(補闕), 습유(拾遺)가 있었다.

341 『통전(通典)』에 의하면 당 고종(唐高宗) 함형(咸亨) 원년(670), 상서성(尙書省)을 문창대(文昌臺)로, 문하성(門下省)을 난대(鸞臺)로, 중서성(中書省)을 봉각(鳳閣)으로, 어사대(御史臺)를 숙정대(肅政臺)로 바꾸었는데, 이후에 다시 옛 명칭으로 되돌렸다. 시(寺)는 태상(太常), 광록(光祿), 위위(衛尉), 종정(宗正), 태복(太僕), 대리(大理), 홍려(鴻臚), 사농(司農), 태부(太府)의 아홉 곳이 있다.

342 공자가 "은나라는 하나라의 예를 말미암았으니 덜고 더한 바를 알 수 있고, 주나라는 은나라의 예를 말미암았으니 덜고 더한 바를 알 수 있다. 뒤에 혹시 주나라를 이을 자가 생긴다면 비록 백세의 뒤라도 알 수 있다[殷因於夏禮, 所損益可知也. 周因於殷禮 , 所損益可知也]."라고 한 말이 『논어·위정(爲政)』에 보인다.

하여 특별한 재능을 표창하는 것이고, 두 번째는 관리를 파면하여 실책을 바로잡는 것이며, 세 번째는 관리를 차례로 임용하여 상규(常規)를 신중하게 지키는 것입니다. 이와 같이 하면 성과가 많은 자는 빠르게 승진하고 무능한 자는 곧 퇴출됩니다. 업적이 출중하지도 않고 직무를 못하지도 않는 나머지 사람들은 일정한 자급(資級)을 순서대로 받게 하고 기한을 정하여 제한합니다. 이렇게 하면 도리에 맞습니다.

그러나 논자들은 사리에 어두워서 한결같이 한 직분을 오래 맡아야 한다고 말하고, 또 관직에 적임자가 없으면 비워둬야 한다고만 말합니다. 한 사람이 관리로 종사하면서 작은 성과부터 쌓아서 높은 업적을 이루고 마침내 안으로는 조정의 반열에 서고 밖으로는 군수가 되기까지 경력을 쌓다 보면 대부분 어느새 나이가 지긋해집니다. 부지런히 신중하게 일하고 날짜를 세면서 진급하려고 생각하지만 어느덧 고과의 기한을 넘기고 세월은 빠르게 지나갑니다. 그가 생애를 회고하면 어찌 한탄하지 않을 수 있겠습니까?

한 푼씩[343] 길이를 재어도 한 길이 되면 반드시 차이가 생기고, 한 수(銖)씩[344] 무게를 달아도 서른 근에[345] 이르면 반드시 오류가 나옵니다. 한 직분을 오래 맡다 보면 어찌 잘못이 없겠습니까? 그러다 보면 간악한 관리에게 붙들리거나 혹은 법률에 구속당할 것입니다. 우연이라도 한번 잘못하면 이전의 공적이 모두 무너지고, 끝내 업적을 완성하지 못하고 명예도 중도에 손상될 것입니다. 위에서 잘못 정한 제도로 인해 이러한 지경에 이르는 것 아니겠습니까!

성인(聖人)은 사람의 재능을 아끼며 사무의 병폐를 염려하는 마음에, 좋은 인재를 가려 뽑아 등용하고 일이 번창하면 더욱 장려하였습니다. 또 이미 공을 이룬 사람이 그 자리에 적체되지 않도록 하고 반드시 실패할 곳으로는 보내지 않았습니다. 그러므로 날카로운 기세가 꺾이지 않고 힘이 소진되지 않아 관리는 업적을 이루고 업무는 마무리되었습니다. 이것이 통치의 중용(中庸)이니 『상서(尙書)』에서도 이것을 법도로 삼았습니다.

관직의 이동이 너무 빠르면 사람의 마음이 소심해지고 직무를 확실하게 하지 못하

---

343 푼(分)은 길이의 단위로 한 치의 1/10에 해당한다.

344 수(銖)는 1냥의 1/24로 아주 적은 양을 말한다.

345 원문의 '균(勻)'은 균(鈞)과 통하며 30근에 해당한다.

며, 너무 느리면 사람의 마음이 태만해지고 직무도 해이해집니다. 너무 빨라도 너무 느려도 똑같이 폐단이 있습니다. 폐하께서는 실질이 없는 논의를 따르시면서 그것이 경전의 내용에 부합한다고 하십니다. 그리고 직임을 맡은 지 오래되어 반드시 승진시킬 사람에게 '일단 잠시 머물라'고 하시고, 결원이 생겨 반드시 보충해야 할 관직에 '관직을 다 채울 필요는 없다'고 하십니다. 이렇게 한다면 재능 있는 선비들을 어떻게 더 많이 등용할 수 있겠습니까? 통치와 교화는 누구와 함께하시렵니까? 이것이 이른바 옛일만 따르고 가부(可否)를 가리지 않는 병폐입니다.

삼가 생각건대 폐하께서는 부지런히 통치에 힘쓰시며 꿈에도 현명한 선비를 그리워하십니다. 요(堯)·순(舜)의 총명한 덕을 체득하여 널리 인재를 구하시고 당 태종(唐太宗)의 영민하셨던 기풍을 본받아 인재를 선발하십니다. 그러나 선발한 인재는 여전히 지난 시대에 비하여 부끄러울 정도이고 통치의 업적도 아직 당대에 빛나지 못하였습니다. 이것은 진실로 일곱 가지 병폐를 제거하지 않고 세 가지 방법을 시행하지 않았기 때문입니다. 논자들은 폐단을 초래하는 단서를 따지지 않고 폐단을 없앨 대책만 생각하고 있습니다. 임용할 길을 넓히는 것을 도리어 인정과 연고에 이끌린다고 여기고, 관직을 주는 길을 막는 것을 엄정하고 세밀하게 일한다고 생각합니다. 그리하여 인재를 임용하려는 뜻이 도리어 의심을 받고 인재를 등용하는 길이 점점 좁아지기에 이르렀습니다. 신은 외람되게도 재상의 직무를 맡아[346] 근심거리를 곰곰이 생각해보는 것이 직임이옵고, 또한 성은에 감사하고 보답하려는 마음이 절박하여, 어리석음을 무릅쓰고 부득불 몇 마디 아뢥니다.

346 원문의 '대죄(待罪)'는 관직에 있음을 나타내는 겸사로서 언제라도 잘못에 대하여 죄를 받을 준비가 되어 있음을 말한다.

論朝官闕員及刺史等改轉倫序狀

臣聞於經曰: "濟濟多士, 文王以寧." 又曰: "無曠庶官, 天工人其代之." 蓋謂士不可不多, 官不可不備也. 夫聖人之於愛才, 不唯仄席求思而已, 乃復引進以崇其術業, 歷試以發其器能, 旌善以重其言, 優祿以全其操. 歲月積久, 聲實並豐, 列之於朝, 則王室尊; 分之於土, 則藩鎭重. 故『禮』著造士,『易』尙養賢.

如玉之在璞, 抵擲則瓦石, 追琢則圭璋; 如水之發源, 壅閼則汙泥, 疏濬則川沼. 是以興王之良佐, 皆是季代之棄才, 在季而愚, 當興而智. 人之才性, 與時升降, 好之則至, 獎之則崇; 抑之則衰, 斥之則絶, 此人才消長之所由也.

朝之乏人, 其患有七: 不澄源而防末流, 一也; 不考實而務博訪, 二也; 求精太過, 三也; 嫉惡太甚, 四也; 程試乖方, 五也; 取舍違理, 六也; 循故事而不擇可否, 七也.

夫多少相繆, 非嘉量不平; 輕重相欺, 非縣衡不定. 頃者命官, 頗異於是. 常以除吏多少, 準量宰相重輕. 宰相承寵私, 則援引雖濫而必進; 宰相見疏忌, 則擬議雖當而罕俞. 是使群材仕進之窮通, 唯繫輔臣恩澤之薄厚, 所謂不澄源而防末流之患也.

進賢援能, 諒君子之事; 遏惡揚善, 非小人所能. 君子以愛才爲心, 小人以傷善爲利, 愛而引之則近黨, 傷而沮之則似公. 近黨則不辨而遽疑, 似公則不覈而縣信, 所謂不考實而務博訪之患也.

夫人之器局, 有圓方大小之殊; 官之典司, 有難易閑劇之別. 名稱有虛實之異, 課績有升降之差. 頃之輔臣, 鮮克勝任, 每有闕官愼擇上聞, 聖情未愜, 復命別求, 至于再, 至于三. 所選漸高, 所得轉下. 斷於獨見, 罔徇僉諧; 擢自旁求, 不稽公議. 權衡失柄, 進取多門, 等差不倫, 聲實相反, 所謂求精太過之患也.

耀乘之珠, 不能無纇; 連城之璧, 不能無瑕. 矧伊有情, 寧免愆咎?[347] 齊桓不以射鉤而致嫌, 故能成九合之功; 秦穆不以一眚而掩德, 故能復九敗之辱. 然則棄瑕錄用者, 霸王之道; 記過遺才者, 衰亂之源. 陛下好善旣切, 計過亦深. 一抵譴責之中, 遂從棄捐, 所謂嫉惡太甚之患也.

"君子約言, 小人先言" 吶吶寡言者未必愚, 喋喋利口者未必智, 故明主不以辭盡人, 不以意選士. 凡制爵祿, 與衆共之, 如或好善而不擇所用, 悅言而不驗所行, 進退隨愛憎之情, 離合繫異同之趣, 意裁曲直, 手揣重輕, 雖甚精微, 不能無謬. 所謂程試乖方之患也.

天之生物, 爲用罕兼. 性有所長, 必有所短; 材有所合, 亦有所暌. 巧梓順輪桷之用, 故枉直無廢材; 良御適險易之宜, 故駑驥無失性. 帝王之盛, 莫盛唐, 虞; 臣佐之盛, 莫盛稷, 禹. 各任所能, 不務兼備. 用能平九土, 播百穀, 敷五敎, 序五刑, 禮樂興和, 蠻夷率服, 洎鳥獸魚鼈, 亦罔不寧.

蓋由擧得其人, 任得其所, 不求責於力分之外, 不沮撓於局守之內, 事極其理, 人盡其材. 及其

347 '咎'는 중화서국『육지집』에 '吝'으로 되어 있다.

失也, 則升降任情, 首末異趣, 使人不量其器, 與人不由其誠. 稱愜則付任逾涯, 違忤則責望過當, 所謂取舍違理之患也.

今之議者多曰: “內外庶官, 久於其任.” “官無其人則闕之.” 是皆誦老生之常談, 而不推時變; 守舊典之糟粕, 而不本事情. 徒眩聰明, 以撓理化. 古者人風旣朴, 官號未多, 但別愚賢, 匪論資序. 不責人以朝夕之效, 不計事於尺寸之差, 不以小善而褒升, 不以一眚而罪斥. 故『虞書』“三載考績, 三考黜陟幽明”. 必俟九年, 方有進退. 然其所進者, 或自側微, 而納于百揆, 雖久於任, 復何病哉!

漢制: 部刺史秩六百石, 郡守秩二千石. 刺史高第者卽遷爲郡守, 郡守高第者卽入爲九卿, 從九卿卽遷爲亞相, 相國. 是乃從六百石吏而至台輔, 其間所歷者三四轉耳, 久在其任, 亦未失宜.

近代建官漸多, 列級逾密, 今縣邑有七等之異, 州府有九等之差, 省郞有五等之殊, 諫官有三等之別. 洎諸臺寺, 率類於斯, 悉有常資, 各須循守. 若依唐虞故事, 咸以九載爲期, 是宜高位常苦於乏人, 下寮每嗟於白首. 三代爲理, 損益不同, 豈必樂于變易哉?[348] 蓋時勢有不得已也. 凡徵舊例, 須辨是非, 是者不必渝, 非者不必守, 況舊例自有舛駁之異哉!

夫覈才取吏, 有三術焉: 一曰拔擢以旌其異能, 二曰黜罷以糾其失職, 三曰序進以謹其守常. 如此則高課者驟升, 無庸者亟退, 其餘績非出類, 守不敗官, 則循以常資, 約以定限, 此爲中道. 而議者暗於通理, 一槩但曰宜久其任, 一槩但曰官無其人則闕. 人之從宦, 積小成高, 至於內列朝行, 外登郡守, 其於更歷, 多已長年. 孜孜愼修, 計日思進, 而又淹逾考限, 亟易星霜, 顧懷生涯, 能不興歎?

分分而度, 至丈必差; 銖銖而稱, 至勻必謬.[349] 莅職旣久, 寧無咎愆? 或爲姦吏所持, 或坐深文所糾, 偶以一跌, 盡隳前功, 至使理行不終, 能名中缺, 豈非上失其制, 而推致以及於斯乎! 聖人愛人之才, 慮事之弊, 採其英華而使之, 當其茂暢而獎之, 不滯人於已成之功, 不致人於必敗之地. 是以銳不挫而力不匱, 官有業而事有終, 此理之中庸, 故『書』以爲法.

遷轉甚速, 則人心苟而職業不固; 甚遲, 則人心怠而事守浸衰. 甚速與甚遲, 其弊一也. 陛下俯徇浮議, 謂恊典謨.[350] 久次當進者, 旣曰務欲且留; 缺員須補者, 復曰官不必備. 才彥何由進益, 理化孰與交修? 所謂循故事而不擇可否之患也.

伏惟陛下憂勤務理, 夢想思賢, 體唐虞聰明之德以敷求, 法太宗英邁之風以拔擢, 然而得人之盛, 尙愧前朝; 底乂之功, 未光當代. 良以七患未去, 三術未行, 而議者莫究致弊之端, 但思革弊之策, 反以廣於進用爲情故, 以梗於除授爲精詳, 乃至進用之意轉疑, 汲引之途漸隘, 臣以待罪勻轄, 職思其憂, 兼迫於感恩願効之誠, 不得不冒昧言之耳.

348 ‘于’는 중화서국 『육지집』에는 ‘於’로 되어 있다.

349 ‘勻’은 중화서국 『육지집』에는 ‘鈞’으로 되어 있다.

350 ‘恊’은 중화서국 『육지집』에는 ‘協’으로 되어 있다.

28. 세금을 조절하여 백성을 구휼하는 여섯 가지 조항

❁ 해제

당나라 초기에는 곡물이나 옷감 등 실물 위주로 세금을 받는 조용조(租庸調)법을 실시하였으나, 덕종(德宗) 건중(建中) 원년(780)에 재상 양염(楊炎)의 건의로 양세법(兩稅法)을 시행하였다. 출척사(黜陟使)와 관찰사(觀察使), 자사(刺史) 등에게 명을 내려 백성 한 명의 생산량을 가늠하여 등급을 정하게 하고, 세금을 일 년에 두 차례 징수하므로 양세법이라고 불렀는데, 여름의 납부는 6월을 넘기지 않도록 하고 가을의 납부는 11월을 넘기지 않도록 하였다. 그러나 주차(朱泚)의 난이 일어난 후 호구(戶口)의 2/3가 사라졌고 물가가 크게 올랐으므로 처음 양세법을 시행하였을 때보다 옷감이나 곡식 대신 지불해야 할 세금이 크게 늘어났다. 육지는 이 글에서 양세법의 폐해를 여섯 가지로 나누어 논하며, 이전의 조용조법으로 돌아갈 것을 주장하였다. 중화서국 『육지집』에는 '균절부세휼백성육조(均節賦稅恤百姓六條)'라는 제목으로 실려 있다.

28-1. 첫째, 양세법(兩稅法)의 폐해를 반드시 개혁해야 한다는 논의

우리나라가 세운 법령 중에 부역(賦役)에 관한 법이 세 가지 있습니다. 첫째는 조법(租法)이고 둘째는 조법(調法)이며 셋째는 용법(庸法)입니다.[351] 옛날에는 정자(井字)로 나눈 땅을 아홉 명의 남자가 함께 경작하였는데 공전(公田)이 가운데에 있었으므로 세금은 공전의 소출에 의지하고, 달리 세금을 내지 않았습니다.[352] 사전(私田)의 소출이 좋지 않으면 거두는 세금이 과하다고 관리를 비난하였고, 공전의 소출이 좋지 않으면 노력을 하지 않는다고 백성을 탓하였습니다.[353] 정전법의 납세 방법은 일이 너무 세세하고 점검하기가 어려워 춘추 시기 무렵부터는 이미 시행할 수가 없었습니다. 우리나라는 그 요체를 계승하되 번잡한 절차를 없애고 장정 한 사람에게 백 무(畝)의 밭을 주어 해마다 조세는 곡식 두 섬만 내도록 하였습니다.[354] 공전(公田)을 빌려주고 조세를 징수하였으므로 이것을 조법(租法)이라고 하였습니다.

옛날에는 지역의 적합한 물품에 맞추어 부법(賦法)을 정하였습니다.[355] 우리나라는 옛 제도를 바탕으로 간소하게 통일하여 장정마다 향토의 산물을 납부하도록 하였습니다. 장정들은 해마다 명주, 비단이나 깁은 합쳐서 두 길, 면은 석 냥을 내야 합니다. 누에나 뽕나무가 없는 지역은 베 두 길 다섯 자, 마 세 근(斤)을 바치도록 하였습니다. 정호(丁戶)에 맞추어 세금을 조절하여 거두었으므로 이것을 조법(調法)이라고 하였습니다.

옛날에는 인력을 사용하는 기간이 한 해에 사흘을 넘지 않았는데, 후대에는 일이 점점 많아져 열 배로 늘어났습니다. 우리나라는 적절한 이치를 헤아려 중도에 맞는 제도

---

351 『당서·고조기(高祖紀)』에 의하면, 무덕(武德) 2년(619) 처음으로 조(租)·용(庸)·조(調)법을 정하였다.

352 정전법(井田法)에서는 밭을 9등분하고 그 가운데를 공전(公田)으로 두었으며, 백성이 공전을 경작하도록 하여 소출의 다소에 관계없이 공전에서 나오는 것을 세금으로 걷었다. 그리고 백성의 사전(私田)에서 나오는 것은 취하지 않았다.

353 사전의 소출이 좋지 않으면 세금으로 내는 공전의 소출량이 과하다고 백성이 비난하고, 공전의 소출이 적으면 백성이 노력하지 않았다고 관리가 비난한다는 뜻이다.

354 『당서·식화지(食貨志)』에 21세 이상을 정(丁)이라고 하는데, 법제에 의하여 18세 이상의 남자들에게 밭 1경(頃)을 시급하였나.

355 주(周)나라 때는 구부법(九賦法)을 제정하여, 지역의 원근 및 특성에 따라 해당하는 토산물을 바치게 하였다. 방중지부(邦中之賦), 사교지부(四郊之賦), 방전지부(邦甸之賦), 가삭지부(家削之賦), 방현지부(邦縣之賦), 방도지부(邦都之賦), 관시지부(關市之賦), 산택지부(山澤之賦), 폐여지부(幣餘之賦)가 있다. 『주례(周禮)·천관(天官)·대제(大帝)』에 보인다.

를 세우고 장정마다 한 해에 스무 날 동안 부역을 하도록 정하였습니다. 만약 부역을 할 수 없으면 품삯[庸]을 거두었는데, 하루 기준으로 비단 석 자를 내어 품삯을 충당하였으므로 이것을 용법(庸法)이라고 하였습니다.

조용조법은 오랜 옛날의 법을 본받아 그 의미가 심원합니다. 이 법으로 재물을 고르게 거두고 사람들이 토지에 정착하도록 했으니 법규는 간명하고 배려는 면밀하였습니다. 전답이 있으면 조(租)를 납부하고 가택이 있으면 조(調)를 납부하며 신체가 있으면 용(庸)을 납부합니다.

천하가 일가가 되고 법제가 동일하므로 백성이 이사하여 피하려고 해도 간사한 계책이 통하지 않습니다. 이렇게 하여 생업을 도탑게 하니 담을 쌓지 않아도 가업이 오래가고, 이렇게 사업을 성취하니 세어보지 않아도 많고 적음을 알 수 있습니다. 또 이렇게 다스리면 법률이 복잡하지 않아도 교화가 시행되고, 이렇게 세금을 부과하면 아래로는 백성이 곤궁하지 않고 위로는 재정이 풍족합니다. 삼대(三代)에 이 제도가 만들어진 후 많은 군주가 법규로 삼았으니, 운용하고 가감하는 방식은 조금 달랐지만 그 의미는 같았습니다.

천보(天寶) 말년에 오랑캐가[356] 중국을 어지럽히자 백성이 피난하였으므로 판도(版圖)는[357] 줄어들고 군대를 유지하느라 부법(賦法)이 무너졌습니다. 그러자 건중(建中) 연간 초에 기존의 용법(庸法)과 조법(調法)을 없애고 양세법(兩稅法)이라는[358] 새로운 법제를 만들었습니다. 그러나 법을 만든 의도가 적절치 않고 운용도 허술하여 백성은[359] 날이 갈수록 더욱 피폐해졌습니다. 폐하께서는 군사의 징발이 잦으며 과중하다고 여기시고 백성이 궁핍할까 염려하시었습니다. 그리하여 사신들에게 임무를 나누어주고 은혜와 교화를 두루 베풀도록 하셨습니다. 마땅히 윗사람의 이익을 덜어 아랫사람에게 보

---

356 안녹산(安祿山)과 사사명(史思明)을 가리킨다.

357 판도(版圖)는 본디 호적과 지도를 가리키며, 전하여 국가의 영토를 뜻한다. 『주례·천관(天官)·소재(小宰)』에 "마을을 판도로 다스린다[聽閭里以版圖]."라고 하였다.

358 양세법(兩稅法)은 이전에 곡물이나 옷감 등 실물 위주로 세금을 받던 조용조(租庸調)법을 바꾸어 돈으로 세금을 받도록 바꾼 제도이다. 일 년에 두 차례 징수하므로 양세법이라고 하였다. 양세법은 조용조법이 장정을 징세의 표준으로 삼던 것을 바꾸어 재산의 다소를 징세의 표준으로 삼았다. 건중(建中) 원년(780) 재상 양염(楊炎)의 건의로 시행되었다.

359 원문의 '편맹(編甿)'은 호적에 편입된 일반 백성을 가리킨다.

태주고[360] 소비를 줄이고 재화를 절약하며 탐욕스러운 풍조를 없애고 과도한 세금을 줄여야 했습니다. 그러나 법률에 없는 임시 명령을 채택하여 일정한 제도로 삼고, 명분 없는 과도한 세금을 모아서 항시적인 법규로 정하였습니다.

선왕께서는 세수(稅收)를 정하실 때 반드시 장정을 기준으로 삼았습니다. 농사를 잘 짓는다고 세금을 늘리지 않았고 농사를 그만두었다고 세금을 줄이지 않았습니다. 그러므로 백성이 파종(播種)을 많이 했습니다. 가산이 늘어났다고 조세를 과하게 징발하지 않았고 유랑하는 신세라고 조세를 면제해주지 않았습니다. 그러므로 백성이 토지에 확고하게 정착하였습니다. 또한 근면하다고 해서 부역을 과중하게 하지 않고 게으르다고 해서 부역을 면제해주지 않았습니다. 그러므로 백성이 부지런히 일하여 공을 세웠습니다.

그러나 양세법을 세운 취지는 이와 달라서 오직 자산을 중요한 근거로 삼고 장정을 근본으로 삼지 않았습니다. 자산이 적으면 세금이 적고 자산이 많으면 세금이 많습니다. 그러나 자산도 종류가 다르다는 것을 알지 못했습니다. 품속이나 주머니에 숨겨둔 것은 귀한 물건이라도 보이지 않지만, 마당과 창고에 쌓여 있는 것은 값이 싸더라도 사람들이 부유하게 여깁니다. 유통되며 이식(利息)이 붙는 재화는 수량이 적지만 날짜를 계산하여 이윤을 거두는데, 가옥이나 기물 등의 자산은 값이 비싸지만 일 년이 다 가도 이윤을 얻을 수 없습니다. 이 때문에 비용을 적게 쓰고 자주 이사하는 사람은 항상 부역과 세금에서 벗어나지만, 성실하게 생업을 지키고 자산을 키우는 사람은 매번 세금 징수로 곤란을 겪습니다. 이러한 제도는 간교한 짓을 하도록 유혹하고 부역을 피하도록 부추기는 것입니다. 그러므로 물력이 부족해지고 풍속이 와해되며, 마을이 피폐해지고 세수가 부족할 수밖에 없습니다.

바라옵건대 담당 부서에 명령을 내리시어 매년 지출하는 항목 중에 급하지 않은 것과 무익한 것을 폐지하도록 하고, 규정을 벗어난 것과 과소비하는 것을 절감하도록 하옵소서. 그리고 폐지하고 절감한 예산들을 긴요하고 절실한 용도에 사용하도록 옮겨주옵소서. 그렇게 한다면 곤궁한 중에서도 10분의 2, 3은 구할 수 있을 것입니다.

---

360 『주역·익괘(益卦)·단사(彖辭)』에 "익괘는 윗사람의 것을 덜어서 아랫사람에게 더하는 것이니, 백성의 기쁨이 한량이 없다[益損上益下, 民說無疆]."라고 하였다.

왕실에 공급하는 물건은 각각 담당 관사가 있으며 또 지역의 산물에 따라 각각 일정한 공물이 있습니다. 이 이상 또 무슨 필요가 있겠습니까? 만약 궁실을 높고 아름답게 짓고자 하신다면 하사하시는 것을 모아두면 됩니다. 고귀한 천자께서 어찌 재물이 부족하다고 걱정하시겠습니까. 지금 잘못된 것을 척결하고 다시 성인의 방책을 시행한다면 순박한 풍속이 부흥하고 뇌물이 오가는 길이 사라질 것입니다. 그렇게 한다면 곤궁한 중에서도 또 10분의 4, 5를 구할 수 있을 것입니다.

정해진 공물을 운송하여 바칠 때 여러 주현(州縣)에서 간단한 검열을 거치는데, 간혹 간사한 짓을 벌이거나 이중, 삼중으로 징수하니 참으로 터무니없는 일입니다. 바라옵건대 담당 부서에 명령을 내리시어 여러 주부(州府)에서 수도로 보내는 공물은 품목이 서로 부합하도록 하고 가격을 절하하거나 허수로 세지 않도록 하십시오.[361] 만약 공물의 질이 심하게 떨어진다면[362] 담당 관리만 처벌하고 백성에게 징수하지 않도록 해주십시오. 뿌리가 안정되면 가지와 잎도 동요하지 않으니, 그리하면 곤궁한 중에서도 또 10분의 2, 3은 구할 수 있을 것입니다.

均稅恤百姓六條

其一論兩稅之弊須有釐革

國朝著令, 賦役之法有三: 一曰租, 二曰調, 三曰庸. 古者一井之地, 九夫共之, 公田在中, 藉而不稅. 私田不善則非吏, 公田不善則非民. 事頗纖微, 難於防檢, 春秋之際, 已不能行. 國家襲其要而去其煩, 丁男一人, 授田百畝, 但歲納租粟二石而已. 言以公田假人, 而收其租入, 故謂之租.

古者任土之宜, 以奠賦法. 國家就因往制, 簡而一之, 每丁各隨鄉土所出, 歲輸若絹若綾若絁, 共二丈, 綿三兩. 其無蠶桑之處, 則輸布二丈五尺, 麻三斤, 以其據丁戶, 調而取之, 故謂之調.

---

361 『신당서·식화지(食貨志)』에 "세금으로 바치는 물건의 가격은 의당 매달 정하는 가격을 참고하고, 경사에 이르러 품목과 물건이 서로 부합되는 것을 거짓으로 칭하여 가격을 절하해서는 안 된다[稅物估價, 宜視月平, 至京與色樣符者, 不得虛稱折估]."라고 하였다.

362 원문의 '남악(濫惡)'은 물건의 형태가 이지러지거나 흠이 많은 것을 말하는데, 여기서는 세금으로 바치는 물품의 질이 떨어지는 폐해를 가리킨다.

古者用人之力, 歲不過三日, 後代多事, 其增十之. 國家斟酌物宜, 立爲中制, 每丁一歲定役二旬, 若不役則收其庸, 日準三尺, 以其出絹而當庸直, 故謂之庸.

其取法也遠, 其立意也深, 其斂財也均, 其域人也固, 其裁規也簡, 其備慮也周. 有田則有租, 有家則有調, 有身則有庸.

天下爲家, 法制均一, 雖欲轉徙, 莫容其姦. 以之厚生, 則不隄防而家業可久; 以之成務, 則不校閱而衆寡可知; 以之爲理, 則法不煩而敎化行; 以之成賦, 則下不困而上用足. 三代創制, 百王是程, 雖維御損益之術小殊, 而其義一也.

天寶季歲, 羯胡亂華, 版圖隳於避地, 賦法壞於奉軍. 建中之初, 掃庸調之成規, 創兩稅之新制, 立意且爽, 彌綸又踈, 竭耗編甿, 日日滋甚. 陛下念徵役之煩重, 憫烝黎之困窮, 分命使臣, 敷揚惠化. 誠宜損上益下, 嗇用節財, 以盪其貪風, 以紓其厚斂. 而乃採非法之權令, 以爲經制; 總無名之暴賦, 以立恒規.

先王之制賦入也, 必以丁夫爲本, 不以務穡增其稅, 不以輟稼減其租, 則播種多; 不以殖產厚其征, 不以流寓免其調, 則地著固; 不以飭勵重其役, 不以窳怠蠲其庸, 則功力勤.

兩稅之立, 則異於斯, 唯以資產爲宗, 不以丁身爲本. 資產少者則其稅少, 資產多者則其稅多, 曾不悟資產之中, 事情不一: 有藏於襟懷囊篋, 物雖貴而人莫能窺; 有積於場圃囷倉,[363] 直雖輕而衆以爲富; 有流通蕃息之貨, 數雖寡而計日收贏; 有廬舍器用之資, 價雖高而終歲無利. 由是務輕費而樂轉徙者, 恒脫於徭稅; 敦本業而樹居產者, 每困於徵求. 此乃誘之爲姦, 敺之避役, 力用不得不弛, 風俗不得不訛, 閭井不得不殘, 賦入不得不闕.

望令所司據每年支用色目中, 有不急者, 無益者罷廢之, 有過制者, 廣費者減節之. 遂以罷減之資, 迴給要切之用. 困窮之中, 十緩其二三矣.

供御之物, 各有典司; 任土之宜, 各有常貢. 過此以往, 復何所須? 假欲崇飾燕居, 儲備賜與, 天子之貴, 寧憂乏財? 今但滌除流誤, 振起聖猷, 則淳風再興, 賄道中寢. 困窮之中, 十又緩其四五矣.

所定稅物輸納之時, 累經州縣簡閱, 事或涉於姦冒, 重重剝徵, 理甚無謂. 望令所司, 應諸州府送稅物到京, 但與色樣相符, 不得虛稱折估. 如濫惡尤甚, 唯罪官司, 勿徵百姓, 根本自靜, 枝葉無動, 困窮之中, 十又緩其二三矣.

---

363 '困'은 중화서국『육지집』에는 '囤'으로 되어 있다.

28-2. 둘째, 양세법에서 베와 면의 액수를 세고 금전으로 계산하지 않아야 한다는 논의

천지간에 생성되는 모든 것 중에 다섯 가지 자원의 쓰임새가 가장 중요합니다. 다섯 가지 자원이란 금속과 나무, 물과 불, 그리고 흙입니다. 물과 불은 인위적으로 만드는 것이 아니며 금속과 나무는 산야와 택지에서 자연히 얻어집니다. 그러나 흙만은 그것에 뿌리고 심어야 하며[364] 노력하지 않으면 성과가 없으니, 입고 먹는 자원이 모두 여기서 나옵니다. 그러므로 백성에게 생산하도록 권면하고 세금으로 납부하도록 정한 것은 오로지 베, 마, 비단, 솜과 여러 가지 곡식뿐입니다.

옛날의 왕은 물자의 귀천이 균형을 잃고 백성이 교역의 기준을 세우기 어려울까 걱정하여 화폐 제도를[365] 만들어 물가를 적절히 조절하도록 하였습니다. 곡식과 직물은 백성이 생산하고 화폐는 관청이 만듭니다. 백성이 생산한 것은 조세(租稅)로 거두고 관청이 만든 것은 부역(賦役)을 받고 나누어줍니다. 우리나라가 법령을 세울 때, 옛 일을 상고하여 규정을 만들어 백성에게 정해진 분량 이상을 거두지 않았습니다. 백성은 조(租)로는 곡식을 내고 용(庸)으로는 명주를 내며 조(調)로는 비단, 솜, 베, 마 등을 고루 내었습니다. 어찌 백성이 화폐를 주조하고 그 화폐로 세금 내는 것을 금지하는 일이 있었습니까.

지금의 양세법(兩稅法)은 옛 법과 달라서 징수하는 물품이 생업과 관계가 없고 생업의 산물은 징수하지 않습니다. 인력으로 생산하는 것은 한도가 있고 물가의 고저는 일정하지 않습니다. 그런데도 세금을 정할 때 화폐로 계산하고 납부하는 물품을 화폐로 환산하도록[366] 법으로 정하였으니 이전에 들어본 적이 없습니다. 마땅히 담당 부서에 명령을 내려, 여러 주부(州府)에서 처음으로 양세(兩稅)를 납부한 해의 명주와 베의 값을 조사하고 현재의 시가와 비교하게 하소서. 그리고 저가는 더하고 고가는 덜어 중간 값을 취한 후

364 『서경·홍범(洪範)』에 "오행(五行)의 성질은 물은 짜고 아래로 내려가며, 불은 불타고 위로 올라가며, 나무는 곧기도 하고 굽기도 하며, 쇠는 따르기도 하고 변하기도 하며, 흙은 그것에 농사지어 심고 거둔다[水曰鹹下, 火曰炎上, 木曰曲直, 金曰從革, 土爰稼穡]."라고 하였다.

365 원문의 '화천(貨泉)'은 한대(漢代)의 동전(銅錢)을 가리키는데, 여기서는 화폐를 뜻한다.

366 원문의 '절전(折錢)'은 물품을 돈으로 환산한다는 뜻이다. 양세법에서 물품을 돈으로 환산하여 내는 방법을 실시하였음을 말한다.

에 총합한 세금의 액수를 베와 비단의 수량으로 환산하게[367] 하옵소서. 그리고 과거의 용조법(庸調法)에 의거하여 각 향토에서 나오는 산물로 세금을 내게 해주소서.

어느 주(州)는 어느 해에 베 몇 단(端)을[368] 세금으로 내도록 정하고, 어느 주는 어느 해에 명주 몇 필(疋)을 세금으로 내도록 정합니다. 깁이나 면, 잡화와 같은 것도 소출에 따라 세목을 정하되 돈으로 환산하지 않고 납세의 수량을 정합니다. 이와 같이 하면 토지에 일정한 세제가 있고 백성은 일정한 납세 물품이 있게 됩니다. 베와 마를 납세해야 하는 사람은 방적에 힘쓰고, 면과 비단을 바쳐야 하는 사람은 잠업(蠶業)에 종사합니다. 물가가 내려도 백성이 바치는 수량은 늘어나지 않고, 물가가 올라도 관청에서 징수하는 수량은 줄어들지 않습니다. 그러므로 집집마다 넉넉하고 국가가 풍족하며 업무가 균등하고 법률이 잘 시행될 것입니다. 이것은 법전에 있는 옛 규정을 그대로 따르는 것일 뿐, 의심스러운 법을 새로 제정하는 것이 아닙니다.

其二請兩稅以布帛爲額不計錢數

大凡生於天地之間, 而五材之用爲急. 五材者, 金木水火土也. 水火不資於作爲, 金木自產於山澤, 唯土爰播植, 非力不成, 衣食之源, 皆出於此. 故可以勉人功定賦入者, 唯布麻繒纊與百穀焉.

先王懼物之貴賤失平, 而人之交易難準, 又立貨泉之法, 以節輕重之宜. 穀帛者, 人之所爲也; 錢貨者, 官之所爲也. 人之所爲者, 故租稅取焉; 官之所爲者, 故賦斂捨焉. 國朝著令, 稽古作程, 所取於人, 不踰其分. 租出穀, 庸出絹, 調雜出繒纊布麻, 曷嘗有禁人鑄錢, 而以錢爲賦者也?

今之兩稅, 獨異舊章, 所徵非所業, 所業非所徵. 且人力之作爲有限, 物價之貴賤無恒. 而乃定稅計錢, 折錢納物, 以此爲法, 未之前聞. 宜令所司, 勘會諸州府初納兩稅年絹布, 定估比類當今時價, 加賤減貴, 酌取其中, 總計合稅之錢, 折爲布帛之數, 仍依庸調舊制, 各隨鄉土所宜.

某州某年定出稅布若干端, 某州某年定出稅絹若干疋, 其有絁綿雜貨, 亦隨所出定名, 勿更計錢, 以爲稅數. 如此則土有常制, 人有常輸. 出布麻者, 則務於紡績; 供綿絹者, 則事於蠶桑. 物甚賤而人之所出不加, 物其貴而官之所入不減. 是以家給而國足, 事均而法行, 此直稍循令典之舊規, 固非創制之可疑者也.

---

367 원문의 '감회(勘會)'는 자세히 조사하여 의정(議定)하는 것이다.

368 단(端)은 옷감의 길이를 세는 단위이다.

28-3. 셋째, 장리(長吏)들이 가구 수를 늘려 세금을 부과하며 밭을 개간하는 것을 과업으로 삼으라는 논의

교화를 시행하고 법도를 세우려면 반드시 먼저 백성을 지역에 따라 배치하고 그 땅에 정착하도록 해야 합니다. 옛날의 왕들은 정전법(井田法)을 제정하여 생업을 안정시키고, 오종제(五宗制)를[369] 확립하여 은택을 이어가도록 하였습니다. 그러고도 여전히 부족하다고 여겨서 종족의 분묘를 만들고[370] 고향의 땅을[371] 공경하도록 가르쳤으니, 이로써 백성의 의지를 굳게 하고 주거를 안정시키며 이사를 신중히 하도록 하였습니다. 그 후에는 또 고향을 떠나 유람하는 것을 금지하여 백성을 감독하고, 호적을 검열하여 백성을 규제하였습니다. 비록 훈도는 점차 쇠퇴하고 규제는 더욱 엄격해졌지만 역대로 이 제도를 이어가면서 법으로 삼았습니다. 그리하여 군주에게 이 제도가 없으면 나라를 통치할 수 없고 지방관에게 이 제도가 없으면 고을을 다스릴 수 없습니다.

얼마 전에 병란이 일어나 법제가 해이해지거나 철폐되어 방자한 백성이 멋대로 유랑하는 것을 막을 수가 없었습니다. 백성은 그대로 놔두면 모여들고 정돈하려 하면 놀라 흩어집니다. 관장(官長)들은 번갈아 소소한 은택을 베풀어 경쟁하듯 간교한 백성을 끌어모으고, 이웃 지역의 땅을 빼앗는 것이 지혜와 능력이고 도망간 사람들을 붙잡는 것이 정치와 교화라고 여깁니다. 저곳을 버리고 이곳으로 온 자는 새로 들어왔다고 용서를 받고, 떠났다가 갑작스레 돌아온 자는 생업에 복귀했다고 우대를 받습니다. 원래의 주거지에 안주하며 이주하지 않은 사람들만 나날이 부역이 가중되고 걷어가는 세금이 늘어납니다. 이것은 지방관들이 긴 안목 없이 각자 맡은 곳만 이기적으로 관리하기

---

369 오종(五宗)은 대종(大宗)과 소종(小宗) 네 지파로 이루어지는데, 시조의 후손을 대종(大宗)이라 하고, 고조(高祖), 증조(曾祖), 조(祖), 부(父)의 후손은 소종(小宗)이라 한다. 반고(班固)의 『백호통의(白虎通義)』에 "소종은 넷이고 대종은 하나이니 모두 오종이 있다[小宗有四, 大宗有一, 凡有五宗]."라고 하였다.

370 『주례·대사도(大司徒)』에 나오는 백성을 안정시키는 본래의 좋은 풍속(本俗) 여섯 가지 중 하나이다. 첫 번째는 궁실을 잘 짓게 하는 것[媺宮室], 두 번째는 분묘를 종족별로 만들게 하는 것[族墳墓], 세 번째는 형제를 합하게 하는 것[聯兄弟], 네 번째는 사유를 합하게 하는 것[聯師儒], 다섯 번째는 붕우를 합하게 하는 것[聯朋友], 여섯 번째는 의복을 같게 하는 것[同衣服]이다.

371 원문의 '상재(桑梓)'는 고향 땅을 의미하는데, 옛날 가옥의 옆에 뽕나무(桑)와 가래나무(梓)를 많이 심었기 때문이다. 『시경·소아(小雅)·소변(小弁)』에 "뽕나무나 가래나무를 반드시 공경해야 한다[惟桑與梓, 必恭敬止]."라고 하였다.

때문에 생기는 과오입니다.

안렴사(按廉使)가 공과를 상주할 때 지방관의 능력이라고 여기는 것은 대략 네 가지입니다. 첫째는 호구수의 증가, 둘째는 전답의 개간, 셋째는 세액의 증가, 넷째는 징수를 기한보다 먼저 마치는 것입니다.

지금 혹자는 속임수를 써서 유랑하는 간교한 자들을 끌어모으고 법률을 엄격하게 적용하여 친족들을 갈라놓으니, 주현(州縣)이 대부분 이 때문에 손상되었습니다. 실정을 살피지 않고 호구 수의 증가에만 힘쓰니 이와 같은 병폐가 생기는 것입니다. 혹자는 백성을 모두 동원하여 황폐한 땅을 개간하게 하고 연한을 정하여 개간한 땅의 조세를 면제해줍니다. 이렇게 하면 새 전답이 개간되지만 이전에 개간한 땅은 도리어 황폐해집니다. 능력을 헤아리지 않고 전답의 개간에만 힘쓰니 이와 같은 병폐가 생기는 것입니다. 혹자는 지치고 병든 백성을 더욱 곤궁하게 하면서 세금을 더 거두는 것에만 힘쓰니[372] 백성의 뼈를 매질하여 골수가 흐르게 하며 가정을 무너뜨리고 재물을 탈취합니다. 백성을 돌보지 않고 세액의 증가에만 힘쓰니 이와 같은 병폐가 생기는 것입니다. 혹자는 일마다 일정한 기한을 두고 이에 맞춰서 재촉하므로 백성은 실을 자을 시간이 없고 곡식을 찧을 겨를이 없습니다. 저 가난하고 허기진 사람들이 도망치지 않을 수 있겠습니까. 물정을 모르고 세금 징수를 앞당겨 끝내고자 애쓰니 이와 같은 병폐가 생기는 것입니다.

현재 가장 중요한 일은 백성의 후생에 힘쓰고 재화를 적게 거두며, 윗사람에게 거두어 아랫사람에게 보태주는 것입니다. 아랫사람이 이익을 얻으면 윗사람도 반드시 편안해지므로, 약간의 손해가 도리어 큰 이익을 초래합니다. 백성이 넉넉해지면 재물도 반드시 넉넉해지니, 잠시 부족하더라도 이것이 영원토록 부유해지는 방법입니다.

담당 부서에 명령을 내려 고과(考課)의 기준을 다시 상정해야 합니다. 이전에 세액의 증가를 귀하게 여겼다면 지금은 감면에 힘써야 합니다. 이를테면 한 주(州)에서 거두는 세금은 예전부터 정해진 액수가 있습니다. 관할 지역 내의 백성이 늘어나면 거두

372 원문의 '부익(附益)'은 세금을 모아 부를 더하는 것을 말한다. 『논어·선진(先進)』에 "계씨(季氏)가 주공(周公)보다도 부자였는데, 염구(冉求)가 계씨를 위해 세금을 거두어들여서 더 부유하게 만들어주었다[季氏富於周公, 而求也爲之聚斂而附益之]."라고 하였다.

는 세액은 정해진 세액보다 넉넉해질 것입니다. 그러면 호구에 근거하여 동일하게 세액을 감면하고 감면액이 얼마나 되는지 모두 계산하여 고과에 차등을 둡니다. 관할 지역의 납세 물품을 모두 비교하여, 매 호마다 10분의 3을 감면한 자는 가장 높은 고과를 매기고 10분의 2를 감면한 자는 그다음 고과를, 10분의 1을 감면한 자는 또 그다음 고과를 매깁니다. 만약 도망간 백성이 많아서 현재의 호구에[373] 세금을 더 내도록 하였다면 비교하여 순위를 뒤로 매기고 벌을 내립니다. 법도 역시 그와 같아야 합니다.

전답의 일정한 세금은 정액대로 징수합니다. 개간한 사람에게 세액을 늘리지 않고, 경작을 그만둔 사람이라고 세액을 줄이지 않습니다. 이와 같이 하면 감독하지 않더라도 백성이 절로 즐겁게 경작할 것이며, 경계를 막지 않더라도 백성이 모두 토지에 안주할 것입니다. 이것이야말로 지금 백성을 부유하게 만들고 국가의 근본을 확고히 할 수 있는 중요한 방책입니다. 시행 여부는 오직 성상께 달려 있습니다.

其三論長吏以增戶加稅闢田爲課績

欲施教化, 立度程, 必先域人, 使之地著. 古之王者, 設井田之法, 以安其業; 立五宗之制, 以綴其恩. 猶懼其未也, 又教之族墳墓, 敬桑梓, 將以固人之志, 定人之居, 俾皆重遷. 厥後又督之以出鄉遊惰之禁, 糾之以版圖比閱之方, 雖訓導漸微, 而檢制猶密, 歷代因襲, 以爲彝章. 人主失之, 則不可御寰區; 守長失之, 則不可釐郡邑.

頃因兵興, 典制弛廢, 恣人浮流, 莫克禁止. 縱之則湊集, 整之則驚離, 長人者迭行小惠, 競誘姦甿, 以傾奪鄰境爲智能, 以招萃逋逃爲理化. 捨彼適此者, 謂新收而獲宥; 倏忽往來者, 以復業而見優. 唯安居不遷者, 則使之日重, 斂之日加, 此由牧宰不克宏通,[374] 各私所部之過也.

廉使奏課, 所以爲長吏之能者, 大約在於四科: 一曰戶口增加, 二曰田野墾闢, 三曰稅錢長數, 四曰徵辦先期. 今或詭情以誘其奸浮, 苛法以析其親族, 州縣破傷, 多起於此. 不究實而務增戶口, 有如是之病焉; 今或牽率烝黎,[375] 播植荒廢, 約以年限, 免其地租. 新畝雖闢, 舊畬反蕪. 不度力而

373 원문의 '현호(見戶)'는 현재 남아 있는 호구(戶口)를 가리킨다. 『신당서·식화지(食貨志)』에 "만약 도망간 이가 많다면, 현재 남아 있는 호구에게 세금을 더 부과하니, 전벌법 또한 이와 같다[若流亡多, 加稅見戶者, 殿亦如之]."라고 하였다.

374 '宏'은 중화서국 『육지집』에는 '弘'으로 되어 있다.

375 '烝黎'는 중화서국 『육지집』에는 '黎烝'으로 되어 있다.

務闢田野, 有如是之病焉; 今或重困疲羸, 力求附益, 捶骨瀝髓, 隳家取財, 不恤人而務長稅數, 有如是之病焉; 今或事有常限, 因而促之, 絲不容織, 粟不暇舂, 矧伊貧虛, 能不奔迸? 不恕物而務先徵辦, 有如是之病焉.

當今之要, 在於厚人而薄財, 損上以益下. 下苟利矣, 上必安焉, 則少損者, 所以招大益也; 人旣厚矣, 財必贍焉, 則暫薄者, 所以成永厚也.

宜申命有司, 詳定考績, 往貴於加者, 今務於減焉. 假如一州之中, 所稅舊有定額, 若當管之內, 人益阜殷, 所定稅額有餘, 任其據戶均減, 率計減數多少, 以爲考課等差. 其當管稅物通比較, 每戶十分減三分者爲上課, 十分減二分者次焉, 十分減一分者又次焉. 如或人多流亡, 加稅見戶, 比校殿罰, 法亦如之.

田租常賦, 據額徵納, 增辟者勿益其租, 廢耕者不降其數. 如此則不督課而人自樂耕, 不防閑而衆皆安土. 斯亦當今富人固本之要術, 在陛下擧而行之.

28-4. 넷째, 세금의 기한이 촉박하다는 논의

관리를 두고 국가를 세우는 것은 백성을 먹이고 입히기 위해서이고, 부역을 징발하고 재물을 거두는 것은 국가 운영의 자금을 마련하기 위해서입니다. 현명한 군주는 국가의 운영에 필요한 비용을 넉넉히 거두기 위해 백성이 덜 먹고 덜 입도록 하지 않았습니다. 그러므로 반드시 백성의 일을 먼저 하고 남은 힘을 빌렸으며, 백성의 집에 먼저 공급하고 남은 재물을 거두었습니다. 그러므로 국가와 백성이 온전하고 윗사람과 아랫사람이 서로 아꼈습니다. 옛날에 백성의 마음을 얻은 사람은 모두 이와 같은 방법을 따랐습니다.

간혹 법률과 제도가 어그러지고 근본과 말단이 바뀌면 부역이 늘어나고 조세 징수가 촉박해집니다. 잠업(蠶業)이 막 시작되었는데 벌써 비단을 조세로 내야 하고, 농사는 아직 수확이 없는데 갑자기 곡식을 조세로 거두어갑니다. 그러면 소출이 있는 사람은 급히 팔아서 값의 반을 허비하고, 소출이 없는 사람은 빌려와서 값의 배를 허비합니다. 정해진 기간의 늦고 빠름은 불과 한 달 혹은 열흘의 차이가 있을 뿐입니다. 한번 세금의 기한을 늦추면 해마다 이어지니, 늦어져도 방해될 것이 없고 빨라져도 이로울 것이 없습니다.

바라옵건대 전운사(轉運使)와 여러 도(道)의 관찰사(觀察使)들에게 임무를 맡겨서 서로 상의하고 세금 징수 기한을 다시 상정하도록 하옵소서. 각자 풍토에 알맞고 적절한 시기를 따르도록 하여 백성이 평안한 마음으로 모여 살게 하옵소서. 이른바 은혜를 베풀되 낭비가 없다는 것은[376] 바로 이러한 일일 것입니다.

---

376 공자가 자장(子張)에게 정치에 종사하는 방법으로 제시한 '오미(五美)'의 하나이다. 오미는 은혜를 베풀되 낭비하지 않고[惠而不費], 수고롭게 하되 원망을 받지 않고[勞而不怨], 원하되 탐욕을 부리지 않고[欲而不貪], 여유가 있되 교만하지 않고[泰而不驕], 위엄이 있으면서도 사납지 않은 것[威而不猛]을 말한다. 『논어·요왈(堯曰)』에 보인다.

其四論稅期限迫促

建官立國, 所以養人也; 賦人取財, 所以資國也. 明君不厚其所資而害其所養, 故必先人事而借其暇力, 先家給而斂其餘財. 公私相全, 上下交愛. 古之得衆者, 其率用此歟.

法制或虧, 本末倒置, 傜賦繁多, 徵收迫促. 蠶事方興, 已輸縑稅; 農功未艾, 遽斂穀租. 有者急賣而耗其半直, 無者求假而費其倍酬. 所繫遲速之間, 不過月旬之異, 一寬稅限, 歲歲相承, 遲無所妨, 速不爲益.

望委轉運使與諸道觀察使商議, 更詳定徵稅期限, 各隨風俗所便, 時候所宜, 務於紓人, 俾得辦集. 所謂惠而不費者, 則此類也.

28-5. 다섯째, 차세(茶稅)를 의창(義倉)에 두어 홍수와 가뭄에 대비하도록 청함

인자한 군주가 위에 있으면 천하에 굶어죽는 사람이 없습니다. 어찌 반드시 군주가 농사를 지어 양식을 대고 밥을 지어 먹여주기 때문이겠습니까. 아마도 배려가 적절하고 법제가 도리에 맞아 백성이 궁핍을 벗어나게 하고 재해가 일어나기 전에 방비하기 때문일 것입니다. 홍수와 가뭄의 피해는 요(堯)임금과 탕(湯)임금도 겪었던 것이니, 성인이라고 해도 하늘과 땅의 재해를[377] 어찌 막을 수 있겠습니까! 요임금과 탕임금의 태평성대가 귀중한 것은 환난을 당하고도 능히 극복했기 때문입니다. 「왕제(王制)」에[378] 우(虞)·하(夏)·은(殷)·주(周) 4대의 법률이 기록되어 있는데, "나라에 9년치 저축이 없으면 부족하다고 하고, 6년치 저축이 없으면 위급하다고 하고, 3년치 저축이 없으면 그 나라는 나라가 아니다."[379]라고 하였습니다.

「왕제」의 법이 쇠퇴하자 임기응변의 방편이 섞였습니다. 위(魏)나라는 평적법(平糴法)을[380] 시행하고 한(漢)나라는 상평창(常平倉)을[381] 두어 공사(公私) 간에 이익을 공유하였으므로 제법 편리하였습니다. 수(隋)나라에서 처음으로 사창(社倉)을[382] 만들어 백성이 굶주리지 않게 하였습니다. 정관(貞觀) 초에 대주(戴胄)가[383] 곡식을 저장하여 재

---

377 요(堯)와 우(禹)의 시대에 9년 동안 홍수가 났고 탕(湯)의 시대에는 7년 동안 가뭄이 들었다고 한다.

378 왕제(王制)는 『예기』의 편명으로, 고대 군주가 천하를 통치할 때의 제도, 즉 직관, 작록, 제사, 형벌, 성읍, 관리 선발 등에 관한 규율과 전장(典章) 등의 내용이 포함되어 있다.

379 『예기·왕제(王制)』에 "나라에 9년의 저축이 없으면 부족하다고 하고, 6년의 저축이 없으면 급하다고 하고, 3년의 저축이 없으면 그 나라는 나라가 아니라고 하는 것이다. 3년을 경작하면 반드시 1년 양식의 저축이 있어야 하고, 9년을 경작하면 반드시 3년 양식의 저축이 있어야 한다[國無九年之蓄曰不足, 無六年之蓄曰急, 無三年之蓄曰國非其國也, 三年耕必有一年之食, 九年耕必有三年之食]."라고 하였다.

380 위 문후(魏文侯)는 재상 이리(李悝)의 건의를 받아들여 '평적법(平糴法)'을 실시하였다. 평적법은 국가가 식량을 수매하여 곡물가를 조절하는 방법으로, 풍년이 들면 남는 곡식을 평년의 가격으로 사들여 곡물가가 지나치게 내리지 않게 하고, 흉년이 들면 곡식을 평년의 가격으로 팔아서 곡물가가 지나치게 오르지 않게 하는 것이다.

381 한 선제(漢宣帝) 때 대사농중승(大司農中丞) 경수창(耿壽昌)은 서북쪽에 상평창(常平倉)을 설치하여 곡물가가 쌀 때 좋은 값으로 사들이고 곡물가가 비쌀 때 값을 낮추어 팔도록 하였다.

382 수 문제(隋文帝) 개황(開皇) 5년(585), 공부상서(工部尚書) 장손평(長孫平)이 상주하여 의창(義倉)을 설립하도록 하였다.

383 정관(貞觀) 2년(628), 상서좌승(尙書左丞) 대주(戴胄, 573~633)가 당 태종(唐太宗)에게 표문(表文)을 올려 의창(義倉)을 설립할 것을 주청하니, 그 건의를 받아들였다.

난에 대비하자고 건의하였습니다. 태종(太宗)께서 그 의견을 좋게 여기시고 담당 부서에 명령을 내려 상세한 조례(條例)를 제정하고 곳곳에 곡식을 저장하게 하였으니, 이를 의창(義倉)이라고 불렀습니다. 풍족할 때 곡식을 거두어들이고 부족할 때 곡식을 풀도록 하니, 고종(高宗)이 집권한 5~60년 동안 백성이 그 자산에 의지하였습니다. 옛날에 9년치와 6년치의 비축량이라고 말한 것은 온 나라의 신민(臣民)을 통틀어 계산한 것입니다.

근래에 담당 부서에서 차세(茶稅)를 부과하도록 주청하였는데[384] 한 해에 대략 50만 관(貫)을 얻을 수 있다고 합니다. 바라옵건대 전운사(轉運使)에게 명을 내려 여러 도(道)의 호구(戶口)를 모두 계산하도록 하시고 매번 곡식이 익을 때마다 관찰사와 함께 회계하여 곡식을 수매하도록 하소서.[385] 그리고 적당한 곳에 창고를 두어 의창(義倉)이라 이름짓고 백성을 진휼(賑恤)하는 경우 외에는 일절 빌려주거나 사용하지 않도록 하소서. 큰 풍년이 들어 농민이 손해를 입을 정도에 이르면 값을 후하게 쳐서 곡물 수매를 늘리고, 곡물값이 조금 오르면 수매를 멈춥니다. 수매량과 작황을 기준으로 곡물가의 평균을 헤아려서 항상 적정가를 유지하도록 합니다. 돌아가며 곡식을 거두고 풀면 결국 일정한 수준을 유지할 것입니다. 그러면 부자도 사치하지 않고 가난한 자도 굶지 않으며, 농민이 손해를 입지 않고 곡식 가격도 비싸지 않을 것입니다. 한번 시행하여 모든 좋은 일이 완비되니, 힘쓰지 않을 수 있겠습니까.

其五請以稅茶錢置義倉以備水旱

仁君在上, 則海內無餒殍之人, 豈必耕而餉之, 爨而食之哉? 蓋以慮得其宜, 制得其道, 致人於歉乏之外, 設備於災沴之前. 水旱爲敗, 堯湯被之, 陰陽相寇, 聖何禦哉! 所貴堯湯之盛者, 在於遭患能濟耳. 『王制』記虞夏殷周四代之法, 乃云: "國無九年之蓄曰不足, 無六年之蓄曰急, 無三年

384 덕종은 782년 호부시랑(戶部侍郎) 조찬(趙贊)의 건의를 받아들여, 가격의 10분의 1에 해당하는 차세(茶稅)를 받았다.

385 『육주약선』 '23. 경동(京東)의 수운(水運)에서 거두는 각가(脚價)를 경감하도록 청한 주장'의 '화적(和糴)' 주석(103쪽 250번) 참조.

之蓄曰國非其國也."

『王制』旣衰, 雜以權術. 魏用平糴之法, 漢置常平之倉, 利兼公私, 頗亦爲便. 隋氏立制, 始創社倉, 人不饑饉. 貞觀初, 戴胄建積穀備災之議, 太宗悅焉, 因命有司, 詳立條制, 所在貯粟, 號爲義倉. 豐則斂, 儉則散, 歷高宗之代, 五六十載, 人賴其資. 古稱九年六年之蓄者, 率土臣庶, 通爲之計耳.

近者有司奏請稅茶, 歲約得五十萬貫. 望令轉運使總計諸道戶口多少, 每至穀麥熟時, 卽與觀察使計會和糴, 便於當處置倉, 以義倉爲名, 除賑給百姓已外, 一切不得貸便支用. 如時當大稔, 事至傷農, 則優與價錢, 廣其糴數, 穀若稍貴, 糴亦便停. 所糴少多, 與年上下, 準平穀價, 恒使得中, 循環斂散, 遂以爲常. 如此則富不至侈, 貧不至饑, 農不至傷, 糴不至貴, 一擧事而衆美具, 可不務乎?

28-6. 여섯째, 토지를 겸병한 가문의 사적 세금이 공적 세금보다 많다는 논의

나라의 기강은 제도에서 나옵니다. 농민과 장인과 상인은 각각 생업이 있으니 나라의 녹을 먹는 가문은 그들과 이익을 다투면 안 됩니다. 이 때문에 군주가 재물과 인력을 절약하게 하고 청렴과 정직을 권면하는 것입니다. 시대가 잘 다스려지면 법도가 유지되지만 시대가 어지러우면 법제가 약해집니다. 법도가 유지되면 귀함과 천함에 규정이 있고, 많고 적음에도 정도가 있으므로 수레와 의복, 전답과 주택이 분수를 넘지 못합니다. 그러므로 물건이 지나치게 부족하지도 않고 지출이 지나치게 과하지도 않습니다.

그러나 법제가 약해지면 법률을 지키지 않고 교화를 따르지 않으며, 오로지 재화만 숭상하고 힘만 믿습니다. 권세가는 전조(田租)를 받는 일과 무판(貿販)을[386] 겸하여 아래로는 백성의 생업을 막고, 먹고 입는 것을 풍족하고 사치하게 하여 위로는 군주의 존엄을 위협합니다. 마음껏 탐욕을 부리는 것에 어찌 끝이 있겠습니까. 천하의 물품은 한정이 있으나 부자의 축재는 끝이 없습니다. 한 사람이 먹고 입으려고 백 사람 분의 재물을 소비한다면, 백 사람의 음식이 부족하지 않을 수 없습니다. 한 가문을 부유하게 하려고 천 가구의 재산을 모은다면, 천 가구의 생업이 궁핍하지 않을 수 없습니다.

지금 경기(京畿) 지방은 관청에서 받는 세금이 밭 1무(畝)마다 5되인데, 사가(私家)에서 징수하는 전조(田租)는 1무마다 거의 한 섬에 이르니 관청에서 받는 세금의 20배입니다. 중급 정도의 밭으로 내려가도 조세는 여전히 절반이나 되니 역시 관청에서 받는 세금의 10배입니다. 토지는 군주의 소유이며 경작은 농부가 하는 것인데, 토지를 겸병한 무리가 뻔뻔하게 이익을 취하고 있습니다. 관청에서 10분의 1을 가져가는데 사가(私家)에서 그 10배를 가져가니, 농부들이 어찌 충분히 먹겠으며 국가의 창고에 어찌 풍족하게 쌓아두겠습니까. 또 풍속이 어찌 탐욕스럽지 않겠으며 재화의 유통이 어찌 막히지 않겠습니까.

바라옵건대 백관에게 명을 내리시어 의견을 모으게 하소서. 권세가가 점유하는 전

386 무판(貿販)은 물건을 교역하고 사고파는 상업행위를 말한다.

답을 제한하는 조례(條例)를 만드시고 조세를 감면하게 하시어 가난한 백성의 이익을 위해 힘쓰소서. 관대한 법제로 풍속을 편안하게 하시고 준엄한 명령으로 위법자를 징벌하소서. 여유 있는 곳에서 조금 덜어내어 부족한 곳에 약간 보태준다면, 덜어내도 풍족함을 잃지 않고 보태줌으로써 궁핍함을 구휼할 수 있습니다. 이것이 그 옛날 부유한 자들을 안정시키고 곤궁한 자들을 구휼하던[387] 훌륭한 방도이니, 버려서는 안 될 것입니다.

其六論兼並之家私斂重於公稅

國之紀綱, 在於制度, 商農工賈, 各有所專, 凡在食祿之家, 不得與人爭利. 此王者所以節財力, 勵廉隅者也. 代理則其道存, 代亂則其制委, 其道存, 則貴賤有章, 豐殺有度, 車服田宅, 莫敢僭踰. 物不偏罄, 用不偏厚.

其制委, 則法度不守, 教化不從, 唯貨是崇, 唯力是騁. 租販兼並, 下錮齊人之業; 奉養豐麗, 上侔王者之尊. 肆其貪婪, 曷有紀極? 天下之物有限, 富室之積無涯. 養一人而費百人之資, 則百人之食不得不乏; 富一家而傾千家之產, 則千家之業不得不空矣.

今京畿之內, 每田一畝, 官稅五升, 而私家收租, 殆有畝至一石者, 是二十倍於官稅也. 降及中等, 租猶半之, 是十倍於官稅也. 土地王者之所有, 耕稼農夫之所爲, 而兼並之徒, 居然受利. 官取其一, 私取其十, 穡人安得足食? 分廩安得廣儲?[388] 風俗安得不貪? 財貨安得不壅?

望令百官集議, 凡所占田, 約爲條限, 裁減租價, 務利貧人. 裕其制以便俗, 嚴其令以懲違, 微損有餘, 稍優不足, 損不失富, 優可賑窮, 此乃古者安富恤窮之善經, 不可捨也.

387 『주례·지관(地官)·대사도(大司徒)』에 "백성을 보호하고 길러주는 여섯 가지 방법으로 만백성을 기르니, 첫째는 어린이를 사랑하는 것, 둘째는 노인을 봉양하는 것, 셋째는 곤궁한 이를 진휼하는 것, 넷째는 가난한 이를 구휼하는 것, 다섯째는 병든 이를 관대하게 대하는 것, 여섯째는 부자를 편안하게 하는 것이다[以保息六養萬民: 一曰慈幼, 二曰養老, 三曰振窮, 四曰恤貧, 五曰寬疾, 六曰安富]."라고 하였다.

388 '分'은 중화서국 『육지집』에는 '公'이라고 되어 있다.

29. 배연령(裴延齡)에[389] 대해 논의한 글

❁ 해제

당 덕종이 재상으로 등용한 두참(竇參)은 배연령(裴延齡)이라는 인물을 사농소경(司農小卿)으로 발탁하였다. 당시에 호부(戶部)의 수장이었던 반홍(班宏)이 사망하여, 배연령이 호부의 업무를 통솔하고 국가의 경제 활동을 관리하게 되었다. 육지는 배연령이 간사하고 기만적이므로 그를 중용해서는 안 된다고 강력히 주장하였는데, 당 덕종은 육지가 시기한다고 여기고 배연령을 더욱 후대하였다. 그러자 육지는 배연령의 죄상을 낱낱이 고하는 상주문을 써서 올렸다. 황제는 상주문을 읽고 불쾌하게 여겼고 결국 육지를 파직하고 재상의 자리에서 물러나게 하였다. 중화서국 『육지집』에는 '논배연령간두서(論裴延齡奸蠹書)'라는 제목으로 실려 있다.

『주역(周易)』에서는 "대군(大君)이 명을 내리시니"라고 하고 "소인은 등용하지 않는다."[390]라고 하였습니다. 『서경(書經)』에서는 "악을 제거할 때는 뿌리째 뽑는다."라고 하였고 "사악함을 제거할 때는 의심하지 말라."[391]고 하였습니다. 『시경(詩經)』에서는 "부정한 짓을 함부로 하지 말고[392] 불량한 자를 단속하라."[393]라고 하였고 "가렴주구하는 사람이 원망을 모으면서 덕으로 여긴다."[394]라고 하였습

389 배연령(裴延齡, 728~796)은 하동(河東), 즉 지금의 산서(山西) 영제현(永濟縣) 사람이다. 당 숙종(唐肅宗) 때 사수현위(汜水縣尉), 태상박사(太常博士) 등을 지냈다. 덕종 때 두참(竇參)의 추천으로 사농소경(司農小卿)에 발탁되었다. 그런데 마침 호부(戶部)의 수장이었던 반홍(班宏)이 죽었으므로 배연령이 호부의 업무를 통솔하게 되었다. 세금을 많이 거둬들이고 공을 과시하였으므로 덕종의 신임이 두터웠다.

390 『주역·사괘(師卦)·상육(上六)』에 "대군이 명을 내리시니 나라를 열고 가문을 계승하고, 소인을 등용치 말라[大君有命, 開國承家, 小人勿用]."라고 하였다. 이에 대한 상전(象傳)에 "대군이 명을 내리는 것은 공을 정하는 것이고, 소인을 등용치 말라는 것은 반드시 나라를 어지럽히기 때문이다[大君有命, 以正功也, 小人勿用, 必亂邦也]."라고 하였다.

391 『서경·주서(周書)·태서 하(泰誓下)』에 "악을 제거하려면 근본에 힘써야 하니, 나 소자는 크게 너희 군사들로 하여금 그대들의 원수를 섬멸하리라[除惡務本, 肆予小子, 誕以爾衆士, 殄殲乃讎]."라고 하였고, 「대우모(大禹謨)」에 "유능한 인물을 임용하고서 두 마음을 갖지 말고, 간사한 사람을 제거하고서 의심하지 말아야 한다[任賢勿貳, 去邪勿疑]."라고 하였다.

392 원문의 '궤수(詭隨)'는 시비를 따지지 않고 함부로 남을 따르는 것이다.

393 『시경·대아(大雅)·민로(民勞)』에 나온다.

니다. 『춘추(春秋)』에서는 "곡식과 재물을 끌어모으니[395] 끝을 알 수 없다."라고 하고, "신의를 훼손하고 충성을 버리며, 나쁜 말 꾸며내기를 좋아하고, 간사한 이를 신용하며, 참소하는 말을 따르고 악인을 비호하니, 이것을 사흉(四凶)이라 한다."[396]라고 하였습니다. 『예기(禮記)』에서는 "국가의 규모를 키우고 재화의 사용에 힘쓰는 일은 반드시 소인으로부터 시작된다."[397]라고 하였습니다.

호부시랑 배연령은 백성을 착취하는 일을 뛰어난 책략으로 여기고 군주를 기만하는 일을 훌륭한 계획으로 생각하는 자입니다. 백성의 재물과 원망을 모으면서 몸 바쳐 일한다고 생각하고,[398] 참소하기를 좋아하면서 충절을 다한다고 여깁니다. 또 경전에서 옳지 않다고 한 것을 모두 모아 지혜로운 방법이라고 여기고, 성인이 경계한 일을 무릅쓰고 시행하면서 능력 있는 행동이라고 생각합니다. 그는 요(堯)임금 때의 간신인 공공(共工)이나 노(魯)나라의 소묘(少卯)와[399] 같은 자라고 하겠습니다.

배연령은 지난해 수개월간 국가의 세금 징수를 맡아서 갑자기 그의 능력을 과시하게 되자, "백성이 숨기고 속인 것을 끌어모았으니 돈으로 계산하면 20만 관(貫)이나 됩

394 『시경·대아(大雅)·탕(蕩)』에 "아, 너희 은상이여! 일찍이 포학한 신하들과 가렴주구하는 자들이 벼슬자리에 있으며 용사(用事)하였다[咨女殷商, 曾是彊禦, 曾是掊克, 曾是在位, 曾是在事]."라고 하였고, 또 "문왕이 말씀하시기를 '아, 너희 은상이여! 너희는 수도에서 포효하고 백성의 원망을 받으며 덕으로 여긴다'[咨女殷商, 女炰烋于中國, 斂怨以爲德]."라고 하였다.

395 원문의 '적실(積實)'은 곡식과 재화 등을 가리킨다. '부지기극(不知紀極)'은 끝을 알 수 없다는 뜻으로 여기서는 재물에 대한 탐욕이 끝이 없다는 의미로 쓰였다.

396 『춘추좌씨전·문공(文公) 18년』에 "진운씨에게 불초(不肖)한 아들이 있어 음식을 탐하고 재물을 탐하여 침탈하려는 탐욕이 많아서 만족할 줄을 몰라, 거두어서 축적한 재물이 그 끝을 알 수 없는데도, 고아나 과부에게 나누어주지도 않고 곤궁한 사람을 구휼하지도 않으니 천하의 백성이 이를 삼흉(三凶)에 비교하여 '도찬(饕餮)'이라고 하였습니다."라고 하였다. 또 "소호씨에게 불초(不肖)한 아들이 있어 신의를 훼손하고 충성을 버리고는 나쁜 말을 꾸며내기를 좋아하고, 간사한 이를 신용하며 참소하는 말을 따르고 악인을 비호하여 성덕(盛德)이 있는 사람을 모함하니, 천하의 백성이 이를 '궁기(窮奇)'라고 하였습니다."라고 하였다. 도찬과 궁기 외에 혼돈(渾敦)과 도올(檮杌)을 합하여 사흉(四凶)이라 한다. 모두 요(堯)임금 시대의 흉악한 종족으로, 순(舜)에 의해 추방되었다.

397 『예기·대학(大學)』에 보인다.

398 원문의 '비궁(匪躬)'은 신하가 자기 몸의 안위를 돌보지 않고 국사에 헌신하는 것을 말한다. 『주역·건괘(蹇卦)』의 육이(六二)에서 "왕의 신하가 국가의 어려움에 충성을 다하는 것은 자신의 연고 때문이 아니다[王臣蹇蹇, 匪躬之故]."라고 한 데서 유래하였다.

399 공공(共工)은 요임금 때의 네 명의 악인인 사죄(四罪) 중 한 명으로, 공사(工師)를 담당하였다. 이후 순(舜)에 의해 유주(幽洲)에 유배당하였다. 소묘(少卯)는 노(魯)나라 대부 소정묘(少正卯)로, 공자가 그에게 다섯 가지 큰 악이 있다고 하여 주살하였다.

니다. 별도의 창고에 저장하고 여분의 재물로 두십시오."라고 아뢰었습니다. 성상께서는 여분의 재물을 믿고 점차 욕심을 내시게 되었고, 새로운 공사가 점차 늘어나니 재물의 징수도[400] 점점 많아졌습니다. 배연령은 전에 아뢴 말을 증명하기 위해 감히 창고가 비었다고 보고하지 못하고 마침내 시장의 점포에서 징수하고 장인들을 징발하였습니다. 그러나 공적인 징발이라는[401] 명분으로 점포에 값을 치르지 않고, 관청의 용역이라고[402] 하여 장인에게 품삯을 주지도 않았습니다. 이로 인해 도성 안에 즐비한 상점들은 낮에도 문을 닫았고, 공사장에는 많은 장인이 죄수처럼 갇혀 있습니다. 비방하는 자들이 무리를 이루고 하소연하는 자들이 거리를 메웠지만, 법을 집행하는 사람도 감히 힐문하지 못하고 순찰하는 사람도 감히 입에 올리지 못합니다. 천자의 도읍에 원성이 물 끓듯 하니 사방에서 바라보는 사람들이 무엇을 본받겠습니까?

국가 재용(財用)의 총괄은 탁지부(度支部)가 주관하고, 재화의 출납은 태부(太府)가 담당하는데, 서로 빗장과 열쇠처럼 연계하여 간교한 속임수를 근절합니다. 열흘마다 달마다 기록을 승계하므로 재화의 출납이 손바닥을 가리키듯 분명하고[403] 구슬을 꿴 것처럼 정연하니, 재화의 수량을 은닉하거나 탈루할 수 없습니다. 그러나 배연령은 애써 간사하게 아첨하며 공공연히 성상을 기만하여 "거름흙 속에서 은 13만 냥을 거두었고 직물과 잡화는 백만여 필이 됩니다."라고 하였습니다. 그리고 창고에 있었던 물건을 거두어들인 실적이라고 하고, 일상적인 세금을 여분의 비용이라고 하였습니다. 또 국가의 창고인 좌장(左藏) 안에 여섯 개의 창고를 나누어 설치하고 이름을 붙였습니다.[404] 그 의도는 여분의 재물을 별도로 저장하여 군주의 사사로운 욕심을 채우기 위함이었습니다. 그러나 그는 군주의 몸이 천하를 집으로 삼는다는 것을 깨닫지 못했습니다. 국가가 부족하면 백성에게 재물을 얻고 백성이 부족하면 국가의 재물을 얻어 사용합니다.

---

400 원문의 '선색(宣索)'은 관리가 재물과 재화를 징수한다는 뜻이다.

401 원문의 '칙색(敕索)'은 선색(宣索)과 같은 말로, 임금의 명령으로 세금을 거두는 것이다.

402 원문의 '화고(和雇)'는 관부에서 돈을 주고 장인과 기술자를 고용하여 쓰는 것이다.

403 『논어·팔일(八佾)』에 공자(孔子)가 체(禘) 제사에 대해 묻는 이에게 답하길, "그 이야기를 아는 자는 마치 여기에서 천하를 보는 것과 같을 것이다[知其說者之於天下也, 其如示諸斯乎]."라고 하고, 자신의 손바닥을 가리켰다는 이야기가 나온다.

404 『통전』에 의하면 당(唐)나라 제도에 좌장(左藏)과 우장(右藏)을 설치하였는데, 좌장(左藏)은 국가의 창고로 돈과 포목, 비단 등의 옷감을 저장하였다고 한다.

국가에 있으면 관물(官物)이 되고 백성에게 있으면 사재(私財)가 되는 것인데, 어찌 여분의 재물을 다시 별도로 저장할 필요가 있겠습니까?

배연령은 총애를 믿고 더욱 방자하게 굴어 마침내 오랫동안 밀린 세금을 기록하고서 숨겨진 것을 찾았다고 망언을 하였고, 그 총합이 엽전 꾸러미로 8백여 만이나 된다고 하였습니다. 그 말을 들어보면 이익이 대단한 것 같지만 그 사실을 살펴보면 허세와 거짓이 저절로 드러납니다. 그는 상인들을 억압하고 지친 농민들을 더욱 곤궁하게 하였습니다. 변방 지역 농민의 통한은 골수에 사무치며 일반 백성의[405] 원통한 절규는 하늘에 닿습니다. 백성의 마음을 잃고 재물을 모은다는 말이 바로 이것이니, 팔과 다리를 잘라 입과 배의 욕심을 채우는 것과 무엇이 다르겠습니까.

멀리 있는 평원(平原)의[406] 군진(軍鎭)은 토번(吐蕃)을 견제하고, 오원(五原)의[407] 요충지는 영하(靈夏)를 막습니다. 새로 모은 병사들은 아직 의지가 확고하지 않아서 조정에서는 탁지부에 자주 칙령을 내려 군량을 모으게 하였습니다. 그런데 배연령은 군량이 떨어지지 않았다고 확언하였으므로, 폐하께서는 도리어 군대의 관리들이 불성실하다고 의심하시고 조정 관리를[408] 보내어 검열하도록 하셨습니다. 그러나 도로에는 운송한 흔적이 없고, 성곽에는 열흘치의 군량도 없었습니다. 이처럼 위급한 상황에[409] 이처럼 기만하였으니, 그의 거짓과 아첨은 오랜 역사 속에서도 드뭅니다.

나라의 법도는 회부(會府)에서[410] 담당합니다. 안으로는 여러 관리를 총괄하고 밖으로는 여러 고을에 교화를 펼치므로, 회부가 시행하는 조치는 백성의 운명과 연결되고 그 득실(得失)은 치란(治亂)의 근본과 관계됩니다. 그러나 배연령은 게을러 일찍 일어나지 못하여 조회하는 예식에 자주 결석하였고, 관리들을 자기 집으로 불러 중앙 부서의

---

405 원문의 '편호(編戶)'는 호적에 편입된 집으로 여기서는 일반 백성을 가리킨다.

406 평원군(平原郡)은 당(唐)나라 때 하북도(河北道)에 속해 있었다.

407 오원(五原)은 지금의 내몽고자치구(內蒙古自治區) 파언요이시(巴彦淖爾市) 오원현(五原縣) 지방에 해당한다. 당대(唐代)에 본래 돌궐(突厥)이 점거하고 있었는데, 정관(貞觀) 4년(630)에 이정(李靖)과 서세적(徐世勣) 등이 돌궐을 몰아내고 도호부(都護府)를 설치하였다.

408 원문의 '중관(中官)'은 조정에서 근무하는 관리를 지방관에 대비하여 부르는 말이다.

409 원문의 '전패(顚沛)'는 사람들이 엎어지고 자빠지는 위급한 상황을 의미한다. 『논어·이인(里仁)』에 "군자는 밥 먹는 동안이라도 인(仁)을 어겨서는 안 되니, 다급한 때에도 반드시 여기에 의거해야 하고, 위급한 때에도 반드시 여기에 의거해야 한다[君子無終食之間違仁, 造次必於是, 顚沛必於是]."라고 하였다.

410 회부(會府)는 상서성(尙書省)의 별칭이다.

위신을 크게 훼손하였습니다. 또한 낭관(郎官)의 집무실을[411] 백성의 마을로 옮기고, 자기 집에서 공무를 보았습니다. 여러 부서에서 낸 의견과 사방에서 오는 신청서는 그의 판결과 서명에 따라 결정되고 그의 지휘를 기다려야 거취가 결정되었습니다. 그러나 배연령은 어느 날은 손님들을 모아놓고 크게 자랑하면서 사무를 말하지 못하게 하고, 어느 날은 실컷 술을 마시고 화를 내면서 감히 조언하지 못하게 하였습니다. 거리에는 푸줏간과 술집이 늘어서고 마을은 나그네의 객사가 모인 곳으로 변하였습니다. 배연령은 직무를 소홀히 하고 관리를 업신여겼으며, 백성을 학대하고 법을 무너뜨렸습니다. 안으로는 왕의 팔과 다리, 귀와 눈이 되는 충신이요, 밖으로는 변방 지역을 울타리처럼 지키는 중신도[412] 때때로 법도를 지키기 위해 그에게 몸을 굽히지 않거나 혹은 임무를 다하기 위해 그의 위협을 따르지 않으면, 비방을 당하는 것은 물론이요 집안까지 피해를 입습니다. 그의 사람됨이 제멋대로이고 험악하기가 이 정도입니다.

폐하께서 영명하게 살피시고 환히 비추시니 그 무엇도 실정을 숨길 수 없습니다. 그러므로 배연령이 은폐해서 분별하지 못하는 일은 없을 것입니다. 혹시 폐하께서는 그가 심하게 질투와 원망을 받는다고 해서 홀로 곧은 사람이라고 여겨 심복의 일을 맡길 만하다고 생각하실 수도 있습니다. 또 그가 참소를 잘하고 아첨을 올리는 것을 두고 성심을 다한다고 생각하여 귀와 눈이 되어주는 신하로 여기실 수도 있습니다. 또 그가 두려움 없이 마음대로 하는 횡포한 행동을 강직하다고 여겨 간악한 사기꾼들을 잠재울 수 있다고 여기실 수도 있습니다. 또 그가 하는 호탕하고 거리낌 없는 말을 지혜롭고 능력 있다고 여겨 그가 재화를 불려줄 것이라고 생각하실 수도 있습니다. 장차 여러 사람의 논의를 물리치고 그의 독단적인 행동을 용납하며 특별히 총애하시면서 그가 크게 성공하기를 기대하시는 것입니까?

폐하께서 처음에 봉천(奉天)으로 피난하셨을 때 난리가 일어났다는 소식을 듣고 군사들이 급히 내달려 왔습니다. 안으로는 굶주림과 추위가 압박하고 밖으로는 화살과

---

411 원문의 '낭조(郎曹)'는 낭중(郎中), 낭관(郎官)의 직책을 일컫는다.

412 원문의 '원한번유(垣翰藩維)'는 각각 울타리, 담장, 병풍, 나무기둥으로 나라와 군주를 지켜 주는 든든한 인물 또는 간성(干城)을 비유한다. 『시경·대아(大雅)·판(板)』에 "큰 덕을 지닌 사람은 울타리가 되며 많은 무리는 담장이 되며 큰 제후국은 병풍이 되며 큰 종족은 정간(楨幹)이 된다[价人維藩, 大師維垣, 大邦維屏, 大宗維翰]."라고 하였다.

돌이 날아왔으나 군사들은 낮이면 창을 메고 힘껏 싸웠으며 밤이면 성가퀴에 숨어 신음하며 버텼습니다. 회오리바람을 맞고 서리와 싸락눈을 무릅쓰며 열흘을 보냈지만 무리 중에 다른 마음을 품은 자는 없었습니다. 그리하여 마침내 강적을 물리치고 위급한 성을 지켰습니다. 어찌 엄한 형벌과 후한 상을 내려 그렇게 만든 것이겠습니까? 오직 폐하께서 제 몸을 돌보거나 재산을 쌓지 아니하시고, 백성과 함께 걱정과 근심을 함께 나누며 군사들과 더불어 있는 것 없는 것을 공유하셨기에 그들이 목숨을 내놓고 적을 막아낼 수 있었던 것입니다. 이른바 "성인이 백성의 마음을 감동시키므로 천하가 평화롭다."[413]라고 한 말의 효과입니다.

겹겹의 포위가 풀리고 여러 길이 조금 뚫리자 세금이 조금씩 모이고 공물도 계속 도착하였습니다. 그리하여 행궁의 바깥 처마 아래에 다시 경림(瓊林)과 대영(大盈)이라는[414] 창고를 세웠습니다. 그러나 공로를 포상하기 전에 갑자기 재물을 사유하자 비난하는 여론이 일어나고 군사들도 원망하기 시작하였습니다.

이로써 천자는 백성을 얻는 것이 자산이고 의리를 쌓는 것이 재산이라는 것을 알겠으니, 어찌 자산이 없다고 걱정하겠으며 재산이 부족하다고 근심하겠습니까? 천하에 쌓아두는 것은 천자의 부(富)이며, 경내(境內)에 쌓아두는 것은 제후의 부이며, 창고와 상자에 쌓아두는 것은 농부와 상인의 부입니다.[415] 귀한 신분으로 천하를 소유하고 있으면서 어찌하여 뜻을 굽혀 제후의 박덕(薄德)을 행하고 몸을 굽혀 농부와 상인의 비루한 생업을 지키고자 하십니까. 황제의 어리석음과 명철함은 임명하는 신하들에 달려 있습니다. 구요(咎繇), 기(夔), 설(契)과 같은 신하가[416] 있었기에 우(虞)나라의 순(舜)이 명철

413 『주역·함괘(咸卦)·단전(彖傳)』에 보인다.

414 덕종은 황제의 전용 공물 창고로 '경림(瓊林)'과 '대영(大盈)'을 두었다. 자세한 내용은 '10. 봉천에서 경림(瓊林), 대영(大盈)의 두 부고(府庫)를 비울 것을 청하는 주장[奉天請罷瓊林大盈二庫狀]'을 참조.

415 『설원(說苑)·반질(反質)』에 "천자는 사해의 안에 쌓아두고, 제후는 경내에 쌓아두며, 대부는 그 집 안에 쌓아두고, 사(士)와 일반 백성은 상자에 쌓아둔다[天子藏於四海之內, 諸侯藏於境內, 大夫藏於其家, 士庶人藏於篋櫝]."라고 하였다.

416 모두 순임금을 보좌한 명신들이다. '구요(咎繇)'는 순(舜)임금 때 현신(賢臣) 전욱(顓頊)의 아들로 고요라고도 한다. 오형(五刑)을 밝히고 오교(五教)를 가르쳤다. '기(夔)'는 전악(典樂)이 되어 오성(五聲)을 바르게 하고 육율(六律)을 조화롭게 만들었으며 팔음(八音)을 고르게 하였다. '설(契)'은 사도(司徒)를 지냈으며 우의 치수를 도운 공으로 상(商)에 봉해져서 상나라의 시조가 되었다.

하다는 명성을 누렸던 것이고, 황보(皇父), 추(聚), 우(楀)와 같은 아첨하는 무리들이[417] 있었기에 주 여왕(周厲王)은 나라가 전복되는 환난을 맞았던 것입니다. 옛날부터 소인이 정권을 잡고서 국가에 재난이 일어나지 않은 경우가 있었습니까!

배연령의 흉악하고 망령된 행동은 천하에 널리 알려져 큰 소리로 논의하는 사람이 억만 명은 됩니다. 폐하께서 시험삼아 소문을 서로 맞춰보게 하시면 세간의 실정과 거짓을 가려낼 수 있으실 것입니다. 신은 부족한 자질로 재상의 임무를[418] 맡아 지극히 높은 자리에 오르고 또 융숭한 은택을 입었습니다. 때를 보아 아부하면 예전에 받은 은총을 보전할 수 있고 남들을 따라 움직이면 심한 질책을 면할 수 있으며, 병을 핑계대고 물러나면 때를 안다는 명예를 얻고, 간사한 무리를 잠시 용납하면 미움받을 걱정이 없으리라는 것을 제가 어찌 모르겠습니까. 무엇하러 홀로 조급해하고 애쓰며 혼자 승냥이와 이리 같은 무리에 맞서서 위로는 성상의 온화한 마음을 거스르고 아래로는 참소할 구실을 제공하겠습니까. 신이 진실로 일찍부터 성상의 돌보심을 입고 인정을 받은 이유는 오직 성실하고 정직하였기 때문입니다. 병풍과 휘장 안에서 부지런히 응대하다 보니 십 년이 흘러 지금에 이르렀습니다. 자애로운 성상께서 이렇게 포용해 주시니 어리석은 신도 스스로 책임감을 가지게 되어, 폐하께서 도성에서 피신하시던 위급한 상황에 따라갔고[419] 어렵사리 국가의 부흥을 이루시는 모습을 지켜보았습니다. 지금 돌이켜 생각해보아도 여전히 마음이 두렵습니다. 그래서 신은 앞서 가던 수레가 뒤집히는 것을[420] 보고서 깜짝 놀라 두려워하며, 둥지가 부서질까 염려하여 슬피 우는

---

417 주 유왕(周幽王) 당시 황보(皇父), 번자(番子), 가백(家伯), 추자(聚子), 중윤(仲允), 궐자(蹶子), 우자(楀子) 일곱 명의 총신이 있었다. 황보는 경사(卿士)이고 추자는 내사(內史)이며 우씨는 사씨(師氏)인데, 황보는 육관(六官)의 일을 총괄하였기 때문에 중대부(中大夫)인 추자와 우씨에 비해 총애가 더욱 깊었다. 『시경·소아(小雅)·시월지교(十月之交)』에 보인다.

418 원문의 '태형(台衡)'은 삼태성(三台星)과 옥형(玉衡)을 가리키는데 모두 황제의 별자리인 자미궁좌(紫微宮座)의 앞에 있으므로 황제를 보좌하는 대신을 비유한다.

419 원문의 '파천(播遷)'은 임금이 피난하기 위해 도성을 떠나 다른 곳으로 옮겨가는 것이다. '얼올(臲卼)'은 요동쳐서 위급한 상황을 뜻한다. 『주역·곤괘(困卦)·상육(上六)』에 "칡덩굴과 위급함에 곤경을 당하여 움직이면 후회할 것이라 한다[困于葛藟, 于臲卼, 曰動悔]."라고 하였다.

420 원문의 '복거(覆車)'는 앞수레가 엎어진 것을 보고 뒷수레가 경계로 삼는다는 복거지계(覆車之戒)의 준말로, 여기서는 앞선 시기의 실정(失政)을 말한다.

새와[421] 같은 심정입니다. 마음에 격한 감정이 일어나 그만두려 해도 조용히 있을 수 없었습니다.

論裴延齡書

『易』曰: “大君有命”, “小人勿用.”『書』曰: “除惡務本”, “去邪勿疑”.『詩』曰: “無縱詭隨, 以謹無良.” “曾是掊克, 斂怨以爲德.”『春秋』曰: “聚斂積實, 不知紀極.” “毁信廢忠, 崇飾惡言, 靖譖庸回, 服讒蒐慝, 謂之四凶.”『禮記』曰: “長國家而務財用者, 必自小人矣.”

戶部侍郎裴延齡者, 聚斂爲長策, 詭妄爲嘉謀, 掊克斂怨爲匪躬, 靖譖服讒爲盡節, 總典籍之所惡, 以爲智術; 冒聖哲之所戒, 以爲行能, 可謂堯代之共工, 魯邦之少卯.

前歲司邦賦數月, 遽衒功能, 奏稱: “勾獲隱欺, 計錢二十萬貫, 請貯別庫, 以爲羨財.” 陛下旣賴贏餘之資, 稍弘心意之欲, 興作浸廣, 宣索漸多. 延齡務實前言, 不敢告闕, 遂乃搜求市鄽, 追捕夫匠, 以敕索爲名, 而不酬其直; 以和雇爲稱, 而不償其傭. 都城之中, 列肆爲之晝閉; 興役之所, 百工比於幽囚. 聚詛連群, 遮訴盈路, 持綱者莫敢致詰, 巡察者莫敢爲言. 天子轂下, 囂聲沸騰, 四方觀瞻, 何所取則?

總制邦用, 度支是司; 出納貨財, 太府攸職. 互相關鍵, 用絶姦欺. 旬旬相承, 月月相繼, 明若指掌, 端如貫珠, 財貨少多, 無容隱漏. 延齡務行邪諂, 公肆誣欺, 遂云: “糞土之中, 收得銀十三萬兩, 其疋段雜貨, 百萬有餘.” 以在庫之物, 爲收獲之功; 以常賦之財, 爲羨餘之費. 遂於左藏之內, 分建六庫之名, 意在別貯贏餘, 以奉人主私欲. 曾不知王者之體, 天下爲家, 國不足取之於人, 人不足資之於國, 在國爲官物, 在人爲私財, 何謂贏餘, 復須別貯?

延齡旣怙寵私, 益復放肆, 遂錄積久逋欠, 妄云察獲奸贓, 總計緡錢八百餘萬. 聽其言則利益雖大, 考其事則虛誕自彰. 抑制市人, 重困疲甿. 窮邊穡夫, 痛憤切於骨髓; 下土編戶, 冤叫徹於蒼旻. 所謂失人心而聚財賄, 亦何異割支體以徇口腹哉?

平原遠鎭,[422] 扼制蕃戎; 五原要衝, 控帶靈夏. 新集之兵, 志猶未固, 頻敕度支, 令貯軍糧. 延齡確言饋餉不絶, 陛下翻謂軍吏不誠, 遂遣中官馳往檢覆, 道路無轉運之跡, 軍城無旬日之儲. 有如

---

421 『시경·빈풍(豳風)·치효(鴟鴞)』에 “부엉아, 부엉아, 이미 내 새끼 잡아먹었으니 우리 집 허물지 말아다오[鴟鴞鴟鴞, 旣取我子, 無毁我室].”라고 하였다.

422 중화서국『육지집』은 청대 낭엽(郎曄)의 판본에 ‘平涼’으로 쓰여진 것을 참고하여 ‘平涼遠鎭’으로 수정하였다. 당조(唐朝)의 평원군(平原郡)은 하북도(河北道)에 속해 있어 토번(吐蕃)과는 거리가 멀지만, 평량군(平涼郡)은 관내(內關)에 속하며 토번을 압박하는 중요한 진(鎭)이 된다는 것이 그 이유이다.

是之顚沛, 有如是之欺謾, 其爲蠱媚, 曠代罕聞.

國之憲度, 會府是司, 內總轄於庶官, 外敷化於列郡, 擧措繫生靈之命, 得失關理亂之源. 延齡懈於夙興, 多闕會朝之禮; 徇其鄙次,[423] 大隳省署之儀. 徙郎曹於里閭, 視公事於私第, 復有諸部參辭, 四方申請, 決遣資其判署, 去就俟其指揮.[424] 或聚客大誇, 不令白事; 或縱酒憑怒, 莫敢入言. 衢巷列屠沽之肆, 邑居成逆旅之津, 離次慢官, 虐人斁法. 內則股肱耳目, 外則垣翰藩維. 時有履道而不爲屈撓, 守官而莫肯脅從,[425] 遭其詆訶, 毁及家門, 人之狂險, 乃至於斯.

以陛下英明鑒照, 物無遁情, 固非延齡所能蔽虧而莫之辨也. 或者聖旨以其甚招嫉怨, 而謂之孤貞, 可託腹心; 以其好進讒諛, 而謂之盡誠, 可寄耳目; 以其縱暴無畏, 而謂之強直, 可肅姦欺; 以其大言不疑, 而謂之智能, 可富財用. 將欲排衆議而收其獨行, 假殊寵而冀其大成乎?

陛下初幸奉天, 赴難師徒, 倉黃奔馳, 饑凍內攻, 矢石外迫, 晝則荷戈奮迅, 夜則映堞呻吟, 淩風飆, 冒霜霰, 踰旬而衆無攜貳, 卒能走強賊全危城者, 豈有嚴刑重賞, 使之然耶? 唯以不厚其身, 不藏其資, 與衆庶同其憂患, 與士伍共其有無, 能使捐軀命而扞寇讎, 所謂"聖人感人心而天下和平", 此其效也. 及乎重圍旣解, 諸道稍通, 賦稅漸臻, 貢獻繼至, 乃於行宮外廡之下, 復列瓊林, 大盈之司, 未賞功勞, 遽私賄玩, 輿誦興譏, 軍士始怨.

是知天子者以得人爲資, 以蓄義爲富, 何患蔑資? 何憂不富? 故藏於天下者, 天子之富也; 藏於境內者, 諸侯之富也; 藏於囷倉篋匱者, 農夫商賈之富也. 奈何以天子之貴, 海內之富, 而猥行諸侯之棄德, 蹙守農商之鄙業哉? 夫人主昏明, 繫於所任. 咎繇, 夔, 契之道長, 而虞舜享濬哲之名; 皇甫, 聚, 楀之嬖行, 而周厲嬰顚覆之禍. 自古何嘗有小人柄用, 而菑禍不及邦國者乎![426]

延齡兇妄, 流布寰區, 諠譁談議,[427] 億萬爲徒. 陛下試令參校所聞, 足鑒人間情僞. 臣以卑鄙, 任當台衡, 旣極崇高, 又承渥澤, 豈不知觀時附會, 足保舊恩; 隨衆沈浮, 免貽厚責, 謝病黜退, 獲知幾之名; 黨姦苟容, 無見嫉之患? 何急自苦, 獨當豺狼, 上違懽情, 下餌讒口? 良由夙蒙眷知, 惟在誠直, 綢繆帳扆, 一紀于玆. 聖慈旣以此見容, 愚臣亦以此自負, 從陛下歷播遷之䟢跪, 覩陛下致興復之艱難, 至今追思, 猶爲心悸, 所以畏覆車而駭懼, 慮燬室而悲鳴, 蓋情激于衷, 雖欲罷而不能自默也.

---

423 '次'는 중화서국 『육지집』에는 '欲'으로 되어 있다.

424 '揮'는 중화서국 『육지집』에는 '撝'로 되어 있다.

425 '脅'은 중화서국 『육지집』에는 '由'로 되어 있다.

426 '菑'는 중화서국 『육지집』에는 '災'로 되어 있다.

427 '諠譁'는 중화서국 『육지집』에는 '喧諠'으로 되어 있다.

주자발(鑄字跋)

세종조(世宗朝) 갑인년(1434, 세종 14)에 『위선음즐(爲善陰騭)』의 글자를 바탕으로 구리를 주조하여 활자를 만들었으니, 세간에서 위부인자(衛夫人字)라고 부르는 것이 그것이다. 우리 성상께서 동궁에 계실 때 궁료들에게 명하여 갑인자를 교정하여 15만 자를 주조하도록 하셨으니, 이것이 임진자(壬辰字)이다. 원년(1777)에 평안도 관찰사에게 명을 내려 15만 자를 더 주조하도록 하셨으니 이것이 정유자(丁酉字)이다. 전후로 30만 자를 주조하여 모두 내각(內閣)의 주자소(鑄字所)에 보관하였다. 『어정팔자백선(御定八子百選)』, 『주서백선(朱書百選)』, 『사기영선(史記英選)』이 모두 이 정유자를 사용하여 인쇄하고 반포한 것이다. 이에 앞서 갑인년(1794, 정조 18)에 주상께서 육지(陸贄)의 주의(奏議)가 통치와 교화에 도움이 된다고 여겨 친히 29편을 선발하시면서 번다한 것을 삭제하고 요점을 취하여 어람할 자료로 삼으셨다. 이 해 정사년(1797) 여름에 교정하여 『육주약선(陸奏約選)』이라고 명명하고, 정유자로 인쇄하여 진상하라고 명령하셨다.

鑄字跋

世宗朝甲寅以爲善陰騭爲本, 範銅爲字, 俗稱衛夫人字是也. 我聖上在春邸, 命宮僚校正鑄十五萬字, 是爲壬辰字. 元年命關西道臣加鑄十五萬字, 是爲丁酉字. 前後所鑄三十萬字, 並藏于內閣之鑄字所. 『御定八子百選』, 『朱書百選』, 『史記英選』 皆用是字印頒. 先是甲寅, 上以陸贄奏議有裨治教, 親選二十九篇, 刪繁就要, 以資乙覽, 是年丁巳夏, 更加釐校, 名曰 『陸奏約選』, 命以丁酉字印進.

『육고수권(陸稿手圈)』 역주(譯註)

『육고수권』 등본을 교정한 학사들에게 보임[1]

주의문(奏議文)은 반드시 서한(西漢) 시대의 것을 으뜸으로 삼는다. 그러나 유향(劉向)의[2] 주의문은 천문(天文)과 역법(曆法)에 치우쳤고 양웅(揚雄)의[3] 주의문은 종횡가(縱橫家)에 가까우며, 공광(孔光)의[4] 주의문은 완곡하고, 곡영(谷永)의[5] 주의문은 아름답다. 서(徐)[6]·엄(嚴)[7]·

1 이 글은 『홍재전서(弘齋全書)』 181권, 군서표기(羣書標記) '3 육고수권(陸稿手圈)'에도 보인다.

2 유향(劉向, B.C. 77~B.C. 6)은 전한(前漢)의 경학가로 본명은 갱생(更生), 자는 자정(子政)이다. 선제(宣帝) 때 명유(名儒)로 선발되어 궁중에 설치된 학술토론장이자 궁중도서관인 석거각(石渠閣)에서 오경(五經)을 강의하였다.

3 양웅(揚雄, B.C. 53~A.D. 18)은 전한(前漢) 촉군(蜀郡) 성도(成都) 사람으로 자는 자운(子雲)이다. 문장력을 인정받아 성제(成帝) 때 궁정 문인이 되었다. 나중에 왕망(王莽) 밑에서도 일해 대부(大夫)가 되었다.

4 공광(孔光, B.C. 65~A.D. 5)은 공자의 14대손으로, 공패(孔覇)의 작은아들이며, 자는 자하(子夏)이다. 경학에 능통했으며 고사, 제도 및 법령에 밝아 어사대부, 승상을 역임했다.

5 곡영(谷永, ?~B.C. 8)은 전한(前漢) 경조(京兆) 장안(長安) 사람으로, 본명은 병(並)이고 자는 자운(子雲)이다. 젊어서 장안의 소사(小史)가 되어 경서를 두루 공부하였고, 원제(元帝) 건소(建昭) 연간에 태상승(太常丞)에 올랐다. 여러 차례 상서하여 재이(災異)의 발생을 조정의 득실과 관련지어 추론했다.

6 서악(徐樂)은 전한(前漢)의 문장가로 무제(武帝)에게 토붕(土崩)의 형세가 일어나지 않도록 주의하라고 간언하는 글을 올렸다.

7 엄안(嚴安)은 한 무제(漢武帝) 때 문학(文學)으로 뽑혀 조정에 들어갔으며, 상소를 올려 정사를 논하여 낭중(郎中)에 제수되었다.

승(乘)[8]·수(壽)[9]·홍(弘)[10]·언(偃)[11]의 주의문은 잡스럽고 허황하며 한만(汗漫)하고 지루하다.

당(唐)나라에서는 육선공(陸宣公) 한 사람을 얻었으니 그의 주의문은 모범으로 삼을 만하다.[12] 군막(軍幕) 안에서 작전을 세우고, 군진(軍陣)을 드나들면서 이해의 근원을 지적하고 득실의 연유를 세밀하게 분석하였는데, 그 말이 성실하고 진지하며 분명하고 솔직하였다. 억세고 사나운 장병조차도 모두가 암송하여 전하며 눈물을 흘렸으니, 하물며 충성스러운 선비는 어떠하였겠는가! 세상 사람들은 육선공을 등용하지 않았다며 덕종(德宗)을 탓한다. 그러나 나는 덕종이 그를 등용하지 않는 선에서 그치고 끝내 그를 탓하지 않은 점이야말로 후세의 군주가 덕종에게 미치지 못하는 점이라고 생각한다.

나는 그의 주의문을 매우 좋아하여 반복해서 읽고 간략하게 요약하여 『육주약선(陸奏約選)』을 만들고, 다시 그의 글 전체를 비권(批圈)하여 『육고수권(陸稿手圈)』을 만들었다. 이 책을 보는 이들은 육선공이 등용되지 않은 것을 경계하지 말고, 말하지 않거나 말은 하되 그 말이 육선공의 뜻만 못할 것을 경계해야 한다. 이것이 바로 내가 천 년이 지났는데도 감동하여 지필(紙筆)을 소비하는 까닭이다.

---

8 매승(枚乘, ?~B.C. 140)은 전한(前漢) 임회(臨淮) 회음(淮陰) 사람으로 자는 숙(叔)이다. 사부(辭賦)를 잘 지은 문장가로 유명하다. 경제(景帝) 때 낭중(郎中)으로 오왕(吳王) 유비(劉濞)를 섬기고 있던 중 왕의 반란 계획을 알고 간언했지만 받아들여지지 않자 양효왕(梁孝王) 무(武)에게로 피했다. 오초칠국(吳楚七國)의 난이 일어나자 유비에게 다시 편지를 보내 병사를 거둘 것을 권한 일로 이름이 널리 알려졌다.

9 오구수왕(吾丘壽王)은 전한(前漢) 월(越) 사람으로 자는 자공(子贛)이다. 무제(武帝) 때 황명을 받아 동중서(董仲舒)에게 『춘추(春秋)』를 배웠다. 시중중랑(侍中中郎)으로 옮겼다가 법에 걸려 면직되었다. 나중에 불려와 낭(郎)이 되고, 동군도위(東郡都尉)에 임명되었다. 입조하여 광록대부시중(光祿大夫侍中)이 되었다. 승상 공손홍(公孫弘)이 백성이 궁노(弓弩)를 소지하지 못하도록 금지하자고 주청했는데, 황제가 논의하라고 하니 그가 무익하다면서 상서해 공손홍이 굴복하였다.

10 공손홍(公孫弘, B.C. 200~B.C. 121)은 전한(前漢) 치천(菑川) 설현(薛縣) 사람으로 자는 계(季) 또는 차경(次卿)이다. 무제(武帝) 건원(建元) 원년(B.C. 140) 현량(賢良)에 추천되어 박사(博士)에 올랐다가 흉노(匈奴)의 일 때문에 관직에서 물러났다. 원광(元光) 5년(B.C. 130) 현량대책(賢良對策)에 뽑혀 박사가 되고, 내사(內史)와 어사대부(御史大夫)를 역임했다. 강력하게 간언하기보다는 무제의 뜻을 살펴 의사를 표현했고, 문자 수식을 적절하게 활용해 관료의 길을 걸으면서 유술(儒術)을 알맞게 응용하여 무제의 신임을 받았다.

11 주보언(主父偃, ?~B.C. 126)은 전한(前漢) 임치(臨淄) 사람이다. 무제(武帝) 원광(元光) 때 장안(長安)에 와서 글을 올려 제후왕(諸侯王)의 세력을 약화시키고 추은(推恩)을 명분으로 삼아 자제들에게 분봉(分封)하여 후(侯)로 삼으라고 주장했다. 또 삭방군(朔方郡)을 두어 흉노(匈奴)에 대항하라고 건의하니 무제가 모두 받아들였다. 이로 인해 낭중(郎中)에 오르고, 한 해 동안 네 번 승진하여 중대부(中大夫)가 되었다.

12 원문의 '공거(公車)'는 상소문을 의미하는데, 본래 중국 한(漢)나라 때에 상서(上書)와 징소(徵召)를 관장하던 관청이다.

示陸稿手圈膽本校正諸學士

奏議必推西京, 而劉向偏於星歷, 揚雄近於縱橫, 孔光婉, 谷永媺, 徐, 嚴, 乘, 壽, 弘, 偃之徒驕而誕, 汗漫而支離. 於唐得一陸宣公, 而可以爲法於公車. 綢繆帳扆, 出入戎馬, 指劃利病之源, 毫分得失之間, 勤勤懇懇, 明白剴直. 雖驫將悍卒, 莫不誦傳而流涕, 況忠志之士乎! 世以不用宣公尤德宗, 而予以爲不用而止, 終不加之郵者, 後世人主有不及德宗者. 切愛其奏狀, 反復輪閱, 約而節之, 爲陸奏約選, 仍批圈於全稿而爲手圈. 覽此者不以宣公之不用爲戒而戒不言, 言而戒不如宣公之志, 則是予所以曠千載相感, 而費鉛槧之工者也.

1. 개원(改元)하며 내리는 사면령[13]

① 밝은 시대가 거듭되고 경사가 쌓이며 이백 년이 이어졌다. 그대들 경(卿)과 윤(尹)과 각급 관리부터 만민에 이르는 모두가 대대로 양육을 받으며 오늘에 이르렀으며 공은 당사자에 주어지고 은택은 후손에게 주어졌다.

② 알 수 없는 음양의 이치를 체득한 것을 신령하다[神]고 하고,[14] 천지와 덕(德)이 합치한 것을 성스럽다[聖]고 한다.[15]

③ 덕이 있는 이를 높이는 일은 교화에서 먼저 할 일이요, 현인을 구하는 일은 나라의 중대한 근본이다. 늘 이 이치를 말하며 꿈에서도 잊지 않고 새겨두었다. 그러나 경박한 풍조는 다투듯 유행하여 사라지지 않고, 숨어 사는 선비들은 조용히 사라져선 나오지 않는다. 아마도 내 정성이 미덥지 못하여 불러도 오지 않는 것이리라.

改元大赦制[16]

① 重熙積慶, 垂二百年. 伊爾卿尹庶官, 洎億兆之衆, 代受亭育, 以迄于今, 功存于人, 澤垂于後.

② 體陰陽不測之謂神, 與天地合德之謂聖.

③ 尙德者, 敎化之所先; 求賢者, 邦家之大本. 永言玆道, 夢想勞懷. 而澆薄之風, 趨競不息; 幽棲之士, 寂寞無聞. 蓋誠所未孚, 故求之未至.

---

13 주차(朱泚)의 난을 평정한 후 784년 정월에 덕종(德宗)은 연호를 건중(建中)에서 흥원(興元)으로 바꾸고 사면을 시행하였다.

14 『주역(周易)·계사전 상(繫辭傳上)』에 "음과 양을 헤아릴 수 없는 것을 신이라고 한다[陰陽不測之謂神]."라고 하였다.

15 『주역·건괘(乾卦)·문언(文言)』에 "성인은 천지와 덕이 합하고, 일월과 밝음이 합하고, 사계절과 순서가 합하고, 귀신과 길흉이 합하여서 하늘보다 먼저 해도 하늘이 어기지 못한다[夫大人者, 與天地合其德, 與日月合其明, 與四時合其序, 與鬼神合其吉凶, 先天而天弗違]."라고 하였다.

16 중화서국 『육지집』의 원제는 '奉天改元大赦制'로 되어 있다.

2. 환도하여 내리는 사면령[17]

① 힘써 관대한 덕을 베풀고[18] 가혹한 법령을 누차 제거하였다. 인(仁)을 두텁게 쌓았기에 은택의 흐름도 심원하다.

還京大赦制[19]

① 邁種寬大之德, 累蠲苛酷之令, 蓋仁之所積者厚, 故澤之所流者深.

17 덕종은 흥원(興元) 원년(784) 6월에 주차를 처형하고 7월에 봉상(鳳翔)에 머물며 대사면을 시행했다.

18 원문의 '매종(邁種)'은 힘써 베푼다는 뜻이다. 『서경(書經)·대우모(大禹謨)』에 우(禹)가 순(舜)임금의 선위를 사양하며 "저는 덕이 없어 백성이 따르지 않을 것입니다. 고요(皐陶)는 힘써 덕을 펴서 덕이 아래에 미쳤으니 백성이 우러러볼 것입니다[朕德罔克, 民不依. 皐陶邁種德, 德乃降, 黎民懷之]."라고 하였다.

19 중화서국 『육지집』의 원제는 '平朱泚後車駕還京大赦制'로 되어 있다.

3. 정원(貞元)으로 개원(改元)하며 내리는 사면령[20]

① 왕자(王者)가 제위(帝位)에 오르면 천지를 공경하며 순종하고, 대업의 대통(大統)을 계승하여 조상을 엄숙히 받든다. 그리하여 온갖 신이 믿고 인정하며 만백성이 영원히 의지한다.

② 길일을 점치니 초봄이 적당하여 마음을 가다듬고 영원히 기리며 앉아서 날이 밝기를 기다린다.[21]

③ 겨울 한기(寒氣)가[22] 물러가고 봄볕이 비치니[23] 움츠렸던 싹이 모두 몸을 펴고 숨었던 벌레가 모두 꿈틀댄다. 나라 안 백성과 한마음이 되어 새로워지고자 연호를 고친다는 명령을 내어 하늘의 뜻에 맞춘다.

④ 장차 마을에는 근심과 고통의 소리가 없게 하며 풍속은 청렴과 양보의 가르침을 일어나게 만들 것이니 뛰어난 선비를 가려내어 교화를 맡기는 일을 신중히 하지 않을 수 있겠는가!

---

20 785년 정월 초하루에 흥원(興元)에서 정원(貞元)으로 개원하고 사면을 시행했다.

21 원문의 '좌이대단(坐以待旦)'은 앉아서 날이 밝기를 기다린다는 뜻으로, 어진 정치를 펴고자 하는 군주의 충정을 비유하는 말이다. 『상서(尙書)·태갑 상(太甲上)』에 "선왕께서는 아직 날이 밝기도 전에 크게 덕을 밝히고자 앉아서 아침이 오기를 기다리셨다[先王昧爽, 丕顯, 坐以待旦]."라고 하였다.

22 원문의 '현음(玄陰)'은 한겨울의 차가운 기운을 뜻한다. 왕찬(王粲)의 「칠석(七釋)」에 "농사일이 이미 이루어지면, 겨울 한기가 추위를 경계한다[農功既登, 玄陰戒寒]."라고 하였다.

23 『시경(詩經)·칠월(七月)』에 "봄에 볕이 비로소 따뜻해져 꾀꼬리가 운다[春日載陽, 有鳴倉庚]."라고 하였다.

貞元改元大赦制

① 王者體元立極, 欽若乎天地; 纂業承統, 嚴奉于祖宗. 用能百神允諧, 兆庶永賴.

② 卜其吉日, 俯在上春, 齊心永懷, 坐以待曙.

③ 玄陰已謝, 春日載陽, 勾萌畢伸, 幽蟄咸震, 思與海內, 同心自新, 發號更元, 用符天意.

④ 將使里閭無愁苦之聲, 風俗興廉讓之教, 得不愼柬髦彥,[24] 寄之化源.

---

24 '柬'은 중화서국 『육지집』에는 '簡'으로 되어 있다.

4. 동짓날의 대례(大禮)를 행하고 내리는 사면령[25]

① 천하를 통치하는 이는 천지(天地)로부터 명을 받고 조상의 대업을 계승하니, 정성스러운 마음을 다하는 요체는 오직 공경과 효성이다.

② 곤직(袞職)에[26] 참여하는 삼공(三公)은 그 덕이 높고, 모절(旄節)을[27] 받는 장수는 그 공이 크다. 방진(方鎭)은 바로 나라의 방벽이며, 금위군(禁衛軍)은 실로 나의 발톱과 어금니이다.[28]

③ 치세를 이루는 근본은 관원을 신중히 임명하는 데 있고, 관원을 신중히 임명하는 길은 바른 선비를 선발하는 데 달렸다. 선비를 선발하는 정도(正道)에 힘쓰려면 반드시 선비를 양성하는 방법에 정통해야 한다. 위진(魏晉) 이래로 경박한 풍조가 바뀌지 않고 경향(京鄕)의 각급 학교는 오직 화려한 문장만 숭상한다. 이부(吏部)와 예부(禮部)에서는[29] 실행(實行)을 살피지 않고 선발하며, 학문은 자신을 위한 것이 아니고[30] 관직은 사람 중심으로 임명한다. 법령 또한 정밀하지 않으니 장차 그 병폐를 어떻게 바로잡겠는가!

---

25 정원(貞元) 원년(785) 11월 11일, 남교(南郊)에서 제사를 지내고 사면을 시행했다. 동지에는 남교(南郊), 태청궁(太淸宮), 태묘(太廟)에서 제사를 지낸다.

26 곤직(袞職)은 곤룡포(袞龍袍)를 입는 제왕이나 그 직책, 또는 삼공(三公)이나 그 직책을 가리킨다. 『시경·대아(大雅)·증민(烝民)』에 "임금님 의복에 터진 곳이 있으면, 중산보가 꿰매어 드린다네[袞職有闕, 維仲山甫補之]."라고 하였다.

27 모절(旄節)은 사신이나 지방의 군사 책임자에게 징표로 주던 부절이다.

28 원문의 '조아(爪牙)'는 짐승의 발톱과 어금니처럼 임금을 호위하는 군대를 비유한다. 『시경·소아(小雅)·기보(祈父)』에 "기보여, 우리는 왕의 용맹스러운 군사들인데, 어찌하여 우리를 근심하게 하여 안정을 취하지 못하게 하는가[祈父, 予王之爪牙, 胡轉予于恤, 靡所止居]."라고 하였다. 『한서(漢書)·이광전(李廣傳)』에 "장군은 나라의 발톱과 어금니이다[將軍者, 國之爪牙也]."라고 하였다.

29 원문의 '예위(禮闈)'는 예부(禮部)에서 주관하는 과거시험을 가리킨다.

30 자신을 위한 학문[爲己之學]은 남이 알아주기를 기대하는 학문이라는 위인지학(爲人之學)에 상대되는 말로, 오직 자신의 수양을 목표로 공부하는 것을 말한다. 『논어(論語)·헌문(憲問)』의 "옛날의 배우는 이들은 자신을 위하였는데, 지금의 배우는 이들은 남을 위한다[古之學者爲己, 今之學者爲人]."라는 공자의 말에서 유래하였다.

④ 지금부터는 평년보다 더 많이 농지를 개간하는 백성이 있거든 늘어난 농지에 대해서는 조세를 징수하지 않는다. 자사(刺史)와 지방 장관들의 고과(考課) 역시 해당 영역 개간지의 다소에 따라 등급의 고하를 정한다.[31]

⑤ 과오를 보완하는 일은 실로 더욱 수양하는 데 있고, 환난을 구제하는 일은 낭비를 없애는 것이 제일이다.

冬至大禮大赦制

① 君天下者, 受命于天地, 繼業于祖宗, 致其誠心, 惟敬與孝.

② 參袞職者其德崇, 授旄節者其功大. 方鎭乃國之垣翰, 禁衛實予之爪牙.

③ 致理之本, 在乎審官; 審官之由, 資乎選士. 將務選士之道, 必精養士之方. 魏, 晉已還, 澆風未革, 國庠鄉校, 唯尙浮華, 選部禮闈, 不稽實行, 學非爲己, 官必徇人, 法且非精, 弊將安救?

④ 自今百姓有墾闢田疇, 加於常歲者, 所加之地, 不得輒徵租稅. 刺史, 令長考課, 亦以本界墾田多少爲殿最.

⑤ 補過實在於增修, 救患莫如於息費.

---

31 원문의 '전최(殿最)'는 관리들의 근무 상태를 조사해 성적을 매기는 고과(考課)이다. 전(殿)은 고과에서 최하등이고 최(最)는 최상등이다.

5. 다시 동짓날의 대례를 행하고 내리는 사면령[32]

① 크고 작은 일들을 어찌 게을리했겠는가? 꼴 베고 나무하는 이의 말도 잘 듣지 않은 것이 없다. 생각은 언제나 태평시대를 이루는 데 있고, 마음은 항상 백성을 구휼하는 데 있다. 한밤중에도 여러 번 일어나고 한 끼 식사 중에도 여러 차례 탄식한다. 일 하나가 어그러져도 허전해하며[33] 속을 썩이고, 사람 하나가 재앙을 당해도 내 몸을 다친 듯 안타까워한다. 온 나라 사람들과 함께 대화합에 이르기를 바란다.

② 보고 들음에는 한계가 있고 생각은 면밀하기 어렵다. 더욱이 깊은 궁궐에서 성장하고 주변 인물에게[34] 안주하니 득실의 이치에 대해 착오를 면할 수 없고, 깊고 먼 곳의 실정을 이해하지 못하는 것이 당연하다. 때문에 조심조심 갈고 닦으며 과거를 뉘우치고 미래를 설계하며 사리를 밝게 살피지 못할까 걱정하며 정성스러운 마음을 저버리지 않고자 한다.

③ 오곡이 풍성하여 사방의 시골이 안정되고 각 도(道)가 화목하여 전쟁 없이 편안하며, 변방의 보루가 완정하여 멀리 떨어져 외진 곳도 귀의한다. 천지의 번창하는 운세가 화합하니 종묘사직의 무한한 복록이 가득하고, 상(賞)은 지대한 공적에 적합하고 예식은 교제(郊祭)로[35] 빛난다. 더구나 서리와 이슬을 밟는 듯 처량한 마음으로[36] 영원히 절절한 효심을 지니며[37] 희생물을 태우는 예절에 언제나 정성을 다한다. 정성과 공경을

---

32 정원(貞元) 9년(793) 11월 10일, 남교(南郊)에서 제사를 지내고 사면을 시행했다.

33 원문의 '역언(惄焉)'은 밥을 굶은 듯 허전하고 괴로운 심정을 의미한다. 『시경·주남(周南)·여분(汝墳)』에 "군자를 보지 못한지라, 아침을 굶은 듯 허전하네[未見君子, 惄如調飢]."라고 하였다.

34 원문의 '근습(近習)'은 근시(近侍)와 같은 말로, 임금의 총애를 받는 신하를 뜻한다. 주로 환관이나 궁첩(宮妾) 등이다.

35 『예기(禮記)·교특생(郊特牲)』에 "하늘에 교제사를 지내는 것은 크게 근본에 보답하고 시초로 돌아가는 것이다[郊之祭也, 大報本反始也]."라고 하였다.

36 서리와 이슬을 밟는 듯 처량한 마음[霜露之感]은 돌아가신 부모와 선조를 그리워하는 마음을 의미한다. 『예기·제의(祭義)』에 "서리와 이슬이 이미 내리면 군자가 이것을 밟고 반드시 서글퍼지는 마음이 있으니, 추워서 그러한 것이 아니다[霜露既降, 君子履之, 必有悽愴之心, 非其寒之謂也]."라고 하였다.

37 『시경·대아(大雅)·하무(下武)』의 "길이 효도함이여. 그 효성이 법도가 되었도다[永言孝思, 孝思維則]."라는 말을 인용한 것이다.

표하는 일은 친히 담당한다. 이처럼 공경(公卿)과 대부와 함께 희생물과 네모난 규(圭)와 둥근 벽(璧)을 경건히 받들며, 문물을 진열하고 향연(香煙)을 바친다. 하늘에 제사 올리는 태단(泰壇)[38] 앞에 등급별로 질서 있게 참여하고 청묘(淸廟)에서[39] 제사를 올린다. 당직자가 와서 돕는 것은 만방이 똑같고, 물건들은 지극히 엄정하게 구비하고 온갖 예절은 빠짐없이 거행한다. 진정한 흠모의 마음을 제대로 펼치니 신과 백성이 믿고 인정하며, 변함없는 마음을 환히 드러내니 기뻐하는 마음이 여기에 모인다.

④ 사람답게 만드는 방도는 효(孝)와 충(忠)뿐이다. 효는 부모를 영광스럽게 하는 것만큼 큰 것이 없고 충은 절조를 다하는 것보다 우선하는 것이 없다.

⑤ 국운을 돕는 신하와 충성을 바치는 신하는 그 공이 나라에 남고 그 상이 자손에게 미친다. 그래서 주(周)나라 때에는 농토를 하사받았고, 한나라 때에는 황하가 띠처럼 가늘어지고 태산이 작은 숫돌처럼 되도록 오래오래 상이 전해졌다.[40]

⑥ 『서경』에는 환히 잘 보고 들어 옷을 드리우고 두 손을 맞잡은 채로도 잘 다스렸다고 기록했고,[41] 『시경』에서는 선비들이 북적북적 많아 문왕(文王)은 그들 덕에 편안했다고 칭송했다.[42] 자신을 버리고 남의 말을 따랐기에 천하의 뜻을 알 수 있었고, 흠이 있어도 무시하고 등용했기에 천하의 인재를 모두 얻을 수 있었다.

---

38 태단(泰壇)은 하늘에 제사를 지내기 위해 쌓은 둥근 단으로, 원구단(圓丘壇) 또는 제천단(祭天壇)이라고도 한다.

39 청묘(淸廟)는 태묘(太廟), 즉 종묘(宗廟)이다. 조향(朝享)은 제사를 올리는 것으로 천자가 사시정제(四時正祭) 사이에 지내는 제사이다. 『주례정의(周禮正義)』에 "태묘에 합하여 제사 지내는 것이 마치 대대적으로 조회하는 것과 같기 때문에 조향이라 한다[合於大廟, 若大朝然, 故曰朝享]."라고 하였다.

40 한 고조(漢高祖) 유방(劉邦)이 개국 공신들을 책봉하면서 "황하가 띠처럼 되고, 태산이 숫돌처럼 될 때까지, 나라가 영원히 편안하여 후손들에게 전해지게 하겠다[使河如帶, 泰山若礪, 國家永寧, 爰及苗裔]."라고 하였다. 『사기(史記)·고조공신후자연표(高祖功臣侯者年表)』에 보인다.

41 『서경·순전(舜典)』의 "사방의 눈을 밝히고, 사방의 귀를 트이게 하였다[明四目, 達四耳]."라는 말과 「무성(武成)」의 "믿음을 돈독히 하고 의리를 밝히며, 덕 있는 이를 높이고 공 있는 이에게 보답을 하니, 옷을 드리우고 두 손을 맞잡고 있어도 천하가 다스려졌다[惇信明義, 崇德報功, 垂拱而天下治]."라는 말을 인용한 것이다.

42 『시경·대아(大雅)·문왕(文王)』에 보인다.

又冬至大禮大赦制[43]

① 小大之務, 曷嘗不勤? 芻蕘之言, 亦莫不敬. 慮每存於致理, 志常在於恤人. 中宵屢興, 終食累歎. 一事乖張, 惄焉疚懷; 一夫罹殃, 惻若傷體. 思與海內, 同臻大和.[44]

② 視聽有極, 思慮難周. 况乎長自深宮, 安於近習, 損益之理, 寧免過差; 幽遠之情, 固多未達. 由是兢兢砥礪, 悔往修來, 燭理所患於不明, 推心庶幾於無負.

③ 五稼屢豐, 四鄙不擾, 方鎭輯睦, 干戈底寧, 邊壘繕完, 殊方欵附. 協天地會昌之運, 實宗社無疆之休, 慶旣荷於玄功, 禮有昭於大報. 矧惟霜露之感, 永切孝思; 禋燎之儀, 每勤精意. 將申誠敬, 其在躬親. 是與公卿大夫, 虔奉犧牲, 圭璧, 陳其文物, 薦其馨香, 類秩於泰壇, 朝享于清廟. 率職來助, 萬邦攸同; 備物致嚴, 百禮具擧. 誠慕獲展, 神人允諧, 明發永懷, 慶感斯集.

④ 立人之道, 惟孝與忠. 孝莫大於榮親, 忠莫先於竭節.

⑤ 佐運之臣, 納忠之輔, 功旣存於社稷, 慶宜及於子孫. 故周錫田土, 漢傳帶礪.

⑥『書』敘明目達聰, 垂拱而理;『詩』稱濟濟多士, 文王以寧. 舍己從人, 故能通天下之志; 棄瑕錄用, 故能盡天下之才.

43 중화서국『육지집』에는 '貞元九年冬至大禮大赦制'로 되어 있다.

44 '大'는 중화서국『육지집』에는 '太'로 되어 있다.

6. 하중(河中)의 장수와 관리를 용서하고 회서(淮西) 지역을 타이르는 조서(詔書)[45]

① 예로부터 명철한 왕은 바른 도리로 아랫사람을 교화하였다. 재물을 다 차지해 제 욕심을 채우지 않으며 백성을 수고롭게 만들어 위세를 세우지 않았으므로 만백성의 마음은 부모처럼 모시고자 하였고, 무력을 쓰지 않아도 사방에서 찾아와 동화하였다.[46]

原宥河中將吏幷招諭淮西詔[47]

① 自昔哲王, 以道化下, 不竭物以充欲, 不勞人以樹威, 億兆之心, 如戴父母, 兵革不試, 四方來同.

---

45 정원(貞元) 원년(785) 8월, 반군 이회광(李懷光)의 부하 장수가 연이어 투항하고, 이회광도 삭방(朔方)의 대장군 우명준(牛名俊)에게 참수당하였으며, 마수(馬燧)가 하중(河中)을 수복하였다.

46 『예기·악기(樂記)』에 "무력을 쓰지 않고 다섯 가지 형벌을 쓰지 않는다[兵革不試, 五刑不用]."라고 하였다.

47 중화서국 『육지집』에는 '誅李懷光後原宥河中將吏幷招諭淮西詔'로 되어 있다.

7. 기현(畿縣)의 백성을 구휼하며 10개 현의 현령을 임명하는 조서

① 다스림을 이룩하는 근본은 반드시 백성을 친애함에 있고, 백성을 친애하는 임무는 어느 누구도 지방 장관보다 더 절실하지 않다. 군왕의 은택을 이끌어 아랫사람에게 베풀고 서민의 고통을 찾아 조정에 알리니, 이해득실에 깊이 관련된다.

② 임금은 반드시 사람을 가려서 관직을 주지만 신하는 관직을 가려서 맡지 않는다. 융통성을 발휘하는 길은 다스림에 달려 있지 시기에 달려 있지 않고, 승진과 좌천은 해당 인물에 달려 있지 그 자리에 달려 있지 않다. 짐은 바야흐로 부화함을 억눌러 교화를 다지고 언행을 살펴 인물을 등용하며 파격적인 은전으로 능력자를 대우하려 한다. 기필코 선한 이를 표창하고 악한 이를 물리칠 것이니 여러 군자는 각자 스스로 노력해야 할 것이다.

優恤畿內百姓幷除十縣令詔

① 致理之本, 必在於親人; 親人之任, 莫切於令長. 導王者之澤, 以被於下; 求庶人之瘼, 以聞于朝. 得失之間, 所係甚大.

② 爲君者必擇人而官, 爲臣者罔擇官而處. 弛張繫於理, 不繫於時; 升降在乎人, 不在乎位. 朕方抑浮華以敦教, 稽言行以進人, 非次之恩, 以待能者. 彰善黜惡, 期於必行, 凡百君子, 各宜自勉.

8. 흥원부(興元府) 및 양주(洋州)·봉주(鳳州) 백성의 조세를 면제하는 조서

① 장인들은 배를 연이어 강을 건너게 해주고[48] 백성은 도로를 보수하느라 어린이부터 노인들까지 아무도 편안히 지내지 못하였다. 또 양식을 짊어지고 숙소의 비용을 대면서 천 리 먼 곳까지 와서 짐의 군대를 배불리 먹였다.

優復興元府及洋鳳州百姓詔[49]

① 工徒造舟, 縣人葺路, 靡幼靡耋, 莫獲寧居. 而又齎負糗糧, 供備頓舍, 涉于千里, 飫我六師.

48 원문의 '조주(造舟)'는 배를 만들고, 그것을 순서대로 이어서 다리를 만드는 것이다. 문왕(文王)이 후비(后妃)가 될 태사(太姒)를 친영(親迎)할 때 위수(渭水)에서 배를 이어서 다리를 만든 이후 천자의 예법이 되었다. 제후의 경우에는 배를 동여매서 사용하고, 대부의 경우에는 두 척의 배를 나란히 하여 사용하고, 사(士)의 경우에는 배 한 척만 사용한다. 『시경·대아(大雅)·대명(大明)』과 관련 주석에 보인다.

49 중화서국 『육지집』에는 '重優復興元府及洋鳳州百姓等詔'로 되어 있다.

9. 소금값 인하를 논의하라는 조서

① 삼대(三代)의 법제는 산택(山澤)에서의 채취를 금하지 않았으니 천지의 이익을 백성과 공유한 것이다. 왕도(王道)가 쇠하고 앞을 다퉈 패도(霸道)를 좇자 이에 기망(祈望)의[50] 관직을 두고 전매법(專賣法)을 정하여, 그것으로 군비를 대어 영토를 확장하였다. 이렇게 공사(公私) 양편에서 두루 이득이 있어 역대로 이를 준용(遵用)하였기에 마침내 그것이 정해진 법이 되었다.

② 무기를 지니고 병역에 복무하는 자는 농사를 완전히 그만두고, 마을 주민들은 일이 없어 가난하다.[51] 전쟁이 한창이라 군량을 연달아 징수하니 백성이 대부분 이주하여 밭은 황폐해졌다.[52]

議減鹽價詔

① 三代立制, 山澤不禁, 天地材利, 與人共之. 王道寢微, 強霸爭騖, 於是設祈望之守, 興榷管之法, 以佐兵賦, 以寬地征, 公私之間, 猶謂兼澤, 歷代遵用, 遂爲典常.

② 服干櫓者, 農耕盡廢; 居里閭者, 杼軸其空. 革車方殷, 軍食屢調, 人多轉徙, 田畝汙萊.

---

50 기망(祈望)은 관직명으로 바다의 소금과 조개를 관할하였다. 각관(榷管)은 염철(鹽鐵) 등의 물건을 국가가 전매하여 이익을 독점하는 것으로, 각완(榷筦)이라고도 한다.

51 『시경·소아(小雅)·대동(大東)』에 "소동이나 대동이나 북과 바디가 텅 비었네[小東大東, 杼柚其空]."라고 하였다. 동방에 있는 크고 작은 나라들이 베를 짤 수도 없을 정도로 가난하다는 뜻으로, 극심한 가난을 비유하는 말로 쓰인다.

52 원문의 '오래(汙萊)'는 물이 고이고 잡초가 우거진 황폐한 땅을 뜻한다. 『시경·소아·대동』에 "내 담장과 집 무너뜨려 밭이 마침내 황폐해졌네[徹我牆屋, 田卒汙萊]."라고 하였다.

10. 백성에게 씨앗을 주고 가난한 자를 구제하는 조서

① 봄볕이 따뜻하게 비치고 만물이 무성해지니 실로 만백성이 즐겁게 생활할 때이며 농부가 힘을 쏟을 때이다.

賜百姓種子賑給貧人詔[53]

① 春陽布和, 萬物暢茂, 實兆庶樂生之日, 農夫致力之時.

53 중화서국 『육지집』에는 '賜京畿及同華等州百姓種子賑給貧人詔'로 되어 있다.

11. 장병에게 봉천정난공신(奉天定難功臣)의 이름을 내리는 조서[54]

① 높은 덕으로 널리 교화하니 그 은택이 백성에게 미쳐, 시절은 넉넉하고 화평하며 세간은 풍성하고 교화가 잘되었다. 홀아비와 과부와 고아와 홀로 사는 노인이 모두 다 제자리를 찾고, 날짐승과 들짐승과 물고기와 자라 역시 모두 평안하다. 지금 살아 있는 모든 이는 실로 그 양육에 의존한다.

賜將士名奉天定難功臣詔

① 崇德廣化, 澤浸生人, 時洽和平, 俗登富教. 鰥寡孤獨, 咸得其所; 鳥獸魚鼈, 亦罔不寧. 凡今有生, 實賴亭育.

---

54 덕종(德宗)이 봉천에서 자신의 파천을 수행한 장교들에게 '원종봉천정난공신(元從奉天定難功臣)'의 이름을 하사했다.

12. 양주(梁州)를 흥원부(興元府)로 바꾸고, 양주(洋州)를 망주(望州)로 승격시키는 조서[55]

① 고공단보(古公亶父)가[56] 적인(狄人)을 피하여 기산(岐山) 아래에서 영원한 제위(帝位)를 마련하였고, 고조(高祖)는 촉(蜀)지방으로 이주하여 한중(漢中)에서 큰 계획을 세웠다.[57] 왕의 자취가 시작된 곳이니 자손들이 받든다.

② 옛날 천자가 지방을 순시할 때면 그곳 노인을 방문하며 백성을 구제하고, 하사품을 나누어주며 공로를 포상하였다. 이로써 널리 은택을 펼치고 와서 소생시켜주기를 바라는 백성의 마음을 위로하였다.

改梁州爲興元府升洋州爲望州詔

① 古公避狄, 兆永祚於岐下; 高帝徙蜀, 建雄圖於漢中. 王蹟所興, 子孫是奉.

② 古者天子省方, 則問耆年, 卹百姓, 以頒慶賜, 以茂勳勞, 用弘布澤之恩, 式慰來蘇之望.

---

55 망주(望州)는 당나라 행정구역 등급의 하나이다. 수도나 최고 핵심지역의 부(府) 외에 보주(輔州), 웅주(雄州), 망주(望州), 긴주(緊州)로 등급을 나눠 구분하였다.

56 고공은 주(周)나라 태왕(太王)으로, 단보는 그의 이름이다.

57 기원전 206년, 항우(項羽)가 유방(劉邦)을 파촉(巴蜀)의 한중왕(漢中王)에 봉하자, 유방은 일단 한중으로 들어가 장량(張良)의 계책에 따라 잔도(棧道)를 불태워 항우를 안심시켰다. 이후 한신(韓信)의 계책에 따라 전쟁 준비를 철저하게 하고 천하의 인심을 얻는 데 노력하여 5년 만에 초(楚)를 멸하고 한(漢)을 건설하였다.

13. 제도(諸道)를 위로하는 조서

① 안정된 곳을 방문하여 그곳의 어려움을 살피며 답답한 사정을 반드시 알리고 억울한 사정도 반드시 아뢰도록 하라. 구석지고 멀어도 꺼리지 말고 베풀고, 사소한 일이라도 홀시하지 말고 구제하라. 호적에 오른 백성의 가가호호에 이르기까지 모두 마찬가지이다.

宣慰諸道詔[58]

① 訪其所安, 察其所弊, 淹滯必達, 寃濫必申. 無憚幽遠而不被, 無略細微而不恤. 洎乎編甿比屋咸若.[59]

58 중화서국 『육지집』에는 '奉天遣使宣慰諸道詔'로 되어 있다.

59 중화서국 『육지집』에는 '洎乎編甿比屋, 咸若朕之躬親'으로 되어 있다. 초록의 오류가 아닌지 의심된다.

14. 도읍을 수복하고 장병과 관리와 백성을 위로하는 조서

① 도성은 산업이 없어 가난하고, 궁성 경비군도 거의 다 변경으로 보냈다. 내부를 소홀히 하고 먼 곳에 힘쓰며 편안히 지내느라 위험을 잊었다.

② 역적의 독기를 일소하여 도성문을 열고, 고래처럼 탐욕스러운 자를 제거하여 교외를 청소하니, 전국이 평안하고[60] 집집마다 경하한다.

收復京師宣慰將吏百姓詔[61]

① 京輦之下, 杼軸亦空; 環列之中, 遣戍殆盡. 略內以勤遠, 居安而忘危.

② 埽氛沴而闢闔闠, 翦鯨鯢以清郊原, 函夏載寧, 室家相慶.

60 원문의 '함하(函夏)'는 중국 전 지역을 뜻하며 제하(諸夏), 해내(海內)와 같은 말이다. 『한서·양웅전(揚雄傳)』의 "함하의 대한으로[以函夏之大漢兮]"라는 말에서 유래하였다.

61 중화서국 『육지집』에는 '收復京師遣使宣慰將吏百姓詔'로 되어 있다.

15. 회서(淮西)를 평정한 후 제군(諸軍)의 장병을 포상하여 본고장으로 보내는 조서

① 예로부터 군대를 동원하면 후회하지 않은 적이 없다. 순임금 같은 성인도 유묘족(有苗族)에게 굴복했고,[62] 한 무제(武帝)의 강한 군대도 서쪽 융족(戎族)에게 패퇴하였다.[63]

平淮西後宴賞諸軍將士放歸本道詔

① 自昔勞師, 靡有不悔. 以虞舜之聖, 屈於苗人; 漢武之強, 弊於戎虜.

62 순임금은 유묘족(有苗族)이 복종하지 않자 우(禹)를 시켜 정벌을 단행하였다. 그러나 30일이 되도록 굴복시키지 못하다가 우와 함께 출정하였던 익(益)의 간언으로 군사를 거두고 돌아와 문덕(文德)을 펴자, 유묘족이 70일 만에 절로 귀순하였다. 『서경·대우모(大禹謨)』에 보인다.

63 이릉(李陵)이 이끄는 군대가 흉노에게 항복한 바 있다. 이 소식을 들은 한 무제(漢武帝)는 크게 노하여 이릉의 족속을 멸하였고, 또 이릉을 옹호한 사마천(司馬遷)을 궁형(宮刑)에 처하였다.

16. 왕무준(王武俊) 등에게 관직을 주며 주도(朱滔)를 타이르는 조서[64]

① 삼공(三公)의[65] 직무는 도리를 논하고 나라를 경영하며 오행(五行)의 조화를 바로잡고 모든 일의 관리를 맡는 것이다. 이 자리는 역대로 존승하였으며 항상 채워져 있지는 않았다. 하늘이 황실에 복을 내리시어 걸출한 인재들을 많이 내어 서로 본받으며 나란히 줄지어 동료가 되고 서로 협력하며 공경하게 해주셨다.[66] 덕은 태계(台階)[67] 자리의 명망에 걸맞고, 공훈은 봉토를 받기에 합당하다. 명령하면 목숨 바쳐 따라야 하며 의표는 모두가 우러러볼 만하다.

② 대의에 의지하여 만민을 합심하게 하고 지극히 공정하여 천 리를 하나로 만들었다. 순식간에 여러 군대를 연합하고 잠깐 사이에 전략을 결정하였다.

③ 선은 잘못을 고치는 것보다 대단한 것이 없고, 덕은 살려주기를 좋아하는 것보다 성대한 것이 없다.

---

64 왕무준(王武俊, 735~801)의 자는 원영(元英)으로 당 중기의 군벌이다. 반역자 이유악(李惟嶽)을 죽였으나 조정의 대우에 불만을 품고 유주절도사(幽州節度使) 주도(朱滔)와 연합하여 반란을 일으키고 조왕(趙王)을 자처했다. 주도와 사이가 틀어지자 조정에 투항하여 성덕군절도사(成德軍節度使) 겸 동중서문하평장사(同中書門下平章事)가 되었다. 이후 이포진(李抱眞)과 연합작전으로 주도를 격파하고 검교태위(檢校太尉) 겸 중서령(中書令)으로 승진했다. 주도(朱滔, 746~785)는 당 중기 군벌이다. 유주절도유후(幽州節度留後) 겸 어사대부(御史大夫)로서 반군을 평정하여 검교사도(檢校司徒)가 더해졌다. 후에 기왕(冀王)을 자처하며 왕무준 등 여러 군벌과 연합하여 반기를 들었다가 먼저 귀순한 왕무준의 공격을 받고 조정에 귀순하여 40세에 병사했다.

65 주(周)나라는 태사(太師), 태부(太傅), 태보(太保)의 삼공(三公)을 두었다. 동한 이후로는 이들을 상공(上公)이라 부르고, 그 아래 태위(太尉), 사도(司徒), 사공(司空)을 삼공이라 하였다. 당나라 때는 태사, 태부, 태보 각 1인을 두어 삼사(三師)라 하고, 태위, 사도, 사공 각 1인을 두어 삼공이라 하였다. 삼사와 삼공은 모두 정1품인데, 삼사는 천자의 스승격으로 맡은 직책은 없으며 적당한 인재가 없으면 자리를 비워두었다. 삼공은 천자를 보좌하며 모든 일을 총괄하였다.

66 원문의 '동인협공(同寅協恭)'은 『서경·고요모(皐陶謨)』에 나오는 말로, 원래는 고요가 순(舜)임금 앞에서 우(禹)에게 한 말이지만, 이후 동료 관원들이 서로 공경하고 화목하게 지내며 국정에 힘쓰는 것을 가리키게 되었다.

67 태계(台階)는 태계(泰階)라고도 하며 삼공(三公)이나 핵심 대신의 자리를 의미한다.

授王武俊等官封幷招諭朱滔詔[68]

① 三公之職, 論道經邦, 序五行之和, 任百事之理, 歷代崇重, 不常厥官. 天祚皇家, 茂生材傑, 比義齊列, 同寅協恭. 以德允台階之望, 以勳當井賦之賜, 聿應并命, 式副具瞻.

② 仗大義而萬衆叶心, 體至公而千里同契. 合軍於呼吸之際, 決策於指揮之間.

③ 善莫大於改過, 德莫盛於好生.

---

68 중화서국 『육지집』에는 '授王武俊李抱眞官封幷招諭朱滔詔'로 되어 있다.

17. 회서(淮西)의 장병과 관리를 타이르는 조서

① 이미 자신을 반성하여 잘못을 알았고, 또 백성이 선으로 가기를 바란다.

招諭淮西將吏詔

① 既省己以知非, 亦欲人之遷善.

18. 영무진(靈武鎭) 방위군을 모집하는 조서

① 사방 변방의 혼란을 걱정하고 한 사람이라도 제자리를 잃는 것을 두려워한다. 마음을 비워 서쪽 북쪽 오랑캐를 회유함으로써 정벌의 병역을 없애고자 하며, 깊이 생각하여 백성을 편안하게 함으로써 그들이 안주하기를 바란다.

募靈武鎭守人詔[69]

① 憂四鄙之不寧, 懼一物之失所. 降心以懷戎狄, 期息征徭; 極慮以綏烝黎, 冀遂安輯.

---

69 중화서국 『육지집』에는 '令諸道募靈武鎭守人詔'로 되어 있다.

19. 숙비(淑妃) 왕씨(王氏)를 황후(皇后)로 책봉하는 조서[70]

① 하늘과 땅이 덕을 합하니 성인이 이를 본받아 따른다. 황제는 하늘의 뜻을 받들고 황후는 황제의 짝이 되어 후손을 백대에 잇고 만방에 어머니로서 군림한다. 자리는 가운데에 정해지고 밖에서는 존엄이 더해지며, 자신의 덕을 닦으니 교화가 백성에게 미친다. 나라를 다스림이 이 자리에 달려 있다.[71]

② 안으로 미덕을 지니고[72] 밖으로 빼어남을 드러낸다. 뛰어난 기품에 따뜻하고 온화한 모습이며 행동은 규범에 맞고[73] 나아가고 물러남에 법도가 있다.[74] 어질고 자애로우며 공손하고 검소함은 타고난 것이고, 시(詩)·서(書)·예(禮)·악(樂)은 스승에게 익힌 것이다.

③ 과거 계원(桂苑)에 거처할 때 이미 현숙하다는 명성이 두드러졌고 황후가 되어서는 겸손하다는[75] 칭찬이 거리에 넘쳤다. 자기를 자랑하는 말이 없었으며 남의 흠을 감춰주려는 뜻이 있었다. 몸가짐이 온유하고 선량하며 좋고 싫음을 드러내지 않았다. 육궁(六宮)의[76] 후비들은 질서가 서고 모든 친족이 화목하였다.

---

70 왕씨는 덕종이 노왕(魯王) 신분이었을 때 빈(嬪)으로 들어와 순종(順宗)을 낳았으며 덕종이 즉위하자 숙비(淑妃)가 되었다. 정원(貞元) 3년(787) 덕종은 오래 앓던 그녀를 숙비에서 황후로 올려 책봉하였으니 바로 소덕황후(昭德皇后)이다. 귀비(貴妃), 숙비(淑妃), 덕비(德妃), 현비(賢妃)는 황제의 부인으로 모두 정1품이다.

71 『시경·대아(大雅)·사재(思齊)』에 "아내에게 모범이 되어 형제들에게 이르게 함으로써 나라를 다스렸다[刑于寡妻, 至于兄弟, 以御于邦家]."라고 하였다.

72 원문의 '함장(含章)'은 내면에 있는 아름다운 자질을 뜻한다. 『주역·곤괘(坤卦)·육삼(六三)』에 "아름다움을 속에 품고 곧은 덕을 지킬 수 있다. 혹 나라의 일에 종사하여 이루어지지 않더라도 끝내는 좋을 것이다[含章可貞, 或從王事, 無成有終]."라고 하였다.

73 『예기·왕조(玉藻)』에 "주선하면 그림쇠에 맞고, 절선하면 곱자에 맞다[周旋中規, 折旋中矩]."라고 하였다. 주희(朱熹)의 주에 따르면 주선은 둥글게 도는 것이고, 절선은 곧바로 가다가 다시 가로질러 가는 것이다.

74 『예기·곡례(曲禮)』에 "나아가고 물러남에는 법도가 있고 좌우에는 담당이 있다[進退有度, 左右有局]."라고 하였다.

75 원문의 '초도(椒塗)'는 벽에 산초 열매를 바른 것이다. 왕후의 궁전은 산초 열매를 섞어 바른 벽으로 둘러싸여 있는데, 산초는 열매가 많이 열리므로 자손의 번성을 축원하는 뜻으로 바른다.

76 육궁(六宮)은 당나라 때까지 후비(后妃)의 통칭으로 사용되었다. 흔히 황후의 거처 또는 황후를 가리킨다.

④ 두고두고 후비의 후덕함을 유념하고[77] 황후로 삼으려고 생각하여[78] 장추궁(長秋宮)[79] 주인으로 지위를 높이고 성대한 은전을 내렸다.

⑤ 풍(風)은 덕이 있는 후비의 교화를 찬미하였고, 아(雅)는 현명한 어머니의 덕을 노래하였다.[80]

冊淑妃王氏爲皇后文

① 乾坤合德, 聖人則之, 惟帝承天, 惟后配帝, 嗣續百代, 母臨萬邦. 位定于中, 而尊加于外; 德修諸己, 而化被於人. 御於家邦, 所繫斯在.

② 含章在中, 發秀于外. 卓爾風操, 穆然容輝, 周旋中規, 進退有度. 仁愛共儉,[81] 稟于生知; 詩書禮樂, 成自師氏.

③ 往居桂苑, 淑問已彰, 洎奉椒塗, 謙光載路. 言無伐善, 志在匿瑕. 柔嘉自持, 喜慍莫見. 六宮攸序, 九族以親.

④ 永念頃筐之志, 且懷求劍之情, 崇位長秋, 永懷盛典.

⑤ 風美關雎之化, 雅詠思齊之德.

---

77 원문의 '경광지지(頃筐之志)'는 『시경·주남(周南)·권이(卷耳)』에 나오는 말로 후비의 덕을 비유한 것이다. "권이를 뜯고 뜯어도 기운 광주리에도 차지 못하네. 아! 내 님을 그리워하여 저 큰길가에 버려두노라[采采卷耳, 不盈頃筐, 嗟我懷人, 寘彼周行]."라고 하였다.

78 원문의 '구검지정(求劍之情)'은 황후로 삼으려는 마음을 의미한다. 한 선제(漢宣帝)가 자신이 미천할 때의 칼을 찾음으로써 허첩여(許婕妤)를 황후로 삼겠다는 뜻을 표현한 고사에서 비롯된 표현이다.

79 장추(長秋)는 황후의 궁 이름으로 황후를 가리키기도 한다.

80 국풍(國風)에 속하는 「관저(關雎)」는 후비의 덕을 찬양한 시이며, 대아(大雅)에 속하는 「사제(思齊)」는 문왕의 어머니와 문왕을 찬미한 시이다.

81 '共'은 중화서국 『육지집』에는 '恭'으로 되어 있다. '恭'과 통한다.

20. 가성공주(嘉誠公主) 책봉문[82]

① 『춘추(春秋)』는 공주의 혼사를 위한 관사를 건축하는 의식을 기록하였고,[83] 『주역(周易)』의 상전(象傳)은 시집가는 여동생의 길조를 드러냈다.[84]

冊嘉誠公主文

① 『春秋』 書築館之儀, 『易』 象著歸妹之吉.

---

82 가성공주(嘉誠公主)는 덕종의 아버지 대종(代宗)의 열 번째 딸로 처음에는 무청공주(武淸公主)로 봉해졌다가 후에 가성공주가 되었다. 위박절도사(魏博節度使) 전서(田緖)와 혼인하고 원화 연간에 죽었다. 덕종에게는 여동생이 된다. 황제의 딸은 공주, 황제의 누이는 장공주(長公主), 황제의 고모는 대장공주(大長公主)라고 하였다.

83 주왕(周王)이 딸을 제(齊)나라로 출가시키려고 하면서, 노(魯)나라에게 혼사를 주관하게 하고 딸을 노나라로 보냈다. 그런데 노 장공(魯莊公)은 당시 상중이었기에 제후(齊侯)가 친영을 위해 노나라로 온다고 해도, 종묘에서 예를 갖추어 접견할 수 없었다. 그러나 감히 주왕의 명을 거역할 수가 없었으므로, "가을에 왕희(王姬)가 머무를 집을 성 밖에 지었다[秋築王姬之館于外]."라는 기록이 『춘추·장공(莊公) 원년』에 보인다. 이로 인해 '관사를 짓다[築館]'라는 말은 공주를 출가시킨다는 뜻으로 쓰였다.

84 원문의 '귀매괘(歸妹卦)'는 임금의 여동생을 시집보내는 괘이다.

21. 기왕비(杞王妃)[85] 책봉문

① 『예기(禮記)』에서는 천자가 혼인으로[86] 후사를 잇는 것을 중시하여 인륜의 근본 가르침으로 삼았으며, 『시경(詩經)』에서는 숙녀(淑女)가 군자(君子)의 배필이 되는 것을 교화의 요점이라고 하였다.[87]

② 순종하는 부덕(婦德)을[88] 드러내고 스승을 정성껏 받들었다. 훌륭한 아내로서의 법도가 충만하고[89] 많은 자손을 두는 미덕을 지녔다.[90]

冊杞王妃文

① 『禮』 以大婚崇繼嗣, 本人倫之敎; 『詩』 言淑女配君子, 繫王化之綱.

② 明章婦順, 虔奉姆儀. 克茂鵲巢之規, 叶宣麟趾之美.

---

85 기왕(杞王) 이수(李倕)는 덕종의 할아버지인 숙종의 아들이다. 대종의 동생이고 덕종의 삼촌이다.

86 원문의 '대혼(大昏)'은 천자와 제후의 혼례이다. 『예기·애공문(哀公問)』에 "대혼이 크며, 대혼이 지극하다[大昏爲大, 大昏至矣]."라는 공자의 말이 보인다.

87 「모시서(毛詩序)」에 "주남(周南)과 소남(召南)은 시작을 바르게 하는 도이며 왕의 교화의 기틀이다. 이 때문에 「관저(關雎)」에서는 정숙한 여인을 즐겁게 얻어 군자의 배필로 삼았다[周南召南, 正始之道, 王化之基. 是以關雎樂得淑女, 以配君子]."라고 하였다.

88 원문의 '부순(婦順)'은 시부모를 공경하고 순종하는 것을 말한다. 『예기·혼의(昏義)』에 "시부모가 방으로 들어가면 부인은 돼지 한 마리를 올리니, 부인의 순종을 밝게 드러내는 것이다[舅姑入室, 婦以特豚饋, 明婦順也]."라고 하였다.

89 원문의 '작소(鵲巢)'는 『시경·소남(召南)』의 편명으로, 제후(諸侯) 부인의 덕을 노래한 것이다.

90 원문의 '인지(麟趾)'는 『시경·주남(周南)』의 「인지지(麟之趾)」를 말한다. 자손의 번성을 칭송하는 시이다.

22. 우(禹)임금 사당의 제문

① 덕은 천지(天地)와 짝이 되고 지혜는 조물주와 대등하여 만물을 곤경에서 구원하고 아홉 주(州)로 나누어 홍수를[91] 극복하였으니, 그 개척의 공로에 지금까지 의지한다.

祭大禹廟文

① 德配乾坤, 智侔造化, 拯萬類於昏墊, 分九州於洪波, 經啓之功, 于今是賴.

91 원문의 '혼점(昏墊)'은 본래 홍수로 인해 곤란을 겪는 것을 말한다. 『서경·익직(益稷)』에 "홍수가 하늘에 닿아 넘실넘실 산을 감싸고 언덕까지 올라가 백성이 혼란에 빠졌다[洪水滔天, 浩浩懷山襄陵, 下民昏墊]."라고 하였다.

23. 현량방정직언극간과(賢良方正直言極諫科)의[92] 책문(策問)

① 우임금을 스승 삼아 검소함을 숭상하고[93] 고종(高宗)을 본받아 현인을 구하며,[94] 하(夏)나라의 계(啓)가 복속시킨 것처럼 정벌하며[95] 주(周)나라 문왕처럼 정벌한다.[96] 효성스럽고 우애로운 이를 표창하고 직언하는 이를 등용하며 노인을 봉양하고 본업을 장려한다. 부역과 조세를 공평하게 하고 능력에 맞춰 승진과 좌천을 시행한다.[97] 정신을 집중하여 부지런히 일하니 지극히 근면하다.

② 사치가 사라지지 않고 교화가 시행되지 않으며 사나움과 어지러움이 응징되지 않고 간사함과 불복종이 사라지지 않는다. 오륜(五倫)이[98] 막히고 각급 간관(諫官)들은 나서지 않는다.[99] 고을에서는 노인을 존경하는 예절이 사라지고 백성은 안주하려는 생각이 없다. 세입은 날로 줄어드는데 개인은 점점 가난해지며 감찰하는 사신은 날로 늘어나는데 관리는 갈수록 제멋대로 군다.

---

92 현량방정직언극간과(賢良方正直言極諫科)는 현명하고 지혜로우며 태도가 바르고 직언을 하며 끝까지 간언할 수 있는 인재를 등용하고자 특별히 설행한 과거이다.

93 『논어·태백(泰伯)』에 "우임금은 내가 흠잡을 수 없다. 음식은 박하게 먹으면서 귀신에게는 효성을 다하고, 의복은 검소하게 입으면서 제사에 착용하는 의복과 면류관은 아름다움을 극진히 하며, 궁실은 낮게 지으면서 치수에는 힘을 다하였다. 그러니 우임금은 내가 흠잡을 수 없다[禹吾無間然矣, 菲飮食而致孝乎鬼神, 惡衣服而致美乎黻冕, 卑宮室而盡力乎溝洫, 禹吾無間然矣]."라는 공자의 말이 보인다.

94 고종(高宗)은 상(商)나라 무정(武丁)을 말한다. 장인(匠人) 출신인 부열(傅說)을 재상에 임명하여 중흥을 이루었다.

95 제후인 유호씨(有扈氏)가 쳐들어왔을 때, 우임금의 아들 백계(伯啓)가 군대를 이끌고 가서 싸웠으나 참패하였다. 그러나 백계는 패배의 요인을 자신에게서 찾고서 더 이상 싸우지 않았다. 이후 더욱 분발하여 날마다 일찍 일어나 일하고 검소하게 생활하며 백성을 아끼고 덕 있는 사람을 존중하였다. 1년 뒤 유호씨도 결국 백계에게 감복하여 귀순하였다.

96 주 문왕은 천하의 3분의 2를 차지하고도 은(殷)나라에 복종하며 섬겼다. 『논어·태백(泰伯)』에 보인다.

97 『서경·순전(舜典)』의 "능력 없는 자를 좌천시키고 현명한 자를 승진시키니, 여러 일이 모두 제대로 되었다[黜陟幽明, 庶績咸熙]."라는 말을 인용한 것이다.

98 오륜(五倫)은 오교(五敎)라고도 하며, 부자유친(父子有親), 군신유의(君臣有義), 부부유별(夫婦有別), 장유유서(長幼有序), 붕우유신(朋友有信)의 도리를 말한다.

99 『효경(孝經)·간쟁(諫諍)』에 "옛날에 천자에게는 간쟁하는 신하 일곱 명이 있었으니, 비록 도가 없더라도 천하를 잃지 않았다[昔者天子有爭臣七人, 雖無道不失其天下]."라고 하였다. 정현(鄭玄)의 주에 따르면 일곱 명은 삼공(三公), 좌보(左輔), 우필(右弼), 전의(前疑), 후승(後丞)이다. 칠신은 흔히 간신(諫臣)의 의미로 사용된다.

③ 이전의 병폐를 개혁하여 새로운 규범을 세우며, 현실에 적용하여 시행하기 쉽고 문헌에 견주어보아 근거가 있기를 바란다.

④ 강을 따라 운반하는 양식을 기다리자니 길이 멀어서 제때에 대지 못하고, 관중(關中)에서 곡식을 거두자니 소란만 피우고 얻는 것이 없다. 군량을 절감하면 공신들이 원망하고, 관리를 줄이면 많은 선비가 귀의하지 않는다. 마음이 아득하여 어찌해야 할지 모르겠다.

策問賢良方正直言極諫科[100]

① 師大禹以崇儉, 法高宗以求賢, 興夏啓之征, 作周文之罰. 旌孝悌, 擧直言, 養高年, 敦本業, 平均徭稅, 黜陟幽明. 勵精孜孜, 勤亦至矣.

② 浮靡不革, 理化不行; 暴亂不懲, 奸犯不息. 五教猶鬱, 七臣未臻. 鄕黨廢尙齒之儀, 烝黎無安居之志. 賦入日減而私室愈貧, 廉察日增而吏道愈濫.

③ 思欲剗革前弊, 創立新規, 施之於事而易從, 考之於文而有據.

④ 俟轉糧於江徼則遠不及期, 將搜粟於關中則撓而無獲. 節軍食則功臣懷怨, 省吏員則多士靡歸. 中心浩然, 罔知攸濟.

100 중화서국 『육지집』에는 '策問賢良方能正直言極諫科'로 되어 있다.

24. 박통분전달어교화과(博通墳典達於敎化科)의[101] 책문

① 현명한 대부들과 함께 다스리는 방법을 강구하고자 허심탄회하게 기다리고 안절부절못하며 인재를 찾는다.[102] 그런데 의론이 분분하고 견해가 달라, 혹자는 옛날의 의리에 얽매여 변통하지 않고 혹자는 시류를 좇아 바른 길을 가지 않는다.

② 지금 시행한다면 무엇을 먼저하고 무엇을 뒤에 해야겠는가? 도리에 비춰본다면 어느 것이 심오하고 어느 것이 천박한가?

③ 제사를 담당하는 관원은[103] 의례용 도구와 악기를 늘어놓지만 그 의미를 모르며, 학생은 의례와 음악의 구절을 외우지만 실제에 적용하지 못한다. 그러니 의혹이 없기를 바란들 그것이 어찌 가능하겠는가!

④ 윗사람이 아랫사람을 교화하면 행여 따르지 않는 이가 없는 법이다. 그런데도 세 인자(仁者)와 네 악인이[104] 뚜렷이 구분되니, 가르치면 차이가 없어진다는 말이[105] 어찌 빈말이겠는가!

⑤ 왕숙(王肅)과 정현(鄭玄)이[106] 이해한 이치의 차이와 『공양전(公羊傳』과 『곡량전(穀

---

101 박통분전달어교화과(博通墳典達於敎化科)는 전적에 해박하고 교화에 통달한 인재를 뽑는 시험으로, 정원(貞元) 원년(785) 처음 시행하였다.

102 원문의 '측석(側席)'은 임금이 현자(賢者)를 기다리는 마음이 초조하여 똑바로 앉아 있지 못한다는 말로, 좌불안석(坐不安席)의 뜻이다.

103 원문의 '공축(工祝)'은 축관(祝官)으로, 제사를 담당한 여러 관리 중의 하나이다.

104 세 인자는 은나라의 비간(比干)·기자(箕子)·미자(微子)를 말하며, 네 악인은 『상서·순전(舜典)』에 보이는 공공(共工)·환두(歡兜)·곤(鯀)·삼묘(三苗)를 말한다.

105 『논어·위령공(衛靈公)』에 "가르치면 부류가 없어진다[有敎無類]."라고 하였는데, 사람에게 선한 부류와 악한 부류의 차이가 있는 것은 습관에 물들었기 때문이므로 가르치면 사람들이 모두 선해진다는 뜻이다.

106 정현은 후한(後漢) 때의 경학자이고, 왕숙은 삼국(三國) 시대 위(魏)나라의 경학자로 모두 오경(五經)의 주해(註解)를 저술하였다. 왕숙은 가규(賈逵)와 마융(馬融)의 학문을 좋아하고 정현의 학문을 좋아하지 않았는데, 특히 예제(禮制)에 대한 정현의 주해에 많은 논박을 하였다.

梁傳)』의[107] 우열을 반드시 정밀히 탐구하여 공허한 마음을 기름지게 한다.

策問博通墳典達於敎化科

① 思與賢士大夫共康理道, 虛襟以佇, 側席以求. 而群議紛然, 所見異指, 或牽古義而不變, 或趨時會而不經.

② 施之於時, 孰爲先後; 考之於道, 何者淺深?

③ 工祝陳禮, 樂之器而不知其情; 生徒誦禮, 樂之文而不試以事. 欲人無惑, 其可得耶!

④ 上之化下, 罔或不從, 而三仁, 四凶, 較然自異, 有敎無類, 豈虛言哉!

⑤ 王, 鄭識理之異同, 公, 穀傳經之優劣, 必精必究, 用沃虛懷.

107 『공양전』은 제(齊)나라에서 나온 까닭에 비교적 자유분방하여, 한(漢)나라의 건국을 패도(覇道)를 통한 왕도(王道)의 실현이라고 긍정하였다. 반면, 『곡량전』은 공자의 고향인 노(魯)나라에서 나온 까닭에 명분을 내세워 왕도와 패도의 차이를 극명하게 드러내었다. 호안국(胡安國)은 『춘추호씨전(春秋胡氏傳)』에서 "사실(事實)은 『춘추좌씨전(春秋左氏傳)』보다 더 갖춰진 것이 없고, 서례(書例)는 『공양전』보다 더 명백한 것이 없으며, 의리(義理)는 『곡량전』보다 더 정밀한 것이 없다."라고 하였다.

25. 식통도략감임장수과(識洞韜略堪任將帥科)의 책문

① 평상시에는 식량이 풍족하고 군대를 발동할 때는 병력이 충분하다. 병력이 충분하면 위엄이 서고 식량이 풍족하면 사회가 안정된다. 위엄이 서면 폭도의 난리가 사라지고 사회가 안정되면 교화가 이루어진다.

② 선비 선발에서 궁술과 승마술을 없앴고 백성의 교육에는 수렵의 예절이 없다. 군인은 농사일을 모르고 농사꾼은 무술을 거의 익히지 않는다.

③ 문인과 무인을 나누고 농사와 전투를 구분하니 방어할 때는 식량이 부족하고 정벌할 때는 병력이 부족하다. 이렇게 천 년이 지나자 끝내 되돌릴 수 없었다. 이해하는 사람이 드무니 장차 시행하려 해도 어렵지 않겠는가!

④ 군인이 기쁜 마음으로 농부로 돌아오고 선비가 『육도(六韜)』와 『옥검편(玉鈐篇)』의 전략도 함께 통달하여[108] 전답이 모두 경작되고 공격하면 반드시 승리하게 만들고자 한다. 백성이 그러하도록 쉽게 이끌 방법은 무엇인가?[109]

왕의 군대는 덕을 갖추는 것이 근본이며, 병가의 병법은 기발함이 요점이다. 덕은 신뢰에 의해 갖춰지고 기발함은 속임수가 뛰어나야 한다. 이렇게 이치가 상반되는데 장차 어느 쪽을 따를 것인가?

策問識洞韜略堪任將帥科

① 居則足食, 動則足兵. 兵足則威, 食足則固, 威則暴亂息, 固則教化行.

---

108 『육도』와 『옥검편』은 태공망(太公望)이 지었다고 전해지는 병법서이다.

109 『시경·판(板)』에 "백성을 깨우치기가 몹시 쉽다[牖民孔易]."라고 하였다.

② 選士廢射御之儀, 教人無蒐狩之禮. 卽戎者不知其稼穡, 力本者罕習于干戈.

③ 異文武之人, 分農戰之道, 守則乏食, 征則鮮兵. 歷玆千年, 竟莫能復. 抑知者蓋寡, 將行之惟艱歟?

④ 欲使軍人悅歸於耜耒, 儒者兼達於韜鈐, 田萊盡耕, 攻取必勝, 誘人孔易, 其術安施? 王者之師, 本於立德; 兵家之法, 方務出奇. 德以信成, 奇以詐勝, 理有違反, 將何適從?

26. 이성(李晟)을[110] 사도(司徒) 겸 중서령(中書令)에 임명하는 제서[111]

① 험난한 상황이 겹쳐 천하가[112] 어려웠다. 산악에 신이 강림하지 않으면 훌륭한 신하가 나타나지 않고, 좌우의 측근이 화합하지 않으면 큰 공을 이루지 못한다. 그래서 고종(高宗)은 부열(傅說)을 얻고서야 은나라를 중흥하였으며, 선왕(宣王)은 길보(吉甫)에게 중임을 맡겨 주나라의 도를 다시 빛냈다.[113]

② 많은 공적을 진흥하여[114] 구가(九歌)의[115] 충정을 선양하고, 만백성을 순종시켜 다섯 가르침을[116] 바르게 펼쳤다. 토지에 세금을 부과하는 법도는 자손에게 이어지게 한다.[117]

李晟司徒兼中書令制

① 雲雷構屯, 寓縣興難. 非山岳降神, 不生良弼; 非股肱叶契, 不集大勲. 故高宗得傳說, 中興殷邦; 宣王任吉甫, 重光周道.

② 熙庶績而翼宣九歌, 擾兆人而敬敷五教. 用疇井賦, 貽厥子孫.

---

110 이성(李晟, 727~793)의 자는 양기(良器)이다. 조주[洮州 임담(臨潭), 지금의 간쑤(甘肅)] 지역 사람으로 당나라의 명장이며 재상이다. 흥원(興元) 원년(784)에 이성은 장안(長安)을 수복하고 주차(朱泚)의 난을 평정한 공로로 삼진절도사(三鎭節度使)가 되었고 서평군왕(西平郡王)에 봉해졌다. 『구당서(舊唐書)·이성전(李晟傳)』에 전한다.

111 『당서(唐書)·재상표(宰相表)』에 "흥원(興元) 원년(784) 6월 기유일에 경기(京畿), 위북(渭北), 상화(商華) 병마부원수(兵馬副元帥) 이성(李晟)이 사도(司徒) 겸 중서령(中書令)이 되었다."라고 하였다.

112 원문의 '우현(寓縣)'은 천하를 뜻한다.

113 주 선왕(周宣王)의 현신 길보(吉甫)는 북벌에 성공하여 큰 공을 세웠다. 길보는 윤길보(尹吉甫)라고도 하는데, 윤(尹)은 관직명이다.

114 『서경·요전(堯典)』에 "진실로 백관의 일이 다스려지고, 모든 공적이 진흥되었다[允釐百工, 庶績咸熙]."라고 하였다.

115 구가(九歌)는 당나라 때 만든 구공무(九功舞)의 악곡 가사이며 공덕을 찬양하며 후인이 본보기로 삼을 내용을 담은 노래이다.

116 오교(五教)는 오상(五常)의 교화, 즉 아버지의 의리[父義], 어머니의 자애[母慈], 형의 우애[兄友], 동생의 공경[弟恭], 자녀의 효도[子孝] 등 다섯 가지 윤리 도덕의 교육을 말한다.

117 『서경·오자지가(五子之歌)』에 "밝고 밝으신 우리 선조는 만방의 임금이시니, 전장과 법도를 마련하시어 자손들에게 주셨다[明明我祖, 萬邦之君, 有典有則, 貽厥子孫]."라고 하였다.

27. 소복(蕭復)[118] 등을 평장사(平章事)에 임명하는 제서[119]

① 음양을 조화하여 한 해의 수확을 거두고 교화를 도와 제왕의 업적을 이루게 하라. 마치 쇠를 숫돌에 갈듯 내 잘못을 바로잡아 보필하고, 가뭄에 내리는 큰 비처럼 백성의 바람에 부응하라.

蕭復等平章事制[120]

① 調陰陽以成歲功, 贊化育而熙帝載. 若金用礪, 其弼予違, 如旱爲霖, 允從人望.

---

118 소복(蕭復, 732~788)의 자는 이초(履初)이고 당 현종(唐玄宗)의 외손자이다. 태자태사(太子太師) 소숭(蕭嵩)의 손자이며, 부친은 부마 소형(蕭衡), 모친은 신창공주(新昌公主)이다. 문음(門蔭)으로 황문랑(黃門郞)의 벼슬을 받아 점차 진급하여 건중(建中) 4년(783) 재상에 임명되었다. 청렴결백하고 부지런히 정무를 돌보아 많은 치적을 남겼다. 『구당서·소복전(蕭復傳)』에 보인다.

119 『당서·재상표(宰相表)』에 "건중(建中) 4년(783) 10월 정사일에 호부상서 소복(蕭復)은 이부상서로, 이부낭중 유종일(劉從一)은 형부시랑으로, 경조부(京兆府) 호조참군 겸 한림학사 강공보(姜公輔)는 간의대부로 임명되고 또 함께 중서문하평장사(中書門下平章事)에 제수되었다."라고 하였다.

120 중화서국 『육지집』에는 '蕭復劉從一姜公輔平章事制'로 되어 있다.

28. 장연상(張延賞)을[121] 중서시랑(中書侍郎) 평장사(平章事)에 임명하는 제서[122]

① 양한(兩漢) 시대가 태평했던 것은 관원을 신중히 임명했기 때문이니, 대부분 주현(州縣)의 수령 중에 업적이 뛰어난 이를 재상의 자리에 불러들였다. 황패(黃霸)는 영천(潁川) 태수에서 차근차근 승상으로 승진했고,[123] 탁무(卓茂)는 밀현(密縣) 현령에서 삼공(三公)으로 발탁되었다.[124] 나라를 다스림은 백성을 친애하는 것이 근본이며 현인의 등용은 직책에 맞게 하는 것이 우선이다. 유능한 이를 표창하고 선행을 권장하는 것은 교화의 요점이다.

② 간소함과 청렴함으로 부하 관리를 바로잡고 자애와 은혜로 백성을 사랑하였다. 총명함으로 간사함을 구분했고 화합으로 대중을 안정시켰다. 떠날 때도 처음 왔을 때와 같았기에 오래도록 그리워하였다.

③ 그대의 바르고 공평한 교화로 나를 도와 백성을 안정시키고, 그대의 경륜하는 재주로 나를 도와 많은 업적을 쌓도록 하라. 그리고 위엄을 바탕으로 번진(藩鎭)을 통솔하라. 「감당(甘棠)」처럼 재상을 사모하는 백성의 마음을 위로하고,[125] 또한 「치의(緇衣)」

---

121 장연상(張延賞, 726~787)의 원래 이름은 보부(寶符)이며, 포주(蒲州) 의씨[猗氏, 지금의 산서(山西) 임의(臨猗)] 사람으로 중서령(中書令) 장가정(張嘉貞)의 아들이다. 장연상은 779년 검남서천절도관찰사(劍南西川節度觀察使)로 서촉 지방을 다스렸는데, 783년 경원병변(涇原兵變)으로 덕종이 양주(梁州)로 파천하자 물자를 실어 보내 덕종을 도왔으므로 조정에 입조하여 재상이 되었다. 『구당서·장연상전(張延賞傳)』에 보인다.

122 『당서·재상표(宰相表)』에 "정원(貞元) 원년(785) 10월 신묘일에 서천절도사(西川節度使) 겸 동평장사(同平章事) 장연상은 중서시랑(中書侍郎) 겸 동중서문하평장사(同中書門下平章事)가 되었다."라고 하였다.

123 황패가 한 선제(漢宣帝) 때 영천 태수(潁川太守)로 선정을 펼치자 조정에서 불러들여 승상으로 삼았다. 『한서·황패전(黃霸傳)』에 보인다.

124 탁무는 한 원제(漢元帝) 때 밀현령(密縣令)이 되어 선정을 베풀었다. 왕망(王莽)이 집권할 때 벼슬을 내렸으나 병을 핑계대고 사직하였다. 광무제(光武帝)가 즉위하자마자 탁무를 찾아 들여서 태부(太傅)로 삼고 포덕후(褒德侯)에 봉하였다. 『후한서(後漢書)·탁무열전(卓茂列傳)』에 보인다.

125 「감당(甘棠)」은 『시경』의 편명으로 훌륭한 재상을 찬미한 시이다.

처럼 사도(司徒)를 지낸 부자(父子)의 미덕을 계승하라.[126]

張延賞中書侍郎平章事制

① 兩漢致理, 由乎審官, 多以牧宰高第, 入居台輔. 黃霸自潁川而次遷丞相, 卓茂由密令而超拜三公. 蓋以爲國本於親人, 擧賢先於稱職, 旌能勸善, 風化大端.

② 簡廉以肅吏, 慈惠以愛人. 明以照姦, 和以定衆. 去若始至, 久而見思.

③ 以爾循良之化, 佐予綏兆人; 以爾經綸之才, 佐予熙庶績. 仍資威重, 兼領藩維.[127] 式慰甘棠之思, 且繼緇衣之美.

---

126 「치의(緇衣)」는 『시경』의 편명으로 사도(司徒)를 지낸 정무공(鄭武公) 부자를 찬양한 시이다. 이 글로 명을 받는 장연상(張延賞)의 아버지 장가정(張嘉貞)도 재상이었다.

127 '藩'은 중화서국 『육지집』에는 '蕃'으로 되어 있다.

29. 유자(劉滋)[128] 등을 평장사(平章事)에 임명하는 제서[129]

① 살피더라도 미치지 못하는 점이 있고 생각하더라도 면밀하지 못한 점이 있기에 나는 몹시 막막하여 깊은 강을 건너는 듯하였다. 그리하여 다스림을 바로잡고 관리 임용을 도울 방법과 은택을 베풀어 사방을 편안하게 하며 요점을 잡아 백관을 제자리에 임용할 방책을 생각하였다. 이 대임을 맡을 자는 오로지 재상뿐이기에 꿈에서도 마음을 써서 널리 어진 준걸을 구하였다. 말과 행동을 살피고 사적에 근거하여 능력을 따져 조정에 늘어선 신하 중에서 훌륭한 보필을 찾았다.

② 자신을 수양하여 온전히 서고 자신을 환히 알아 참된 모습을 지키라. 현인의 발전적인 사업의 규범을 실천하고,[130] 군자의 때에 맞는 중용의 도리를 행하라.

劉滋等平章事制[131]

① 鑒有所不至, 慮有所不周, 予深浩然, 若涉深水. 思所以匡我致理, 助我官人, 宣其澤而四方以寧, 執其要而百工式敍. 允是大任, 其惟輔臣, 夢想勞懷, 敷求俊乂. 察言而觀行, 因事以考能, 周行之中, 乃得良弼.

② 修己以立, 自明而誠. 體賢人可大之規, 用君子時中之道.

---

128 유자(劉滋)의 자는 공무(公茂)이고 좌산기상시 유자현(劉子玄)의 손자이며 유축(劉貺)의 아들이다. 유축은 개원(開元) 초기에 좌습유(左拾遺)로 임명되었으므로 부자가 모두 대를 이어 사관(史官)이 되었다. 『구당서·유자전(劉滋傳)』에 보인다.

129 『당서·재상표(宰相表)』에 "정원(貞元) 2년(786) 정월 임인일에 이부시랑 유자(劉滋)는 좌산기상시(左散騎常侍)가, 급사중 최조(崔造)와 중서사인 제영(齊映)은 함께 중서문하평장사(中書門下平章事)가 되었다."라고 하였다.

130 『주역·계사전 상(繫辭傳上)』에 "오래갈 수 있는 것은 현인의 덕이요, 광대해질 수 있는 것은 현인의 업이다[可久則賢人之德, 可大則賢人之業]."라고 하였다.

131 중화서국 『육지집』에는 '劉滋崔造齊映平章事制'로 되어 있다.

30. 이납(李納)을[132] 검교우복야(檢校右僕射) 평장사(平章事)에 임명하는 제서[133]

① 충성은 정성을 다하는 것을 귀하게 여기며, 선행은 잘못을 고치는 것보다 큰 것이 없다.

② 곤사(袞司)의[134] 직위에 발탁되어 문무 신하들을 총괄한다. 위현성(韋玄成)은[135] 승상의 자리를 물려받았고, 아부(亞夫)는[136] 제후가 되어 사직을 지킨 공훈을 계승하였다.

李納檢校右僕射平章事制

① 忠所貴乎竭誠, 善莫大於改過.

② 擢升袞司, 載董戎翰. 元成嗣台輔之業,[137] 亞夫繼社稷之勲.

---

132 이납(李納, ?~792)은 이정기(李正己)의 아들이다. 건중(建中) 2년(781) 치청절도사(淄青節度使) 이정기가 병사하자 이납은 상례를 치르면서 덕종에게 절도사직의 세습을 청하였으나 덕종이 거절하였다. 이납은 이후 소식을 끊고 몰래 군권을 계승하였다. 흥원(興元) 원년(784) 4월 이납은 덕종에게 항복한 뒤 평로군절도치청주관찰사(平盧軍節度淄青州觀察使)에 임명되었다. 『구당서·이납전(李納傳)』에 보인다.

133 『구당서·이납전』에 "흥원 원년(784)에 항복하면서 자신의 죄를 청하는 조서를 올렸으나, 이납이 잘못을 뉘우치고 복종하였으므로 검교우복야(檢校右僕射)와 동중서문하평장사(同中書門下平章事)에 제수되었다." 라고 하였다.

134 곤사(袞司)는 삼공(三公)의 직위를 가리킨다.

135 한나라 승상 위현(韋賢)의 아들 위현성(韋玄成)이 부친 사후 명경과를 통해 승상의 자리에 올랐다.

136 한 문제(漢文帝) 때 주아부(周亞夫)는 조후(條侯)가 되어 강후(絳侯)에 봉해진 아버지 주발(周勃)의 뒤를 이었다.

137 '元成'은 중화서국 『육지집』에는 '玄成'으로 되어 있다.

31. 한황(韓滉)을[138] 검교좌복야(檢校左僕射) 평장사(平章事)에 임명하는 제서

① 백성의 실정을 파악하여 천자를 보좌하고, 나라의 상(賞)을 가지고 제후를 대한다.

② 학문과 덕행과 충성과 신의로[139] 수신의 도리를 갖추고, 근면과 검소와 바름과 굳셈으로 임무를 완수할 수 있는 재능을 소유했다. 여러 차례 바뀐 직위는 대부분 복잡하고 중요하였으며 한마음으로 봉직하며 시종일관 변치 않았다. 안에서는 정책을 고하여 당시의 교화를 바로잡고, 밖에서는 법을 지켜 민심을 통일하였다.

韓滉檢校左僕射平章事制

① 通兆庶之情, 以佐天子; 秉家邦之慶, 以臨諸侯.

② 文行忠信, 備修身之道; 勤儉貞固, 有成務之才. 累更委遇, 多處繁重, 一心奉職, 終始不渝. 內告謀猷, 以匡時化; 外持憲法, 以一人心.

---

138 한황(韓滉, 723~787)의 자는 태충(太仲)이며 장안(長安) 사람이다. 경원병변(涇原兵變)이 일어났을 때 한황은 절강동서관찰사(浙江東西觀察使)로서 군사들을 훈련시키고 동남(東南) 지방을 지켰으며 강남의 곡식과 포목을 조정으로 운송하여 신임을 받았다. 고결하고 강직한 관리로서 정원(貞元) 원년(785) 재상이 되었다. 『구당서·한황전(韓滉傳)』에 보인다.

139 『논어·술이(述而)』에 "공자께서는 네 가지로 가르치셨으니, 학문과 덕행과 충성과 신의였다[子以四教, 文行忠信]."라고 하였다.

32. 이면(李勉)을[140] 태자태사(太子太師)에[141] 임명하는 제서

① 나라를 세우는 근본은 태자에게[142] 달렸고, 교화를 펼치는 방안은 반드시 바른 선비에게서 나온다.

李勉太子太師制

① 立國之本, 所繫於元良; 弘敎之方, 必由於端士.

140 이면(李勉, 717~788)의 자는 현경(玄卿)이고 정왕(鄭王) 이원의(李元懿)의 증손이며 당 고조(唐高祖) 이연(李淵)의 현손으로 종실 출신의 재상이다. 이면은 정무 능력을 인정받아 개봉현위(開封縣尉)에서 승진을 거듭하여 대력(大曆) 10년(775) 공부상서(工部尙書)에 제수되고 견국공(汧國公)에 봉해졌다. 또 얼마 후 영평군절도사(永平軍節度使) 겸 변송절도사(汴宋節度使)가 되었으며 동평장사(同平章事) 겸 검교좌복야(檢校左仆射)에 가수되었다. 그러나 건중(建中) 4년(783) 이면은 이희열(李希烈)의 공격을 받고 패하여 변주(汴州)를 잃었으므로 다시 조정으로 돌아와 태자태사를 제수받고 재상직에서 해임되었다.

141 당나라는 태자태사(太子太師), 태자태부(太子太傅), 태자태보(太子太保)를 두었는데 이를 동궁삼사(東宮三師)라고 불렀다. 다만 직함뿐인 경우가 대부분이었다.

142 원문의 '원량(元良)'은 매우 현량(賢良)하여 다음 임금이 될 만한 사람, 즉 태자를 가리킨다. 『예기·문왕세자(文王世子)』에 "한 사람의 원량이 있으면 국가가 바르게 된다[一有元良, 萬國以貞]."라고 하였다.

33. 강공보(姜公輔)를[143] 좌서자(左庶子)에[144] 임명하는 제서

① 군주는 신하를 임명할 때 현인을 우대하고 때에 맞게 휴가를 내리며,[145] 신하가 주군을 섬길 때는 제 능력을 헤아리며 그만둘 때를 안다. 그래서 예법에 맞게 나아가고 물러날 수 있으며 시종일관 훌륭할 수 있다.

姜公輔左庶子制

① 君之任臣, 有優賢賜告之義; 臣之事君, 有量力知止之道. 故能進退以禮, 終始可勝.

---

143 강공보(姜公輔, 778~805)의 자는 덕문(德文)으로 애주(愛州) 사람이다. 건중(建中) 4년 10월에 주차(朱泚)가 봉천을 공격하였을 때, 황제를 호위하였고 책략을 내어 공을 세웠으므로 간의대부(諫議大夫), 동중서문하평장사(同中書門下平章事)로 승진하였다.

144 서자(庶子)는 춘방(春坊), 즉 태자궁의 사무를 통괄하는 관직이다.

145 원문의 '사고(賜告)'는 임금이 휴가를 내린다는 뜻이다.

34. 가탐(賈耽)을[146] 동도유수(東都留守)에 임명하는 제서[147]

① 전국 구주(九州)의 산천 요지를 훤히 알고, 온 나라의 풍속에 적합한 바를 강구한다.

② 이광(李廣)의[148] 기풍을 좋아하기에 백성이 모두 편안해하고, 양호(羊祜)의[149] 덕을 지녔기에 적군이 감히 침범하지 못한다.

賈耽東都留守制

① 明九域山川之要, 究五方風俗之宜.

② 悅李廣之風, 人皆自便; 懷羊祜之德, 敵不敢侵.

---

146 가탐(賈耽, 730~805)의 자는 돈시(敦詩)이고 창주(滄州) 남피(南皮) 사람이다. 현종(玄宗) 천보(天寶) 10년(751) 명경과(明經科)에 급제하여 분주자사(汾州刺史)로 7년 동안 다스리며 치적을 쌓았다. 산남서도절도사(山南西道節度使)와 산남동도절도사를 역임하고 공부상서(工部尙書)에 오른 뒤, 동도유수(東都留守)와 의성군절도사(義成軍節度使)를 지냈다. 정원(貞元) 9년(793) 우복야동중서문하평장사(右僕射同中書門下平章事)가 되어 13년간 국정을 다스렸으며, 위국공(魏國公)에 책봉되었다.

147 황제가 정벌을 나가거나 순수로 자리를 비울 때 친왕(親王)이나 대신 중에서 유수(留守)를 지정하여 그곳을 관할하게 하였다.

148 이광(李廣)은 한나라의 장군으로 흉노의 침입을 막는 데 큰 공을 세웠다. 군 편제를 고정시키지 않고 문서 따위를 크게 줄였으며, 척후병을 멀리 보내 적에게 해를 당하지 않았다. 당 덕종은 이광을 포함하여 무공이 뛰어났던 역대의 무장 64인을 무성왕묘(武成王廟)에 모셨다.

149 양호(羊祜, 221~278)는 진(晉)나라의 전략가이자 정치가로 청렴하고 정직하며 박학하였다. 교육을 강화하고 덕(德)으로 다스려 백성과 군사의 신임이 두터웠다.

35. 보왕(普王)을[150] 병마도원수(兵馬都元帥)에 임명하는 제서

① 규합(糾合)하는 일을 확대하고 필승의 전략을 결정한다. 선발을 신중히 하지 않으면 사업을 이룰 수 없고, 대중의 신망이 없으면 남들 앞에 나설 수 없다. 큰 공을 이루는 이는 반드시 큰 강령에 따라 사람을 등용하고, 지극히 공정하게 시행하는 이는 내부의 선발을 피하지 않는다.

② 역대 황제가 교화를 이루고 대통(大統)을 이으시니 공덕이 풍부하게 이어져, 풍속이 다른 먼 지역까지 위엄이 미치고 은혜가 온 천하에 넉넉하였다. 먼 바다 모퉁이의 백성까지 대대로 양육되어 복과 장수를 누리며 인화(仁和)의 은혜를 입었다. 크게 시작하여 오래도록 이어왔으며 상과 복이 크고 길었다. 제위 계승의 차례가[151] 짐에게 이르자 조심하고 또 조심하며 감당하지 못할까 두려워하였다. 단정하고 공손하며 삼가고 두려워하는 가운데 다섯 해가 되었다. 역대 황제들의 밝은 덕을 좇고,[152] 먼 옛날의 가르침을 살폈다. 한 사람이라도 제자리를 잃으면 그 일로 마음 아파하며, 만방에 죄가 있으면 그때마다 자신을 탓한다.[153] 법을 세울 때는 하늘의 법칙에 견주어보고, 일을 실행할 때는 남들의 의견을 참작하여 행한다.

---

150 보왕(普王)은 서왕(舒王) 이의(李誼)를 말한다. 당 대종(唐代宗)의 셋째 아들 소정태자(昭靖太子)의 아들이다.

151 원문의 '역수(曆數)'는 제위의 계승 차례를 말한다. 요(堯)임금이 순(舜)에게 제위(帝位)를 전할 때 "하늘의 역수가 너의 몸에 있다[天之曆數在爾躬]."라고 하였다. 『논어 · 요왈(堯曰)』에 보인다.

152 원문의 '경광(耿光)'은 훌륭한 선조의 밝은 덕을 가리키는 말로, 『서경 · 입정(立政)』에 주공(周公)이 성왕(成王)에게 "문왕의 경광을 보시고 무왕의 큰 공렬을 드날리소서[以覲文王之耿光, 以揚武王之大烈]."라고 하였다.

153 『서경 · 탕고(湯誥)』에, "내 몸에 죄가 있는 것은 만방 때문이 아니요, 만방에 죄가 있다면 그 죄는 나의 죄이다[朕躬有罪, 無以萬方. 萬方有罪, 罪在朕躬]."라는 탕왕(湯王)의 말이 보인다.

普王兵馬都元帥制[154]

① 弘九合之功, 決百勝之略. 非愼柬不可以濟事, 非僉屬不可以臨人. 集大勲者, 必擧於宏綱; 體至公者, 無避於內擧.

② 祖宗垂化紹統, 功德繼茂, 威加殊俗, 惠洽普天. 海隅蒼生, 代受亭育, 躋之於福壽, 煦之以仁和, 源廣流長, 慶深祚遠. 曆數有嗣, 纘于朕躬, 兢兢業業, 懼不負荷. 虔恭寅畏, 歲五周星. 循列聖之耿光, 稽上古之謨訓. 一物失所, 是用疚心; 萬方有罪, 每懷咎己. 懸法皆考於天則, 擧事必酌於人謀.

154 중화서국 『육지집』에는 '普王荊襄江西等道兵馬都元帥制'로 되어 있다.

36. 마수(馬燧)와[155] 혼감(渾瑊)을[156] 부원수에 임명하며 하중(河中) 지역을 토벌하게 하는 제서

① 하늘과 땅은 위치가 다르고 군주와 신하는 직분이 다르니, 만약 바른 도리를 따르지 않으면 이를 두고 상도를 어지럽힌다고 한다. 혹은 물러나서 더욱 덕을 닦아 방패춤의 의식을 행하기도 하고,[157] 혹은 개과천선(改過遷善)하라고 일깨워주는 글을 내리기도 한다.[158] 만약 그래도 회개하지 않으면 토벌을 시행한다. 많은 병사를 동원하여 정벌하는 일을 어찌 그만둘 수 있겠는가!

② 언제나 공정을 유지하며 대체를 잘 알았다. 감격시켜 삼군(三軍)을 용맹하게 만들고, 총괄하여 만사를 원만히 성공시켰다.

馬燧渾瑊副元帥招討河中制

① 天地殊位, 君臣異制, 苟不率道, 茲謂亂常. 退而增修, 於是有舞干之義; 諭以遷善, 於是有文告之辭. 若猶不悛, 乃用致討. 興戎動衆, 豈得已哉!

② 常持至公, 深識大體. 感激而三軍有勇, 彌綸而庶績允諧.

155 『육주약선』 '20. 하중(河中)을 수복한 뒤 군사를 해산하기를 청하는 주장'의 '마수(馬燧)' 주석(90쪽 213번) 참조.

156 『육주약선』 '16. 홍원 연간에 혼감(渾瑊), 이성(李晟) 등이 스스로 기회를 잡을 수 있도록 허락하기를 청하는 주장'의 '혼감(渾瑊)' 주석(78쪽 189번) 참조.

157 『육주약선』 '1. 양하(兩河)와 회서(淮西) 지역의 사안을 논하는 주장(奏狀)'의 '방패춤을 춘다[舞干]' 주석(12쪽 2번) 참조.

158 원문의 '문고(文告)'는 문덕(文德)으로 고유(告諭)하는 것이다. 『국어(國語)·주어 상(周語上)』에 "엄하게 꾸짖는 명령이 있고, 문덕으로 고유하는 말이 있다[有威讓之令, 有文告之辭]."라고 하였다.

37. 이성(李晟)을 봉상·농서절도사(鳳翔隴西節度使) 겸 경원부원수(涇原副元帥)에 임명하는 제서

① 주(周)나라의 원로는 섬(陝)지역을 나눠 정벌하여 중신이 되었고,[159] 한(漢)나라의 승상은 변방을 염려해 잘 대처하였다고 일컬어진다.[160] 그래서 사방의 주군(州郡)이 평온하고 변경 지역에서도 두려워하지 않았다. 백성을 안정시키고 대업을 지켜내는 것은 태평을 이루는 출발점이다.

② 위태로운 시기에 여러 장수에게 군령을 내리고 지극히 혼란한 지역에[161] 고립된 군대를 주둔하니, 기세는 바람과 구름을 헤치고 정성은 천지를 감동시켰다. 북을 한번 울리니 폭도가 겁내 도망치고, 다시 말을 모니 도시가 시원하게 정리되었다. 군사는 모두 제 집에 온 듯이 편안해하고 백성은 싸운 줄도 몰랐다.

李晟鳳翔隴西節度兼涇原副元帥制

① 周之元老, 以分陝爲重; 漢之丞相, 以憂邊見稱. 故方岳克寧, 疆埸不聳. 安人保大, 致理之端.

② 誓群帥於危疑之際, 駐孤軍於板蕩之中, 氣凌風雲, 誠動天地. 一鼓而兇徒懾北, 再駕而都邑廓清, 師皆如歸, 人不知戰.

---

159 주 선왕(周宣王)의 현신 방숙(方叔)은 남방과 북방 지역을 모두 정벌하여 왕실의 중흥을 이끌었다. 원문의 '분섬(分陝)'은 산시성(陝西省)의 섬현(陝縣)을 분계(分界)로 삼아 다스린 것을 말한다. 주나라 초기에 주공단(周公旦)이 섬현 동쪽 지방을, 소공석(召公奭)이 섬현 서쪽 지방을 다스렸다.

160 한 선제(漢宣帝) 때의 승상 병길(丙吉)은 변방 출신 말몰이꾼을 관대히 대하였고 이를 통해 변방의 일에 잘 대처할 수 있었다고 한다.

161 원문의 '판(板)'과 '탕(蕩)'은 『시경·대아(大雅)』의 편명으로 정국이 혼란해지고 사회가 불안한 상황을 노래하였다. 국가의 혼란을 비유하는 말로 쓰인다. '板'은 중화서국 『육지집』에는 '版'으로 되어 있다.

38. 유흡(劉洽)을[162] 검교사공(檢校司空) 겸 제도병마도통(諸道兵馬都統)에 임명하는 제서

① 도를 논하고 나라를 경영하는 일은 두터운 신망을 받는 이에게 돌아가야 하고, 출정의 군기를[163] 세우고 군중을 통솔하는 일은 반드시 뛰어난 인재에게 주어져야 한다. 도성과 지방에서 모두 다 바라보며 안위가 달렸기에, 지금 형벌과 포상을 내리는 권한을[164] 중신에게 준다.

② 관대하고 후덕하여 대중을 용납하기에 충분하고, 온화하고 편안하여 백성을 늘리기에 충분하다. 순수한 효성으로 부모를 영예롭게 하며 충심을 다해 나라를 섬긴다.

劉洽檢校司空充諸道兵馬都統制

① 論道經邦, 允歸碩望; 建牙統衆, 必藉雄才. 中外具瞻, 安危注意, 今以二柄, 付之元臣.

② 博厚足以容衆, 和易足以長人. 純孝榮親, 盡忠事國.

---

162 유흡(劉洽, 735~792)은 하남(河南) 광성(匡城) 사람이다. 유현좌(劉玄佐)라고 불리기도 한다. 대력(大曆) 연간에 공을 세워 영평군아장(永平軍牙將)이 되었고, 이영요(李靈曜)가 변주(汴州)에서 반란을 일으켰을 때 절도사(節度使) 이면(李勉)의 명을 받아 군병을 이끌고 송주(宋州)를 습격하여 진압하였으므로 송주자사(宋州刺史)에 임명되었다. 평로절도사(平盧節度使) 이정기(李正己)가 죽은 뒤 그 아들 이납(李納)이 모반을 꾀하자 유흡은 군대를 이끌고 적을 대파하였고, 다시 복주(濮州)를 공략하여 적장 양영휘(楊令暉)의 항복을 받았다. 이후 회서절도사(淮西節度使) 이희열(李希烈)이 반란을 일으켜 변주(汴州)를 공격하자 유흡은 필사적으로 공격을 막아내며 여러 차례 전승을 거두었으므로 변송절도사(汴宋節度使)에 임명되었다. 얼마 후 주차(朱泚)의 난이 종식되고 장안으로 돌아온 덕종은 유흡을 진주제군행영도통(陳州諸軍行營都統)에 제수하고 특별히 유현좌(劉玄佐)라는 성명을 하사하였다. 같은 해 유흡이 친히 입조하여 조공을 바치자 다시 경원(涇原), 사진(四鎭), 북정(北庭) 등의 병마부원수(兵馬副元帥) 겸 검교사공(檢校司空)을 제수하고 8백 호의 봉읍을 내렸다. 향년 58세로 사망하자 태부(太傅)로 추증되었다.

163 원문의 '아(牙)'는 군대의 선두에 세우는 큰 기를 말한다.

164 원문의 '이병(二柄)'은 형(刑)과 덕(德), 또는 문(文)과 무(武) 두 가지의 권력을 말한다. 『한비자(韓非子)·이병(二柄)』에 "이병은 형과 덕인데, 무엇을 형과 덕이라 하는가. 살육을 형이라 하고 포상을 덕이라 한다[二柄者刑德也, 何謂刑德, 曰殺戮之謂刑, 慶賞之謂德]."라고 하였다.

39. 혼감(渾瑊)을 경기·금상절도사(京畿金商節度使)에 임명하는 제서

① 왕의 직분은 편안할 때에도 위험을 잊지 않는 것이다.[165] 그 도리를 널리 펼치면 문무(文武)가 모두 완비되고, 백성을 교육하여 농사와 전투에 모두 힘쓰게 한다.

渾瑊京畿金商節度使制

① 王者之制, 安不忘危. 弘其道則文武齊致, 教其人則農戰兼務.

165 『주역·계사전 하(繫辭傳下)』에 "이 때문에 군자는 편안할 때에도 위험을 잊지 않고, 보존될 때에도 망하는 일을 잊지 않고, 잘 다스려질 때에도 어지러워지는 일을 잊지 않으니, 이런 까닭에 몸이 안전해지고 국가가 보존될 수 있는 것이다[是故君子安而不忘危, 存而不忘亡, 治而不忘亂, 是以身安而國家可保也]."라고 하였다.

40. 두아(杜亞)를[166] 회남절도사(淮南節度使)에 임명하는 제서

① 회수(淮水) 지역은 명당이자 한 지방의 중심 도시로서,[167] 육로와 수로 교통의 편리를 겸하고 수산물과 임산물의 풍요로움을 가졌다. 모든 지방의 풍속을 갖췄고 지역은 천 리에 이어지는데, 훌륭한 수령을 구하지만 인재를 얻기가 어찌 쉽겠는가!

② 다스림은 교화의 근본을 돈독하게 하였고 주장을 내세우면 예법에 맞았다. 도덕은 더럽혀지거나 약해지지 않았고,[168] 사소한 행실까지 그에 부합하였다.[169] 중앙 관직을 맴돌 때는 총괄하고 헌납하는 부지런함을 보였고, 지방 수령을 역임할 때는 깨끗하고 공평하다는 칭송이 자자했다.

③ 훌륭한 명성이 자자했고, 광채는 조정에서 빛났다.

---

166 두아(杜亞, 725~798)의 자는 차공(次公)이고 경조(京兆) 사람이다. 당 숙종(唐肅宗)이 영무(靈武)에 있을 때 문재를 인정받아 교서랑(校書郎)이 되었다. 조정에 들어와 이부원외랑(吏部員外郎), 간의대부(諫議大夫)를 거쳐 흥원(興元) 초에 형부시랑(刑部侍郎)과 회서절도사(淮西節度使)에 제수되었다. 정원(貞元) 연간에 파직되었으나 명망이 있었으므로 검교이부상서(檢校吏部尙書)로서 동도유수(東都留守)를 맡았다. 훗날 병들어 고향으로 돌아가 74세의 나이로 병사했다. 태자소부(太子少傅)로 추증되었으며 시호는 숙(肅)이다.

167 원문의 '오구(奧區)'는 산이 높고 골짜기가 깊어 풍수지리상 명당인 곳이라는 뜻이다.

168 『논어·양화(陽貨)』에 "견고하다고 하지 않겠는가? 갈아도 얇아지지 않는다. 희다고 하지 않겠는가. 물을 들여도 검어지지 않는다[不曰堅乎, 磨而不磷, 不曰白乎, 涅而不緇]."라는 공자의 말이 보인다.

169 『예기·표기(表記)』에 "군자는 말을 가지고 그 사람 전체를 판단하지 않는다. 그래서 천하에 도가 있으면 행실에 지엽(세세한 옳은 일들)이 있고, 천하에 도가 없으면 말에 지엽(부화하고 헛된 것)이 있다[君子不以辭盡人. 故天下有道, 則行有枝葉. 天下無道, 則辭有枝葉]."라는 공자의 말이 보인다.

杜亞淮南節度使制

① 淮海奧區, 一方都會, 兼水陸漕輓之利, 有澤漁山伐之饒, 俗具五方, 地繇千里, 聿求良牧, 豈易其才!

② 爲理敦教化之本, 立言參禮法之中, 道無緇磷,[170] 行有枝葉. 回翔省闥, 表彌綸獻納之勤; 踐歷方州, 著淸淨循良之稱.

③ 休有令問, 輝映朝列.

---

170 '緇'는 중화서국『육지집』에는 '淄'로 되어 있다.

41. 당조신(唐朝臣)을[171] 진무절도사(振武節度使)에, 논유명(論惟明)을[172] 부방관찰사(鄜坊觀察使)에 임명하는 제서

① 가까운 기전(畿甸)에는 근심이 없으니 다만 풍속을 청렴하게 하고, 변방을 제압하도록[173] 군대를 지휘하는 정(旌)과 모(旄)의 깃발을 함께 준다.

唐朝臣振武節度論惟明鄜坊觀察使制

① 近甸無虞, 則但廉風俗; 邊陲式遏, 則兼假旌旄.

171 당조신(唐朝臣)의 생졸년은 미상이며 삭방대신(朔方大臣)을 지냈다.

172 논유명(論惟明, ?~787)은 위북절도사겸관찰사(渭北節度使兼觀察使)를 지냈으며 건강군왕(建康郡王)에 봉해졌다.

173 원문의 '식알(式遏)'은 억제하고 막는다는 의미이다. 『시경·대아(大雅)·민로(民勞)』에 "외적을 막아 백성이 염려하지 않도록 하네[式遏寇虐, 無俾民憂]."라고 하였다.

42. 한황(韓滉)을 검교우복야(檢校右僕射)에 임명하는 제서

① 주(周)나라 제도에 중신(重臣)을 지방으로 보내 방백(方伯)으로 삼았고, 한(漢)나라 관제는 뛰어난 지방관을 발탁하여 공경(公卿)으로 삼았다. 시대를 바로잡고자 하였던 것은 중앙이나 지방이나 한 가지이다.

② 지극한 공정함을 기준으로 아랫사람들을 단속하면 강하게 제압해도 반드시 법도를 따르고, 대의명분을 지키며 임금을 섬기면 어려운 일이 있어도 마음을 바꾸지 않는다.

韓滉加檢校右僕射制

① 周制以輔翼之臣, 出作方伯; 漢官以牧守之最, 擢拜公卿. 其在匡時, 中外同體.

② 持至公以檢下, 強禦必繩; 秉大節以事君, 險艱無易.

43. 마수(馬燧) 등에게 실제 봉토를 하사하는 제서[174]

① 작위를 주어 덕을 표창하고 봉토를 하사하여[175] 공로에 보답한다. 국가에 변함없는 법이 있으니 이로써 포상하고 권면한다.

馬燧等實封制[176]

① 列爵以旌德, 胙土以報功, 國有彝章, 是用褒勸.

174 원문의 '실봉(實封)'은 식읍제도(食邑制度)의 하나이다. 당(唐)나라 때는 영토에 봉해져도 실제 영지가 없는 경우가 있었는데, 실봉을 받은 사람만이 봉호(封戶)의 조세를 받을 수 있었다.

175 원문의 '조토(胙土)'는 제왕이 공신과 종실에게 봉읍(封邑)을 하사하여 공로를 치하하는 것이다. 『춘추좌씨전·은공(隱公) 8년』에 "천자가 개국하시니 백성에게 성(姓)을 하사하고 토지를 봉읍으로 주고 씨(氏)를 명명하셨다[天子建德, 因生以賜姓, 胙之土而命之氏]."라고 하였다.

176 중화서국 『육지집』에는 '馬燧李皐賜實封制'라고 하였다.

44. 한황(韓滉)을 탁지염철전운사(度支鹽鐵轉運使)에 임명하는 제서

① 식량과 재화를 관리하는 것은 국가의 큰 근본이니, 총괄하는 중책은 반드시 대신에게 맡겨야 한다. 그러므로 주(周)나라는 총재(冢宰)가 나라의 살림을 통제하였고[177] 한(漢)나라는 승상(丞相)이 군사의 식량을 조달하였다. 관청이 넉넉하고 백성이 흡족하니, 이를 두고 완벽하게 잘 경영했다고 한다.

韓滉度支鹽鐵轉運使制

① 食貨所資, 邦家大本, 總領之重, 必推元臣. 故周以冢宰制國用, 漢以丞相調軍食, 官給人足, 謂之善經.

177 『예기·왕제(王制)』에 “총재가 국용(國用)을 제정하되 반드시 세말(歲末)에 하는 것은 오곡이 모두 들어온 뒤에 국용을 제정할 수 있기 때문이다. 땅의 대소를 기준으로 농사의 풍흉을 보아서 30년 동안의 통산으로 국용을 제정하고 수입을 헤아려 지출을 정한다[冢宰制國用, 必於歲之抄, 五穀皆入, 然後制國用. 用地小大, 視年之豐耗, 以三十年之通, 制國用, 量入以爲出].”라고 하였다.

45. 이숙명(李叔明)을[178] 우복야(右僕射)에 임명하는 제서

① 실행과 정지 두 가지를 온전하게 할 수 있는 것은 오로지 명철한 사람뿐이다. 용도를 남김없이 발휘하여[179] 나라를 바로잡고, 도리를 두텁게 하여 몸을 보전한다. 아름다운 명성이 두루 퍼져 시종일관 바뀌지 않는다. 이것이 현자의 극치라고 하겠으나 실천하기는 참으로 어렵다.

李叔明右僕射制

① 行止兩全, 必惟明哲. 致其用以匡國, 敦乎道以保身, 周施令名, 始終不替. 斯賢者之極致, 而行之實難.

---

178 이숙명(李叔明, ?~787)의 자는 진(晉)이고, 낭주(閬州) 신정(新政) 사람이다. 본래 선우씨로 이름을 선우숙명(鮮于叔明)이라 하였는데, 대대로 호족(豪族)이었다. 숙종(肅宗) 때 명경(明經)으로 발탁되어 낙양령(洛陽令)에 올랐고, 경조윤(京兆尹), 동천절도사(東川節度使), 수(遂)·재(梓) 두 주(州)의 자사(刺史)를 역임했다. 덕종(德宗) 건중(建中) 초에 토번(吐藩)을 격파한 공으로 검교호부상서(檢校戶部尙書)가 더해졌다. 흥원(興元) 연간 덕종이 행행했을 때 가산을 내어 돕고 의복을 바쳐 태자태부(太子太傅)가 더해지고 계국공(薊國公)에 봉해졌다.

179 원문의 '치용(致用)'은 쓰임을 다한다는 의미이다. 『주역·계사전 상(繫辭傳上)』에 "만물을 구비하여 쓰임을 다하게 하고 도구를 만들어 천하를 이롭게 하는 것은 성인보다 더한 이가 없다[備物致用, 立成器以爲天下利, 莫大乎聖人]."라고 하였다.

46. 이징(李澄)을[180] 사공(司空)에 임명하는 제서

① 비록 자신의 시신을 그대로 두어 간언을 올린 사어(史魚)와[181] 임종을 앞두고 계책을 올린 오한(吳漢)이라도[182] 여기에 비교하면 대단할 것 없다.

李澄贈司空制

① 雖史魚之陳尸納諫, 吳漢之在疚獻謀, 比方於此, 不足多尙.

---

180 이징(李澄, 733~786)은 요동(遼東) 평양(襄平) 사람이다. 영평절도사(永平節度使) 이면(李勉)을 따랐으며, 이면이 변주(汴州)를 통솔할 때 활주자사(滑州刺史)가 되었다. 이희열(李希烈)이 변주를 함락시키고 이면이 도망가자 이징은 항복하여 이희열의 상서령(尙書令)이 되었다. 흥원(興元) 원년(784), 이징이 덕종의 행재소로 표문을 보냈으므로 덕종이 기뻐하며 형부상서(刑部尙書) 겸 변활절도사(汴滑節度使)를 제수하였다. 이후 조정의 관리가 부절을 가지고 와서 이징을 무위군왕(武威郡王)으로 봉하고 봉읍을 하사하였으므로 이징은 이희열의 깃발을 불태우고 귀순하였다. 정원(貞元) 초에 이징은 검교상서좌복야(檢校尙書左仆射)와 양성군절도사(養成軍節度使)에 제수되었으나 정원 2년(786) 54세의 나이로 사망하여 사공(司空)에 추증되었다.

181 사어(史魚)는 춘추 시대 위(衛)나라의 대부이다. 그는 생전에 영공(靈公)으로 하여금 거백옥(蘧伯玉)을 등용하고 미자하(彌子瑕)를 물리치게 하지 못하였다는 이유로 방 밖에 시신을 두도록 유언하였다. 영공이 조문하러 왔다가 이를 보고서 거백옥을 등용하고 미자하를 물리쳤다. 『공자가어(孔子家語)·곤서(困誓)』에 보인다.

182 오한(吳漢)은 후한(後漢)의 장수이다. 그가 임종을 앞두고 있을 때 광무제(光武帝)가 찾아와 하고 싶은 말을 물으니, "신은 어리석어 아는 것이 없고, 오직 폐하께서 신중히 사면을 하지 않기를 바랄 뿐입니다."라고 하였다. 『후한서·오한열전(吳漢列傳)』에 보인다.

47. 이납(李納)을 검교사공(檢校司空)에 임명하는 제서

① 정무공(鄭武公) 부자는[183] 대대로 주(周)나라의 사도(司徒)가 되어 안으로는 임금의 팔다리가 되고 밖으로는 나라의 울타리가 되었다. 『시경』에서는 치의(緇衣)의 덕을 찬미하였고, 『춘추좌씨전』에서는 보좌한 공훈을 칭송하였다. 내가 이러한 사람을 생각하였는데, 지금 훌륭한 보필을 얻었다.

李納檢校司空制

① 鄭武公父子繼爲周司徒, 內居股肱, 外作藩翰, 『詩』 美緇衣之德, 『傳』 稱夾輔之勳. 我懷斯人, 今得良弼.

---

183 정무공 부자는 정무공과 그의 부친 정환공(鄭桓公)을 말한다. 정환공은 주 유왕(幽王) 때 사도(司徒)가 되었고, 정무공은 부친의 관직을 세습하여 사도가 되어 동천(東遷)한 주나라 왕실을 보좌하였다.

48. 이납(李納) 등에게 철권(鐵券)을 하사하는 글

① 왕은 아랫사람을 다독이니, 잘못 다독이면 반란을 일으킨다. 아랫사람은 윗사람을 받드니, 잘못 받들면 형벌을 받는다. 각기 그 이치에 맞게 하여야 덕이 흔들리지 않고, 각기 그 직분을 어기면 혼란이 생긴다.

賜李納等鐵券文

① 王者所以撫人, 失於所撫則叛; 下者所以奉上, 失於所奉則刑. 各當其理, 德用不擾; 各違其分, 亂於是生.

49. 양하(兩河)와 회서(淮西) 지역의 이해관계를 논하는 주장(奏狀)[184]

① 성상께서는 하늘이 내리신 성대한 덕과 신령이 주신 영특한 계책을 지니셨으니, 팔방을 밝게 비추고 만 가지 업무를 두루 생각하십니다. 그런데도 혹여 빠뜨린 것이 있을까 염려하여 미천한 사람에게 하문하셨습니다. 이는 요임금과 순임금이 자기 의견을 버리고 남의 의견을 따르며, 묻기를 좋아하고 천근(淺近)한 말도 살피고자 하였던 뜻과 같습니다.[185]

신이 예전의 역사서를 읽을 때마다 진언을 올리며 충성을 바친 선비들을 보니, 피눈물을 흘리고[186] 머리를 찧은 자도 있고,[187] 소매를 잡아당기고[188] 뱃대끈을 끊은 자도 있었습니다.[189] 이는 모두 의견을 내었다가 거부당하자 간절한 정성과 격렬한 충성에 분개하여 예법을 넘어서는 지경이 되도록 스스로 멈추지 못했던 것입니다.

② 곽거병(霍去病)은[190] 한(漢)나라의 훌륭한 장수입니다. 그는 군사를 쓰는 방법을

---

184 본서의 『육주약선』 '1. 양하(兩河)와 회서(淮西) 지역의 사안을 논하는 주장(奏狀)'과 같은 문장으로, 문장 가운데 일부분을 절록한 것이다.

185 『서경·대우모(大禹謨)』에 "여러 사람에게 물어 자기 의견을 버리고 남의 의견을 따르며 하소연할 데 없는 이들을 학대하지 않고 곤궁한 이들을 버리지 않는 것은 오직 요임금만이 능하였다[稽于衆, 舍己從人, 不虐無告, 不廢困窮, 惟帝時克]."라고 하였고, 『중용』 6장에 "순임금은 묻기를 좋아하고 천근한 말을 살피기 좋아하였다[舜好問而好察邇言]."라고 하였다.

186 초(楚)나라의 변화(卞和)가 형산(荊山)에서 박옥(璞玉)을 얻어 여왕(厲王)에게 바쳤으나 돌멩이로 임금을 속인다 하여 왼쪽 발꿈치를 잘리는 형벌을 당하였다. 무왕(武王)이 즉위하자 무왕에게 바쳤으나 역시 오른쪽 발꿈치를 잘리는 형벌을 당하였다. 문왕(文王)이 즉위하자 변화는 박옥을 안고 사흘 동안 피눈물을 흘리며 통곡하였는데, 문왕이 박옥의 가치를 알아보고 가공하여 천하의 보배로 만들었다. 『한비자·화씨(和氏)』에 보인다.

187 춘추 시대 진(秦)나라 대부(大夫) 금식(禽息)이 목공(穆公)에게 백리해(百里奚)를 천거하였으나 목공이 들어주지 않자 금식이 문에 머리를 부딪쳐 죽으니 목공이 애통해하며 백리해를 등용하였다. 『논형(論衡)·유증(儒增)』에 보인다.

188 삼국 시대 위 문제(魏文帝)가 기주(冀州)의 인구 10만 호를 하남(河南)으로 이주시키려 하였다. 신하들이 반대하였으나 문제는 듣지 않고 내전으로 들어가려 하였는데, 신비(辛毗)가 문제의 소매를 잡아당겨 들어가지 못하게 하고 간언하였다. 『삼국지(三國志)·위서(魏書)·신비전(辛毗傳)』에 보인다.

189 춘추 시대 진(秦)나라가 제(齊)나라로 쳐들어오자 제후(齊侯)가 말을 타고 달아나려 하였는데, 태자와 곽영(郭榮)이 말고삐를 잡고 만류하였으나 듣지 않았다. 결국 태자가 말의 뱃대끈을 잘라서 달아나지 못하게 하였다. 『춘추좌씨전·양공(襄公) 10년』에 보인다.

190 곽거병(霍去病, B.C. 140~B.C. 117)은 한 무제(漢武帝) 때의 명장으로, 흉노 토벌에 큰 공을 세웠다.

말할 때마다 "전략을 어떻게 짜는가에 달려 있을 뿐이지, 옛 병법을 배우는 데 달려 있는 것이 아니다."[191]라고 하였습니다. 병법을 안다는 것은 다름이 아니라 실정을 보고 변화에 통달하는 것입니다. 그렇게 하면 득실을 따질 수 있고 성패를 알 수 있습니다. 옛사람이 술자리에 앉은 채로 계책을 내어 천 리 밖에서 승리를 거두었던 것은[192] 이 방법을 터득했기 때문입니다.

③ 적을 이기는 요체는 적임자를 장수로 얻는 데 있으며, 장수를 부리는 방법은 권한을 잘 조절하는 것입니다. 장수가 적임자가 아니면 병사가 많아도 믿을 게 못 되고, 권한을 잘 조절하지 못하면 재능 있는 장수도 쓸모가 없습니다. 병사를 믿을 수 없으면 병사가 없는 것과 같고, 장수가 쓸모없으면 장수가 없는 것과 같습니다.

④ 가령 흉악한 본성을 타고난 네댓 사람의 역적이 그 수하에서 함께 악행을 저지르더라도 그들의 뒤를 따르는 수십 수백 명의 사람은 모두 용렬한 졸병이며 어리석은 천인(賤人)에 불과합니다. 이들이 좋아하는 것은 여색과 재화에 불과하고, 이들의 재주는 발로 차고 뛰어오르는 능력뿐입니다. 그들이 교유를 맺을 적에는 서로 속이는 것을 지략으로 여기고, 그들이 사람들을 부릴 적에는 으레 처자를 인질로 잡는 것을 술수로 여깁니다. 이들은 도적질을 하며 안일을 탐내는 무리일 뿐 남다른 간웅(奸雄)의 자질이 있는 것이 아닙니다. 폐하께서는 영명하시고 의지가 한결같으십니다. 반역의 무리와는 군신 간의 권세가 다르고 순리와 역리의 차이가 있으며, 세력의 크기가 다르고 군사의 수는 상대가 되지 않습니다. 그런데도 오랫동안 대치하느라 군사는 쇠약해지고 재물을 허비하고 있습니다.

---

191 한 무제(漢武帝)가 곽거병에게 『손자병법』과 『오자병법』을 가르치려 하자 곽거병이 이와 같이 대답하였다. 『사기·위상군표기열전(衛將軍驃騎列傳)』에 보인다.

192 『안자춘추(晏子春秋)』에, "술자리의 사이를 벗어나지 않으면서 천 리를 제압할 수 있다는 것은 안영(晏嬰)을 이른 것이다[不出樽俎之間, 而折衝千里之外, 晏子之謂也]."라는 공자의 말이 보인다. 『사기·고조본기(高祖本紀)』에 "장막 안에서 계획하여 천 리의 밖에서 승리를 결단함은 내가 장자방만 못하다[夫運籌帷幄之中, 決勝千里之外, 吾不如子房]."라고 하였다.

⑤ 백성은 나라의 근본이고, 재물은 백성의 마음이 가는 곳이며, 군사는 재물의 좀벌레입니다. 마음이 상하면 근본도 상하고, 근본이 상하면 가지가 시들고 뿌리가 뽑히게 됩니다.

⑥ 지금 군대를 일으킨 지 3년이니 오래되었다고 할 수 있으며, 조세가 온갖 물건에 부과되니 번잡하다고 할 수 있습니다. 폐하께서는 이 일로 한밤중에도 옷을 입고 늦은 식사를 하시니 근심하시고 근면하시다고 할 수 있습니다. 나라 안은 온통 출정과 물자 보급으로 분주하니 수고롭고 지쳤다고 할 수 있습니다.

⑦ 갖풀을 던져 넣어 탁한 강물을 변화시키기보다는 그 근원을 맑게 하는 것이 낫습니다. 끓는 물을 흔들어 끓는 것을 막기보다는 섶나무를 빼내는 것이 낫습니다.

⑧ 멀리 있는 지역을 복속시키려고 마음 쓸 때는 가까운 지역을 잘 다스려서 먼 지역이 스스로 오게 하는 것이 가장 좋습니다. 여러 방면에서 과실을 바로잡을 때는 시행 방법을 바꿔서 과실이 저절로 사라지게 하는 것이 가장 좋습니다.

⑨ 대주(代州), 삭주(朔州), 빈주(邠州), 영주(靈州)의 기병은 이전부터 정예의 병사이며, 상당(上黨)과 맹진(盟津)의 보병은 지금 훈련된 병사입니다.

⑩ 장군이 많아서 세력이 나뉘고, 병사가 많아서 재물이 부족합니다.

⑪ 그물에 걸린 고래가 날뛰듯이 갑자기 움직이면 통제하기 어려우며, 쥐의 머리가 들락날락하듯이 그 자리에서 전진하지 못할 것입니다.

⑫ 남는 것을 가져다 부족한 것을 보충하여 관우(關右) 지역에서 수레와 말을 징발하는 소동을 없애시고 산동(山東) 지역에서 꼴과 군량을 운송하는 수고를 줄이신다면, 소동이 없으니 난리도 생기지 않고 수고가 줄어들어 물자가 넉넉해질 것입니다. 그러면 변란 초기에 난제를 없앨 뿐만 아니라 환난을 미연에 방지하게 될 것입니다.

論兩河及淮西利害狀

① 天縱聖德, 神授英謀, 明照八表, 思周萬務, 猶慮闕漏, 下詢芻蕘, 此堯, 舜捨己從人, 好問而好察邇言之意也. 臣每讀前史, 見開說納忠之士, 乃有泣血碎首, 牽裾斷鞅者, 皆以進議見拒, 懇誠激忠, 遂至發憤踰禮, 而不能自止.

② 霍去病, 漢將之良者也, 每言行軍用師之道, "顧方略何如耳, 不在學古兵法." 是知兵法者無他, 見其情而通其變, 則得失可辯, 成敗可知. 古人所以坐籌樽俎之間, 制勝千里之外者, 得此道也.

③ 剋敵之要, 在乎將得其人; 馭將之方, 在乎操得其柄. 將非其人者, 兵雖衆不足恃; 操失其柄者, 將雖材不爲用. 兵不足恃, 與無兵同; 將不爲用, 與無將同.

④ 假使四五兇渠, 俱禀梟鴟之性, 其下同惡, 復有十百相從, 是皆卒伍庸流, 闒茸下品. 其志好不過聲色財貨之樂, 其材用不過蹴踘距踴之能. 其約從締交, 則迭相侮詐, 以爲智謀; 其御衆使人, 則例質妻孥, 以爲術數. 斯乃盜竊偷安之伍, 非有姦雄特異之資. 以陛下英神, 志期平壹, 君臣之勢不類, 逆順之理不侔, 形勢之大小不倫, 師徒之衆寡不敵, 然尙曠歲持久, 師老費財.

⑤ 人者, 邦之本也; 財者, 人之心也; 兵者, 財之蠹也. 其心傷則其本傷, 其本傷則枝幹顚瘁而根柢蹶拔矣.

⑥ 師興三年, 可謂久矣; 稅及百物, 可謂繁矣; 陛下爲之宵衣旰食, 可謂憂勤矣; 海內爲之行齎居送, 可謂勞弊矣.

⑦ 投膠以變濁, 不如澄其源而濁變之愈也; 揚湯以止沸, 不如絶其薪而沸止之速也.

⑧ 勞心於服遠者, 莫若修近而其遠自來; 多方以救失者, 莫若改行而其失自去.

⑨ 代, 朔, 邠, 靈之騎士, 自昔之精騎也; 上黨, 盟津之步卒, 當今之練卒也.

⑩ 勢分於將多, 財屈於兵廣.

⑪ 奔鯨觸羅, 倉卒難制; 首鼠應敵, 因循莫前.

⑫ 取有餘, 救不足, 罷關右賦車籍馬之擾, 減山東飛芻輓粟之勞. 無擾則禍亂不生, 息勞則物力可濟, 非止排難於變初, 亦將防患於未然.

50. 관중(關中) 지역의 사안을 논하는 주장[193]

① 얼마 전 문헌을 살펴보면서 치란(治亂)과 흥망(興亡)이 나뉘는 부분이 나올 때마다 반복하여 생각해보고 그 이유를 끝까지 따져보았습니다. 통치의 도리와 함께 가면 흥성하지 않은 경우가 없었고 난리의 방향으로 함께 가면 패망하지 않은 경우가 없었으니, 이것은 통치의 상도(常道)입니다. 혹 조치는 다르지 않았더라도 안위(安危)가 달라졌던 것은 시기가 변하였기 때문입니다.

② 통치에는 근본이 있고 국가 경영에는 방책이 있으니, 그것을 장악하면 반드시 강해지고 잃으면 반드시 약해집니다. 이는 역대로 바뀐 적이 없고 모든 왕의 경우가 같았습니다. 통치의 기본은 덕과 위엄을 밝히는 데 있고, 국가 경영의 방책은 경중을 잘 살피는 데 있습니다. 덕과 위엄은 한쪽에 치우치면 안 되고 경중은 뒤바뀌면 안 됩니다. 위엄을 쌓고 덕을 밝혀야 하니, 한쪽에 치우치면 위험합니다. 중요한 것에 치중하면서 경미한 것을 조절해야 하니, 경중이 뒤바뀌면 어긋납니다. 위엄에만 의존하면 덕을 잃으니 그것은 망하는 길입니다. 중요한 것을 놓치면 경미한 것이 그 자리를 차지하니 그것은 화를 부르는 문입니다.

③ 천하를 다스리는 것은 몸이 팔을 부리고 팔이 손가락을 부리는 것과 같다고 하였습니다. 그렇게 하면 크고 작은 것이 제자리에 있고 함께 어울려 어긋나지 않습니다. 몸이 팔을 부릴 수 있는 것은 몸이 팔보다 크기 때문이며, 팔이 손가락을 부릴 수 있는 것은 팔이 손가락보다 크기 때문입니다.

④ 수도는 몸과 같고 경기는 팔과 같으며 사방 여러 지역은 손가락과 같이 움직여야 합니다.

---

193 본서의 『육주약선』 '2. 관중(關中) 지역의 사안을 논하는 주장'과 같은 문장으로, 문장 가운데 일부분을 절록한 것이다.

⑤ 천하의 조세를 운반하여 수도에 쌓아두고, 군현의 호걸들을 능읍(陵邑)으로 이주시키며, 사방의 용사들을 선발해 변방의 성에 배치하였습니다. 부역은 가까운 곳은 가볍고 먼 곳은 무겁게 하였으며, 혜택과 교화를 베푸니 가까운 곳에서는 즐거워하고 먼 곳에서는 귀의하였습니다.

⑥ 과거를 거울삼아 새로운 계획을 세우십시오. 그러면 한쪽으로 치우쳐 못 쓰게 된 근본을 정비하여 백성을 안정시키고, 경중이 뒤집힌 권력을 되돌려 나라를 공고히 하실 수 있습니다.

⑦ 편안히 있으면서 위험에 대비하는 것은[194] 현명한 왕이 힘쓰는 일이요, 숨기며 말하지 않는 것은 평범한 군주도 하지 않았습니다. 만약 이미 엄중하게 대비하였다면 말을 한들 무슨 해가 되겠으며, 행여 소홀하여 대비하지 않았다면 어찌 말하지 않을 수 있겠습니까.

⑧ 지금의 관중 지역은 옛날의 방기(邦畿) 천 리 지역이니, 왕업의 근본이 여기에 있습니다. 진(秦)나라는 이곳을 이용해 제후들을 무너뜨렸고, 한(漢)나라는 이곳을 근거지로 천하를 평정했는데, 이곳 산하에 뛰어난 형세와 비옥한 농지가 있었기 때문입니다. 약할 때는 안으로 이 한 지역만 지켜도 천하의 반에 해당하므로 힘을 길러 때를 기다릴 수 있으며, 강할 때는 밖으로 동쪽을 제압하고 넓은 영역을 근거지로 삼아 위엄을 쌓고 덕을 밝힐 수 있습니다. 용감한 호걸이 관중에 있으면 병영에 등록된 것과 같고, 수레가 관중에 있으면 마구간이나 목장에 도열해 있는 것과 같으며, 재물이 관중에 있으면 금고와 창고에 쌓여 있는 것과 같습니다. 그러므로 급한 일이 있어 필요하면 하루아침에 모을 수 있습니다.

---

194 『춘추좌씨전·양공(襄公) 11년』에 "『서경』에 '편안할 때에 위험을 생각해야 한다'고 하였으니, 생각하면 대비를 하게 되고, 대비를 하면 환란이 없다[書曰, 居安思危, 思則有備, 有備無患]."라는 말이 나온다.

論關中事宜狀

① 頃覽載籍, 每至理亂廢興之際, 必反覆參考, 究其端由. 與理同道罔不興, 與亂同趣罔不廢, 此理之常也. 其或措置不異, 安危則殊, 此時之變也.

② 君人有大柄, 立國有大權, 得之必強, 失之必弱, 是則歷代不易, 百王所同. 夫君人之柄, 在明其德威; 立國之權, 在審其輕重. 德與威不可偏廢也, 輕與重不可倒持也. 蓄威以昭德, 偏廢則危; 居重以馭輕, 倒持則悖. 恃威則德喪於身, 取敗之道也; 失重則輕移諸己, 啓禍之門也.

③ 理天下者, 若身之使臂, 臂之使指, 則小大適稱而不悖焉. 身所以能使臂者, 身大於臂故也; 臂所以能使指者, 臂大於指故也.

④ 京邑如身, 王畿如臂, 四方如指.

⑤ 轉天下租稅, 委之京師; 徙郡縣豪傑, 處之陵邑; 選四方壯勇, 實之邊城. 其賦役則輕近而重遠也, 其惠化則悅近以來遠也.

⑥ 追鑑往事, 惟新令圖, 循偏廢之柄以靖人, 復倒持之權以固國!

⑦ 居安備危, 哲王是務; 以言爲諱, 中主不行. 若備之已嚴, 則言亦何害. 儻忽而未備, 又安可勿言?

⑧ 今之關中, 卽古者邦畿千里之地也, 王業根本, 於是在焉. 秦嘗用之以傾諸侯, 漢嘗因之以定四海, 蓋由憑山河之形勝, 宅田里之上腴. 弱則內保一方, 當天下之半, 可以養力俟時也; 彊則外制東夏, 據域中之大, 可以蓄威昭德也. 豪勇之在關中者, 與籍於營衛不殊; 車乘之在關中者, 與列於廐牧不殊; 財用之在關中者, 與貯於帑藏不殊. 有急而須, 一朝可聚.

51. 천행(遷幸)의 사유를 논하는 주장[195]

① 사방에서 군사를 모으면서 아무리 멀리 떨어진 곳이라도 가리지 않으니, 아비와 아들이 헤어지고 남편과 아내가 떨어지게 되었습니다. 한 사람이 원정을 떠나면 열 집에서 그 비용을 대니, 남은 주민들은 보급품을 대야 하는 고통이 있고, 전쟁에 나가는 이들은 전투를 해야 하는 근심이 있습니다. 떠나고 남는 이들이 모두 떠들썩하니 마을이 평온하지 못합니다.

② 각산(榷算)의 법이 만들어지고 솔대(率貸)의 법이 생기면서[196] 금령이 늘어나고 조목이 복잡해져 아전은 명령을 감당하지 못하고 백성은 먹고살 수가 없습니다. 농업과 잠업은 징발 때문에 황폐해지고 피와 살은 매질에 떨어져 나갔습니다. 저자에서는 시름하고 괴로워하며 가정에서는 원망하고 한탄합니다. 백성은 근심스레 탄식하고 고을은 평온치 못합니다.

③ 세금을 납부하는 법은 도읍이 특히 엄정하여 저택을 소유한 귀족은 모두 주택세를 납부하고 소상인은 거래마다 세금을 바쳐야 합니다. 신분이 귀한 사람도 우대하지 않고, 가까운 사람도 다르게 대우하지 않으므로 분노와 슬픔이 더욱 큽니다. 과세와 징발이 점차 심해지니 백성이 두려워하고, 사업과 공사가 그치지 않으니 민심이 동요하였습니다. 조정과 재야가 소란해졌으며 수도와 경기 지역도 불안해졌습니다.

④ 너무 서두르면 신통한 판단력도 어긋날 수 있고 지나치게 세밀하면 예리한 관찰도 틀릴 수 있습니다. 판단을 급히 하다 보면 용서가 부족해지고, 또 의심스러운 것들을 잘 분별할 수 없기 때문입니다. 세밀히 관찰하다 보면 의심이 많아지고 또 예측한 것이 반드시 옳지만은 않습니다.

---

195 본서의 『육주약선』 '3. 천행(遷幸)의 사유를 논하는 주장'과 같은 문장으로, 문장 가운데 일부분을 절록한 것이다.

196 각산(榷算)의 법은 징집 대상에 해당하는 성인 남성에게 세금을 거두는 법이고, 솔대(率貸)의 법은 당 숙종(唐肅宗) 때 시행된 법으로 부유한 사람들의 재산을 조사하여 일부를 세금으로 내게 한 법이다.

⑤ 『역경』에 이르기를, "하늘이 보우하니 길하여 이롭지 않음이 없다."라고 하였습니다. 중니(仲尼, 공자)가 이르기를, "보우한다는 것은 돕는다는 뜻이다. 하늘이 돕는 것은 순리요, 사람이 돕는 것은 성실이니, 성실을 실천하고 순리를 생각하며 또 어진 이를 높인다. 그러므로 하늘이 보우하니 길하여 이롭지 않음이 없는 것이다."라고 하였습니다.

⑥ 『춘추좌씨전』에 이르기를, "화복은 정해진 문이 없고 오로지 인간이 초래한다."라고 하였습니다. 또 "인간은 하늘과 땅의 중간에 있는 것을 받아 태어나니, 이것이 운명이다. 따라서 행동과 몸가짐과 예의의 준칙에 의해 운명이 확정된다. 유능한 이는 그것을 길러 복을 부르고, 무능한 이는 그것을 망쳐 화를 부른다."라고 하였습니다.

⑦ 치세에 간혹 변란이 생기기도 하며 변란이 간혹 치세에 도움이 되기도 합니다. 어려움이 없어서 나라를 잘 지키지 못하는 경우도 있고, 어려움이 많은데 나라가 흥하는 경우도 있습니다. 치세에 간혹 변란이 생기는 까닭은 치세를 믿고 대비하지 않아서이며, 변란이 간혹 치세를 돕는 까닭은 변란을 당하여 두려워할 줄 알아서입니다. 어려움이 없는데 나라를 지키지 못하는 까닭은 임금의 막중한 임무를 홀시하고 근심과 두려움을 잊어서이며, 어려움이 많은데 나라가 흥하는 까닭은 온갖 어려운 일을 겪으면서 경계하고 조심할 줄 알아서입니다.

⑧ 항상 생각하시고 깊이 헤아리십시오. 자신의 생각을 버리고 중론을 따르시며 욕심을 물리치고 바른 도리를 따르십시오. 아첨꾼을 멀리하고 충직한 사람을 가까이하며 진실한 이를 등용하고 속이는 이를 물리치십시오. 참소하여 방해하는 길을 막고 간언하는 문을 넓히시며, 이익만 추구하는 법률을 없애고 백성을 쉬게 하는 방책에 힘쓰십시오. 소소한 능력의 소유자도 선발하여 모든 인재를 망라하시고, 작은 잘못이나 미움을 산 일로 잊히는 이가 없게 하십시오. 이 도는 알기 쉽고 행하기 쉬우며 정신적 피로나 육체적 고통도 따르지 않으니, 오직 마음에 새겨두시기만 하면 됩니다.

⑨ 이 도를 저녁에 마음속으로 맹세하면 신명을 감화시키고 천지를 감동시킬 수 있

으며, 아침에 사안에 적용해 시행하면 만민을 복종시키고 만방을 포용할 수 있습니다.

論敘遷幸之由狀

① 徵師四方, 無遠不曁, 父子訣別, 夫妻分離. 一人征行, 十室資奉, 居者有餽送之苦, 行者有鋒刃之憂. 去留騷然, 而閭里不寧矣.

② 榷算之科設, 率貸之法興. 禁防滋章, 條目纖碎, 吏不堪命, 人無聊生. 農桑廢於徵呼, 膏血竭於笞捶, 市井愁苦, 室家怨咨. 兆庶嗷然, 而郡邑不寧矣.

③ 聚斂之法, 轂下尤嚴, 邸第侯王, 咸輸屋稅; 裨販夫婦, 畢算緡錢. 貴而不見優, 近而不見異, 其爲憤惑, 又甚諸方. 誅求轉繁, 庶類恐懼; 興發無已, 羣情動搖. 朝野囂然, 而京邑關畿不寧矣.

④ 神斷失於太速, 睿察傷於太精. 斷速則寡恕於人, 而疑似之間, 不容辯也; 察精則多猜於物, 而臆度之際, 未必然也.

⑤『易』曰: "自天祐之, 吉無不利." 仲尼以爲: "祐者助也. 天之所助者順也, 人之所助者信也. 履信思乎順, 又以尙賢, 是以自天祐之, 吉無不利."

⑥『春秋傳』曰: "禍福無門, 惟人所召." 又曰: "人受天地之中以生, 所謂命也. 是以有動作威儀禮義之則以定命. 能者養之以福, 不能者敗以取禍."

⑦ 理或生亂, 亂或資理, 有以無難而失守, 有因多難而興邦. 理或生亂者, 恃理而不修也; 亂或資理者, 遭亂而能懼也. 無難失守者, 忽萬機之重, 而忘憂畏也; 多難興邦者, 涉庶事之艱, 而知敕愼也.

⑧ 勤思焉, 熟計焉, 捨己以從衆焉, 違欲以遵道焉, 遠憸佞而親忠直焉, 推至誠而去逆詐焉, 杜讒沮之路, 廣諫諍之門焉; 埽求利之法, 務息人之術焉, 錄片善片能以盡羣材焉, 忘小瑕小怨俾無棄物焉. 斯道甚易知, 甚易行, 不勞神, 不苦力, 但在約之於心耳.

⑨ 斯道夕誓之於心, 則可以感神明, 動天地; 朝施之於事, 則可以服庶類, 懷萬方.

52. 지금의 절실한 문제를 논하는 주장[197]

① 한마디 말을 잘못하면 사방의 사람들이 흩어지고,[198] 한 가지 일이 타당하면 만백성의 마음이 모입니다.

② 지금 급한 일은 백성의 마음을 자세히 살피는 것입니다. 만약 백성의 마음이 몹시 바라는 것이라면 폐하께서 그것을 먼저 시행하시고, 백성의 마음이 몹시 싫어하는 것이라면 먼저 버리십시오. 바라는 것과 싫어하는 것을 천하의 백성과 함께했을 때, 예로부터 지금까지 조정에 귀의하지 않은 백성이 없었습니다.

③ 말로 백성을 움직이면 감동이 깊지 않지만 행동으로 백성을 움직이면 그 반응이 반드시 신속합니다.

④ 말은 사정에 따라 쉽게 할 수 있으나 행동은 사욕을 거슬러야 하므로 실천하기 어렵습니다. 말은 하기 쉬우므로 믿지 않을 수도 있지만, 행동은 실천하기 어려우므로 복종하지 않을 수 없습니다.

⑤ 지방관의 생각이 조정에 상달되지 않고 조정 중신의 진정한 의견이 폐하께 상주되지 못한다고 합니다. 황제의 은택이 아랫사람에게 미치지 못하고 백성의 실상이 윗사람에게 들리지 않으며, 사실이 반드시 알려지지도 않고 알려진 일도 반드시 진실은 아닙니다. 상하 간에 소통이 되지 않고 진위가 뒤섞여 원망하는 소리와 비방하는 소리가 와글와글 시끄럽다면, 의심이나 불통이 없기를 바란들 가능하겠습니까!

---

197 본서의 『육주약선』 '4. 봉천(奉天)에서 지금의 절실한 문제를 논하는 주장'과 같은 문장으로, 문장 가운데 일부분을 절록한 것이다.

198 『춘추좌씨전·성공(成公) 8년』에 "대국이 신의를 알지 못하고 의를 수립하지 않는다면, 사방의 제후가 누군들 마음이 떠나지 않겠습니까[信不可知, 義無所立, 四方諸侯, 其誰不解體]?"라는 계문자(季文子)의 말이 보인다.

⑥ 여러 방법을 신통하게 운용하시고 미세한 점까지 모두 살피시어 그 괴로움과 어려움을 없애주소서. 마치 담금질한 칼날로 사마귀를 베어내듯, 둑을 터 물을 대주듯 하신다면 덕을 높일 수 있고 어려움을 해결할 수 있습니다.

⑦ 숨김없이 간언하면 폐하께서는 부디 과실을 고친 탕왕의 미덕에 걸맞도록 간언한 사람의 곧은 성격을 칭찬하고 그 비난을 아낌없이 받아들이십시오. 방책이 쓸 만하면 폐하께서는 부디 우임금이 좋은 말을 들을 때마다 절했던 정성을 본받으시어 그 사람의 능력을 칭찬하고 즉시 그 방책을 시행하십시오. 평민의 소소한 선행도 빠짐없이 채택하며 선비들이 전하는 이야기도 싫증내지 말고 들어주십시오. 천하 사람의 지혜를 모아 총명함을 더하고 천하 사람의 마음에 따라 명령을 시행한다면 군주와 신하가 한마음이 될 것이니 어찌 따르지 않는 이가 있겠습니까! 먼 곳과 가까운 곳이 모두 마음으로 복종하며 귀순할 것이니 그 누구와 함께 난을 일으킬 수 있겠습니까! 의심과 불통이 화합으로 바뀌고 원망과 비방이 찬양으로 바뀔 것이니, 열이틀이면 크게 변하게 할 수 있습니다.

論當今切務狀

① 一言失則四方解體, 一事當則萬姓屬心.

② 當今急務, 在於審察群情. 若群情之所甚欲者, 陛下先行之; 群情之所甚惡者, 陛下先去之. 欲惡與天下同, 而天下不歸者, 自古及今, 未之有也.

③ 動人以言者, 其感不深; 動人以行者, 其應必速.

④ 言因事而易發, 行違欲而難成, 易發故有所未孚, 難成故無思不服.

⑤ 郡國之志, 不達於朝廷; 朝廷之誠, 不升於軒陛. 上澤闕於下布, 下情壅於上聞, 實事不必知, 知事不必實, 上下否隔於其際, 眞僞雜糅於其間, 聚怨囂囂, 騰謗籍籍, 欲無疑阻, 其可得乎!

⑥ 神無滯用, 鑒必窮微, 愈其病而易其難, 如淬鋒潰疣, 決防注水耳. 可以崇德美, 可以濟艱難.

⑦ 有諫諍無隱者, 願陛下叶成湯改過之美, 褒其直而勿吝其非; 有謀猷可用者, 願陛下體大禹拜言之誠, 獎其能而亟行其策. 至於匹夫片善, 采錄不遺; 庶士傳言, 聽納無倦. 是乃總天下之智, 以助聰明; 順天下之心, 以施敎令. 則君臣同志, 何有不從; 遠邇歸心, 孰與爲亂! 化疑梗爲訢合, 易怨謗爲謳歌, 浹辰之間, 可使丕變.

53. 일전의 상주가 시행되지 않은 점을 논하는 주장[199]

① 공자도 "사람의 마음은 성왕(聖王)의 밭이다."라고 하였으니, 사람의 마음에서 통치의 도리가 나온다는 말입니다. 시대의 성쇠나 정사의 득실과 같은 모든 일의 조화는 반드시 백성의 마음에 달려 있습니다. 마음이 통하고 막힘에 따라 성쇠가 나뉘고, 마음이 박(薄)하고 후(厚)함에 따라 득실이 달라집니다. 천하 백성의 마음을 잘 알기로는 성인보다 지혜로운 이가 없으며, 성인의 마음을 모두 표현한 것으로는 『주역(周易)』의 상(象)보다 심오한 것이 없습니다.

② 그 괘(卦)를 구별해보면, 곤(坤)이 위에 있고 건(乾)이 아래에 있는 것을 태(泰)라고 하였고, 건이 위에 있고 곤이 아래에 있는 것을 비(否)라고 하였습니다. 그 상(象)을 취하여 위를 덜어내어 아래에 보태는 것이 익(益)이라고 하였고, 아래를 덜어내어 위에 보태는 것이 손(損)이라고 하였습니다.

건(乾)은 하늘이고 임금이며 곤(坤)은 땅이고 신하입니다. 하늘이 아래에 있고 땅이 위에 있으면 위치가 틀린 것입니다. 그런데도 도리어 태평[泰]하다고 한 것은 상하가 교류하기 때문입니다. 임금이 위에 있고 신하가 아래에 있으면 그 이치가 순조롭습니다. 그런데도 도리어 혼란[否]하다고 한 것은 상하가 교류하지 못하기 때문입니다. 기운[氣]이 교류하지 못하면 만물이 자라지 못하며, 마음이 교류하지 못하면 모든 나라가 화합하지 못합니다. 하늘의 기운이 아래로 내려가고 땅의 기운이 위로 올라간 후에 한 해의 농사가 완성됩니다. 임금의 은택이 아래로 흐르고 신하의 정성이 위에 도달한 후에 통치의 도리가 확립됩니다. 손(損)과 익(益)의 의미도 이와 같습니다.

③ 군주가 스스로 절제하고 백성을 넉넉하게 해주면 백성은 필히 기뻐하며 군주를 받듭니다. 그러니 어찌 이득[益]이라고 하지 않겠습니까! 군주가 백성을 업신여기고 제멋대로 행동하면 백성은 반드시 원망하며 군주를 배반합니다. 그러니 어찌 손실[損]이

199 본서의 『육주약선』 '5. 봉천에서 일전의 상주가 시행되지 않은 점을 논하는 주장'과 같은 문장으로, 문장 가운데 일부분을 절록한 것이다.

라고 하지 않겠습니까! 그러므로 상하가 교류하면 태평하고 교류하지 않으면 혼란해지는 것입니다. 자신이 손실을 입으면 백성에게 이득이 되고 자신이 이득을 취하면 백성이 손실을 입으니, 백성의 마음을 얻는 일이 어찌 쉽겠습니까!

④ 군주를 배에 비유하고 백성을 물에 비유하는데, 물은 배를 뜨게도 하고 전복시키기도 합니다. 배는 통치의 방법이고 물은 백성의 마음입니다.

⑤ 옛 성군은 백성 위에 있으면서도 마음은 반드시 천하의 마음을 따랐고 감히 천하의 백성을 이용하여 자신의 욕심을 채우지 않았습니다.

⑥ "삼가고 두려워하여 하루 이틀 사이에도 기미가 만 가지나 된다."라고 하였습니다. 기미라는 것은 일이 은미한 상태입니다. 덕 있는 성인이나 존귀한 천자라도 일이 은미한 상태에 있을 때 더욱 신중히 하여 하루에도 만 번이나 생각하였으니, 윗사람으로서 아랫사람을 대할 때 그들의 마음을 잃는 것을 두려워했기 때문이 아니겠습니까.

⑦ "인심(人心)은 위태롭고 도심(道心)은 은미하다."[200]라고 하였습니다. 은미하니 만 가지 기미를 정성껏 생각하지 않을 수 없고, 위태하니 물이 배를 전복시킬 수도 있다는 경계를 두려워하지 않을 수 없습니다.

⑧ 무릇 사물을 헤아리는 것은 생각이고 생각을 드러내는 것은 말입니다. 그런데 말에는 옳고 그름이 있으므로 사적을 살피는 것이 가장 좋습니다. 사적도 성공과 실패가 있으므로 지나간 일로 검증하는 것이 가장 좋습니다. 예로부터 왕업의 성쇠와 임금의 잘잘못이 역사책에 모두 남아 있으니, 분명하게 검증할 수 있습니다.

백성과 같은 바람을 가지면 흥하지 않은 적이 없었고 백성을 거스르고 자기 생각을 따르면 망하지 않은 적이 없었습니다. 선한 사람의 말을 따르고 간언을 받아들이면 안

200 『서경·대우모(大禹謨)』에 나오는 말로, 순(舜)임금이 우(禹)에게 당부한 내용이다. 『서전(書傳)』에 따르면 형기(形氣)에서 나온 것이 인심이고, 의리(義理)에서 나온 것이 도심이라 하였다.

전하지 않은 경우가 없었고, 현명한 사람을 멀리하고 과오를 인정하는 것을 부끄럽게 여기면 위험하지 않은 경우가 없었습니다.

⑨ 지나간 사적에서 득실을 참고하고 검증된 진실에서 성쇠를 살펴보면, 바른 도리를 잃은 후 쇠하지 않은 사람이나 도리를 깨달은 후 흥하지 않은 사람이 과연 있었습니까? 각각의 행위에 따라 상응하고 정확하게 영향이 따르니, 어찌 본보기로 삼지 않을 수 있겠으며 경외하지 않을 수 있겠습니까?

⑩ 선악이 똑같이 뒤따르는 것은 펜 구슬꾸러미처럼 분명하니 성패가 그 행동에 따라 갈릴 것은 불을 보듯 분명합니다.

⑪ 하늘이 내린 재능으로 막중한 제위(帝位)에 올라 무력으로 난리를 평정하고 문덕(文德)으로 태평성대를 이루셨습니다. 위엄이 시행되는 것은 우레와 같고 밝게 비추는 것은 해와 달과 같아, 뛰어난 책략이 온갖 사무에 시행되고 성스러운 공덕이 구가(九歌)에 기록되었습니다.

⑫ 참으로 평범한 사람이 헤아릴 수 있는 바가 아니니 백성이 마음으로 찬미하고 우러러보는 바입니다.

⑬ 어리석은 군주의 난세를 언급할 때면 돌이켜보고 두려워하며 자신을 경계하셨고, 현명한 군주의 태평성세를 언급할 때면 기대하며 그와 같이 되려고 하셨습니다. 농사일의 어려움을 언급할 때면 윗사람과 아랫사람이 함께 도우며 근검하고자 힘쓰셨고, 평민의 고통을 언급할 때면 군주와 신하가 함께 염려하며 요역을 줄이도록 의논하였습니다.

⑭ 재상을 부를 때는 반드시 간관(諫官)과 함께 들도록 하여 조그만 잘못이라도 있으면 곧바로 경계하고 간언하게 하셨습니다. 한 가지라도 잘한 일이 있으면 반드시 승진을 명하고, 한마디라도 간언을 들으면 반드시 포상하셨습니다. 그러므로 때를 놓치

는 일이 없었고 백성이 즐거워하며 성의를 다했습니다.

⑮ 대신들은 감히 아랫사람의 사정을 덮지 못하였고 사적으로 친한 사람은 감히 공적인 논의에 관여하지 못하였습니다. 그렇게 조정이 정돈되고 정치가 평온한 시절이 30년간 이어졌습니다. 교화가 이미 시행되고 안정이 확보되었다고 여겨졌으므로 현종 황제도 귀와 눈으로 즐기는 것이 점차 늘어났고 걱정하고 수고하려는 생각이 점점 사라졌습니다. 사치한 마음이 한번 싹트자 간사한 이들이 함께 나왔습니다. 권력을 탐하고 훔치려는 이들은 "덕이 요(堯)임금, 순(舜)임금과 같으신데 어찌 수고롭게 신경쓰십니까?"라고 말하였습니다. 황제의 뜻에 영합하여 아첨하는 이들은 "시대가 이미 태평하니 어찌 즐기지 않으십니까?"라고 말하였습니다.

⑯ 깊이 생각하고 멀리 염려하는 사람이 있으면 허망한 소리로 백성을 놀라게 한다고 말하고, 올곧은 말과 절실한 간언을 하는 사람이 있으면 비방하는 언사로 명성을 얻고자 한다고 말하였습니다. 황제는 하늘처럼 높은 곳에서 바라만 보고, 재상은 조정에서 위세를 키웠습니다. 논의를 해야 할 신하들은 찬미하는 것을 직무라고 여기고, 법을 담당한 관리들은 황제의 뜻을 알아채는 것을 업무라고 생각하였습니다. 재물을 담당한 관리는 많이 거두는 것을 충성이라고 여기고, 권세 있는 가문은 많은 뇌물을 받는 것을 명망이라고 생각하였습니다.

⑰ 폐하께서는 자태와 언변이 남달리 탁월하시며 군사적 책략과 웅대한 계획은 보통 이상이십니다. 통치를 방해하는 풍속에 분개하여 평정하는 임무를 몸소 맡으셨고, 현명하고 위엄 있게 다스리며 엄한 법으로 결단하십니다. 그러나 폐단이 생긴 지 오래되고 상도를 벗어났으므로[201] 멀리 있는 자는 놀라고 의심하여 명을 어기고 죽음을 피하고자 반란을 일으키며, 가까이 있는 자는 두려워하여 구차하게 죄를 피하려는 작태

201 원문의 '준항(浚恒)'은 아랫사람이 윗사람에게 평상적인 것보다 훨씬 지나치게 요구하다가 기대에 못 미쳐 원망한다는 말이다. 『주역·항괘(恒卦)·초육(初六)』에 "초육은 깊이 항상 바라는 상(象)이다. 바르더라도 흉하니 이로운 바가 없다[初六, 浚恒. 貞凶, 無攸利]."라고 하였다.

가 생깁니다.

⑱ 조정 안의 일조차 서로 깨우쳐주지 않으니, 드넓은 세상의 일을 어떻게 서로 소통하겠습니까!

⑲ 오늘 목도하신 것들을 가지고 과거에 들은 이야기와 비교하여 무엇이 진실이고 거짓인지, 어떤 것이 이득이고 손실인지 검증해보신다면, 사안의 소통과 불통을 소상히 아실 것이며 사람들의 진실과 거짓을 모두 알게 되실 것입니다. 역대 황제들께서 거두신 성과가 저렇듯 역력하고, 지금의 통치와 변란의 이유가 이처럼 명백합니다. 백성을 얻으면 흥성하지만 백성을 잃으면 위태합니다. 모두가 화합하면 여유롭지만 한 사람만 믿으면 어두워집니다. 간언을 받아들이면 미덕을 이룰 수 있지만 자기가 현명하다 여기면 덕을 손상합니다. 훌륭한 시작은 근심과 근면을 근본으로 삼으며, 온전함을 잃는 것은 안일과 태평에서 비롯됩니다.

論前所答奏未施行狀

① 仲尼以謂 "人情者, 聖王之田", 言理道所由生也. 是則時之否泰, 事之損益, 萬化所繫, 必因人情. 情有通塞, 故否泰生; 情有薄厚, 故損益生. 通天下之情者, 莫智於聖人; 盡聖人之心者, 莫深於『易』象.

② 其別卦也, 乾下坤上則曰泰, 坤下乾上則曰否. 其取象也, 損上益下則曰益, 損下益上則爲損. 乾爲天, 爲君; 坤爲地, 爲臣. 天在下而地處上, 於位乖矣, 而反謂之泰者, 上下交故也; 君在上而臣處下, 於義順矣, 而反謂之否者, 上下不交故也. 氣不交則庶物不育, 情不交則萬邦不和. 天氣下降, 地氣上騰, 然後歲功成; 君澤下流, 臣誠上達, 然後理道立. 損益之義, 亦猶是焉.

③ 上約己而裕於人, 人必悅而奉上矣, 豈不謂之益乎; 上蔑人而肆諸己, 人必怨而叛上矣, 豈不謂之損乎! 然則上下交而泰, 不交而否, 自損者人益, 自益者人損, 情之得失, 豈容易哉!

④ 喩君爲舟, 喩人爲水. 水能載舟, 亦能覆舟. 舟卽君道, 水卽人情.

⑤ 古先聖王之居人上也, 必以其心從天下之心, 而不敢以天下之人從其欲.

⑥ "兢兢業業, 一日二日萬幾." 夫幾者, 事之微也. 以聖人之德, 天子之尊, 且猶愼事之微, 乃至一日萬慮, 豈不以居上接下, 懼失其情歟?

⑦ "人心惟危, 道心惟微." 微則萬幾之慮, 不得不精也; 危則覆舟之戒, 不得不畏也.

⑧ 揆物以意, 宣意以言. 言或是非, 莫若考於有跡; 跡或成敗, 莫若驗於已行. 自昔王業盛衰, 君道得失, 史冊盡在, 粲然可徵. 與衆同欲靡不興, 違衆自用靡不廢; 從善納諫靡不固, 遠賢恥過靡不危.

⑨ 考得失於已行之跡, 鑒盛衰於已驗之符, 孰失道而不衰, 孰得理而不盛? 報應以類, 影響不差, 胡可不則而象之, 敬而畏之?

⑩ 善惡從類, 端如貫珠; 成敗象行, 明若觀火.

⑪ 以天縱之才, 有神器之重, 武定禍亂, 文致太平, 威行如雷霆, 明照侔日月, 英略施於百務, 聖功被於九歌.

⑫ 固非庶品之所度量, 常情之所鑽仰.

⑬ 每言及暗主亂朝, 則省懼自戒; 言及賢君理代, 則企竦思齊. 言及稼穡艱難, 則上下相匡, 務遵勤儉; 言及閭閻疾苦, 則君臣同慮, 議息征徭.

⑭ 每召宰相平章, 必遣諫官俱入, 少有頗失, 隨卽箴規. 得一善, 必遽命甄昇; 聽一諫, 必明加褒錫. 故得時無闕事, 人樂輸誠.

⑮ 大臣不敢壅下情, 私昵不敢干公議, 朝淸道泰, 垂三十年. 謂化已行, 謂安可保, 耳目之娛漸廣, 憂勤之志稍衰. 侈心一萌, 邪道並進. 貪權竊柄者, 則曰: "德如堯, 舜矣, 焉用勞神?" 承意趣媚者, 則曰: "時已太平矣, 胡不爲樂?"

⑯ 有深謀遠慮者, 謂之迂誕驚衆; 有讜言切諫者, 謂之誹謗邀名. 至尊收視於穆淸, 上宰養威於廊廟, 議曹以頌美爲奉職, 法吏以識旨爲當官, 司府以厚斂爲公忠, 權門以多賂爲問望.

⑰ 英姿逸辯, 邁絶人倫, 武略雄圖, 牢籠物表. 憤習俗以妨理, 任削平而在躬, 以明威照臨, 以嚴法制斷. 流弊日久, 浚恒太深. 遠者驚疑, 而阻命逃死之亂作; 近者畏懾, 而偷容避罪之態生.

⑱ 軒墀之間, 且未相諭, 宇宙之廣, 何由自通!

⑲ 以今日之所覩, 驗往時之所聞, 孰眞孰虛, 何得何失, 則事之通塞, 備詳之矣; 人之情僞, 盡知之矣. 列聖升降之效, 歷歷如彼; 當今理亂之由, 昭昭如此, 未有不興於得衆, 殆於失人, 裕於僉諧, 蔽於偏信, 濟美因乎納諫, 虧德由乎自賢, 善始本乎憂勤, 失全萌乎安泰.

54. 신하들을 자주 대면하여 사안을 논의하도록 청하는 주장[202]

① 아는 것을 모두 말하는 것을 진심(盡心)이라고 하며, 옳은 도리로 주군을 섬기는 것을 충성이라고 합니다.

② 천자의 도리는 하늘과 같습니다. 하늘은 땅에 나쁜 나무가 있다고 해서 생장을 멈추게 하지 않으며, 천자는 때때로 소인이 있다고 해서 의견을 받아들이는 일을 그만두지 않습니다.

③ 옛사람 중에는 목이 메인 적이 있다고 해서 식음을 전폐한 자도 있고,[203] 물에 빠질까 두려워 스스로 죽은 자도 있으니, 잘못을 바로잡고 우환을 막으려는 생각이 너무 지나치지 않습니까.

④ 백성의 도움은 신의에서 나오고 신의의 확립은 진정에서 나온다고 하였습니다. 마음에 진정을 지닌 후에야 백성이 의심하지 않도록 할 수 있으며, 자신이 신의를 지켜야 남에게 속이지 말라고 할 수 있습니다.

⑤ 일단 진정이 없으면 마음으로 믿지 못하고 일단 믿지 못하면 말이 통하지 않습니다. 그래서 성인은 신의를 중시하여 양식은 버릴 수 있어도 신의를 잃어서는 안 된다고 하였습니다.

⑥ "진정은 만사의 시작이자 끝이다. 진정이 없다면 아무 일도 안 된다."라고 하였습니다. 물(物)이라는 것은 일[事]이니, 진정이 없으면 더 이상 아무 일도 할 수 없다는 말

---

202 본서의 『육주약선』 '6. 봉천에서 신하들을 자주 대면하며 사안을 논의하도록 청하는 주장'과 같은 문장으로, 문장 가운데 일부분을 절록한 것이다.

203 목이 메일까 봐 밥을 먹지 않는다는 뜻으로, 조그마한 장애를 꺼려서 큰일을 포기하는 것을 비유한다. 『여씨춘추(呂氏春秋)·탕병(蕩兵)』에 "음식이 목구멍에 걸려 죽은 사람이 있다고 해서 천하의 모든 음식을 없애려고 하는 것은 어리석은 짓이다[夫有以噎死者, 欲禁天下之食, 悖]."라고 하였다.

입니다. 필부조차 진정이 없으면 더 이상 어떤 일도 할 수 없거늘, 하물며 군주는 백성의 진정에 의지하여 자신의 자리를 확고하게 하니, 백성을 진정으로 대하지 않아서야 되겠습니까?

⑦ 지극히 미미한 바닷가 새라도 거짓된 마음을 알아채니 영험한 존재는 원래 속이기 어렵습니다.

⑧ 백성은 매우 우둔하지만 신령스럽다는 말이 있습니다. 무지한 백성은 어리석고 비천하여 우둔한 듯하지만 군주의 잘잘못을 모두 분별하고 군주가 좋아하고 싫어하는 것을 모두 알며, 군주가 숨기는 일을 모두 전하고 군주가 하는 일을 모두 본받습니다. 그래서 신령스럽다고 말한 것입니다.

⑨ 지략으로 통제하면 백성이 서로 속이고, 의심하는 모습을 보이면 백성이 서로 도적질합니다. 예법에 맞게 대하지 않으면 의리를 따르려는 생각이 약해지고, 은덕으로 보살피지 않으면 충성하려는 마음이 옅어집니다. 위에서 행하면 아래에서 따르고 위에서 베풀면 아래에서 보답하니, 마치 소리에 메아리가 따르고 형체에 그림자가 따르는 것과 같습니다. 형체가 곧지 않으면 그림자도 구부러지고 소리가 바르지 않으면 메아리도 간사합니다.

⑩ 비천한 속임수를 마음에 품고서 얼굴에 드러나지 않기를 바라거나, 얼굴에 드러나는데도 보는 이가 알아채지 못하기를 바랄 수는 없습니다. 보는 이가 알아채는데도 백성이 의심하지 않기를 바라거나, 백성이 의심하는데도 반란이 일어나지 않기를 바라는 것은 예로부터 지금까지 불가능한 일이었습니다.

⑪ 만약 자신이 최선을 다하지 않으면서 다른 사람에게 최선을 다하기를 바란다면, 사람들은 필시 의심하고 따르지 않을 것입니다. 먼저 자신이 정성을 다하지 않으면서 나중에 정성을 다하겠다고 말한다면, 사람들은 필시 의심하고 믿지 않을 것입니다.

⑫ 지금 변방에 불충한 자가 있으면 폐하께서 군사를 일으켜 정벌하십니다. 신하 중에 군주의 신의를 저버린 이가 있으면 폐하께서 주살하라는 명을 내리십니다. 담당 관리가 명령에 복종하며 그를 주살하고 감히 놓아주지 못하는 것은 폐하께서 신의를 지키면서 신의가 없는 저들을 질책하였기 때문입니다.

⑬ 성탕(成湯)이 성군(聖君)이라면 중훼(仲虺)는 성인을 돕는 대신인 성보(聖輔)입니다. 그런데 성보가 성군을 칭송하면서 과오가 없다고 칭찬하지 않고 과오를 고쳤다고 칭찬하였습니다. 주 선왕(周宣王)은 중흥을 이룩한 현군(賢君)이고 길보(吉甫)는 문무를 겸비한 현신(賢臣)입니다. 그런데 현신이 현군을 칭송하면서 결점이 없다고 찬미하지 않고 결점을 보완하였다고 찬미하였습니다.

⑭ 오직 과오를 고치는 것을 능력으로 여겼을 뿐 과오가 없는 것을 귀하게 여기지 않았습니다.

⑮ 선(善)으로 나아가면 그 덕이 날로 새로워지니 이런 사람이 군자입니다. 잘못을 저지르면 그 잘못이 더욱 쌓이니 이런 사람이 소인입니다.

⑯ 신하는 아첨을 잘하고자 하고 군주 역시 스스로를 성인으로 여기니 성대한 덕이 감추어지고 소소한 도가 시행됩니다. 이렇게 되면 대궐에 들어가서는 무릎을 맞대고 은밀히 이야기하다가[204] 나와서는 궤변을 늘어놓는 행태가 생길 것입니다.

---

204 원문의 '조슬(造膝)'은 무릎을 서로 맞댈 정도로 가까이 대면한다는 말로, 왕과 신하가 서로 속마음을 토로하면서 은밀히 계책을 정하는 것을 말한다. '궤사(詭辭)'는 논의의 내용을 사실대로 말하지 않고 속이는 것을 말한다. 『곡량전(穀梁傳)·문공(文公) 6년』에 "그래서 선비는 무릎을 맞대고 이야기하고, 나와서는 속여 말한다[故士造辟而言, 詭辭而出]."라고 하였고, 『진서(晉書)·양호전(羊祜傳)』에 "어떤 이가 양호가 너무 과하게 신중하고 치밀하다고 하자, 양호가 말하기를 '이는 무슨 말인가! 무릇 들어가면 무릎을 맞대고 임금과 의논하고, 나오면 말을 속이는 법이니, 군신 사이에 치밀하지 못한 것에 대한 경계를 나는 미치지 못할까 두려워하노라'[或謂祜愼密太過者, 祜曰是何言歟, 夫入則造膝, 出則詭辭, 君臣不密之誡, 吾惟懼其不及]."라고 하였다.

⑰ 천고에 빼어난 재주와 맑고 밝은 품성을 갖추었으니, 성인의 계획을 거듭 시행하고 전해오는 폐단을 일거에 변화시켰습니다. 마음을 비워 간언을 받아들이는 것을 통치의 근본으로 삼고, 직언을 듣는 것을 국가의 영화로운 일로 삼았습니다.

⑱ 살아서는 태평한 교화를 이루고 죽어서는 요(堯), 순(舜)과 명성을 나란히 합니다.

⑲ 보통 임금의 평범한 감정을 따르고 습속의 일반적인 틀에 막혀, 과오를 들으면 자신의 단점을 부끄러워하고 간언을 받아들이면서도 남이 알까 두려워할 수도 있을 것입니다. 그러면 비록 통치를 바라는 마음이 있더라도 필시 세상을 구제하는 효과는 없을 것이요, 비록 과오를 뉘우치는 뜻이 있더라도 필시 간언을 따른다는 명성은 없을 것입니다.

⑳ 천지를 법도로 삼는 문(文)이 있고 화란을 평정하는 무(武)가 있으며, 몸소 인의를 실천하는 덕이 있고 태평성대를 이룩하는 공이 있었습니다. 그 큰 공적과 빛나는 영광이 지극하다고 하겠습니다. 그러나 사람들이 지금까지 그를 칭송하면서 그 도(道)가 옛사람 중에서도 으뜸이며 은택이 영원히 전해진다고 여기는 가장 중요한 이유는 간언에 따라 허물을 고친 것입니다.

㉑ 순(舜)임금은 주위의 가벼운 말을 살폈기에 성인다워질 수 있었고, 진 문공(晉文公)은 대중의 의견을 들었기에 패업을 이룰 수 있었습니다. 『시경(詩經)·대아(大雅)』에는 "미천한 백성에게 자문하네."라고 하였고, 『홍범(洪範)』에서는 "일반 백성과 의논한다."라고 하였습니다.

㉒ 거창한 말도 증거가 없으면 굳이 채택할 필요가 없으며, 투박한 말이라도 이치에 맞으면 굳이 버릴 필요가 없습니다. 또 듣기 좋은 말이라고 반드시 동의할 필요는 없고, 마음에 거슬리는 말이라고 반드시 부정할 필요도 없습니다. 남들과 다른 의견이 꼭 옳지는 않으며 대중과 같은 의견이 꼭 그르지는 않습니다. 서투른 언사로 빠른 효과를 내려 한다고 반드시 어리석은 것은 아니며, 달콤한 언사로 이익을 중시한다고 반드시

지혜로운 것도 아닙니다.

㉓ 믿음에 가려지고 의심에 막히며, 가벼운 것을 소홀히 하고 욕심에 빠졌습니다. 믿음이 치우치면 말을 들어도 그 실상을 따지지 않으니, 이로 말미암아 지나친 말을 하게 됩니다. 의심이 심하면 비록 사실이라도 그 말을 듣지 않으니, 이렇게 되면 이야기를 들을 때 사실을 놓치게 됩니다. 사람을 가볍게 여기면 중요한 일을 놓치고, 일을 욕심내면 버려야 할 사람을 그대로 두게 됩니다.

㉔ 사람들이 일반적으로 가볍게 여기는 것을 성인은 오히려 중시합니다. 먼 일을 도모하려는 자는 먼저 가까운 일부터 실제로 행해야 하며, 큰일에 힘쓰는 자는 반드시 사소한 일부터 신중히 해야 합니다.

㉕ 남을 이기기 좋아하는 것, 과오를 지적하면 부끄러워하는 것, 말솜씨를 발휘하는 것, 총명을 뽐내는 것, 위엄을 내세우는 것, 억지 쓰고 고집부리는 것, 이 여섯 가지는 군주의 병폐입니다. 아첨하는 것, 눈치 보는 것, 겁내는 것, 이 세 가지는 신하의 병폐입니다.

㉖ 군주가 이기기를 좋아하면 필시 아첨을 달콤하게 여길 것이며, 군주가 과오를 부끄러워하면 필시 바른 간언을 싫어할 것입니다. 그러면 아첨하는 신하가 군주의 뜻을 따르느라 충성스럽고 진실한 말은 전하지 않을 것입니다.

㉗ 군주가 말솜씨가 좋으면 필시 말로 공격하여 남을 꺾을 것이며, 군주가 총명을 뽐내면 필시 억측하며 남에게 속을까 염려할 것입니다. 그러면 눈치를 살피는 신하가 자신의 편의를 도모하느라 조언을 다하지 않을 것입니다.

㉘ 군주가 위엄을 내세우면 필시 자세를 낮춰 남을 대하지 못할 것이며, 군주가 멋대로 고집을 부리면 필시 과오를 인정하고 권고를 받아들이지 못할 것입니다. 그러면 겁을 내는 신하가 허물을 잡히지 않으려고 진실한 말을 하지 않을 것입니다.

㉙ 영토는 넓고 백성은 많으며 궁궐은 깊고 신분의 격차도 큽니다. 그러므로 백성 중에서 뛰어난 사람으로 지존의 용안을 뵈올 수 있는 자는 억만 명 가운데 하나도 안 됩니다. 혹 군주를 뵙는다 하여도 만나서 이야기를 나눌 수 있는 자는 또 천만 명 가운데 하나도 안 됩니다. 다행히 군주와 만나서 이야기를 나눌 수 있는 경우에도 그 사이에 여전히 아홉 가지 병폐가 존재하니, 윗사람과 아랫사람의 마음이 통하는 일이 드뭅니다.

㉚ 의심하면 정성을 받아들이지 않고, 혼란하면 명령을 따르지 않습니다. 정성을 다하는데도 받아들여지지 않으면 패악으로 대응하고, 명령을 하는데도 따르지 않으면 형벌을 내리게 됩니다.

㉛ 사방의 눈을 열어놓고 사방의 귀를 통하게 한 이유는 억울한 사정을 반드시 소통하게 하고 자신의 잘못을 듣기 위해서입니다. 앞에는 수류(垂旒)가[205] 있고 옆에는 주광(黈纊)이[206] 있는 것은 지나치게 자세하게 살피는 것을 싫어하고 그저 남의 잘못을 드러내기만 할까 걱정해서입니다.

㉜ 하늘이 내신 백성이 근본이 되어 국가가 이루어집니다. 사람에게 입이 있으니 말하지 않을 수 없으며, 사람에게 마음이 있으니 욕심이 없을 수 없습니다. 말이 위로 전해지지 않으면 아래에 원망이 생겨나며, 욕심이 좋은 쪽으로 귀착되지 않으면 사악한 쪽으로 집중됩니다. 성인은 백성을 힘으로만 통제할 수 없다는 것을 알고서 방목(謗木)을 세우고 간고(諫鼓)를 설치하여 말이 전해지도록 하였으며, 예의를 존숭하고 성실과 신의로 안정시켰습니다. 현명하고 능력 있는 자에게 후한 상을 주고, 성과와 이익을 얻을 길을 열어 그 욕심을 좋은 쪽으로 귀착시켰습니다. 윗사람은 너무 높은 위치에 이르지 않도록 하고, 아랫사람은 곤궁한 지경에 이르지 않도록 하였습니다.

---

205 수류(垂旒)는 면류관 앞뒤에 옥을 꿰어 만든 장식이다. 작은 잘못을 따지지 않겠다는 뜻을 나타낸다.

206 주광(黈纊)은 누런 솜으로 만들어 면류관 옆으로 늘어뜨린 장식이다. 시비를 함부로 듣지 않겠다는 뜻을 나타낸다.

㉝ 만약 도리를 어기고 마음 가는 대로 따르며 남의 의견을 버리고 자신의 뜻대로만 한다고 생각해보십시오. 욕심은 채워도 된다고 여기고, 대중은 속여도 된다고 여길 것입니다. 독단은 해롭지 않다고 여기고, 자문은 무익하다고 여길 것입니다. 아첨하는 것이 충성하고 순종하는 일이라고 여기고, 착한 일을 권하고 악한 일을 간언하는 것은 망령되고 어리석은 짓으로 여길 것입니다. 훌륭한 인물을 천거하는 것을 편 만들기라고 여기고, 악한 사람을 미워하는 것을 시기한다고 여길 것입니다. 많이 의심하는 것을 아랫사람을 부리는 방법이라고 여기고, 세심하게 살피는 것을 사물을 이해하는 총명으로 여길 것입니다.

㉞ 신하를 대하실 때는 이렇게 해주소서. 예법에 맞게 대우하고 온화하게 대해주소서. 마음을 비워 말을 다하게 하고, 생각을 가다듬어 그 이치를 자세히 살피며, 달변으로 신하의 말을 막거나 스스로 총명을 뽐내지 마소서. 먼저 깨달음을 능력으로 여기지 마시고 억측을 지혜라고 여기지 마소서. 좋고 싫음을 드러내어 신하들이 아첨하도록 하지 마시고 큰소리나 표정을 지어내어 위엄을 내세우지 마소서. 저울에 달아보면 따지지 않아도 가볍고 무거운 것이 저절로 구별되며, 거울에 비춰보면 의도하지 않아도 아름답고 추함이 저절로 드러나니, 신하들은 원망할 수 없을 것입니다.

㉟ 마치 목공이 재목을 쓸 때 곧고 굽은 것이 모두 쓸모가 있듯이, 푸른 바다로 강물이 모일 때 크고 작은 강물을 모두 받아들이듯이 해주십시오. 작은 일에 능하면 낮은 관직에 배치하고 큰 공을 세우면 큰 이익으로 보답하십시오.

㊱ 불평 듣기를 싫어하지 마시고 친하게 지내는 것을 피하지 마시며 허물을 들춰내지 마시고 완전하기를 요구하지 마십시오. 남의 말 때문에 등용을 취소하지 마시고 자신을 기준으로 삼아 남에게 요구하지 마십시오. 재주가 있다는 이야기를 들으면 반드시 일로 시험해보고, 일에 능숙하면 조정 관원으로 등용하십시오. 그러면 자연히 쓰이지 않는 인재가 없고 실속 없는 등용 역시 없을 것입니다.

㊲ 과오를 고치려는 마음을 지니고 서둘러 과오를 찾으며, 과오를 고쳐주는 이를 선

량하다고 여기고 과오를 알려주는 이를 현명하다고 여기십시오.

㊳ 간언하는 이가 많으면 군주가 간언을 좋아함을 나타내며, 간언하는 말이 곧으면 군주가 현명함을 보여줍니다. 간언하는 이가 분별없이 멋대로 굴면 군주가 남을 용서할 수 있음을 알 수 있으며, 간언하는 말이 많으면 군주가 남의 의견을 따를 수 있음을 드러냅니다. 이 중에 하나라도 있으면 모두 성대한 덕입니다.

㊴ 간언하는 이에게 작위와 포상의 이익을 준다면 군주도 안정된 통치의 이익을 얻으며, 간언하는 이가 충성을 다한다는 명성을 얻으면 군주 역시 간언을 채택한다는 명성을 얻습니다.

㊵ 간언하는 이가 잘못하더라도 군주에게는 불미스러운 일이 없으니, 오직 간언이 절실하지 않을까 두렵고 천하의 일을 듣지 못할까 두려울 따름입니다.

㊶ 말이 혹 적절치 않다면 그 잘못을 근거로 말을 고칠 수는 있으나 구차하게 변명해서는 안 됩니다. 임용이 혹 타당하지 않다면 현명한 이를 찾아 대신할 수는 있어도 임용한 이를 의심해서는 안 됩니다.

請數對群臣許令論事狀

① 知無不言之謂盡, 事君以義之謂忠.

② 天子之道, 與天同方, 天不以地有惡木而廢發生, 天子不以時有小人而廢聽納.

③ 昔人有因噎而廢食者, 又有懼溺而自沈者, 其爲矯枉防患之慮, 豈不過哉!

④ 人之所助在乎信, 信之所立由乎誠. 守誠於中, 然後俾衆無惑; 存信於已, 可以教人不欺.

⑤ 一不誠則心莫之保, 一不信則言莫之行. 故聖人重焉, 以爲食可去而信不可失.

⑥ "誠者物之終始, 不誠無物." 物者事也, 言不誠則無復有事矣. 匹夫不誠, 無復有事, 况王者賴人之誠以自固, 而可不誠於人乎?

⑦ 海禽至微, 猶識情僞, 含靈之類, 固必難誣.

⑧ 所謂衆庶者至愚而神, 蓋以蚩蚩之徒, 或昏或鄙, 此其似於愚也; 然而上之得失靡不辯, 上之好惡靡不知, 上之所秘靡不傳, 上之所爲靡不効, 此其類於神也.

⑨ 馭之以智則人詐, 示之以疑則人偷, 接不以禮則徇義之意輕, 撫不以恩則効忠之情薄. 上行之則下從之, 上施之則下報之, 若響應聲, 若影從表, 表枉則影曲, 聲淫則響邪.

⑩ 懷鄙詐而求顔色之不形, 顔色形而求觀者之不辯, 觀者辯而求衆庶之不惑, 衆庶惑而求叛亂之不生, 自古及今, 未之得也.

⑪ 若不盡於己而望盡於人, 衆必紿而不從; 不誠於前而曰誠於後, 衆必疑而不信.

⑫ 今方岳有不誠於國者, 陛下則興師以伐之; 臣庶有虧信於上者, 陛下則出令以誅之. 有司順命誅伐, 而不敢縱捨者, 盖以陛下之所有, 責彼之所無故也.

⑬ 成湯聖君也, 仲虺聖輔也, 以聖輔而贊揚聖君, 不稱其無過, 而稱其改過; 周宣中興之賢主也, 吉甫文武之賢臣也, 以賢臣而歌誦賢主, 不美其無闕, 而美其補闕.

⑭ 惟以改過爲能, 不以無過爲貴.

⑮ 遷善則其德日新, 是爲君子; 遂非則其惡彌積, 斯謂小人.

⑯ 臣旣尙諛, 君亦自聖, 掩盛德而行小道, 於是有入則造膝, 出則詭辭之態興矣.

⑰ 挺秀千古, 淸明在躬, 再恢聖謨, 一變流弊, 以虛受爲理本, 以直言爲國華.

⑱ 存致雍熙之化, 沒齊堯, 舜之名.

⑲ 徇中主之常情, 滯習俗之凡見, 聞過則羞已之短, 納諫又畏人之知. 雖有求理之心, 必無濟代之効; 雖有悔過之意, 必無從諫之名.

⑳ 經緯天地有之文, 有底定禍亂之武, 有躬行仁義之德, 有致理太平之功, 其爲休烈耿光, 可謂盛極矣. 然而人到于今稱詠, 以爲道冠前古, 澤被無窮者, 則從諫改過, 爲其首焉.

㉑ 虞舜察邇言, 故能成聖化; 晉文聽輿誦, 故能恢霸功. 『大雅』有"詢于芻蕘"之言, 『洪範』有"謀及庶人"之義.

㉒ 侈言無驗不必用, 質言當理不必違; 遜于志者不必然, 逆于心者不必否; 異于人者不必是, 同于衆者不必非; 辭拙而効速者不必愚, 言甘而利重者不必智.

㉓ 蔽於所信, 阻於所疑; 忽於所輕, 溺於所欲. 信既偏, 則聽言而不考其實, 由是有過當之言; 疑既甚, 則雖實而不聽其言, 於是有失實之聽. 輕其人, 則遺其可重之事; 欲其事, 則存其可棄之人.

㉔ 常情之所輕, 乃聖人之所重. 圖遠者先驗於近, 務大者必愼於微.

㉕ 好勝人, 恥聞過, 騁辯給, 眩聰明, 厲威嚴, 恣彊愎, 此六者, 君上之弊也; 諂諛, 顧望, 畏愞, 此三者, 臣下之弊也.

㉖ 上好勝必甘於佞辭, 上恥過必忌於直諫, 如是則下之諂諛者順旨, 而忠實之語不聞矣.

㉗ 上騁辯必勦說而折人以言, 上眩明必臆度而虞人以詐, 如是則下之顧望者自便, 而切磨之辭不盡矣.

㉘ 上厲威必不能降情以接物, 上恣愎必不能引咎以受規, 如是則下之畏愞者避辜, 而情理之說不申矣.

㉙ 夫以區域之廣大, 生靈之衆多, 宮闕之重深, 高卑之限隔, 自黎獻而上, 獲覩至尊之光景者, 踰億兆而無一焉; 就獲覩之中, 得接言議者, 又千萬不一; 幸而得接者, 猶有九弊居其間, 則上下之情所通鮮矣.

㉚ 疑則不納其誠, 惑則不從其令. 誠而不見納, 則應之以悖; 令而不見從, 則加之以刑.

㉛ 明四目, 達四聰, 盖欲幽抑之必通, 且求聞已之過也; 垂旒於前, 黈纊於側, 盖惡視聽之太察, 唯恐彰人之非也.

㉜ 天生烝人, 合以爲國. 人之有口, 不能無言; 人之有心, 不能無欲. 言不宣於上, 則怨讟於下; 欲不歸於善, 則湊集於邪. 聖人知衆之不可以力制也, 故植謗木, 陳諫鼓, 列爭臣之位, 置采詩之官, 以宣其言. 尊禮義, 安誠信, 厚賢能之賞, 廣功利之途, 以歸其欲. 使上不至於亢, 下不至於窮.

㉝ 違道以師心, 棄人而任己, 謂欲可逞, 謂衆可誣, 謂專斷無傷, 謂詢謀無益, 謂諛說爲忠順, 謂獻替爲妄愚, 謂進善爲比周, 謂嫉惡爲嫌忌, 謂多疑爲御下之術, 謂深察爲照物之明.

㉞ 其接下也, 待之以禮, 煦之以和, 虛心以盡其言, 端意以詳其理. 不禦人以給, 不自眩以明, 不以先覺爲能, 不以臆度爲智, 不形好惡以招諂, 不大聲色以示威. 權衡之懸, 不作其輕重, 故輕重自辨, 無從而詐也; 水鏡之設, 無意於姸媸, 而姸媸自彰, 莫得而怨也.

㉟ 如梓人之任材, 曲直當分; 如滄海之歸水, 洪涓必容. 能小事則處之以小官, 立大勞則報之以大利.

㊱ 不忌怨, 不避親, 不抉瑕, 不求備, 不以人廢擧, 不以己格人. 聞其才必試以事, 能其事乃進以班. 自然無不用之才, 亦無不實之擧.

㊲ 以補過爲心, 以求過爲急, 以能改其過爲善, 以得聞其過爲明.

㊳ 諫者多, 表我之能好; 諫者直, 示我之能賢; 諫者之狂誣, 明我之能恕; 諫者之漏洩, 彰我之能從. 有一于斯, 皆爲盛德.

㊴ 諫者有爵賞之利, 君亦有理安之利; 諫者得獻替之名, 君亦得採納之名.

㊵ 然猶諫者有失中, 而君無不美. 唯恐讜言之不切, 天下之不聞.

㊶ 言或乖宜, 可引過以改其言, 而不可苟也; 任或乖當, 可求賢以代其任, 而不可疑也.

55. 존호(尊號)에 대해 거듭 논하는 주장[207]

① 덕이 하늘과 합치하는 이를 황(皇)이라 부르고, 덕이 땅과 합치하는 이를 제(帝)라고 부르며, 덕이 사람과 합치하는 이를 왕(王)이라고 부릅니다. 하늘을 아버지로 삼고 땅을 어머니로 삼아 사람을 양육하며 만물을 다스려 각기 합당한 자리를 찾도록 하는 이를 천자(天子)라고 부릅니다. 이것은 모두 지극히 존귀한 이의 특별한 칭호이며 지극히 찬미할 이의 위대한 이름입니다.

② 복희(伏羲), 신농(神農), 황제(黃帝), 요(堯), 순(舜)은 인류가 출현한 이래 가장 신성한 덕을 지닌 군주였으며, 천하 사람들이 지극하게 존경하고 찬미하였습니다. 그런데도 그들을 지칭하는 칭호는 황(皇) 혹은 제(帝)라고 하여 오직 한 글자만 사용하였고 겸하지도 않았습니다. 우(禹)와 탕(湯)이 이어서 즉위하였는데 그들은 모두 위대한 성인이었지만 여전히 자신이 부족하다고 여기며 존호를 왕(王)으로 낮추었습니다.

③ 군주의 무게는 칭호에 있지 않으니, 그 칭호를 높여도 공적에 도움이 되지 않고 칭호를 낮추어도 미덕이 손상되지 않습니다.

④ 칭호를 낮추면 겸손하며 옛일을 살핀다는 칭찬을 얻을 것이고, 칭호를 높이면 능력이나 뽐내고 아첨을 받아들인다는 비판을 받을 것입니다.

⑤ 버려진 규칙을 바로세우고 옛 과오를 바로잡는 것은 지극히 총명한 일이요, 헛된 수식을 없애고 이익을 얻는 것은 매우 지혜로운 일입니다. 이전의 성인들이 영원토록 위대한 이름을 보존하면서 늘 으뜸으로 칭송되는 까닭은 이러한 의리를 잘 알았기 때문입니다.

---

207 본서의 『육주약선』 '7. 봉천에서 존호(尊號)에 대해 논하는 주장'과 같은 문장으로, 문장 가운데 일부분을 절록한 것이다.

⑥ 『도덕경(道德經)』에 "왕과 제후는 스스로를 고(孤), 과(寡), 불곡(不穀)이라고 부른다." 라고 하였으니 낮춤을 근본으로 삼은 것입니다. 주 양왕(周襄王)이 난리를 만나 정(鄭)지방에 머물 때 제후에게 "불곡(不穀)하고 부덕(不德)한 이 몸이 비천하게 정 땅에 있게 되었다."라고 하였는데, 『춘추』에서 예법에 맞다고 한 것은 이름을 낮추었기 때문입니다. 한 광무제(漢光武帝)가 "상주문을 올릴 때 성(聖)이라는 표현을 쓰지 말라."는 조령을 내렸는데, 역사서에서 칭송한 까닭은 자신을 낮추었기 때문입니다.

⑦ 이윤(伊尹)은 자신의 주군이 요(堯)나 순(舜)만 못하다고 부끄러워했습니다. 소신 역시 부끄럽습니다.

重論尊號狀

① 德合天者謂之皇, 德合地者謂之帝, 德合人者謂之王. 父天母地以養人, 理物各得其宜者, 謂之天子. 是皆至尊之殊號, 極美之大名.

② 伏羲, 神農, 黃帝, 堯, 舜, 自生人已來, 君德之最神聖者, 天下尊之美之, 亦已至矣. 而其指以爲號者, 或曰皇, 或曰帝, 唯目一字, 且猶不兼. 禹, 湯繼興, 莫匪大聖, 尙自菲薄, 降號爲王.

③ 人主輕重, 不在名稱, 崇其號無補於徽猷, 損其名不傷於德美.

④ 損之有謙光稽古之善, 崇之獲矜能納諂之譏.

⑤ 興廢典, 矯舊失, 至明也; 損虛飾, 收美利, 大智也. 前聖之所以永保鴻名, 常爲稱首者, 達於玆義而已矣.

⑥ 『道德經』曰: "王侯自謂孤, 寡, 不穀." 以賤爲本也. 周襄王遭亂出居于鄭, 告于諸侯曰: "不穀不德, 鄙在鄭地." 『春秋』禮之, 以其能降名也. 漢光武詔令 "上書者不得言聖", 史冊稱之, 以其能損已也.

⑦ 伊尹恥其君不如堯, 舜, 臣亦恥之.

56. 사면서에 대해 논하는 주장[208]

① 비상한 위기를 겪고 있는 사람은 일상적인 도리로 안정시킬 수 없고, 비상한 분란을 해결하려는 사람은 일상적인 말로 깨우쳐서는 안 됩니다.

② 옛사람이 이른바 "머리카락을 자를 때는 피부 끝까지 닿게 하고 손톱을 자를 때는 살까지 파고들게 해야 한다."라고 말한 것은 실로 정성이 지극하지 않으면 남을 감동시킬 수 없으며 많은 손해를 입지 않으면 많은 이익을 불러올 수 없기 때문입니다.

③ 과오를 뉘우치는 뜻이 깊지 않으면 안 되고 허물을 자책하는 말이 극진하지 않으면 안 됩니다. 백성을 널리 불러들여 맞이하고 고르게 은택이 미치도록 하지 않으면 안 됩니다. 답답한 것을 풀어줄 때는 속을 터놓을 수 있게 해주어야 하고 허물을 씻어줄 때는 흔적도 없게 해주어야 합니다. 그리하여 천하 사람이 이 말을 들으면 갑자기 일변하여 마치 깜깜한 어둠을 헤치고 환한 빛을 보는 것처럼 만들어줘야 합니다. 사람마다 바라는 것을 얻는다면 따르지 않을 이가 어디에 있겠습니까?

④ 『역경(易經)』에 이르길, "성인이 백성을 감동시키면 천하가 화평하다."라고 하였습니다. 무릇 감동이란 진실로 마음에서 우러나오며 사업으로 구체화되는데, 간혹 사람들이 이해하지 못하면 말로 설명해야 합니다. 말은 반드시 마음을 살펴야 하며 마음은 반드시 사업에 맞아야 합니다.

208 본서의 『육주약선』 '8. 봉천에서 사면서에 대해 논하는 주장'과 같은 문장으로, 문장 가운데 일부분을 절록한 것이다.

論赦書事條狀

① 履非常之危者, 不可以常道安; 解非常之紛者, 不可以常語諭.

② 古人所謂割髮宜及膚, 翦爪宜侵體, 良以誠不至者物不感, 損不極者益不臻.

③ 悔過之意不得不深, 引咎之辭不得不盡. 招延不可以不廣, 潤澤不可以不弘. 宣暢鬱堙, 不可不洞開襟抱; 洗刷疵垢, 不可不盪去瘢痕. 使天下聞之, 廓然一變, 若披重昏而覩朗曜, 人人得其所欲, 則何有不從者乎?

④『易』曰: "聖人感人心而天下和平." 夫感者, 誠發於心, 而形於事, 人或未諭, 而宣之以言, 言必顧心, 心必副事.

57. 한림학사 승진안에 대해 논하는 주장[209]

① 벌을 줄 때 귀하고 가까운 사람을 우선하고 천하고 멀리 있는 사람을 나중에 두면 명령을 따르지 않는 일이 없습니다. 상을 줄 때 천하고 멀리 있는 사람을 우선하고 귀하고 가까운 사람을 나중에 두면 공로를 빠뜨리는 일이 없습니다.

論擬與翰林學士改轉狀

① 行罰先貴近而後卑遠, 則令不犯; 行賞先卑遠而後貴近, 則功不遺.

209 본서의 『육주약선』 '9. 봉천에서 한림학사 승진안에 대해 논하는 주장'과 같은 문장으로, 문장 가운데 일부분을 절록한 것이다.

58. 경림(瓊林), 대영(大盈)의 두 부고(府庫)를 비울 것을 청하는 주장[210]

① 성인이 교훈을 남겨 재물을 천하게 여기고 겸양을 귀하게 여기며, 이익을 멀리하고 청렴을 숭상하도록 하였습니다. 천자는 재물의 유무를 묻지 않고, 제후는 재물의 다소를 말하지 않으며, 대부는 세금을 많이 거두는 신하를 두지 않는다고 하였습니다.

② 힘써 거둬들여 궤짝을 채우는 것은 필부의 부유함이며, 흩어 나눠주고 만민의 마음을 거두어들이는 것은 천자의 부유함입니다.

③ 천자의 위업은 하늘과도 같아서 낳고 기르지만 자부하지 않고, 기르고 거두어들이지만 사유(私有)하지 않습니다. 만물의 도리에 맞게 부여하며 사사로운 정을 잊습니다. 취하되 탐내지 않고 흩어주되 낭비하지 않습니다.

④ 그 대상은 크고 넓으며 그 수단은 정밀합니다. 그런데 어찌 모두를 위한 방법을 버리고 사적인 재물을 모을 필요가 있겠습니까. 지존의 위상을 낮추어 관리의 직책을 대신하고 천자의 지위를 욕보이며 필부의 축재(蓄財)를 본받으시렵니까.

⑤ 힘써 도리를 따르고 근검절약을 충실히 행하시고 욕심을 멀리 버리셨습니다. 비록 황실 내고(內庫)의 소장품을 태부(太府)에 귀속시키지는 않으셨으나, 여러 지방의 헌상품을 대궐로 들이지 않으셨으므로 청렴하고 엄정한 기풍으로 나라가 크게 변모하였습니다. 그리하여 논자들이 모두 한 문제(漢文帝)가 천리마를 거절한 일과 진 무제(晉武帝)가 꿩 머리털 옷을 태워버린 일을 오늘날 다시 본다고 하였습니다.

⑥ 연 소왕(燕昭王)이 금대(金臺)를 쌓은 일은 천하가 현명하다고 칭송하지만, 은 주왕(殷紂王)이 옥 술잔을 만든 것은 오랜 세월 동안 악행으로 전해지고 있습니다. 백성을

---

210 본서의 『육주약선』 '10. 봉천에서 경림(瓊林), 대영(大盈)의 두 부고(府庫)를 비울 것을 청하는 주장'과 같은 문장으로, 문장 가운데 일부분을 절록한 것이다.

위하고 자신을 위하는 차이가 있기 때문입니다.

⑦ 주 문왕(周文王)의 사냥터는 백 리나 되었는데도 당시 사람들이 너무 작다고 걱정하였고, 제 선왕(齊宣王)의 사냥터는 사십 리인데도 당시 사람들이 너무 크다고 탓하였습니다. 이익을 공유하고 독점하는 차이가 있기 때문입니다.

⑧ 천천히 여섯 마리 말이 끄는 어가(御駕)를 몰아 도읍으로 돌아가서 무너진 법령을 일으켜 시행하고 어지러운 강령을 정돈하실 수 있습니다. 폐하께서는 옛 의례(儀禮)를 되찾고 각 고을은 일정하게 조세를 바칠 것이니 귀하신 신분의 천자께서 어찌 가난을 걱정하시겠습니까?

請罷瓊林大盈二庫狀

① 聖人之立教也, 賤貨而尊讓, 遠利而尙廉. 天子不問有無, 諸侯不言多少, 百乘之室, 不畜聚斂之臣.

② 務鳩斂而厚其帑櫝之積者, 匹夫之富也; 務散發而收其兆庶之心者, 天子之富也.

③ 天子所作, 與天同方. 生之長之, 而不恃其爲; 成之收之, 而不私其有. 付物以道, 混然忘情. 取之不爲貪, 散之不爲費.

④ 以言乎體則博大, 以言乎術則精微. 亦何必撓廢公方, 崇聚私貨, 降至尊而代有司之守, 辱萬乘以效匹夫之藏?

⑤ 務遵理道, 敦行約儉, 斥遠貪饕. 雖內庫舊藏, 未歸太府, 而諸方曲獻, 不入禁闈. 淸風肅然, 海內丕變. 議者咸謂漢文却馬, 晉武焚裘之事, 復見於當今.

⑥ 燕昭築金臺, 天下稱其賢; 殷紂作玉杯, 百代傳其惡, 盖爲人與爲己殊也.

⑦ 周文之囿百里, 時患其尙小; 齊宣之囿四十里, 時病其太大, 盖同利與專利異也.

⑧ 徐駕六龍, 旋復都邑, 興行墜典, 整緝棼綱. 乘輿有舊儀, 郡國有恒賦, 天子之貴, 豈當憂貧!

59. 이건휘(李建徽) 등 절도병마사에 대해 올리는 주장[211]

① 최선의 방법은 우환이 싹트기 전에 없애는 것이고, 차선은 조짐이 나타나자마자 잘못을 바로잡는 것입니다.

② 군대를 지휘하고 장수를 부리려면 실정을 파악하는 것이 중요합니다. 나누고 합칠 때나 서두르고 천천히 하는 시기는 각각 적절함이 있어야 합니다. 나누어야 하는데 합치면 혼란을 초래하고, 합쳐야 하는데 나누면 공이 적어집니다. 서둘러야 하는데 천천히 하면 기회를 잃고, 천천히 해야 하는데 서두르면 실책을 저지르게 됩니다.

③ 싸움을 그치게 하려면 떼어놓지 않으면 안 되고, 불을 끄려면 서두르지 않으면 안 됩니다.

④ 관습을 따르는 것을 좋아하여 잘못을 바로잡지 못하면 결국 큰 우환이 생깁니다. 위태로운 곳에 있으면서도 위험한 곳을 빠져나올 생각을 하지 않는다면 필시 오래도록 평안할 수 없습니다.

奏李建徽等兵馬狀

① 太上消慝於未萌, 其次救失於始兆.

② 制軍馭將, 所貴見情, 離合疾徐, 各有宜適. 當離者合之則召亂, 當合者離之則寡功, 當疾而徐則失機, 當徐而疾則漏策.

③ 解鬪不可以不離, 救焚不可以不疾.

④ 貪因循而不能矯失者, 終有大患; 處鮠脆而不思出險者, 必無久安.

---

211 본서의 『육주약선』 '11. 봉천에서 이건휘(李建徽), 양혜원(楊惠元) 두 절도병마사에 대해 올리는 주장'과 같은 문장으로, 문장 가운데 일부분을 절록한 것이다.

60. 오이와 과일을 진상한 사람을 관직에 의망한 일을 논하는 주장

① 관직이라는 명기(名器)가[212] 손상되면 사람들이 존중하지 않게 되고, 권력을 잃으면 나라가 유지될 수 없습니다.

論進瓜果人擬官狀

① 器壞則人將不重, 柄失則國無所持.

212 명기(名器)는 존비(尊卑)와 귀천(貴賤)의 등급을 나타내는 관직을 말한다.

61. 오이와 과일을 진상한 사람을 관직에 의망한 일을 다시 논하는 주장[213]

① 신상(信賞)은 공을 세운 자에게 빠짐없이 보답하는 데 달려 있고, 필벌(必罰)은 죄를 지은 자를 빠짐없이 징계하는 데 달려 있습니다. 공이 없는데 관직을 얻는다면 관직이 가벼워지고, 죄가 없는데 형벌을 받는다면 형벌이 문란해집니다.

② 청의(靑衣)와 주의(朱衣)를 입은 자가 아전들 사이에 섞이고, 금어대(金魚袋)와 자의(紫衣)를 천한 이들에게 널리 베풀었습니다. 향기 나는 풀과 악취 나는 풀을 분별하지 않고 경수(涇水)와 위수(渭水)를 구분하지 않았습니다.

③ 명예는 허명에 가깝지만 교화에서는 소중한 것이고, 이익은 실리에 가깝지만 덕목 중에서는 가벼운 것입니다.

④ 실리만 추구하고 허명으로 보조하지 않으면 소비가 커지므로 재물을 모두 공급할 수 없습니다. 허명만 추구하고 실리로 도움을 주지 않으면 허황하여 인심이 따르지 않습니다.

⑤ 지금 어쩌다 오이 한 그릇을 바치거나 과일 한 바리를 들고 왔다는 이유로 시관에 제수하여 헌상품에 보답한다면, 저 칼날을 무릅쓰고 힘을 다해 싸운 사람들이 필시 서로 말하기를,

"나는 목숨을 돌보지 않은 대가로 이 관직을 얻었는데 이 사람은 오이와 과일을 바쳐 관직을 얻었다. 국가가 나의 목숨을 오이나 과일과 마찬가지로 여기는구나."

라고 할 것입니다. 오이와 과일은 식물입니다. 사람을 식물과 같이 여긴다면 누가 다시 국가를 위하여 힘쓰고자 하겠습니까.

---

213 본서의 『육주약선』 '12. 어가가 양주(梁州)에 행차했을 때 오이와 과일을 진상한 사람을 관직에 의망한 일을 논하는 주장'과 같은 문장으로, 문장 가운데 일부분을 절록한 것이다.

⑥ 오이를 심고 과일나무를 심는 사람은 대부분 시골 사람이며, 가난한 사람이 필요한 것은 옷과 음식뿐입니다. 굳이 그를 기쁘게 해주고 싶다면 돈과 비단으로 후하게 상을 주는 것이 낫습니다. 그렇게 하면 사람은 이익을 잃지 않고 나라는 권력을 잃지 않아 각기 마땅한 바를 얻으니, 양쪽이 각자의 보배를 보전할 것입니다.

論進瓜果人擬官狀

① 信賞在功無不報, 必罰在罪無不懲. 非功而獲爵則爵輕, 非罪而肆刑則刑褻.

② 青朱雜沓於胥徒, 金紫普施於輿皁, 薰蕕無辨, 涇渭不分.

③ 名近虛而於教爲重, 利近實而於德爲輕.

④ 專實利而不濟之以虛, 則耗匱而物力不給; 專虛名而不副之以實, 則誕謾而人情不趨.

⑤ 今或捧瓜　器, 挈果一盛, 亦授試官, 以酬所獻, 則彼突銛鋒而竭筋力者必相謂曰: "吾以忘軀命而獲官, 此以進瓜果而獲官, 是乃國家以吾之軀命同於瓜果矣." 瓜果, 草木也, 視人如草木, 誰復爲用哉!

⑥ 且植瓜樹果, 多是野人貧者, 所資唯在衣食, 假以冗號, 亦奚用焉? 必欲使之歡欣, 不如厚賞錢帛, 人不失利, 國不失權, 各得所宜, 兩全其寶.

62. 강공보(姜公輔)를 풀어주도록 논하는 주장[214]

① 이치에 근거하여 변론하면 사당(私黨)을 비호한다는 혐의를 받을 것입니다. 그러나 성상의 뜻을 그대로 따른다면 군주의 잘못을 바로잡아야 하는 의리에 어긋납니다. 혐의를 받는 일은 자신의 몸에 우환을 끼치는 데 그치는 반면, 의리에 어긋나는 일은 실로 군주의 은혜를 욕되게 하는 것입니다. 자기 한 몸을 위해 군주를 잊는 것은 신하의 수치이고, 혐의를 벗겨주고 의리를 장려하는 것은 군주의 명철한 은혜입니다.

② "뜻을 따르는 것은 총애를 받는 길이요, 뜻을 거스르는 것은 미움을 받는 길이다."

③ (옛날에는) 과감히 간언하는 북을 설치하고 선(善)을 알리는 깃발을 세우며,[215] 경계하고 삼가는 작은 북을 매달고 과실을 담당하여 알리는 선비를 두었습니다.[216] 그러고도 아직 충분하지 않을까 걱정하여 또 관직을 설치하여 늘 간언하는 것을 일상으로 삼았습니다. 이로 말미암아 사관(史官)은 글을 쓰고 맹인은 시를 짓고 장인은 간언을 읊었으며 대부는 경계하고 선비는 말을 전하고 서인은 비방하였습니다.[217] 그러고도 간언을 게을리할까 봐 두려워하여 매년 초봄이면 주인(遒人)이[218] 목탁을 치면서 길을 돌아다니며 경계하였습니다. 백관은 서로 규찰하고 백공(百工)은 자기가 맡은 일을 가지고 간언하였습니다. 행여 공손히 행하지 않는 자가 있으면 나라에서 그에 상응하는

214 본서의 『육주약선』 '14. 홍원 연간에 강공보(姜公輔)를 풀어주도록 논하는 주장'과 같은 문장으로, 문장 가운데 일부분을 절록한 것이다.

215 요(堯)임금은 간언(諫言)을 하려는 자는 감간고(敢諫鼓)라는 북을 두드리게 했고, 순(舜)임금 역시 간언을 듣기 위하여 고선정(告善旌)이라는 기(旗)를 세웠다.

216 주 무왕(周武王)은 계신도(戒愼鞀)라는 소고(小鼓)를 설치하여 간언을 하려는 신하가 있으면 두드리게 했고, 은 탕왕(殷湯王)은 임금의 허물을 바로잡는 책임을 전적으로 맡는 사과사(司過士)라는 관원을 두었다.

217 사광(師曠)이 진후(晉侯)에게 "사관은 임금의 거동을 기록하고 소경(樂師)은 시로써 풍간하고 악공(樂工)은 잠간(箴諫)을 음송하며, 대부는 규간해 임금을 가르치고 사(士)는 임금의 과실을 대부에게 전하며, 서민들은 모여서 비방하고 상인들은 시장의 득실을 비평하며, 백공(百工)은 기예(技藝)를 바칩니다[史爲書, 瞽爲詩, 工誦箴諫, 大夫規誨, 士傳言, 庶人謗, 商旅于市, 百工獻藝]."라고 한 말이 『춘추좌씨전·양공(襄公) 14년』에 보인다. 여러 사람이 임금을 보좌하고 경계하여 과오를 저지르지 않게 한다는 뜻이다.

218 주인(遒人)은 주(周)나라 때 국가의 명령을 선포하던 관원이다.

형벌을 내렸습니다.[219]

④ 감던 머리를 쥐고 먹던 음식을 뱉으며[220] 밤에도 옷을 입고 해질녘에 밥을 먹던 때가 있었습니다. 선비는 현명하건 어리석건 모두 등용해야 마땅하고, 간언은 크건 작건 모두 개진하도록 힘써야 합니다.

⑤ 군주는 여러 사람의 지혜를 자신의 지혜로 삼고 여러 사람의 마음을 자신의 마음으로 삼습니다.

⑥ 순무와 무의 뿌리가 맛이 없어도 캐므로 좋은 것이 버려지지 않고, 꼴 베고 나무하는 사람이 미천해도 의견을 물어보므로 숨겨진 일도 반드시 전해집니다.

⑦ 진 문공(晉文公)은 수레 만드는 사람의 말을 듣고서 패업을 일으켰고,[221] 순임금은 비방하는 나무를 세우고 제왕의 덕을 넓혔습니다.

⑧ 순임금이 처음으로 칠기를 만들자 신하들이 고집스럽게 간쟁하며 모두 마땅하지 않다고 하였습니다.[222] 그 칠기는 몹시 튼튼하고 비용이 적게 들었는데도 계속해서 간언한 것은 일이 점차 커지는 것을 막고 처음을 조심하려 했기 때문이 아니겠습니까.

⑨ 팔과 다리 같은 신하가 머리 같은 임금을 받들 적에는 번거롭고 작은 일이라 해서 움직이기를 멈추지 않으며, 귀와 눈 같은 신하가 마음 같은 임금을 도울 적에는 사소한 일이라고 해서 보고 듣기를 그만두지 않습니다. 그러므로 신하는 군주에게 공경

---

219 『서경·윤정(胤征)』에 보인다.

220 주공(周公)이 인재를 놓치지 않기 위해 찾아온 선비를 영접하느라고 한 번 밥 먹는 동안에 세 번이나 입에 넣었던 밥을 뱉고 나가고 한 번 머리 감는 동안에 세 번이나 머리카락을 쥐고 일어났다는 고사가 있다.

221 『춘추좌씨전·희공(僖公) 28년』에 진 문공이 조(曹)나라를 공격하였을 때 수레 만드는 사람의 계책을 따라 성을 함락시킨 일이 있다.

222 순(舜)임금이 칠기를 만들자 간언하는 자가 십여 명이나 되었는데, 사치하는 풍조가 생길까 염려해서였다. 순임금은 이를 듣고 바로 중지하였다.

하는 마음을 다하여 공경하고 사랑하는 마음을 다하여 사랑합니다. 공경하면 군주가 존귀하고 영화롭게 되기를 원하고, 사랑하면 군주가 허물과 악에 빠지는 것을 두려워 합니다.

⑩ 무정(武丁)은 어진 임금이며 부열(傅說)은 어진 재상이었습니다. 무정은 "내가 쇠라면 너를 숫돌로 삼겠다."라며 그를 재상으로 임명하였고, 부열은 "나무는 먹줄을 따라야 바르게 된다."라며 임금을 경계하였습니다.[223]

⑪ 만약 간언이 명성을 구하는 행위라면, 제 몸을 돌보지 않은 신하는 경전에 교훈으로 남지 않았을 것입니다.

論解姜公輔狀

① 據理辨直, 則涉於私黨之嫌; 希旨順承, 則違於匡輔之義. 涉嫌止貽於身患, 違義實玷於君恩. 徇身忘君, 臣之恥也; 別嫌獎義, 主之明也.

② 順旨者愛所由來, 逆意者惡所從至.

③ 置敢諫之鼓, 植告善之旌, 懸戒愼之鞀, 立司過之士. 猶懼其未也, 又設官制, 以言爲常. 由是有史爲書, 瞽爲詩, 工誦箴諫, 大夫規誨, 士傳言, 庶人謗. 尙恐其怠也, 每歲孟春, 遒人以木鐸徇于路, 而振警之. 官師相規, 工執藝事以諫. 其或不恭, 邦有常刑.

④ 握髮吐哺之日, 宵衣旰食之辰. 士無賢愚, 咸宜錄用; 言無大小, 皆務招延.

223 무정(武丁), 즉 고종(高宗)이 자신을 보좌할 정승을 구하다가 부열(傅說)을 만나 재상으로 삼으면서 "쇠를 다룰 때라면 너를 숫돌로 삼고, 큰 냇물을 건널 때라면 너를 배와 노로 삼고, 큰 가뭄이 든 때라면 너를 비로 삼겠다[若金, 用汝作礪, 若濟巨川, 用汝作舟楫, 若歲大旱, 用汝作霖雨]."라고 하니, 부열이 "나무는 먹줄을 따르면 바르게 되고, 임금이 간언을 따르면 성군이 됩니다[惟木從繩則正 后從諫則聖]."라고 대답하였다. 『서경·열명 상(說命上)』에 보인다.

⑤ 君人者, 以衆智爲智, 從衆心爲心.

⑥ 葑菲不以下體而不採, 故英華靡遺; 芻蕘不以賤品而不詢, 故幽隱必達.

⑦ 晉文聽輿人之誦而霸業興, 虞舜設誹謗之木而帝德廣.

⑧ 舜之爲君, 始作漆器, 群臣固爭, 咸謂非宜. 漆器之爲用也甚堅, 其爲費也蓋寡, 然猶相繼諷諫者, 豈不欲杜其漸而愼其初歟?

⑨ 股肱之奉元首, 不以煩細而闕於運行; 耳目之助心靈, 不以么微而廢於視聽. 是以臣子之於君父也, 盡其敬而敬焉, 盡其愛而愛焉. 敬則願及於尊榮, 愛則懼陷於過惡.

⑩ 武丁賢君也, 傅說賢相也, 而武丁引金作礪以命其相, 說喩木從繩以戒其君.

⑪ 若以諫爭爲指過, 則剖心之主, 不宜見罪於哲王; 若以諫爭爲取名, 則匪躬之臣, 不應垂訓于聖典.

63. 또 답하여 강공보(姜公輔)에 대해 논하는 주장

① 만 가지 업무를[224] 보려면 반드시 먼저 마음을 비워야 하고, 여러 사람의 마음을 살피려면 반드시 먼저 뜻을 성실히 해야 합니다. 마음을 비우지 않으면 외물에 가로막히고, 뜻이 성실하지 않으면 모든 사람이 의심스럽습니다. 남에게 가로막히면 남도 가로막고, 사람들을 의심하면 사람들도 의심합니다. 만 가지 외물이 가로막고 수많은 백성이 의심하는데 사람들의 마음을 감동시켜 태평성대를 이루고자 하고,[225] 사물의 이치를 모조리 깨달아 착오가 없고자 한다면, 이는 뒤로 물러서면서 앞사람을 따라잡기를 바라는 것이나 마찬가지입니다.[226]

② 신하가 간언하는 것은 다스림을 돕기 위해서이고, 임금이 간언을 구하는 것은 잘못을 바로잡기 위해서입니다. 말이 다스림을 도울 수만 있다면 어찌 사람 때문에 말을 버릴 필요가 있겠으며,[227] 간언이 잘못을 바로잡을 수만 있다면[228] 어찌 의도를 책망하여 간언을 거부할 필요가 있겠습니까.

③ 말한 내용이 쓸모가 없다면 의도가 좋더라도 무엇을 하겠으며, 간언을 따를 만하다면 사람에게 허물이 있더라도 어찌 버리겠습니까.

---

224 『육주약선』 '24. 아뢴 일에 대해 논하는 주장'의 '만기(萬幾)' 주석(108쪽 261번 주석) 참조.

225 『주역·함괘(咸卦)·단전(彖傳)』에 "성인이 사람들의 마음을 감동시킴에 천하가 화평해진다[聖人感人心而天下和平]."라고 하였다.

226 방향이나 방법이 잘못되어 목적을 달성하지 못하는 상황을 비유한다. 『한서·유향전(劉向傳)』에 "무릇 쇠한 주(周)나라의 전철을 밟고 시인의 풍자를 따르면서 태평성대를 이루고 아송(雅頌)의 풍격을 이루고자 하는 것은, 뒤로 물러나면서 앞 사람에게 미치기를 구하는 것과 같다[夫遵衰周之軌跡, 循詩人之所刺, 而欲以成太平, 致雅頌, 猶卻行而求及前人也]."라고 하였다.

227 『논어·위령공(衛靈公)』에 "군자는 말만 가지고 그 사람을 쓰지 않고, 사람만 가지고 그 말을 버리지는 않는다[君子不以言擧人, 不以人廢言]."라는 공자(孔子)의 말이 나온다.

228 원문의 '필위(弼違)'는 『서경·익직(益稷)』의 "나의 잘못을 그대가 바로잡아주어야 할 것이니, 면전에서는 순종하는 척하다가 물러나서는 뒷말을 하는 일이 없도록 하라[予違汝弼, 汝無面從退有後言]."라는 말에서 유래하였다.

又答論姜公輔狀

① 領覽萬幾, 必先虛其心; 鑑鏡群情, 必先誠其意. 蓋以心不虛則物或見阻, 意不誠則人皆可疑. 阻於物者, 物亦阻焉; 疑於人者, 人亦疑焉. 萬物阻之, 兆人疑之, 將欲感人心致於和平, 盡物理使無紕繆, 是猶却行而求及前人也.

② 臣之獻言, 以助理也; 君之求諫, 以弼違也. 言苟助理, 何必以人而廢言; 諫苟弼違, 何必責意而拒諫?

③ 言無足用, 意雖善而奚爲; 諫有可從, 人雖咎而寧捨?

64. 곡환(曲環)이 거느린 장사들을 크게 칭찬하도록 청하는 주장

① 어려운 상황이 아니면 남다른 지조가 드러나지 않고, 현명한 임금이 아니면 기이한 재주를 온전히 발휘할 수 없습니다.

請優獎曲環所領將士狀

① 非艱難無以表特操, 非英聖不能全異才.

65. 소복(蕭復)이 표문(表文)을 올린 의도를 풀이하여 논하는 주장

① 임금을 그리워하는 정성이 있는 사람은 각기 임금을 기다리는 뜻을[229] 품기 마련입니다. 이 때문에 연상(延賞)은 서촉(西蜀)에서 맞이하였고,[230] 한황(韓滉)은 동오(東吳)에서 행차를 기다렸습니다.[231] 이는 신하의 인지상정이요, 고금의 공통적인 예법입니다.

論解蕭復狀

① 凡在戀主之誠, 各懷徯后之志, 是以延賞奉迎於西蜀, 韓滉望幸於東吳. 此乃臣子之常情, 古今之通禮.

---

229 『육주약선』 '5. 봉천에서 일전의 상주가 시행되지 않은 점을 논하는 주장'의 '내소(來蘇)' 주석(34쪽 76번) 참조.

230 장연상(張延賞)은 779년 검남서천절도관찰사(劍南西川節度觀察使)가 되어 서촉 지방을 다스렸는데, 783년 경원병변(涇原兵變)으로 덕종이 양주(梁州)로 파천하자 물자를 실어보내 덕종을 도왔다.

231 경원병변이 일어났을 때 한황(韓滉)은 진군절도사(鎭軍節度使)로서 동오 지방에 있었는데, 덕종이 파천하자 어가가 양자강을 넘어올 것으로 예상하고 만반의 준비를 갖추었다.

66. 적진에서 행재소로 온 관원들에 대해 계속해서 논하는 주장[232]

① 백관의 업무를 총괄하는 재상은 한 가지 직책을 담당하는 관리와 다르며, 만국을 소유한 천자는 백관을 다스리는 재상과는 또 다릅니다. 존귀한 자는 요체를 다스리고 비천한 자는 세목을 주관하며, 존귀한 자는 넓고 큰 것을 숭상하고 비천한 자는 가깝고 작은 것에 힘쓰는 법입니다.

② 작은 일을 자세히 살피고 미미한 간계를 규찰하는 것, 이것은 담당 관리의 직분입니다. 만 가지 정무를 다스리고 여러 관장(官長)을 선발하며, 강령을 총괄하여 여러 조목이 모두 거행되도록 하고, 가까운 곳을 명확히 하여 여러 방면에서 자연히 통용되도록 하는 것, 이것은 재상의 직분입니다. 어리석은 자와 지혜로운 자를 모두 용납하고, 큰일과 작은 일을 빠짐없이 하늘처럼 덮어주고 땅처럼 받아들이며, 면류관에 구슬과 솜을 드리워 눈과 귀를 어둡게 하고, 흠집이나 미움을 가려주고 힘써 포용하여 위엄을 보이지 않아도 사람들이 우레와 천둥처럼 두려워하고 자세히 살피지 않아도 사람들이 해와 달처럼 우러르는 것, 이것은 천자의 덕입니다.

③ 성왕(聖王)은 천하가 넓어서 이목(耳目)이 두루 미치지 못한다는 것을 알았습니다. 그러므로 깨끗한 무위(無爲)의 마음으로 사물이 스스로 행하는 것을 보았습니다. 수많은 억조창생을 자신의 지혜와 힘으로 감당할 수 없음을 알았으므로 한결같이 지극하고 성실한 마음으로 불성실한 백성을 감동시켰습니다. 이와 다르게 행동하는 군주는 한 사람이 보고 듣는 것으로 천하의 변하는 모습을 모조리 알고자 하고, 한 사람이 생각하고 방비하는 것으로 억조창생의 간사한 속임수를 이기려 합니다. 그러나 지혜를 부리고 정신을 쓸수록 도에서 더욱 멀어집니다.

④ 진시황(秦始皇)은 호위를 삼엄하게 하고 의심이 많았으나 형가(荊軻)가 음모를 실

---

232 본서의 『육주약선』 '15. 홍원 연간에 적진에서 행재소(行在所)로 온 관원들에 대해 계속해서 논하는 주장'과 같은 문장으로, 문장 가운데 일부분을 절록한 것이다.

행하였고, 광무제(光武帝)는 관대하고 후덕하였기에 마원(馬援)이 정성을 다하였습니다. 이 어찌 마음을 비우고 남을 대하면 남도 따르고자 하고, 권모술수로 남을 다스리면 남이 끝내 다가오지 않기 때문이 아니겠습니까. 따르기를 바라면 사람들이 감동하며 기뻐하니, 비록 원수라도 심복으로 변하는 경우가 있습니다. 다가오게 하려는 생각이 없으면 사람들이 두려워하고 멀리하니, 비록 골육이라도 원수를 맺는 경우가 있습니다.

⑤ 지혜가 뭇사람보다 뛰어나 신하를 가볍게 대하는 마음이 있으며, 생각이 만 가지 정무에 두루 미쳐 홀로 세상을 다스리려는 뜻이 있습니다. 여러 계책을 두루 생각하여 지나치게 신중하게 방비하고, 여러 사람의 마음을 환하게 알아서 일이 일어나기 전에 살피십니다. 또한 백관을 엄격하게 구속하고 형벌에 의하여 통치하는 제도를 두셨으며, 위엄으로 사방을 제압하고 힘으로 약한 자를 이기려는 의지가 있습니다. 이로 인해 재능 있는 자는 임용되지 못하여 원망하고, 충성스러운 자는 의심받을까 걱정하며, 공훈을 세운 자는 용납받지 못할까 두려워하고, 반란을 생각하는 자는 토벌당할까 다급해합니다.

⑥ 군대의 기세가 한창 왕성한 틈을 타고 사람들의 마음이 모두 원하는 기회를 이용해야 합니다. 감던 머리를 움켜쥐고 먹던 음식을 뱉는 것처럼 해야 하며[233] 허심탄회하게 받아들여야 하며, 바다가 온갖 물줄기를 받아들이고 바람이 수천 리에 부는 것처럼 의심하지도 말고 지체하지도 말아야 할 것입니다. 공을 세운 자는 보답하고 의로운 자는 표창하며, 강직한 자는 칭찬하고 재주 있는 자는 임용해야 합니다. 행여 뜻은 있지만 즉시 보탬이 되지 못하고 과감히 말하지만 이치에 맞지 않을 수도 있을 것입니다. 그렇더라도 함부로 벌인 행동을 반드시 용서하고 그 선한 마음을 기억하여 모두 관대하게 받아들이고 예법에 맞게 취사선택해야 합니다. 이와 같이 한다면 천하가 바람에 휩쓸리듯 모조리 귀의할 것이며, 어진 이와 어리석은 이가 모두 군주를 그리워하고 높

---

233 주공(周公)이 어진 이를 맞아들이고자 머리를 감다가 세 번이나 감던 머리를 움켜잡고 나갔으며, 밥을 먹다가 세 번이나 먹던 밥을 뱉고서 나갔다는 고사를 인용한 것이다. 『사기·노주공세가(魯周公世家)』에 보인다.

고 낮은 사람이 힘을 다할 것입니다.

⑦ 계책을 올리는 자가 있으면 말이 누설될까 봐 막으시고, 간언을 올리는 자가 있으면 비방을 퍼뜨릴까 봐 꺼리십니다.

⑧ 시기를 받은 충신들의 원망을 풀어주고 그중에서 특별히 강직한 자를 등용하여 높은 관직을 주셔야 합니다. 그리고 거짓으로 아첨한 죄를 규찰하고 그중에서 가장 간사하고 망령된 자의 죄를 물어 사형에 처해야 합니다.

⑨ 조간자(趙簡子)가 두명독(竇鳴犢)을 죽이자 성인은 가던 길을 멈추고,[234] 연(燕)나라가 곽외(郭隗)를 높이자 어진 선비들이 잇달아 나왔습니다.

⑩ 잘못이 작아 손해가 없어도 뉘우치지 않으면 안 되고, 선행이 작아 무익해도 실천하지 않으면 안 됩니다.[235] 작은 일에도 신중해야 하거늘, 하물며 작은 일이 아니라면 어떻겠습니까.

論續從賊中赴行在官等狀

① 任總百揆者, 與一職之守不同; 富有萬國者, 與百揆之體復異. 蓋尊領其要, 卑主其詳; 尊尚恢弘, 卑務近細.

② 練覈小事, 糺察微姦, 此有司之守也. 維御萬樞, 選建庶長, 總綱而衆目咸擧, 明邇而群方自通, 此大臣之任也. 愚智兼納, 洪纖靡遺, 蓋之如天, 容之如地, 垂旒黈纊而黜其聰察, 匿瑕藏疾而

234 『사기 · 공자세가(孔子世家)』에 공자(孔子)가 조간자를 만나러 가다가 하수(河水)에 이르러 진(晉)나라의 어진 대부인 두명독과 순화(舜華)가 죽음을 당했다는 소식을 듣자 가던 길을 멈추고 추향(陬鄕)으로 돌아갔다는 이야기가 전한다.

235 『주역 · 계사전 하(繫辭傳下)』에 “소인은 작은 선을 무익하다 여겨 하지 않고, 작은 악을 해될 것 없다고 여겨 없애지 않는다[小人以小善爲無益而弗爲也, 以小惡爲無傷而弗去也].”라고 하였다.

務於包含, 不示威而人畏之如雷霆, 不用明而人仰之如日月, 此天子之德也.

③ 聖王知宇宙之大, 不可以耳目周, 故淸其無爲之心, 而觀物之自爲也; 知億兆之多, 不可以智力勝, 故壹其至誠之意, 而感人之不誠也. 異於是者, 乃以一人之聽覽, 而欲窮宇宙之變態; 以一人之防慮, 而欲勝億兆之姦欺. 役智彌精, 失道彌遠.

④ 秦皇嚴衛雄猜, 而荊軻奮其陰計; 光武寬容博厚, 而馬援輸其款誠. 豈不以虛懷待人, 人亦思附; 任數御物, 物終不親! 情思附則感而悅之, 雖寇讎化爲心膂有矣; 意不親則懼而阻之, 雖骨肉結爲仇慝有矣.

⑤ 智出庶物, 有輕待人臣之心; 思周萬幾, 有獨馭區寓之意. 謀呑衆略, 有過愼之防; 明照群情, 有先事之察; 嚴束百辟, 有任刑致理之規; 威制四方, 有以力勝殘之志. 由是才能者怨於不任, 忠藎者憂於見疑, 著勳業者懼於不容, 懷反側者迫于攻討.

⑥ 乘軍氣之方雄, 因人心之願盡, 輟沐吐哺, 虛襟坦懷, 海納風行, 不疑不滯. 功者報之, 義者旌之, 直者獎之, 才者任之. 其或有志而無補於時, 敢言而不當其理, 亦必恕其妄作, 錄其善心, 率皆優容, 以禮進退. 如此則海內風靡, 翕然歸心, 賢愚咸懷, 小大畢力.

⑦ 獻計者防其漏言, 進諫者憚其宣謗.

⑧ 敘忠良見忌之寃, 而擧其尤鯁亮者, 加之厚秩; 糾阿諛不實之罪, 而數其極姦妄者, 處之大刑.

⑨ 趙殺鳴犢, 聖人輟行; 燕尊郭隗, 賢士繼往.

⑩ 不可以小失爲無損而不悔, 亦不可以小善爲無益而不行. 小猶愼之, 矧又非小!

67. 토번(吐蕃)이 군사를 이끌고 돌아가는 것을 경하하는 주장

① 신중히 보살펴 충성스럽고 용감한 자의 마음을 분발시키고, 부지런히 가다듬어 멀고 가까운 사람들의 기대에 부응해야 합니다.

賀吐蕃抽軍廻歸狀

① 愼於撫接, 以奮起忠勇之心; 勤於砥礪, 以昭蘇遠近之望.

68. 혼감(渾瑊), 이성(李晟) 등이 스스로 기회를 잡을 수 있도록 허락하기를 청하는 주장[236]

① 옛날 현명한 군주는 장수를 선발하여 임명하면서 장수에게 병권을 나누어주고 관여하지 않겠다고 맹세하였으며, 부월(斧鉞)을 주어 전담하여 결정하게 하였습니다.

② 혹자는 위임하기를 주저하며 자신이 통제하고 결단하는 것을 큰 권한이라고 여기고, 책임을 맡기지 않은 채 지휘하는 대로 따르는 사람을 좋은 장수라고 여깁니다. 그리하여 들판에서 창칼이 교차하는데 구중궁궐에서 계책을 짜고, 잠깐 사이에 기미가 변하는데 천 리 밖에서 책략을 정하게 됩니다.

③ 신중히 말씀하시어 말에 무게를 두시고, 간곡히 부탁하여 정성을 보여야 할 것입니다. 말에 무게가 있으면 군주의 도가 높아지고, 정성껏 부탁하면 사람의 마음이 감동합니다.

請許渾瑊等兵馬自取機便狀

① 古之賢君, 選將而任, 分之於閫, 誓莫干也; 授之以鉞, 俾專斷也.

② 疑於委任, 以制斷由己爲大權; 昧於責成, 以指麾順旨爲良將. 鋒鏑交於原野, 而決策於九重之中; 機會變於斯須, 而定計於千里之外.

③ 愼其言以取重, 深其託以示誠. 言見重則君道尊, 託以誠則人心感.

---

236 본서의 『육주약선』 '16. 홍원 연간에 혼감(渾瑊), 이성(李晟) 등이 스스로 기회를 잡을 수 있도록 허락하기를 청하는 주장'과 같은 문장으로, 문장 가운데 일부분을 절록한 것이다.

69. 이초림(李楚琳)을[237] 달래도록 청하는 주장

① 예로부터 남다른 공로를 세우거나 위급한 상황을 구제하는 사람이 반드시 모두 예법을 지키는 선비거나 선량한 사람이었던 것은 아닙니다. 조종하고 길들이는 것은 오로지 다루는 방법에 달려 있습니다. 아침에는 흉악하고 패악한 자라고 하다가도 저녁에는 충성되고 순수하다고 말하는 경우가 있으며, 처음에는 원수로 여겼으나 끝내는 재상으로 삼는 경우도 있습니다.

한 고조(漢高祖)는 진평(陳平)의 행실이 좋지 않은 줄 알았으나 버리지 않았고, 한신(韓信)이 스스로 왕이 되자 처음에는 분개하였으나 결국 책봉해주었습니다. 괴통(蒯通)은 이치를 따졌으나 목숨을 보전하였고, 옹치(雍齒)는 원한이 쌓인 사람이었으나 먼저 상을 받았습니다. 이것이 한 고조가 제업(帝業)을 이룰 수 있었던 이유입니다.

제 환공(齊桓公)은 허리띠의 고리를 쏘아 맞힌 적을 살려두었다가 재주를 보아 임용하고, 진 문공(晉文公)은 소매를 자른 자에 대한 원한을 풀었으므로 재난을 모면하였습니다. 이것이 환공과 문공이 패업(霸業)을 이룰 수 있었던 이유입니다.

請撫循李楚琳狀

① 自昔能建奇功, 或拯危厄, 未必皆是潔矩之士, 温良之徒. 驅駕擾馴, 惟在所馭. 朝稱凶悖, 夕謂忠純; 始爲寇讎, 終作卿相. 知陳平無行而不棄, 忿韓信自王而遂封, 蒯通以折理獲全, 雍齒以積恨先賞, 此漢祖所以恢帝業也. 置射鉤之賊而任其才, 釋斬袪之怨以免於難, 此桓, 文所以弘霸功也.

---

237 본서의 『육주약선』 '13. 흥원(興元) 연간에 이초림(李楚琳)을 달래도록 청하는 주장'과 같은 문장으로, 문장 가운데 일부분을 절록한 것이다.

70. 중관(中官) 및 조관(朝官)에게 정난공신(定難功臣)의 이름을 하사한 일을 논하는 주장[238]

① 가까운 자를 지나치게 사랑하므로 그들의 구차한 요청을 따릅니다. 여러 관사(官司)를 두루 포용하여 사사로이 친한 사람들에게 나누어준다는 비난을 분산합니다. 원망은 큰 것에 있지 않고 흠결은 모두 미미한 것부터 시작됩니다. 이는 필시 전사들의 분발하는 마음을 꺾고 훈신들의 원망하는 분위기를 만들 것입니다. 기뻐하는 자는 적고 자만하는 자는 많으니 헛된 명예를 주고서 실질을 잃을 것이요, 신하의 과시하는 마음만 만족시키고 국가의 큰 계책을 병들게 할 것입니다.

② 한 고조(漢高祖)는 호걸을 제압하고 당 태종(唐太宗)은 세상을 평정하였습니다. 천하가 안정된 뒤 공훈을 논하였는데, 그중에 남다른 공적을 이룬 소하(蕭何)와 조참(曹參)이 있었고, 원대한 계책을 세운 방현령(房玄齡)과 두여회(杜如晦)가 있었습니다. 이들이 세운 공격과 수비의 전략은 남과 비교할 수 없을 정도로 탁월했습니다. 그런데도 장수들은 소하 등이 패현(沛縣) 풍읍(豐邑)의 고향 친구라고 일컫고, 방현령 등은 문서나 작성하는 아전이라고 하며 수긍하지 않고 자못 기세등등하게 반대했습니다.

論中官及朝官賜名定難功臣狀

① 溺愛近習, 故徇其苟得之情; 汎該群司, 以分其私昵之謗. 怨不在大, 釁皆自微, 必將沮戰士激勵之心, 結勳臣憤恨之氣. 所悅者寡, 所慍者多, 所與者虛名, 所失者實事, 所悅者臣下之夸志, 所病者國家之大猷.

② 以漢高之制服雄豪, 太宗之削平區寓, 天下旣定, 乃論功勳. 有蕭, 曹之殊庸, 有房, 杜之碩畫, 戰守經略, 倬乎殊倫. 猶謂豐, 沛故人, 刀筆文吏, 諸將不服, 頗相訐揚.

---

238 본서의 『육주약선』 '17. 홍원 연간에 중관(中官) 및 조관(朝官)에게 정난공신(定難功臣)의 이름을 하사한 일을 논하는 주장'과 같은 문장으로, 문장 가운데 일부분을 절록한 것이다.

71. 흩어진 나인을 모으는 일을 논하는 주장[239]

① 깎아지른 벼랑에서 흙이 무너지는 것을 멈추고, 내달리는 물결에 떠내려가는 것을 수습하였습니다.

② 지극한 정성이 하늘과 땅을 움직이고 깊은 후회가 귀신과 사람을 감동시켰으므로 모든 신령이 복을 내리고 만백성이 덕에 귀의하였습니다.

③ 도적이 오는 것을 경계하시고 윗자리에 있는 것을 위태롭게 여기시며, 힘써 다스리고자 걱정하시고 대궐로 돌아갈 일을 시급히 여기고 계십니다. 그러나 줄이고 줄여도 사치하는 풍조가 쉽게 퍼질까 두렵고, 어렵고 어려운 상황이라도 경계하고 삼가는 태도가 오래가지 못할까 걱정입니다.

④ 백성을 다독여 모이게 하고 원로를 우대해야 합니다. 뒤집히고 기울어진 것을 안정시키고 적의 위협에 못 이겨 따랐던 사람들을 관대히 용서해야 합니다. 억울한 사람들의 원한을 풀어주고 충성스럽고 강직한 사람을 표창하며, 할 일을 잃은 선비에게 벼슬을 주고 생업을 포기한 사람을 다시 일으켜야 합니다. 이와 같은 일들은 모두 먼저 해야 하는 일이니 나중에 해서는 안 됩니다.

⑤ 복식과 기물을 꾸미고 전각과 누대를 수선하며 귀와 눈을 즐겁게 해줄 사람을 채우고 수건과 빗을 들고 모실 사람을 뽑는 것은 모두 나중에 해야 할 일이니 먼저 해서는 안 됩니다.

---

239 본서의 『육주약선』 '18. 홍원 연간에 흩어진 나인을 모으는 일을 논하는 주장'과 같은 문장으로, 문장 가운데 일부분을 절록한 것이다.

論取散失內人狀

① 止土崩於絶岸, 收板蕩於橫流.

② 至誠動於天地, 深悔感於神人, 故得百靈降康, 兆庶歸德.

③ 以致寇爲戒, 以居上爲危, 以務理爲憂, 以復言爲急.[240] 損之又損, 尙懼汰侈之易滋; 艱之惟艱, 猶患戒愼之難久.

④ 綏輯烝黎, 優問耆耋, 安定反側, 寬宥脅從, 宣暢鬱堙, 褒奬忠直, 官失職之士, 復廢業之人. 是皆宜先, 不可後也.

⑤ 至如崇飾服器, 繕緝殿臺, 備耳目之娛, 選巾櫛之侍, 是皆宜後, 不可先也.

---

240 '言'은 중화서국 『육지집』에는 '宮'으로 되어 있으므로 이에 근거하여 해석하였다.

72. 어가가 환도하려 할 때 출발하는 날짜를 논하는 주장[241]

① 포곡(褒谷)과 사곡(斜谷)은 험준하여 평소에도 가기 무서운 길로 일컬어집니다. 산꼭대기 바위를 따라 좁은 길이 나 있고 깎아지른 절벽에 위태로운 잔도(棧道)가 매달려 있습니다. 백 리 사이에 험한 곳이 수없이 많고, 하루 가는 길에 물을 서너 번 건너야 하는 곳도 있습니다. 장마가 계속되면 여러 봉우리에서 물이 쏟아지고 커다란 바위가 무너져내려 어마어마한 굉음이 끊이지 않습니다. 깊은 골짜기에 물이 넘쳐흐르면 오도 가도 못하게 됩니다. 이러한 일은 힘으로 버티거나 계책으로 막을 수 있는 것이 아닙니다.

② 만승천자가 시기를 정하여 행차하면 모든 관원이 그림자처럼 뒤를 따르게 됩니다.

③ 서두르지 않아도 빨리 갈 수 있으니 참으로 건도(乾道)의 운행에 부합하며, 신묘한 기미를 알아채니 하늘같은 안목이라고 하겠습니다.

鑾駕將還論發日狀

① 褒斜峻阻, 素號畏途. 緣側逕於巓嚴, 綴危棧於絶壁. 或百里之內, 歷險且千; 或一程之中, 涉水數四. 若遇積雨滯浸, 群峯澍流, 巨石崩奔, 訇殷相繼, 深谷瀰漫, 往來不通, 悉非功力之所支, 籌略之所遏.

② 萬乘時行, 千官景從.

③ 不疾而速, 允叶乾行, 知幾其神, 是謂天鑒.

---

241 본서의 『육주약선』 '19. 어가(御駕)가 환도(還都)하려 할 때 출발하는 날짜를 논하는 주장'과 같은 문장으로, 문장 가운데 일부분을 절록한 것이다.

73. 조귀선(趙貴先)의[242] 죄를 용서해주도록 청하는 주장

① 패업을 도모하는 자는 일상적인 제도에 구애받지 않고, 반란을 안정시키려는 자는 오래된 잘못을 괘념치 않습니다.

請釋趙貴先罪狀

① 圖覇王者, 不牵於常制; 安反側者, 罔念於宿瑕.

242 조귀선(趙貴先)은 이회광(李懷光)의 수하 장수였다. 이회광이 하중(河中)에서 반란을 일으켰을 때 부하인 조귀선에게 축대를 쌓고 방비하게 하였다. 부역하는 일꾼들이 기한에 맞추어 축대를 쌓지 못하자 조귀선은 일꾼들을 참수하려고 하였다가 투항하였다.

74. 이초림(李楚琳)을 교체하는 데 대해 논하는 주장

① 권(權)의 뜻은 권형(權衡)과 비슷한 점을 취한 것입니다. 형(衡)은 저울이며 권(權)은 저울추입니다. 저울추를 매달면 크고 작은 물건을 잴 수 있고, 사안에 권도를 시행하면 의리의 경중이 어긋나지 않습니다. 잘 다스리려면 반드시 무거운 것을 취하고 가벼운 것을 버려야 하며, 화를 멀리하려면 반드시 가벼운 것을 고르고 무거운 것을 피해야 합니다.

② 도를 거스르는 것을 권도로 여기고, 운수에 맡기는 것을 지혜로 여깁니다. 군주가 이렇게 하면 반드시 대중을 잃고 신하가 이렇게 하면 반드시 제 몸을 망칩니다.

③ 어찌 감히 자잘한 감정을[243] 힘들여 제거하겠습니까.

論替換李楚琳狀

① 權之爲義, 取類權衡. 衡者稱也, 權者錘也. 故權在於懸, 則物之多少可準; 權施於事, 則義之輕重不差. 其趣理也, 必取重而捨輕; 其遠禍也, 必擇輕而避重.

② 以反道爲權, 以任數爲智, 君上行之必失衆, 臣下用之必陷身.

③ 安敢蠆介, 復勞誅鉏?

243 원문의 '채개(蠆介)'는 작은 가시로, 마음속의 자그마한 불쾌한 감정을 비유한다.

75. 하중(河中)을 수복한 뒤 군사를 해산하기를 청하는 주장[244]

① 유문희(劉文喜)를[245] 토벌하였으나 경주(涇州)의 상처가 아직 회복되지 않았고, 양숭의(梁崇義)를[246] 정벌하였으나 한남(漢南)의 살육은 더욱 심해졌습니다. 명령을 거역한 장수를 죽이지 않은 것도 아니요, 반란을 일으킨 군대를 정벌하지 못한 것도 아니었습니다. 또렷한 결단이 확고하지 않은 것도 아니요, 크나큰 분노를 터뜨리지 않은 것도 아니었습니다.

② 벌떼처럼 뭉쳐서 토벌에 저항하고 이리처럼 두리번거리며 성은을 배신합니다.

③ 무력을 남용하는 행위가 난리를 조장한다는 것을 아시고, 무거운 세금을 거두는 행위가 재정을 피폐하게 한다는 것을 아셨습니다. 사람을 해치며 욕심을 부리는 행위가 위험을 자초한다는 것을 아시고, 민심을 어기고 마음대로 하는 행위가 악을 쌓는다는 것을 아셨습니다. 백성의 곤란이 극에 달하면 원망이 일어난다는 것을 아시고, 위아래가 막히면 민심을 잃는다는 것을 아셨습니다. 찬란히 빛나는 조서를 내리니 이와 더불어 새로운 시작이 열렸습니다. 조서를 선포하는 곳마다 듣는 이들이 모두 눈물을 흘렸고, 흉악한 사람이라도 반드시 탄식하였습니다. 정성이 만물을 감동시키니 이렇게 되었습니다.

④ 이전에는 토벌하여도 반란이 더욱 일어났는데 지금은 풀어주어도 남김없이 귀의하고, 이전에는 백만의 군사로도 힘에 부쳤는데 지금은 한 자 길이의 조서로 두루 교화

---

244 본서의 『육주약선』 '20. 하중(河中)을 수복한 뒤 군사를 해산하기를 청하는 주장'과 같은 문장으로, 문장 가운데 일부분을 절록한 것이다.

245 유문희(劉文喜)는 북정행군별가(北庭行軍別駕)의 벼슬을 지내었다. 건중(建中) 원년(780)에 군사 2만을 거느리고 경주(涇州)에서 반란을 일으켰으므로, 조정에서는 주차(朱泚)와 이회광(李懷光)을 시켜 토벌하게 하였다.

246 양숭의(梁崇義, ?~781)는 장안(長安) 사람으로 어릴 때부터 힘이 매우 셌다고 한다. 양숭의는 양양(襄陽)에서 산남동도절도사(山南東道節度使) 내전(來瑱)을 섬기다가 내전이 죽임을 당한 후 그 자리를 이어받았다. 건중(建中) 2년(781)에 회서절도사(淮西節度使) 이희열(李希烈)에게 토벌당하였다.

할 수 있습니다.

⑤ 국가의 창고를 비워서 군수를 넉넉히 하고, 공사(公私)의 마필을 다 동원하여 무력을 더하였습니다. 만백성에게 두루 세금을 거두어들이고 팔방에서 요역을 징발하였습니다.

⑥ 살기를 원하고 죽기를 두려워하는 것이 움직이는 모든 생명의 감정이요, 위험을 염려하고 평안을 추구하는 것이 만물의 일반적인 본성입니다. 천하를 소유하고 백성을 자식으로 삼는 사람은 천하의 소원을 자신의 소원으로 삼고 백성의 마음을 자기 마음으로 삼아야 합니다.

⑦ 살리기를 좋아하는 덕을 만물에게 미치는 것이 스스로를 살리는 방법이요, 편안하게 베푸는 덕을 만물에게 미치는 것이 스스로를 편안하게 하는 기술입니다.

⑧ 옛날의 성군은 백성이 즐거워하는 삶을 자신도 즐거워하며 백성과 삶을 같이하였으므로 윗사람과 아랫사람이 모두 즐거움을 얻었습니다. 그리고 백성이 이롭게 여기는 평안을 자신도 이롭게 여기며 백성과 함께 평안을 누렸으므로 공사(公私)의 이익을 모두 보전하였습니다.

⑨ 가까운 자를 다독여 멀리 있는 자를 오게 하고, 자신을 잘 단속하여 남을 거느립니다.

⑩ 사람을 금수처럼 여겨 들판에서 해치고, 사람을 초개처럼 가볍게 보아 칼날로 벨 수도 있을 것입니다.

⑪ 필연적인 이치가 있으니 길이 달라도 같은 곳으로 가게 되고, 지극히 마땅한 말이 있으니 시대가 달라도 부절을 합친 것처럼 들어맞습니다.

⑫ 여러 사람의 잘못을 가져다 자신의 허물로 삼고, 분명한 약속을 반포하여 사람들에게 보여야 합니다.

⑬ 군주의 권세는 은혜를 내리고 위엄을 세우는 것에 달려 있습니다. 두 가지는 함께 시행해야 하며 하나를 버려서는 안 됩니다. 은혜만 있고 위엄이 없으면 두려워하지 않고, 위엄만 있고 은혜가 없으면 심복하지 않습니다. 만약 은혜를 베풀어 심복하게 할 수 있다는 사실만 알고 위엄을 세우는 수단을 버린다면, 은혜를 베풀어도 그저 약한 모습을 보일 뿐입니다. 어찌 심복할 리가 있겠습니까. 만약 위엄으로 두렵게 할 수 있다는 사실만 알고 은혜를 베푸는 덕을 버린다면, 위엄을 부려도 그저 적을 부를 뿐입니다. 어찌 두려워할 리가 있겠습니까.

⑭ 위엄을 부리지 않아도 신명(神明)처럼 두려워하고, 은혜를 낭비하지 않아도 부모처럼 그리워할 것입니다.

收河中後請罷兵狀

① 文喜之討, 涇上之瘡痛未平; 崇義之征, 漢南之芟夷繼甚. 阻命之帥, 非不誅也; 伐叛之師, 非不克也; 介焉之斷, 非不堅也; 赫斯之怒, 非不逞也.

② 蝨結以拒討, 狼顧以背恩.

③ 知黷武窮兵之長亂, 知急征重斂之勦財, 知殘人肆欲之取危, 知違衆率心之稔慝, 知烝庶困極之興怨, 知上下鬱堙之失情, 德音渙然, 與之更始. 所在宣敭之際, 聞者莫不涕流, 雖或兇獷匪人, 亦必爲之歔欷, 誠之動物, 乃至於斯.

④ 曩討之而愈叛, 今釋之而畢來; 曩以百萬之師而力殫, 今以咫尺之詔而化洽.

⑤ 罄國家廩帑以贍軍, 悉公私廐牧以張武, 算斂周於萬類, 徵徭被於八荒.

⑥ 懷生畏死, 蠢動之大情; 慮危求安, 品物之常性. 有天下而子百姓者, 以天下之欲爲欲, 以百姓之心爲心.

⑦ 好生以及物者, 乃自生之方; 施安以及物者, 乃自安之術.

⑧ 昔之聖王, 知生者人之所樂, 而己亦樂之, 故與人同其生, 則上下之樂兼得矣. 聖王知安者人之所利, 而己亦利之, 故與人共其安, 則公私之利兩全矣.

⑨ 修近以來遠, 檢身而率人.

⑩ 視人如禽獸, 而曝之原野; 輕人如草芥, 而勦之銛鋒.

⑪ 理有必然, 則殊途歸於同轍; 言有至當, 則異代應如合符.

⑫ 引衆慝以咎己, 布明信以示人.

⑬ 君之大柄, 在惠與威, 二者兼行, 廢一不可. 惠而罔威則不畏, 威而罔惠則不懷. 苟知夫惠之可懷, 而廢其取威之具, 則所敷之惠, 適足以示弱也, 其何懷之有焉; 苟知夫威之可畏, 而遺其施惠之德, 則所作之威, 適足以召敵也, 其何畏之有焉?

⑭ 威不用而畏如神明, 惠不費而懷如父母.

76. 대성(臺省)의 장관(長官)이 속리(屬吏)를 천거하도록 허락하기를 청하는 주장[247]

① 말만 듣고서는 행실을 보증할 수 없고, 행실이 있는 사람만 찾으면 재주 있는 사람을 놓칠 수 있습니다. 공로만 따지면 간교하고 거짓된 자들이 불어나 바른 사람이 등용되는 일이 드뭅니다. 명성만 따르면 다투어 달려오는 자들이 더욱 늘어나 조용히 물러나 있는 선비가 발탁되기 어렵습니다.

② "하는 행동을 보고 그 이유를 관찰하며 편안히 여기는 바를 살펴본다면, 사람들이 어떻게 자신을 숨기겠는가?"[248]라고 하였습니다. 그러나 보고 관찰하고 살피는 것은 본래 하루아침에 할 수 있는 일이 아닙니다.

③ 평소에 잘못한 일이 있으면 그 폐단을 개혁하고 그 사람을 내쫓아야 합니다. 처음에 잘한 일이 있으면 그 사람에게 상을 주어 그가 잘하는 것을 완성하도록 해야 합니다.

④ 일의 잘잘못을 알고자 한다면 말을 듣지 않을 수 없고, 말의 진위를 판별하고자 한다면 실상을 살피지 않을 수 없습니다.

⑤ 옳은 일을 말하는 자가 있더라도 즉시 옳다고 하지 말고 반드시 옳은 이유를 찾아보아야 합니다. 그른 일을 말하는 자가 있더라도 즉시 그르다고 하지 말고 반드시 그른 이치를 궁구해야 합니다.

⑥ 말을 들으면 그 진상을 모두 고찰하고, 그 진상을 알아내면 또 실정을 살펴야 합니다. 그 실정을 다 알아내면 다시 여러 사람에게 물어야 합니다. 여러 사람이 실정과

---

247 본서의 『육주약선』 '21. 대성(臺省)의 장관(長官)이 속리(屬吏)를 천거하도록 허락하기를 청하는 주장'과 같은 문장으로, 문장 가운데 일부분을 절록한 것이다.

248 『논어·위정(爲政)』에 나오는 말이다.

진상을 의논하여 반드시 서로 마음이 맞은 뒤에야 그 말을 믿고 그 정성을 칭찬해야 합니다. 만약 거짓이나 속임수가 있으면 분명한 벌을 내려야 합니다.

⑦ 말하는 자가 막힘이 없어야 듣기에 힘들지 않습니다. 근거 없고 어지러운 이야기가 없어지고, 음흉한 속셈이나 선한 사람을 중상하는 말이 없어지고, 함부로 믿었다가 속는 실수가 없어지고, 몰래 모함하는데도 판단하지 못한다는 원망이 없어집니다.

⑧ 논의를 가로막는 것을 출중하다고 여기고, 자신이 이상한 것을 남다르다고 여깁니다.

⑨ 말이 믿을 만하고 행동이 과감하더라도 도량이 얕고 좁아 두루 통하지 못하면 공자는 소인이라고 하였으며,[249] 관중(管仲)조차 패도(覇道)에 해가 된다고 걱정하였습니다.[250]

⑩ 군주는 재상을 선택하고, 재상은 장관을 선택하고, 장관은 막료를 선택합니다. 직임이 높을수록 선택할 사람은 줄어들고, 시험해야 할 관리의 지위가 낮을수록 천거하는 일은 가벼워집니다. 등용하는 방법에 질서가 있고 선발하는 인재는 비슷한 무리입니다. 비슷한 무리이니 행실을 자세히 알 수 있고, 질서가 있으니 다른 요구를 막을 수 있습니다. 인재를 얻는 데 힘쓰려 한다면 이보다 쉬운 일은 없을 것입니다.

⑪ 인재를 구할 때는 널리 구하는 것이 중요하고, 고과(考課)할 때는 세심하게 살피는 것이 중요합니다. 널리 구하는 방법은 각기 아는 사람을 두루 천거하는 데 달려 있고, 세심하게 살피는 방법은 명분에 부합하는 실상을 요구하는 데 달려 있습니다.

---

249 『논어·자로(子路)』의 "말을 미덥게 하고 행동을 과감하게 하는 것은 국량이 좁은 소인이다[言必信, 行必果, 硜硜然小人哉]."라는 말을 인용한 것이다. 공자(孔子)가 한(漢)나라 평제(平帝) 때 포성선니공(褒成宣尼公)으로 추시(追謚)되었으므로, 공자를 선니(宣尼)라고도 한다.

250 『정관정요(貞觀政要)』의 "사람을 알지 못하면 패도에 해가 되고, 알면서도 임용하지 못하면 패도에 해가 되고, 임용하고도 믿지 못하면 패도에 해가 되고, 믿고서도 또 소인이 관여하게 하면 패도에 해가 됩니다[不能知人, 害霸也, 知而不能任, 害霸也, 任而不能信, 害霸也, 既信而又使小人參之, 害霸也]."라는 관중의 말을 인용한 것이다.

⑫ 사람의 재주와 행실은 예로부터 온전한 경우가 드무니, 장점이 있으면 반드시 단점이 있기 마련입니다. 만약 장점을 취하고 단점을 보충한다면 천하에 등용하지 못할 사람이 없고, 단점을 문제 삼아 장점을 버린다면 천하에 버리지 못할 선비가 없을 것입니다.

⑬ 사람의 마음마다 미워하는 것과 좋아하는 것이 있고, 취향마다 같은 것과 다른 것이 있습니다. 가령 이윤(伊尹)이나 주공(周公) 같은 성인과 양주(楊朱)나 묵적(墨翟) 같은 현인이라도 여론을 들어보면 누군들 비난과 혐오를 면하겠습니까.

⑭ 소인과 군자의 뜻은 반드시 상반되니, 소인이 군자를 미워하는 것은 군자가 소인을 미워하는 것과 같습니다.

請許臺省長官擧薦屬吏狀

① 聽其言則未保其行, 求其行則或遺其才. 校勞考則巧僞繁興, 而貞方之人罕進; 徇聲華則趨競彌長, 而沈退之士莫升.

② “視其所以, 觀其所由, 察其所安, 人焉廋哉!” 夫欲觀視而察之, 固非一朝一夕之所能也.

③ 事愆于素者, 革其弊而黜其人; 事協于初者, 賞其人而成其美.

④ 欲知事之得失, 不可不聽之於言; 欲辨言之眞虛, 不可不考之於實.

⑤ 言事之得者, 勿卽謂是, 必原其所得之由; 言事之失者, 勿卽謂非, 必窮其所失之理.

⑥ 凡聽其言, 皆考其實. 旣得其實, 又察以情. 旣盡其情, 復稽於衆. 衆議情實, 必參相得, 然後信其說, 獎其誠. 如或矯誣, 亦寘明罰.

⑦ 言者不壅, 聽之不勞, 無浮妄亂教之談, 無陰邪傷善之說, 無輕信見欺之失, 無潛陷不辨之寃.

⑧ 以沮議爲出衆, 以自異爲不群.

⑨ 能信於言, 能果於行, 唯以硜硜淺近, 不克弘通, 宣尼猶謂其小人, 管仲尙憂其害霸.

⑩ 人主擇輔臣, 輔臣擇庶長. 庶長擇佐僚. 所任愈崇, 故所擇愈少; 所試漸下, 故所擧漸輕. 進不失倫, 選不失類. 以類則詳知實行, 有倫則杜絶徼求. 將務得人, 無易於此.

⑪ 求才貴廣, 考課貴精. 求廣在於各擧所知, 考精在於按名責實.

⑫ 人之才行, 自昔罕全, 若錄長補短, 則天下無不用之人; 責短捨長, 則天下無不弃之士.

⑬ 情有憎愛, 趣有異同, 假使聖如伊, 周, 賢如楊, 墨, 求諸物議, 孰免譏嫌?

⑭ 小人君子, 意必相反, 其在小人之惡君子, 亦如君子之惡小人.

77. 수해를 당한 여러 도(道)의 주현(州縣)을 보살피도록 청하는 주장

① 장마는 숨길 수 있는 일이 아니며 관원들은 모두 식견이 있는 사람입니다. 그러나 신과 어깨를 나란히 하는 자들조차 아첨하고 있습니다.

② 가까운 몸으로 비유하자면 온몸은 사지에 병이 있으면 근심하지 않는 경우가 없습니다. 멀리 사물로 비유하자면 해와 달은 만물을 비추어주기를 균등히 하지 않는 경우가 없습니다.

③ 어미처럼 사랑하고 아비처럼 존경하니, 옛날의 성군은 천하를 한 집안으로 여기고 중국을 한 사람으로 여겼습니다.[251]

④ 성인이 법도를 만들 적에는 모두 천지를 근본으로 삼고 음양을 단서로 삼았습니다.[252] 포상은 양(陽)의 효과를 따라 봄과 여름에 시행하고, 형벌은 음(陰)의 기운을 본받아 가을과 겨울에 사용하였습니다.[253]

請宣撫諸道遭水州縣狀

① 霖潦非可諱之事, 搢紳皆有識之人, 與臣比肩, 尙且相媚.

② 近取諸身, 如一體之於四支, 其疾病無不恤也; 遠取諸物, 如兩曜之於萬類, 其鑑照無不均也.

---

251 『예기·예운(禮運)』에 "그러므로 성인이 천하를 한 집안으로 여기고, 중국을 한 사람의 몸처럼 여길 수 있는 것은 의도적으로 하는 것이 아니다[故聖人耐以天下爲一家, 以中國爲一人者, 非意之也]."라고 되어 있다.

252 『예기·예운』에 "그러므로 성인이 법칙을 만들 때에는 반드시 천지를 근본으로 삼고 음양을 단서로 삼는다[故聖人作則, 必以天地爲本, 以陰陽爲端]."라고 되어 있다.

253 만물이 소생하는 봄과 여름에 포상을 시행하고, 만물이 소멸하는 가을과 겨울에 형벌을 시행하는 것이다. 『춘추좌씨전·양공(襄公) 26년』에 "옛날에 백성을 다스린 자는 상을 주기를 좋아하고 형벌을 내리기를 두려워하였으므로 백성 돌보는 일을 게을리하지 않아 포상은 봄과 여름에 하고, 형벌은 가을과 겨울에 하였다[古之治民者, 勸賞而畏刑, 恤民不倦, 賞以春夏, 刑以秋冬]."라고 되어 있다.

③ 有母之愛, 有父之尊. 古之聖王, 能以天下爲一家, 中國爲一人.

④ 聖人作則, 皆以天地爲本, 陰陽爲端. 慶賞者順陽之功, 故行於春夏; 刑罰者法陰之氣, 故用之秋冬.

78. 회서(淮西)의 수해를 당한 곳에 선위사(宣慰使)를 파견하도록 청하는 주장

① 사나운 짐승의 마음은 궁지에 몰리면 할퀴고, 포악한 사람의 행태는 급해지면 미쳐 날뛰는 법입니다.

② 모든 나라를 회유하는 방법은 오직 덕과 의뿐이니, 차라리 남이 나를 저버릴지언정 내가 남을 저버려서는 안 됩니다. 그렇게 해야 만백성이 마음으로 귀의하고 멀고 가까운 나라가 귀순할 것입니다.

論淮西水損處遣宣慰使狀

① 悍獸之情, 窮則攫搏; 暴人之態, 急則猖狂.

② 懷柔萬邦, 唯德與義, 寧人負我, 無我負人, 故能使億兆歸心, 遠邇從化.

79. 밀지에 사례하며 아뢴 일에 대해 논하는 주장[254]

① 머리 같은 군주와 팔다리 같은 신하는 의리상 실로 한 몸이나 마찬가지이니, 서로 자문하고 진언하며 하루에 만 가지 업무를 처리합니다. 말을 하도록 해도 뜻을 다 전하지 못하거늘, 말을 막는다면 뜻을 어떻게 전하겠습니까.

② 사람에게 벼슬을 내릴 때 반드시 조정에서 하고 사람에게 형벌을 내릴 때 반드시 저자에서 하는 이유는 여러 사람이 보지 못하고 일이 드러나지 않을까 염려해서입니다. 군주는 시행하면서 부끄러운 마음이 없고, 백성은 듣고서 의심하거나 비난하지 않습니다. 상을 받으면 편안히 여기며 부끄러운 기색이 없고, 형벌을 내리면 그대로 받으면서 원망하는 말이 없습니다.

③ 칭찬하면서 선을 말하지 않으면 이는 사사로운 은혜이고, 처벌하면서 악을 기록하지 않으면 이는 중상모략입니다. 사사로운 은혜를 내리면 주는 것과 받는 것이 분명하지 않아 총애를 바라는 길이 열리고, 중상모략하면 바른 사람과 그른 사람을 구별할 수 없어 참소하는 일이 일어납니다.

④ 송사를 판단하고 참소를 분별하려면 분명하고 관대하게 하는 것이 중요합니다. 분명히 하는 방법은 자취로 증험하는 데 달려 있고, 관대히 하는 방법은 마음으로 구하는 데 달려 있습니다. 자취는 꾸짖을 만하지만 마음이 불쌍히 여길 만하면 성군은 혐의쩍은 상황이[255] 무고한 이를 죄에 빠뜨릴까 두려워하여 꾸짖지 않았습니다. 그리고 마음은 꾸짖을 만하지만 자취는 용서할 만하면, 성왕은 지레짐작하다가[256] 죄 없는 이를 함부로 죽일까 봐 꾸짖지 않았습니다. 오직 마음이 드러나고 자취가 갖추어져 말로 복종하고 이치가 다한 뒤에야 형벌을 내렸습니다.

---

254 본서의 『육주약선』 '24. 아뢴 일에 대해 논하는 주장'과 같은 문장으로, 문장 가운데 일부분을 절록한 것이다.

255 원문의 '의사(疑似)'는 시비가 분명하지 않은 혐의쩍은 상황을 말한다.

256 원문의 '역사(逆詐)'는 남이 자신을 속인다고 지레짐작하는 것을 말한다. 『논어·헌문(憲問)』에 "속임수라고 미리 의심하지도 말고, 믿지 못할 사람이라고 억측하지도 말라[不逆詐, 不億不信]."라고 하였다.

⑤ 재화의 이익과 보고 듣기 좋은 물건은 인지상정으로 누군들 탐내고 좋아하지 않겠습니까. 하물며 신은 성품이 실로 용렬하니 어찌 사심을 잊었겠으며, 집이 본디 가난하니 어찌 욕심이 없겠습니까. 스스로 엄격히 조심하며 힘써 염치를 가다듬는 이유는 두터운 은혜를 받아 중요한 직임을 맡았으면서도 앞장서 교화를 펼쳐 풍속을 맑고 도탑게 하지 못하였기 때문입니다. 또 요역을 줄이고 곤궁한 사람을 구하지도 못하였습니다. 만약 부끄럽고 두려운 줄도 모르고 다시 뇌물을 받는 길을 연다면 이것은 나라를 걱정하는 정성을 잊고 제 몸을 불태우는 화를 자초하는 것입니다. 이 때문에 구구하게 남다른 지조를 지키며 사사로운 교유를 단절한 것입니다. 이것이 나라를 다스리는 대도(大道)에 보탬이 되지 않는다는 것은 잘 알지만, 큰 누를 끼치는 것만은 면하고자 하였습니다.

⑥ 고조(高祖)와 태종(太宗)께서는 법을 만들고 제도를 남겨 뇌물 받는 자를 감시하여 작은 뇌물을 받는 자에게도 형벌을 내렸습니다.[257]

⑦ 매번 윤음(綸音)을 반포하여 천하 사람들을 널리 사면하여 사형을 당할 자들도 모두 용서를 받았으나, 오직 뇌물죄를 저지른 자만은 종종 사면을 받지 못했습니다. 이 어찌 탐욕의 폐단이 가장 큰 해를 끼친다고 여겨서가 아니겠습니까. 미천한 관리조차 엄금하였거늘, 하물며 교화의 책임을 맡은 우두머리가 도리어 뇌물을 받을 수 있겠습니까.

⑧ 가벼운 세금을 법도로 삼아도 탐욕을 부리는 폐단이 있는데, 탐욕을 법도로 삼으면 어지러워지는 폐단이 생깁니다. 작은 것을 이롭게 여기는 자는 반드시 큰 해를 입고, 시작을 쉽게 여기는 자는 반드시 끝에 후회합니다.

⑨ 뇌물을 바치는 길이 일단 열리면 점차 심해질 것입니다. 채찍이나 가죽신을 마다하지 않으면 반드시 가죽옷까지 받고, 가죽옷을 마다하지 않으면 반드시 비단까지 받을 것입니다. 비단을 마다하지 않으면 반드시 수레까지 받고, 수레를 마다하지 않으면

257 당 태종(唐太宗)은 집권 당시 만연한 뇌물 수수 풍조를 근절하기 위해 관리들에게 비밀리에 뇌물을 주고, 그것을 받은 관리를 처벌하였다. 이후 배구(裵矩)의 건의를 받아들여 중단하였다.

반드시 금은보화까지 받을 것입니다. 날마다 탐나는 물건을 보면서 어찌 스스로 마음을 막을 수 있겠습니까.

⑩ 작은 시냇물 정도라도 그치지 않으면 재난은 골짜기처럼 깊어지고, 터럭만큼이라도 차이가 생기면 흠집이 산처럼 쌓입니다.

⑪ 주군(州郡)에서 조정에 뇌물을 바치지 않으려는 것은 고을에서 주군에 재물을 보내지 않으려는 것과 같습니다. 단지 뇌물을 주는 자에게 이익이 있고 뇌물을 주지 않는 자에게 근심이 있으므로, 몸을 편안히 하고 자리를 지키려는 생각에 어쩔 수 없이 주는 것입니다. 어찌 즐거워서 주는 것이겠습니까.

⑫ 천하는 공공의 물건이며 왕의 기강은 큰 권력입니다. 큰 권력을 가진 자는 자잘한 일을 맡지 않으며, 공공의 물건을 지키는 자는 사사로운 정을 따르지 않습니다. 자잘한 일을 맡고 큰 권력을 휘두르면 성내어 다투는 화가 일어나며, 사사로운 정을 따르면서 공공의 물건을 지니면 간사하고 어지러운 혼란이 생깁니다.

⑬ 회유하는 방도는 덕을 귀하게 여기고 재물을 천하게 여기는 것입니다. 줄 때는 증정하는 물자를 후하게 보내고, 받을 때는 간소한 예의만 차려 박하게 받으니, 사람들에게 사양하는 마음을 존귀하게 여긴다는 것을 가르치고 탐내지 않는 마음을 보여주기 위해서입니다.

謝密旨因論所宣事狀

① 元首股肱, 義實同體, 諮詢獻納, 一日萬幾. 宣之使言, 猶未盡意, 言若有阻, 義何由通!

② 爵人必於朝, 刑人必於市, 惟恐衆之不覩, 事之不彰. 君上行之無愧心, 兆庶聽之無疑議, 受賞安之無怍色, 當刑居之無怨言.

③ 獎而不言其善, 斯謂曲貸; 罰而不書其惡, 斯謂中傷. 曲貸則授受不明, 而恩倖之門啓; 中傷則枉直莫辯, 而讒間之道行.

④ 聽訟辯讒, 貴於明恕. 明者在驗之以跡, 恕者在求之以情. 跡可責而情可矜, 聖王懼疑似之陷非辜, 不之責也; 情可責而跡可宥, 聖王懼逆詐之濫無罪, 不之責也. 惟情見跡具, 詞服理窮者, 然後加刑罰焉.

⑤ 貨賄之利, 耳目之娛, 人間常情, 孰不貪悅? 況臣性實凡鄙, 寧忘顧私? 家本窶貧, 安能無欲? 所以深自刻愼, 勉修廉隅者, 盖由負戴厚恩, 尸竊大任. 旣不克導揚風教, 致俗淸淳, 又未能減息征徭, 濟人窮困, 若無恥懼, 更啓賄門, 是忘憂國之誡, 仍速焚身之禍. 由是苟行特操, 杜絶交私. 誠知無補大猷, 所冀免貽深累.

⑥ 高祖, 太宗, 著法垂制, 監臨受賄, 盈尺有刑.

⑦ 每發德音, 敷宥下土, 大辟之屬, 皆蒙滌除, 唯於犯贓, 往往不赦. 豈不以貪饕爲弊, 殘蠹最深? 至於士吏之微, 尙當嚴禁; 矧居風化之首, 反可通行!

⑧ 作法於涼, 其弊猶貪; 作法於貪, 其弊斯亂. 利於小者, 必害於大, 易於始者, 必悔於終.

⑨ 賄道一開, 展轉滋甚. 鞭靴不已, 必及衣裘; 衣裘不已, 必及幣帛; 幣帛不已, 必及車輿; 車輿不已, 必及金璧. 日見可欲, 何能自窒于心?

⑩ 涓流不止, 谿壑成災; 毫末旣差, 丘山聚釁.

⑪ 郡府之不願行賄於朝廷, 猶鄕閭之不願輸貨於郡府也. 但以行之者有利, 不行者有虞, 故爲安身保位之謀, 不得不行耳. 夫豈樂而行之哉!

⑫ 天下, 公器也; 王綱, 大權也. 執大權者不任其小數, 守公器者不徇于私情. 任小數而御大權, 則忿戾之禍起; 徇私情以持公器, 則姦亂之釁生.

⑬ 懷撫之道, 貴德賤財. 於往也則厚其贈送之資, 於來也則薄其贄幣之禮. 訓人以尊讓, 示人以不貪.

80. 시박중사(市舶中使)를 두도록 청한 일을 논하는 주장[258]

① 구슬이 궤 속에서 망가지면 장차 누구를 탓하겠으며, 진주가 경계 밖으로 달아나면 어찌 다시 쫓아갈 수 있겠습니까.

② 게다가 영남과 안남은 모두 군주의 땅이며, 중사(中使)와 외사(外使)는 모두 군주의 신하입니다.

論市舶中使狀

① 玉毀櫝中, 是將誰咎; 珠飛境外, 安可復追?

② 且嶺南, 安南, 莫非王土; 中使, 外使, 悉是王臣.

---

258 본서의 『육주약선』 '22. 영남(嶺南)에 시박중사(市舶中使)를 두도록 청한 일을 논하는 주장'과 같은 문장으로, 문장 가운데 일부분을 절록한 것이다.

81. 배연령(裴延齡)을[259] 탁지사(度支使)에 제수하는 것을 논하는 주장

① 주(周)나라 제도는 육관(六官)이[260] 실로 통치의 근본을 맡았습니다. 총재(塚宰)는 국가의 지출을 통제하고 수입을 헤아려서 지출을 하였으며, 사도(司徒)는 나라의 세금을 관장하여 교화를 펴고 백성을 구휼하였습니다. 현재의 탁지사(度支使)는 두 가지 업무를 겸하여 만 가지 재화의 가격을 고르게 하고 모든 관사를 고르게 조절하며, 있는 곳에서 없는 곳으로 옮겨주기를 힘쓰고[261] 풍족한 것으로 모자란 것을 보충해줍니다. 그 이해와 득실은 백성의 목숨과 관련되고 소비와 절약은 재물이 늘어나고 줄어드는 것과 관계됩니다.

論除裴延齡度支使狀

① 周制六官, 實司理本, 塚宰制國用, 量入爲出; 司徒掌邦賦, 敷教恤人. 今之度支, 兼此二柄, 準平萬貨, 均節百司, 有無懋遷, 豐敗相補, 利害關黎元之性命, 費省繫財物之盈虛.

---

259 『육주약선』 '29. 배연령(裴延齡)에 대해 논의한 글'의 '배연령' 주석(159쪽 389번) 참조.

260 『주례(周禮)』에 따르면, 천관총재(天官塚宰), 지관사도(地官司徒), 춘관종백(春官宗伯), 하관사마(夏官司馬), 추관사구(秋官司寇), 동관사공(冬官司空)이 나라의 행정을 나누어 맡았으며 육관(六官) 또는 육경(六卿)이라 한다. 수(隋), 당(唐) 이후 이부(吏部), 호부(戶部), 예부(禮部), 병부(兵部), 형부(刑部), 공부(工部)의 육부상서(六部尙書)로 통칭하였으며, 『주례』 육관의 직임과 일치한다.

261 재화를 매매하여 두루 유통되게 하는 것이다. 『서경·익직(益稷)』에 "직(稷)과 함께 파종하여 모든 간식(艱食)과 선식(鮮食)을 올리며, 힘써 있는 것을 없는 곳에 바꿔두어 쌓아둔 재화를 변화하게 하니, 백성이 이에 곡식을 먹어서 만방이 다스려졌다[暨稷播, 奏庶艱食鮮食, 懋遷有無, 化居, 烝民乃粒, 萬邦作乂]."라고 하였다.

82. 수운(水運)에서 거두는 각가(脚價)를 경감하고 군량을 저축하도록 청하는 주장[262]

① 그러므로 조조(晁錯)는 변방을 안정시킬 계책을 논하면서 곡식을 저장하는 것이 요점이라 하였고, 조충국(趙充國)은 강족(羌族)을 물리칠 방법을 건의하면서 먼저 둔전(屯田)에 힘쓰게 하였습니다.

② 눈보라를 맞아 동상에 걸리는 고통을 겪고 승냥이나 이리 같은 도적들이 노략질할 우려를 감수해야 하니, 사계절 내내 쉬는 날이 없습니다.

③ 병법에는 분곤(分閫)이라는 말이 있으며 합권(合拳)이라는[263] 비유가 있습니다. 또 진퇴여일(進退如一)의[264] 명령이 있으며 편의종사(便宜從事)의[265] 규칙이 있습니다. 그러므로 움직임이 변화에 맞고 제도는 오래 시행됩니다. 또한 출정하면 협력하고 주둔할 때는 합심할 수 있습니다.

④ 병사가 장수를 받드는 것은 사지(四肢)가 머리를 지키는 것과 같고, 장수가 국경을 지키는 것은 가족이 집을 지키는 것과 같습니다.

⑤ 계속 잘 지키며 법대로 시행하면서 풍흉(豊凶)을 자세히 살피고 거둔 곡식을 잘 계산한다면 콩과 보리는 반드시 관청의 창고로 들어가고 베와 비단은 모두 농부에게로 갈 것입니다.

---

262 본서의 『육주약선』 '23. 경동(京東)의 수운(水運)에서 거두는 각가(脚價)를 경감하도록 청하는 주장'과 같은 문장으로, 문장 가운데 일부분을 절록한 것이다.

263 합권(合拳)은 주먹을 쥐듯이 힘을 합친다는 뜻이다. 『회남자(淮南子)·병략(兵略)』에 "다섯 손가락을 번갈아 튕기는 것이 주먹을 한 번 쥐는 것만 못하다[夫五指之更彈, 不若卷手之一握]."라고 하였다.

264 진퇴여일(進退如一)은 진격과 퇴각을 한 몸처럼 동시에 한다는 뜻이다.

265 편의종사(便宜從事)는 임금이 사절을 보낼 때, 현지에 가서 형편에 따라 일을 하도록 하는 것을 말한다.

⑥ 국가에서 제정한 대비책을 잊고 시장에서 통하는 구차한 도리를 따랐습니다. 풍년이 되어 곡식을 파는 사람에게 값을 깎으려고만 하며 때맞춰 거두어들여 저장하지 못했고, 재해를 당하여 먹고살기 어려운 사람에게 양식이 부족하다는 점을 헤아리지 않고 도리어 곡식을 수매하였습니다. 결국은 부자와 탐관오리들이 도리어 이권을 잡고서 가격이 쌀 때 백성에게서 곡식을 사들였다가 공사(公私)가 모두 궁핍해지길 기다려 위급한 시기를 틈타 열 배의 이익을 올렸습니다.

⑦ 식량이 부족하고 재물이 넉넉하다면 재물을 쌓는 일을 뒤로 미루고 먼저 창고를 채우도록 노력해야 합니다. 식량이 넉넉하고 재물이 부족하다면 식량 모으는 일을 늦추고 재화를 아껴 써야 합니다.

⑧ 법규가 제정된 후 오래 지나면 반드시 병폐가 생깁니다. 계획을 세울 때는 처음부터 주도면밀하게 고려해야 합니다. 오래된 관습으로 인해 마땅한 시기를 놓쳐서는 안 되며, 눈앞의 이익 때문에 항구한 법제를 무너뜨려서도 안 됩니다. 지금 공을 세우는 것을 귀하게 여기지 말아야 하고 훗날에 우환을 남기지 않도록 해야 합니다. 먼 일을 고려하고 미세한 일을 방비해야 모든 일을 이룰 수 있습니다.

請減水運收脚價儲蓄軍糧狀[266]

① 晁錯論安邊之策, 要在積穀; 充國建破羌之議, 先務屯田.

② 犯雪霜皸瘃之苦, 冒豺狼剽掠之虞, 四時之間, 無日休息.

③ 兵法有分闔之詞, 有合拳之喩, 有進退如一之令, 有便宜從事之規. 故能動作協變通, 制備垂永久, 出則同力, 居則同心.

---

266 중화서국 『육지집』에는 '請減京東水運收脚價於緣邊州鎭儲蓄軍糧事宜狀'이라는 제목으로 실려 있다.

④ 兵之奉將, 若四支之衛頭目; 將之守境, 若一家之保室廬.

⑤ 守之有恒, 施之有制, 謹視豐耗, 善計收積, 菽麥必歸於公廪, 布帛悉入於農夫.

⑥ 忘國家制備之謀, 行市道苟且之意. 當稔而顧糴者, 則務裁其價, 不時斂藏; 遇災而艱食者, 則莫揆乏糧, 抑使收糴. 遂使豪家貪吏, 反操利權, 賤取於人, 以俟公私之乏困, 乘時所急, 十倍其贏.

⑦ 食不足而財有餘, 則弛於積財而務實倉廪; 食有餘而財不足, 則緩於積食而嗇用貨泉.

⑧ 立法裁規, 久必生弊, 經略之念, 始慮貴周. 不以積習害機宜, 不以近利隳永制, 不貴功於當代, 不流患於他時, 慮遠防微, 是其均濟.

83. 변방의 수비를 논하는 주장[267]

① 병사를 잘 다스리지 못하면 쓸 만한 군대가 없고, 군량이 부족하면 지역을 굳게 지킬 수 없습니다. 병사를 잘 다스리는 것은 적소에 배치하는 데 달려 있고, 군량을 풍족하게 하는 것은 적절하게 거두는 데 달려 있습니다.

② 오랑캐가 찾아와 복종하도록 하는 것을 중시하는 사람은 "덕이 아니면 변방의 사람들을 교화할 수 없다."라고 합니다. 그러나 이것은 위엄이 서지 않으면 덕으로 다스릴 수 없음을 모르는 것입니다. 무력을 좋아하는 사람은 "군대가 아니면 흉포한 오랑캐를 복종시킬 수 없다."라고 합니다. 그러나 이것은 덕을 닦지 않으면 군대도 믿을 수 없음을 모르는 것입니다. 화친에 힘쓰는 사람은 "결연을 맺으면 우호를 다질 수 있다."라고 합니다. 그러나 이것은 내가 결연을 맺어도 저쪽에서 다시 끊을 수 있음을 모르는 것입니다. 긴 성곽이 좋은 방법이라고 여기는 사람은 "험한 요새를 설치하면 나라를 굳건히 지키고 오랑캐를 막아낼 수 있다."라고 합니다. 그러나 이것은 국력과 인재가 부족하면 험한 요새도 믿을 수 없고 성곽도 지킬 수 없음을 모르는 것입니다. 정벌이 훌륭한 방법이라고 여기는 사람은 "오랑캐를 쫓아내고 저지하면 침략을 막아낼 수 있고 원정하는 수고를 덜 수 있다."라고 합니다. 그러나 이것은 무기가 예리하지 않고 성채가 견고하지 않으면 오랑캐를 저지하려 해도 막을 수 없고 쫓아내려 해도 물리칠 수 없음을 모르는 것입니다.

③ 중국도 흥성할 때와 쇠퇴할 때가 있고 오랑캐도 강할 때와 약할 때가 있습니다. 사세(事勢)도 이로울 때와 해로울 때가 있고, 조치도 안전할 때와 위험할 때가 있습니다. 그러므로 반드시 고정된 규칙이란 없으며 항상 승리하는 방법도 없는 것입니다.

④ 오랑캐와 중국의 강약이 비슷하다면, 평온하지 못한 곳은 어루만지고 조용하지

---

267 본서의 『육주약선』 '25. 변방의 수비를 논하는 주장'과 같은 문장으로, 문장 가운데 일부분을 절록한 것이다.

못한 곳에는 위엄을 세웁니다. 스스로를 지킬 정도의 힘은 있지만 가서 공격할 수 없는 형세라면, 요새를 설치하여 군대를 주둔시키고 군사를 훈련하여 적군에 대비해야 합니다. 적군이 오면 대략 정벌하여 깊이 쳐들어오는 것을 막고, 도망가면 쫓아가 물리치되 멀리까지 추격하지 않도록 주의합니다.

⑤ 형세에는 어렵고 쉬운 것이 있고 사안에는 먼저 할 것과 뒤에 할 것이 있습니다. 국력이 강하고 외적이 약하면 어려운 일을 먼저 합니다. 이것은 '적의 전의를 빼앗는 방법'으로[268] 잠시 수고롭지만 오랫동안 편안합니다.[269] 국력이 약하고 외적이 강하면 쉬운 일을 먼저 합니다. 이것은 '국가의 근본을 굳건히 하는 방법'으로 틈을 살피다가 나중에 움직입니다.[270]

⑥ 하늘이 주는 재능은 일을 분담하도록 하니 공적을 독차지할 수 없고, 땅이 생산하는 물산은 지역마다 적합한 것이 있으니 이익을 겸하지 않습니다. 그러므로 여러 지방의 풍속은 강점과 약점이 각각 다릅니다. 남의 강점은 뛰어넘을 수 없고 나의 약점은 나아지기를 바랄 수 없습니다. 나의 약점을 고치려고 애쓰며 남의 강점과 겨루려고 한다면 반드시 위태로울 것이고, 나의 강점을 이용하여 남의 약점을 틈타 공격하면 반드시 안전할 것입니다.

강한 오랑캐는 물과 풀이 있는 곳에 마을을 만들고 수렵으로 음식을 충당합니다. 또한 말을 많이 길러 능숙하게 내달리며 목숨을 가볍게 여기고 패배를 부끄러워하지 않습니다. 이것이 오랑캐의 장점입니다.

⑦ 장수와 관리를 선발하여 백성을 위로하고, 기율을 세워서 군사들을 훈련시켜야

---

268 고대의 병서(兵書)인 『군지(軍志)』에 "적보다 앞서 적의 전의(戰意)를 빼앗는 것이 군대의 좋은 계책이다[先人有奪人之心, 軍之善謀也]."라고 하였다.

269 반고(班固)의 「봉연연산명서(封燕然山銘序)」에 "이것은 한번 수고롭게 하여 오랫동안 편안하고, 잠깐 힘을 써서 영원히 평안하다고 할 만합니다[茲可謂一勞而久逸, 暫費而永寧也]."라고 하였다.

270 『춘추좌씨전·선공(宣公) 12년』에 진(晉)나라 대부(大夫) 수무자(隨武子)가 "내가 듣건대 용병(用兵)에는 적의 틈을 보아 움직인다고 하였습니다[會聞而師, 觀釁而動]."라고 하였다.

합니다. 덕을 드러내어 위엄을 보좌하고, 가까이 있는 자를 길들이고 멀리 있는 자를 회유해야 합니다. 또 침략하려는 폭도에 금령을 내려 우리의 신의를 보이고, 공격에 대한 논의를 자제하여 오랑캐를 안심시켜야 합니다.

⑧ 저들이 화친을 원하면 잘 대우하되 맹약은 맺지 말고, 저들이 도적질을 하면 엄하게 방비하되 보복은 하지 않아야 합니다.

⑨ 무력을 천시하고 지혜를 소중히 여기며 죽이기를 싫어하고 살리기를 좋아해야 합니다. 이익을 경시하고 사람을 중시하며, 작은 일을 참아 큰일을 이룹니다. 거처하는 곳을 안전하게 한 뒤에 이동하며, 때를 기다린 뒤에 움직입니다.[271]

⑩ 소규모로 침입하면 위세를 과장하여 침입을 막고, 대규모로 침입하면 계책을 써서 돌아가도록 만듭니다. 험난한 요새에 자리 잡고 기회를 타서 갖가지 방법으로 적을 곤란하게 합니다.[272] 그들이 용맹을 발휘하지 못하고 많은 무리가 쓸모없어지니 노략질하려 해도 소득이 없고 공격하려 해도 불가합니다. 그들은 진격해도 앞과 뒤에 적을 두게 될 염려가 있고[273] 퇴각해도 머리가 꼬리를 구제하기 어려울까 걱정합니다.

⑪ 우리의 강점은 곧 오랑캐의 약점이며, 우리가 쉽게 여기는 것은 곧 오랑캐가 어려워하는 것입니다. 강점으로 약점을 통제하면 힘은 적게 들이고도 많은 공적을 거둘 수 있고, 쉬운 것으로 어려운 것을 대응하면 재물은 적게 쓰면서 빨리 일을 성취할 수 있습니다.

---

271 『주역·계사전 하(繫辭傳下)』에 "군자가 자기가 크게 쓸 물건을 몸에 간직했다가 때를 기다려서 움직인다면, 어찌 이롭지 않은 일이 있겠는가[君子藏器於身, 待時而動 何不利之有]?"라고 하였다.

272 여러 방향에서 적을 공격하여 혼란에 빠뜨리는 것을 말한다. 『춘추좌씨전·소공(昭公) 30년』에, 오원(伍員)이 오자(吳子)에게 초(楚)나라를 공격할 방법으로 "여러 방법으로 저들을 그르치게 하여, 저들이 지친 뒤에 삼군(三軍)이 뒤이어 공격하면 반드시 크게 승리할 것입니다[多方以誤之. 旣罷而後, 以三軍繼之, 必大克之]."라고 하였다.

273 앞뒤로 적의 공격을 받는 진퇴양난의 상황을 말한다. 『위서(魏書)·최호전(崔浩傳)』에 "유유(劉裕)가 서쪽으로 함곡관(函谷關)에 들어가자 진퇴의 길이 막혀서 앞뒤로 적의 공격을 받았다[裕西入函谷, 則進退路窮, 腹背受敵]."라고 하였다.

⑫ 임용한 자가 반드시 인재는 아니며 인재가 반드시 임용되는 것도 아닙니다. 소문이 반드시 사실인 것은 아니며 사실이 반드시 알려지는 것도 아닙니다. 신뢰가 반드시 성실에서 나오는 것은 아니며 성실이 반드시 신뢰를 얻는 것도 아닙니다. 시행하는 것이 반드시 타당한 것은 아니며 타당한 것이 반드시 시행되는 것도 아닙니다.

⑬ 병사가 많으면 재물이 소진되고 장수가 많으면 힘이 분산됩니다. 균등하지 않으면 원망이 생기고 먼 곳에서 통제하면 기회를 잃습니다.

⑭ 장인이 일을 잘하려면 반드시 먼저 도구를 예리하게 하며, 장수가 적을 이기려 하면 반드시 먼저 병사를 훈련한다고 하였습니다.

⑮ 사물의 이치에 맞지 않으면 사람들이 편하게 여기지 않고, 인지상정으로 원하는 것이 아니면 사람들이 머무르지 않습니다.

⑯ 인정(人情)은 이로우면 권면하고 익숙하면 편하게 여기며, 친지들을 보살피면서 삶을 즐겁게 여기고 가업을 돌보면서 죽음을 잊습니다. 그러므로 치리(治理)의 기술로 다스려야 하고 법과 규제로 몰아세우면 안 됩니다.

⑰ 옛날에 병사의 선발과 배치를 잘한 사람은 반드시 병사들의 습성을 헤아려서 알맞은 지역을 구별하였으며, 병사들의 능력을 살펴서 좋아하는 것과 싫어하는 것을 알아내었습니다. 병사들의 능력을 사용하되 습성을 거스르지 않고, 풍속을 바로잡되 알맞은 것은 바꾸지 않았습니다. 병사들이 잘하는 것을 장려하되 못하는 것을 요구하지 않고, 잘못된 행동을 금지하되 원치 않는 장소에 두지 않았습니다.

⑱ 궁벽한 변방의 땅은 천 리에 걸쳐 적막하니 차가운 바람에 살갗이 갈라지고 날리는 모래에 눈이 아픕니다. 승냥이와 이리 같은 오랑캐를 이웃으로 삼고 전투를 놀이로 삼으며, 낮에는 창을 짊어진 채 밭을 갈고 밤에는 봉수(烽燧)에 기대어 경비를 서야 합니다. 날마다 찔리고 다칠까 염려하고 즐겁게 쉬는 날이 전혀 없습니다.

⑲ 상벌로 무리를 다스리는 것은 먹줄로 곡선과 직선을 긋고 저울로 경중을 재는 것과 같으며, 끌채 끝의 쐐기로 수레를 고정하고 재갈과 굴레로 말을 복종시키는 것과 같습니다. 무리를 다스릴 때 상벌을 사용하지 않으면 선한 자와 악한 자가 섞이고 유능한 자와 무능한 자를 구별할 수 없습니다. 공과(功過)에 적합하지 않게 등용하면 간사한 자가 총애를 얻고 충성스러운 자가 물러나게 됩니다.

⑳ 적은 것이 많아지고 약한 것이 강해지니 변화의 시작과 마무리가 손바닥을 뒤집는 것처럼 쉽습니다. 이것은 마치 팔로 손가락을 움직이며 마음으로 몸을 다스리는 것과 같습니다.

㉑ 용사가 다쳐서 절름발이가 된 듯하고 무리가 흩어져서 약해지니 겁을 내어 우왕좌왕할 조짐이 진영을 배치하기도 전에 보입니다. 이것은 마치 한 나라에 세 사람의 재상이 있고 양 열 마리에 아홉 명의 목자가 있는 것과 같습니다.

㉒ 장수를 선임할 때는 반드시 먼저 품행과 재능을 고찰하고 그 후에 담당할 지방을 가르쳐주고 위임할 일을 알려주어 스스로 가부(可否)를 헤아리고 법도를 제시하게 합니다. 어떤 종류의 병력이 필요한지, 어떤 사람을 참모로 의지할 것인지, 군사와 말이 얼마나 필요한지, 군량을 얼마나 사용할 것인지, 또 어느 곳에 진영을 둘 것인지, 언제 공적을 이룰 수 있는지, 일의 시말과 요령을 모두 관장하게 합니다. 그리고 그 계획을 살피고 소문과 실상을 비교합니다. 만약 재주가 쓸모없고 말이 시행하기 부족하면 마땅히 원래 있던 자리로 돌려놓아 훗날의 염려를 남기지 않아야 합니다.

㉓ 의심스러운 사람은 등용하지 않고 등용한 사람은 의심하지 않습니다. 인재를 선발할 때는 고심하고, 임무를 위임하면 가만히 있어야 합니다.[274] 사무를 위임하고 요구를 들어준 뒤에 잘잘못을 심사하고 상벌을 시행합니다. 이렇게 하면 상을 받는 자는 과분하다고 여기지 않고 벌을 받는 자는 변명하지 못하므로, 부여받은 권한에 전념하고 구차한 마음은 절로 사라집니다.

---

274 원문의 '단공(端拱)'은 손을 맞잡고 아무것도 하지 않는다는 뜻이다.

㉔ 옛날에 장수를 보낼 때는 군주가 친히 수레를 밀어주며 "궐문 밖은 장군이 다스리시오."라고 명하였습니다. 또 작두와 도끼를 하사하여 혼자 판단하도록 두겠다는 뜻을 보였습니다. 그러므로 군대의 의식은 조정에서 쓰이지 않고 조정의 의식은 군대에서 쓰이지 않았습니다.[275] 장수가 군대에 있으면 임금의 명령을 따르지 않는 경우가 있다고 했으니, 이것은 실로 적절한 기회를 만났을 때 멀리서 결정이 내려지기를 기다릴 수 없고, 양쪽의 명령을 따를 수 없음을 말한 것입니다. 권한을 완전히 위임하지 않은 채 장수가 적을 이기고 공을 이루기를 바랄 수는 없습니다.

㉕ 양국의 국경이 접한 곳에서 두 군대가 서로 대치하고 있을 때, 기회가 오면 잠시의 틈도 용납되지 않습니다. 계책을 세워 놓고 기다리더라도 때를 놓칠까 걱정인데, 그때 가서 비로소 계책을 세운다면 허술한 것이 당연합니다. 하물며 천 리 떨어진 곳에 있는 구중궁궐 깊숙한 곳에서는 진술한 내용을 분명히 알기 어려우며 보고 듣는 것이 동일하지 않습니다. 빠짐없이 대책을 세우려 하지만 성인(聖人)이라도 어쩔 수 없는 경우가 있을 것입니다.

論緣邊守備狀

① 兵不理則無可用之師, 食不足則無可固之地, 理兵在制置得所, 足食在斂導有方.

② 尊卽序者則曰:[276] "非德無以化要荒." 曾莫知威不立, 則德不能馴也; 樂武威者則曰: "非兵無以服凶獷." 曾莫知德不修, 則兵不可恃也; 務和親者則曰: "要結可以睦鄰好." 曾莫知我結之, 而彼復解之也; 美長城者則曰: "設險可以固邦國而扞寇讎." 曾莫知力不足而人不堪, 則險之不能恃, 城之不能有也; 尙薄伐者則曰: "驅遏可以禁侵暴而省征徭." 曾莫知兵不銳而壘不完, 則遏之不能勝, 驅之不能去也.

---

275 원문의 '군용(軍容)'은 군대의 위용과 의식을 가리키며, '국용(國容)'은 조정의 의식과 제도를 가리킨다. 『사마법(司馬法)·천자지의(天子之義)』에 "옛날에 조정의 의식은 군대에서 쓰이지 않고 군대의 의식은 조정에서 쓰이지 않았다[古者國容不入軍, 軍容不入國]."라고 하였다.

276 중화서국 『육지집』과 『육주약선』에는 '尊卽敘者則曰'이라고 되어 있다.

③ 夫中夏有盛衰, 夷狄有強弱, 事機有利害, 措置有安危, 故無必定之規, 亦無長勝之法.

④ 夷夏之勢, 強弱適同, 撫之不寧, 威之不靖. 力足以自保, 勢不足以出攻, 安得不設險以固軍, 訓師以待寇, 來則薄伐以遏其深入, 去則攘斥而戒於遠追.

⑤ 勢有難易, 事有後先. 力大而敵脆, 則先其所難, 是謂奪人之心, 暫勞而久逸者也; 力寡而敵堅, 則先其所易, 是謂固國之本, 觀釁而後動者也.

⑥ 天之授者, 有分事, 無全功; 地之產者, 有物宜, 無兼利. 是以五方之俗, 長短各殊, 長者不可踰, 短者不可企. 勉所短而校其所長, 必殆; 用所長而乘其所短, 必安. 強者乃以水草爲邑居,[277] 以射獵供飮茹, 多馬而尤便馳突, 輕生而不恥敗亡, 此戎狄之所長.

⑦ 擇將吏以撫寧衆庶, 修紀律以訓齊師徒, 耀德以佐威, 能邇以柔遠, 禁侵掠之暴以彰吾信, 抑攻取之議以安戎心.

⑧ 彼求和則善待而勿與結盟, 彼爲寇則嚴備而不務報復.

⑨ 賤力而貴智, 惡殺而好生, 輕利而重人, 忍小以全大, 安其居而後動, 俟其時而後行.

⑩ 寇小至則張聲勢以遏其入, 寇大至則謀其大以邀其歸. 據險以乘之, 多方以誤之, 使其勇無所加, 衆無所用, 掠則靡獲, 攻則不能, 進有腹背受敵之虞, 退有首尾難救之患.

⑪ 我之所長, 乃戎狄之所短; 我之所易, 乃戎狄之所難. 以長制短, 則用力寡而見功多; 以易敵難, 則財不匱而事速就.

⑫ 所任不必才, 才者不必任; 所聞不必實, 實者不必聞; 所信不必誠, 誠者不必信; 所行不必當, 當者未必行.

⑬ 財匱於兵衆, 力分於將多, 怨生於不均, 機失於遙制.

---

277 중화서국 『육지집』에는 '以水草爲邑居'로 되어 있고, 『육주약선』에는 '強者以水草爲邑居'라고 되어 있다.

⑭ 工欲善其事, 必先利其器; 武欲勝其敵, 必先練其兵.

⑮ 非物理所愜不寧, 非人情所欲不固.

⑯ 人情者, 利焉則勸, 習焉則安, 保親戚則樂生, 顧家業則忘死. 故可以理術馭, 不可以法制驅

⑰ 古之善選置者, 必量其性習, 辨其土宜, 察其技能, 知其欲惡, 用其力而不違其性, 齊其俗而不易其宜, 引其善而不責其所不能, 禁其非而不處其所不欲.

⑱ 窮邊之地, 千里蕭條, 寒風裂膚, 驚沙慘目, 與豺狼爲隣伍, 以戰鬪爲嬉遊, 晝則荷戈而耕, 夜則倚烽而覘, 日有剽害之慮, 永無休暇之娛.

⑲ 賞罰之於馭衆也, 猶繩墨之於曲直, 權衡之於重輕, 輗軏之所以行車, 銜勒之所以服馬也. 馭衆而不用賞罰, 則善惡相混, 而能否莫殊;[278] 用之而不當功過, 則姦妄寵榮, 忠實擯抑.

⑳ 以少爲衆, 以弱爲強, 變化翕闢, 在於反掌之內, 是猶臂之使指, 心之制形.

㉑ 勇廢爲尫, 衆散爲弱, 逗撓離析, 兆乎戰陣之前, 是猶一國三公, 十羊九牧.

㉒ 選任將帥, 必先考察行能, 然後指以所授之方, 語以所委之事, 令其自揣可否, 自陳規模. 須某色甲兵, 藉某人參佐, 要若干士馬, 用若干資糧, 某處置營, 某時成績, 始終要領, 悉俾經綸, 於是觀其計謀, 校其聲實. 若謂材無足取, 言不可行, 則當退之於初, 不宜貽慮於其後也.

㉓ 疑者不使, 使者不疑, 勞神於選才, 端拱於委任. 旣委其事, 旣足其求, 然後可以覈其否臧, 行其賞罰. 受其賞者不以爲濫, 當其罰者無得而辭, 付授之柄旣專, 苟且之心自息.

㉔ 古之遣將帥者, 君親推轂而命之曰: "自閫以外, 將軍裁之." 又賜鈇鉞, 示令專斷. 故軍容不入國, 國容不入軍, 將在軍, 君命有所不受. 誠謂機宜不可以遠決, 號令不可以兩從, 未有委任不專, 而望其克敵成功者也.

---

278 중화서국 『육지집』과 『육주약선』에는 본문이 '則善惡相混, 能否莫殊'로 되어 있다.

㉕ 兩疆相接, 兩軍相持, 事機之來, 間不容息, 蓄謀而俟,[279] 猶恐失之, 臨時始謀, 固已踈矣. 況乎千里之遠, 九重之深, 陳述之難明, 聽覽之不一, 欲其事無遺策, 雖聖者亦有所不能焉.

279 중화서국 『육지집』에는 본문이 '蓄謀而俟'로 되어 있고, 『육주약선』에는 '蓄謀而竢'로 되어 있다.

84. 두참(竇參)의[280] 장원과 저택을 장부에 넣지 않도록 청하는 주장

① 성인의 덕은 크고 넓어서 마치 하늘이 감싸주는 것과 같으니, 떳떳한 법률 안에서 분노를 억제하고[281] 인지상정 너머까지 생각이 미칩니다.

請不簿錄竇參莊宅狀

① 聖德廣大, 如天包含, 懲忿於彝憲之中, 念終於常情之外.

---

280 두참(竇參, 733~792)은 중당(中唐) 시기의 대신으로 평릉(平陵), 즉 지금의 산시(陝西) 함양시(咸陽市) 사람이다. 공부상서(工部尙書) 두탄(竇誕)의 현손으로, 문음(門蔭)으로 벼슬에 올라 당 덕종(唐德宗) 때 재상이 되었다. 그러나 두참은 권세를 믿고 사욕을 채웠으므로 유주(柳州)로 폄적되었다. 선무절도사(宣武節度使) 유사녕(劉士寧)이 그에게 비단을 보냈다는 상소가 올라오자 덕종이 분노하여 사형을 내렸다. 육지가 두참을 위해 간청하여 사형을 면하였으나 두참은 빈주[郴州, 지금의 호남(湖南) 빈주시(郴州市)]로 폄적되었다가 다시 환주(驩州, 지금의 베트남)로 폄적되어 얼마 지나지 않아 죽고, 그의 전 재산은 국가로 몰수되었다.

281 원문의 '징분(懲忿)'은 분노를 징계하고 제어하는 것을 말한다. 『주역·손괘(損卦)·상전(象傳)』에 "군자가 이 괘를 보고서 분노를 제어하고 욕망을 없앤다[君子以懲忿窒欲]."라고 하였다.

85. 경조(京兆)에서 청한 절납(折納)의[282] 사안을 따르길 청하는 주장

① 폐단을 바로잡고 재난에서 구제하는 것이 국가의 법입니다. 폐단을 바로잡으려면 근심거리를 알아야 하고 재난에서 구제하려면 가진 것 없는 사람을 구휼해야 합니다.

請依京兆所請折納事狀

① 求瘼救災, 國之令典, 求瘼在知其所患, 救災在恤其所無.

282 절납(折納)은 조세를 현물 대신 돈으로 환산하여 납부하는 것을 말한다.

86. 이만영(李萬榮)을[283] 변주절도사(汴州節度使)에 제수하지 않도록 청하는 주장

① 군대의 배치가 안전한지 위험한지 여부는 형세에 달려 있고, 임무의 부여가 적절한지 적절하지 않은지 여부는 재능에 달려 있습니다. 형세는 그릇과 같아서 놓는 장소에 따라 달라집니다. 그릇을 위험한 곳에 놓으면 엎어지고 평탄한 곳에 놓으면 평안합니다. 재능은 짐과 같아서 주어지는 바에 따라 달라집니다. 주어진 짐이 힘에 부치면 넘어지고 주어진 짐이 힘에 맞으면 걸어갈 수 있습니다. 무거운 짐은 힘이 약한 사람에게 감당하게 할 수 없고, 큰 그릇은 함부로 두어서는 안 됩니다. 큰 힘이 있는 자에게 무거운 짐을 주어도 뜻하지 않게 넘어질까 두렵고, 평안한 곳을 골라 큰 그릇을 두어도 오히려 엎어지는 것을 막기 어려울까 걱정입니다.

② 그릇을 안전하게 놓고자 하면서 평온한 형세를 선택하지 않고, 무거운 짐을 지고 가려 하면서 갈 수 있는 재능을 헤아리지 않습니다.

③ 병력과 식량이 두루 풍족하고 직무와 공물이 모두 갖추어졌습니다. 좌로는 청주(青州)와 제주(齊州)를[284] 제압하고 우로는 활주(滑州)와 위군(魏郡)을[285] 다스립니다. 남으로는 회수(淮水)와 절강(浙江)을 누르며, 북으로는 형수(滎水)와 전수(瀍水)를[286] 돕습니다. 장성(長城)처럼 성대하여 흔들리지도 놀라지도 않습니다.

---

283 이만영(李萬榮, ?~796)은 본래 유사녕(劉士寧)의 휘하에 있던 대장이다. 그러나 괴팍한 성격과 폭정으로 유사녕의 악명이 높아지고 이만영이 점차 인심을 얻었다. 그러자 유사녕은 이만영의 병권(兵權)을 빼앗고 변주[汴州, 지금의 개봉(開封)]에서 근무하도록 하였다. 이만영은 정원(貞元) 9년(793) 기회를 엿보아 유사녕(劉士寧)을 축출하였으므로 덕종(德宗)이 이만영을 변주절도사(汴州節度使)로 임명하고자 한 것이다.

284 청주(青州)와 제주(齊州)는 옛 지명으로 지금의 산둥성(山東省)에 해당한다.

285 활주(滑州)와 위군(魏郡)은 옛 지명으로 지금의 허난성(河南省)에 해당한다.

286 형수(滎水)와 전수(瀍水)는 허난성에서 발원하는 하천이다. 전수(瀍水)는 하남현(河南縣) 곡성(穀城)에서 발원하여 낙수(洛水)로 흘러들어간다.

請不與李萬榮汴州節度使狀

① 制置之安危由勢, 付授之濟否由才. 勢如器焉, 唯在所置, 置之險地則覆, 致之夷地則平; 材如負焉, 唯在所授, 授踰逾其力則踣, 授當其力則行. 負重者不可以微劣勝,[287] 器大者不可以輕易處, 有巨力而加重負, 猶懼蹶跌之不虞; 擇安地而寘大器, 尙慮傾覆之難備.

② 置器欲安, 而不擇可安之勢; 負重欲濟, 而不量可濟之材.

③ 兵食兼足, 職貢備修. 左肅青齊, 右彌滑魏, 南控淮浙, 北輔滎瀍, 殷如長城, 不震不聳.

287 중화서국 『육지집』에는 '故負重者不可以微劣勝'이라고 되어 있다.

87. 시장의 건초 세금을 낮출 것을 논하는 주장

① 백성 간에는 빈부의 차이가 있고 수확할 때 풍흉(豊凶)이 서로 다릅니다. 지금 갑자기 수레와 소의 세금을 함께 받으면 수레를 빌리는 값이 반드시 폭등할 것이고, 세초(稅草)를 함께 징수하면 풀의 수매가가 필시 두 배로 뛸 것입니다. 이렇게 하면 부호들은 긴급한 명령을 틈타 이익을 거두고, 궁핍한 자들은 폭등한 세금으로 인해 집안이 망하게 됩니다. 이것은 이른바 재물을 균등하게 조절하고 조세를 공평하게 하는 방법이 아닙니다.

② 관청에서는 장소를 두고 편리하게 수매하도록 하였습니다. 적게 수매하려면 값을 고르게 하여 비용을 절약하고, 많이 수매하려면 값을 넉넉히 치러 사람을 불러 모읍니다. 매매가 조화를 이루면 가난한 자와 부자가 모두 편해집니다. 여유 있는 사람은 교역과 매매의 이익을 추구할 수 있고, 부족한 사람들은 비싼 재화를 구하려고 전전하는 것을 면할 수 있습니다. 억지로 징발하는 방법과 비교하면 진실로 다릅니다.

論折稅市草狀[288]

① 烝黎之間, 貧富不等; 收穫之際, 豐耗靡均, 今忽併役車牛, 雇車傭必騰貴; 併徵稅草, 買草價必倍高. 是使豪富之徒, 乘急令以邀其利; 窮乏之輩, 因暴斂以毀其家. 非所謂均節財物, 準平賦法之術也.

② 官自置場, 要便收市, 欲少市則平其估以節費, 欲多市則優其價以招人. 買賣旣和, 貧富俱便. 有餘者, 趨加饒易售之利; 不足者, 免轉求貴貨之資. 比之抑徵, 固不同等.

---

288 『육지집』에는 '論度支令京兆府折稅市草事狀'이라는 제목으로 실려 있다.

88. 폄적지(貶謫地)를 수도 근처로 옮겨주기를 다시 청하는 주장[289]

① 국가의 법은 덕을 우선하고 형벌을 나중에 한다고 규정하고 있습니다. 나중에 하므로 법도 천천히 적용해야 합니다. 그래서 죄를 판결하면 역마를 달려 급히 명을 전달하지 않습니다.[290] 우선하는 것은 빨리 시행해야 합니다. 그래서 사면서(赦免書)는 하루에 오백 리를 가도록 합니다.

② 형벌을 시행하는 데 주저하시니 은혜를 베풀어주시길 간절히 기다립니다.

③ 위엄으로 대하면 두려워하고 용서하면 감동합니다. 두렵게 하여 다스리고 감동시켜서 화합하게 합니다. 다스려지면 존경하고 화합하면 사랑합니다.

再奏量移官狀

① 國之令典, 先德後刑. 所後者法當舒遲, 故決罪不得馳驛行下; 所先者體宜疾速, 故赦書日以五百里爲程.

② 迴翔於行罰, 而企躍於舒恩.

③ 威之斯懲, 宥之斯感, 懲以致理, 感以致和. 致理則尊, 致和則愛.

---

289 원문의 '양이(量移)'는 당(唐)·송(宋) 시기의 공문에서 쓰이던 용어로, 관리가 먼 곳으로 폄적된 후 은혜나 혹은 사면을 입어 경사에서 비교적 가까운 곳으로 옮겨오는 것이다.

290 원문의 '행하(行下)'는 공문을 내려 명령을 하달하는 것을 말한다.

89. 폄적지(貶謫地)를 수도 근처로 옮겨주기를 청하는 세 번째 주장

① 만약 폄적하여 쫓아냈다는 이유로 간사하고 음흉한 자라고 하면서 늘 한가한 곳에 두고 버려진 채로 오래도록 두시면, 과오를 뉘우친 사람도 스스로 보완할 길이 없고 재주를 품은 사람도 끝내 뜻을 펴지 못할 것입니다.

三進量移官狀

① 如或以其貶黜, 便謂奸凶, 恒處防閑之中, 長從擯棄之例, 則是悔過者無由自補, 蘊才者終不見伸.

90. 변방의 성에 곡식을 저장하여 대비하기를 청하는 주장

① 심고 가꾸는 것은 지극히 어려우나 훼손하고 뽑기는 지극히 쉽습니다. 그러므로 옛사람은 버드나무를 심는 것으로 비유하였습니다.[291]

請邊城貯備米粟狀[292]

① 栽植至難, 毁拔至易, 古人以植楊爲喩.

---

291 진진(陳軫)이 위왕(魏王)에게 귀한 대접을 받았는데, 혜자(惠子)가 "반드시 좌우를 잘 섬겨야 한다. 버드나무는 가로로 심어도 자라고, 거꾸로 심어도 자라고, 잘라버리고 심더라도 또 자란다. 그러나 열 사람이 심어도 한 사람이 뽑아버리면 살아남는 버드나무가 없으니, 열 사람이 자라기 쉬운 식물을 심었는데도 한 사람을 이기지 못한 것은 어째서인가. 심는 것은 어렵고 없애는 것은 쉽기 때문이다. 그대가 비록 왕께 신임을 받아 권세를 세우는 데 능하다고 하나, 그대를 없애려는 자가 많으니 그대는 반드시 위험해질 것이다."라고 하였다. 『한비자·설림(說林)』에 보인다.

292 중화서국 『육지집』에는 제목이 '請邊城貯備米粟等狀'으로 되어 있다.

91. 배연령(裴延齡)에 대해 논의한 글[293]

① 소인이 군주의 눈을 가리고 다스림을 방해하는 것은 마치 눈에 티가 있고 귀가 막힌 것과 같으며, 또 좋은 곡식에 해충이 끼고 대들보가 좀먹은 것과 같습니다. 이루(離婁)의[294] 눈이라도 티가 들어가면 천지 사방의 위치를 구별할 수 없고, 자야(子野)의[295] 귀라도 막히면 천둥과 파리, 맹꽁이의 소리를 구별할 수 없습니다. 후직(后稷)처럼[296] 농사짓는 재주가 뛰어나 벼가 잘 자라서[297] 이랑 끝까지 뻗어 있다 해도[298] 해충이 뿌리를 상하게 하면 시들어서 자랄 수가 없습니다. 공수(公輸)처럼[299] 손재주가 교묘하여 9층짜리 누대를 지었더라도 좀이 슬어 속이 비면 무너지고 꺾여서 지탱할 수가 없습니다.

② 배연령은 백성을 착취하는 일을 뛰어난 책략으로 여기고 군주를 기만하는 일을 훌륭한 계획으로 생각하는 자입니다. 백성의 재물과 원망을 모으면서 몸 바쳐 일한다고 생각하고, 참소하기를 좋아하면서 충절을 다한다고 여깁니다. 또 경전에서 옳지 않다고 한 것을 모두 모아 지혜로운 방법이라고 여기고, 성인이 경계한 일을 무릅쓰고 시행하면서 능력 있는 행동이라고 생각합니다.

---

293 본서의 『육주약선』 '29. 배연령(裴延齡)에 대해 논의한 글'과 같은 문장으로, 문장 가운데 일부분을 절록한 것이다.

294 황제(黃帝) 시대의 인물인 이루(離婁)는 시력이 매우 뛰어나 백 보 떨어진 곳에서 털끝을 볼 수 있었다고 한다.

295 춘추 시대 진(晉)나라 악사(國樂) 사광(師曠)의 자(字)가 자야(子野)이다. 거문고를 잘 타고 음을 분별하는 능력이 뛰어났다고 한다.

296 후직(后稷)은 주(周)나라의 시조로 알려져 있으며, 백성에게 농사짓는 법을 가르쳤다고 전한다.

297 원문의 '이(易)'는 '잘 다스려지다[治]', '장(長)'은 '뻗다[竟]'의 뜻이다. 「소아(小雅)·보전(甫田)」에 "벼농사가 잘되어 이랑 끝까지 길게 뻗었다[禾易長畝, 終善且有]."라고 하였다.

298 『시경·대아(大雅)·생민(生民)』에 "후직의 농사는 돕는 방법이 있다[誕后稷之穡, 有相之道]."라고 하였다.

299 공수반(公輸盤)은 공수반(公輸班) 또는 공수반(公輸般)이라고도 하는데, 기묘한 기계를 잘 만든 사람이다. 전설의 장인 노반(魯班)이라고도 한다.

③ 방훈(放勛)의[300] 사려 깊은 덕과 조화를 이루시어 민심을 모으고 공적을 세우는 모습을 거울로 삼으소서.[301] 하늘이 내려주신 중니(仲尼)의 명철함을[302] 체득하시어 잘못을 답습하고 거짓을 이어가는 것을 구별하시옵소서.

④ 공적인 징발이라는 명분으로 점포에 값을 치르지 않고, 관청의 용역이라고 하여 장인에게 품삯을 주지도 않았습니다. 이로 인해 도성 안에 즐비한 상점들은 낮에도 문을 닫았고, 공사장에는 많은 장인이 죄수처럼 갇혀 있습니다.

⑤ 천자의 도읍에 원성이 물 끓듯 하니 사방에서 바라보는 사람들이 무엇을 본받겠습니까?

⑥ 국가 재용(財用)의 총괄은 탁지부(度支部)가 주관하고, 재화의 출납은 태부(太府)가 담당합니다.

⑦ 국가의 창고는 재화를 쌓아두는 곳입니다. 재물을 관청에 들여보내는 것이 적합하면 창고에 넣고, 물품을 공급하여 사용하는 것이 적합하면 창고에서 내보냅니다. 법에 어긋난 재물을 넣지 않으며 용도에 어긋난 재물을 내보내지 않습니다.

⑧ 군주의 몸은 천하를 집으로 삼습니다. 국가가 부족하면 백성에게 재물을 얻고, 백성이 부족하면 국가의 재물을 얻어 사용합니다. 국가에 있으면 관물(官物)이 되고 백성에게 있으면 사재(私財)가 되는 것인데, 어찌 여분의 재물을 다시 별도로 저장할 필요가 있겠습니까?

---

300 방훈(放勛)은 방훈(放勳)이라고도 하며 요(堯)임금의 이름이다. 『서경·요전(堯典)』의 "옛 요임금을 상고하건대 방훈(放勳)이라고 불리셨으니, 공경하고 밝고 문채가 있으며 사려가 깊고 편안하셨다[曰若稽古帝堯, 曰放勳, 欽明文思安安]."에서 나온다.

301 원문의 '방구잔공(方鳩僝功)'은 민심을 모아서 공적을 드러내었다는 뜻이다. 『서경·요전』에 "환두가 말하기를, '아! 공공이 또 민심을 모아 공적을 잘 나타냈습니다'[驩兜曰: 都! 共工方鳩僝功]."라고 하였다.

302 『논어·자한(子罕)』에 자공(子貢)이 공자(孔子)를 두고 "실로 하늘이 풀어놓아 성인이 되게끔 하신 분이다[固天縱之將聖]."라고 하였다.

⑨ 동쪽에서 옮겨 서쪽으로 가져다 놓고서 업적으로 삼고, 이쪽에서 가져다 저쪽에 놓고서 넉넉하다고 큰소리칩니다.

⑩ 나라의 법도는 회부(會府)에서 담당합니다. 지위는 낭관(郎官)의 반열에 있으나 그래도 별자리에 상응하고[303] 임무는 육사(六事)에[304] 속하지만 실제로는 하늘의 일을 대신합니다. 안으로는 여러 관리를 총괄하고 밖으로는 여러 고을에 교화를 펼치므로, 회부가 시행하는 조치는 백성의 운명과 연결되고 그 득실(得失)은 치란(治亂)의 근본과 관계됩니다.

⑪ 지식이 변통을 추구하고 지혜가 경중을 가늠할 수 있다면 크게는 대체를 잃지 않고 작게는 미세한 것을 밝힐 수 있습니다.

⑫ 공평해지도록 도와주고 근면하고 엄숙하게 대하면, 가까이는 적체되는 일이 없고 멀리는 민심이 전해지지 않는 일이 없을 것입니다.

⑬ 교화를 확대하려면 예의와 양보가 우선이고, 예의와 양보를 시행하려면 조정에서 먼저 해야 합니다.

⑭ 조정은 만방에서 우러르는 곳이요, 많은 선비가 모범으로 삼는 곳입니다. 조정을 바라보며 따르다 보면 반드시 그보다 더한 자가 있기 마련입니다.

⑮ 조정이 예의를 좋아하면 풍속도 공경을 숭상하고, 조정이 양보를 존중하면 시대

---

303 낭관은 각각의 별자리를 부여받았다. 『사기 · 천관서(天官書)』에 “태미궁(太微宮) 뒤의 25수가 낭위(郎位)이다[太微宮後二十五星, 郎位也].”라고 하였고, 『후한서 · 명제기(明帝紀)』에 “낭관은 위로는 하늘의 별들에 응하고 나가면 백 리 고을의 장관이 되니, 진실로 적임자가 아니면 백성이 화를 입게 된다. 이 때문에 그것을 어렵게 여기는 것이다[郎官上應列宿, 出宰百里, 苟非其人, 則民受殃, 是以難之].”라고 하였다. 이로 인해 낭관을 성랑(星郎)이라 부르기도 한다.

304 육사(六事)는 육조(六曹), 즉 이부(吏部), 호부(戶部), 예부(禮部), 병부(兵部), 형부(刑部), 공부(工部)를 가리킨다.

가 탐욕과 경쟁을 부끄러워합니다. 조정에서 위용을 잃고 태만하면 깔보고 사납게 구는 폐단이 사람들에게 퍼집니다. 조정에서 얼굴을 붉히는 논쟁이 있으면 공격하고 싸우는 화(禍)가 아래로 퍼집니다.

⑯ 부지런히 의례를 시행하여 사방을 평온하게 하고,[305] 신중하게 여러 관리를 선발하여 백 가지 법도를 바르게 지킵니다. 조정에 선임한 사람은 팔과 다리, 눈과 귀 같은 충신이요, 변방에 선임한 사람은 나라를 지킬 울타리와 같은 장수입니다. 관료들이 서로 예의를 갖추고 공경하니,[306] 모두 존경하며 크게 화합합니다.

⑰ 위로는 큰 계획이 없고[307] 아래로는 유행을 부채질합니다. 예의를 지키는 부서에 큰 소리로 화를 내고[308] 청명한 조정을 모욕합니다.

⑱ 그가 심하게 질투와 원망을 받는다고 해서 홀로 곧은 사람이라고 여겨 심복의 일을 맡길 만하다고 생각하실 수도 있습니다. 또 그가 참소를 잘하고 아첨을 올리는 것을 두고 성심을 다한다고 생각하여 귀와 눈이 되어주는 신하로 여기실 수도 있습니다. 또 그가 두려움 없이 마음대로 하는 횡포한 행동을 강직하다고 여겨 간악한 사기꾼들을 잠재울 수 있다고 여기실 수도 있습니다. 또 그가 하는 호탕하고 거리낌 없는 말을 지혜롭고 능력 있다고 여겨 그가 재화를 불려줄 것이라고 생각하실 수도 있습니다. 장차 여러 사람의 논의를 물리치고 그의 독단적인 행동을 용납하며 특별히 총애하시면서 그가 크게 성공하기를 기대하시는 것입니까?

---

305 『시경·주송(周頌)·아장(我將)』의 "문왕의 법을 본받아 날로 사방을 편안하게 하면, 복을 주시는 문왕이 오른쪽에서 흠향하시리[儀式刑文王之典, 日靖四方, 伊嘏文王, 既右享之]."라고 한 말을 인용한 것이다.

306 원문의 '제제(濟濟)'는 단정하고 예의바르게 공경하는 모습을 뜻한다. 『시경·대아(大雅)·공류(公劉)』에 "따르는 신하들이 예의 있고 장중하니 연석을 펴고 잔치를 여네[蹌蹌濟濟, 俾筵俾几]."라고 하였다. 사사(師師)는 장엄하고 공경하는 모습을 뜻한다. 『신서(新書)·용경(容經)』에 "조정의 모습은 공경하며 삼가니 가지런하고 엄숙하다[朝廷之容, 師師然, 翼翼然, 整以肅]."라고 하였다.

307 『육주약선』 '24. 아뢴 일에 대해 논하는 주장'의 '대유(大猷)' 주석(110쪽 270번) 참조.

308 원문의 '포휴(炰烋)'는 포효(炰哮)와 통한다. 맹수가 노하여 울부짖는 것처럼 사람이 크게 소리치거나 분노한다는 뜻이다.

⑲ 천하의 군주는 반드시 천하 백성의 마음을 자신의 마음으로 여기고 사사로운 마음을 가져서는 안 되며, 천하 백성의 이목을 자신의 이목으로 여기고 사사로운 이목을 가져서는 안 됩니다.[309] 그러므로 능히 천하 백성의 뜻에 통달하며 천하 백성의 감정을 다 이해할 수 있는 것입니다.

⑳ 천하 백성의 마음을 자신의 마음으로 삼으면 내가 좋아하는 것과 싫어하는 것이 곧 천하 백성이 좋아하는 것과 싫어하는 것이 됩니다. 그러므로 싫어하는 것이 그릇되지 않고 좋아하는 것이 간사하지 않습니다.

㉑ 천하 백성의 이목을 자신의 이목으로 삼으면 천하 백성의 총명이 모두 나의 총명이 됩니다. 그러므로 눈으로 보지 못하는 것이 없으며 귀로 듣지 못하는 것이 없습니다.

㉒ 심복을 여러 곳에 두고 귀와 눈으로 쓰는 것은 순(舜)임금과 주(紂)임금이 모두 사용하던 방법입니다.

㉓ 순(舜)임금은 의중에 자신의 과오를 찾고자 힘썼으므로 천하 백성과 같은 마음이 되어 치우치거나 사사로운 감정이 없었습니다.

㉔ 주(紂)임금은 의중에 사람들의 과오를 찾고자 힘썼으므로 천하 백성과 다른 마음이 되었고 치우치고 사사로운 감정에 빠졌습니다.

㉕ 군주가 명철할 수 있는 것은 여러 사람의 말을 듣기 때문이며, 혼미해지는 것은 한쪽만 믿기 때문입니다.[310]

---

309 마융(馬融)의 『충경(忠經)』에 "옛날의 성인은 천하의 이목의 자신의 보고 들음으로 삼으셨고, 천하의 마음을 자신의 마음으로 삼으셨다[古者聖人以天下之耳目爲視聽, 天下之心爲心]."라고 하였다.

310 『관자(管子)·군신 상(君臣上)』에 "구분하여 들으면 어리석어지고, 합하여 들으면 성스러워진다[別而聽之則愚, 合而聽之則聖]."라고 하였다.

㉖ 천하를 다스리는 자는 의리를 근본으로 삼고 이익을 말단으로 여기며, 백성을 근본으로 삼고 재물을 말단으로 여깁니다.

㉗ 안으로는 굶주림과 추위가 압박하고 밖으로는 화살과 돌이 날아왔으나 군사들은 낮이면 창을 메고 힘껏 싸웠으며 밤이면 성가퀴에 숨어 신음하며 버텼습니다. 회오리바람을 맞고 서리와 싸락눈을 무릅쓰며 열흘을 보냈지만 무리 중에 다른 마음을 품은 자는 없었습니다. 그리하여 마침내 강적을 물리치고 위급한 성을 지켰습니다. 어찌 엄한 형벌과 후한 상을 내려 그렇게 만든 것이겠습니까? 오직 폐하께서 제 몸을 돌보거나 재산을 쌓지 아니하시고, 백성과 함께 걱정과 근심을 함께 나누며 군사들과 더불어 있는 것 없는 것을 공유하셨기에 그들이 목숨을 내놓고 적을 막아낼 수 있었던 것입니다. 굶어도 떠나지 않고 추워도 원망하지 않으며 위험을 앞두어도 지조를 바꾸지 않고 죽임을 당해도 임금을 떠나지 않았습니다. 이른바 "성인이 백성의 마음을 감동시키므로 천하가 평화롭다."라고 한 말의 효과입니다.

㉘ 천하에 쌓아두는 것은 천지의 부(富)이며, 경내(境內)에 쌓아두는 것은 제후의 부이며, 창고와 상자에 쌓아두는 것은 농부와 상인의 부입니다.

㉙ 천지신명이[311] 폐하의 성심을 가상히 여기고 신민이 폐하의 의지에 감읍하였으므로 유감을 풀고 염려를 놓아 위기가 평안으로 바뀌었습니다. 폐하께서도 종묘사직을 위하여 무너지거나 뽑히지 않을 영원한 계획을 세우시어 자손과 백성을 위하여[312] 길이 지속될 크나큰 업적을 남기소서.

㉚ 군주의 욕심에 아첨하지 않는 자가 없고 군주의 잘못을 따르지 않는 자가 없습니다. 그러다 보면 물과 불이 상충하는 것을 잘못이라고 하지 않고, 쇠와 숫돌이 서로 돕는 것을 옳다고 하지 못하게 됩니다. 또 자신의 과오를 부끄러워하도록 경계하는 사람

---

311 원문의 '영지(靈祇)'는 천지의 신령을 가리킨다.

312 원문의 '여원(黎元)'은 일반 백성을 의미한다.

이 없고, 자신의 주장을 버리고 백성의 의견을 따르는 것을 칭송하는 사람이 없습니다.

㉛ 군주의 뜻을 따르고 묵묵히 순종하는 것이 점차 풍조가 되었습니다. 말을 하도록 권장하여도 오히려 말을 다하지 않을까 걱정인데 만약 말을 하지 못하도록 막는다면 누가 성의를 다하려고 하겠습니까.

㉜ 신은 부족한 자질로 재상의 임무를 맡아 지극히 높은 자리에 오르고 또 융숭한 은택을 입었습니다. 때를 보아 아부하면 예전에 받은 은총을 보전할 수 있고 남들을 따라 움직이면 심한 질책을 면할 수 있으며, 병을 핑계대고 물러나면 때를 안다는 명예를 얻고, 간사한 무리를 잠시 용납하면 미움받을 걱정이 없으리라는 것을 제가 어찌 모르겠습니까.

㉝ 앞서 가던 수레가 뒤집히는 것을 보고서 깜짝 놀라 두려워하며, 둥지가 부서질까 염려하여 슬피 우는 새와 같은 심정입니다.

㉞ 몸이 가루가 되도록[313] 임금을 받드는 일은 감히 기피할 수 없습니다. 그러나 이름을 팔고 강직함을 자랑하는 것은[314] 차마 못할 일입니다.

313 원문의 '미구(糜軀)'는 분골쇄신하여 군주를 보좌하는 것을 말한다.

314 원문의 '고명현직(沽名衒直)'은 '고명매직(沽名賣直)'과 같은 말로, 정직한 체하며 명예를 얻고자 하는 태도를 말한다.

論裴延齡書[315]

① 小人於蔽明害理, 如目之有眯, 耳之有充, 嘉穀之有蝨, 梁木之有蠹也. 眯離婁之目, 則天地四方之位不分矣; 充子野之耳, 則雷霆蠅黽之聲莫辨矣. 雖后稷之穡, 禾易長畝, 而蝨傷其本, 則零瘁而不植矣; 雖公輸之巧, 臺成九層, 而蠹空其中, 則圮折而不支矣.

② 以聚斂爲長策, 以詭妄爲嘉謀, 以掊克斂怨爲匪躬, 以靖譖服讒爲盡節, 總典籍之所惡, 以爲智術; 冒聖哲之所戒, 以爲行能.

③ 協放勛文思之德, 而鑒其方鳩僝功; 體仲尼天縱之明, 而辨其順非堅僞.

④ 以勅索爲名, 而不酬其直; 以和雇爲稱, 而不償其傭. 都城之中, 列肆爲之晝閉; 興役之所, 百工比於幽囚.

⑤ 天子轂下, 囂聲沸騰, 四方觀瞻, 何所取則?

⑥ 摠制邦用,[316] 度支是司; 出納貨財, 太府攸職.

⑦ 國之府庫, 用實貨財.[317] 物合入官, 則納於其內; 事合給用, 則出乎其中. 所納無非法之財, 所出無不道之用.

⑧ 王者之體, 天下爲家, 國不足則取之於人, 人不足乃資之於國, 在國爲官物, 在人爲私財, 何謂贏餘, 復須別貯?

⑨ 移東就西, 便爲課績; 取此適彼, 遂號羨餘.

⑩ 國之憲度, 會府是司, 位列諸郎, 猶應辰象; 任居六事, 實代天工, 內摠轄於庶官,[318] 外敷化於列郡, 擧措繫生靈之命, 得失關理亂之源.

---

315 중화서국 『육지집』에는 제목이 '論裴延齡奸蠹書'로 되어 있다.

316 중화서국 『육지집』에는 '總制邦用'로 되어 있다.

317 중화서국 『육지집』에는 '用置貨財'로 되어 있다.

318 중화서국 『육지집』에는 '內總轄於庶官'으로 되어 있다.

⑪ 識究變通, 智權輕重, 大不失體, 細能析微.

⑫ 濟之以均平, 莅之以勤肅,[319] 近無滯事, 遠無壅情.

⑬ 風教之大, 禮讓爲先; 禮讓之行, 朝廷爲首.

⑭ 朝廷者, 萬方之所宗仰, 群士之所楷模, 觀而效焉, 必有甚者.

⑮ 朝廷好禮, 則俗尙敬恭; 朝廷尊讓, 則時恥貪競. 朝廷有失容之慢, 則淩暴之弊播於人;[320] 朝廷有動色之爭, 則攻鬪之禍流於下.

⑯ 勤修儀式, 以靖四方; 愼選庶官, 以貞百度. 內選則股肱耳目, 外選則垣翰藩維. 濟濟師師, 咸欽至化.

⑰ 上虧大猷, 下扇流俗, 焄烋禮義之府, 巇汙清明之朝.

⑱ 以其甚招嫉怨, 而謂之孤貞, 可託腹心; 以其好進讒諛, 而謂之盡誠, 可寄耳目; 以其縱暴無畏, 而謂之強直, 可肅姦欺; 以其大言不疑, 而謂之智能, 可富財用. 將欲排衆議而收其獨行, 假殊寵而冀其大成.

⑲ 君天下者, 必以天下之心爲心, 而不私其心; 以天下之耳目爲耳目, 而不私其耳目. 故能通天下之志, 盡天下之情.

⑳ 以天下之心爲心, 則我之好惡, 乃天下之好惡也. 是以惡者無謬, 好者不邪.

㉑ 以天下之耳目爲耳目, 則天下之聰明, 皆我之聰明也. 是以明無不鑒, 聽無不聞.

㉒ 布腹心, 而用耳目, 舜與紂俱用之矣.

---

319 중화서국 『육지집』에는 '涖之以勤肅'으로 되어 있다.
320 중화서국 『육지집』에는 '則淩暴之弊播於人'으로 되어 있다.

㉓ 舜之意務求己之過, 以與天下同欲, 而無所偏私.

㉔ 紂之意務求人之過, 以與天下違欲, 而溺於偏私.

㉕ 君之所以明者, 兼聽也; 其所以暗者, 偏信也.

㉖ 理天下者, 以義爲本, 以利爲末; 以人爲本, 以財爲末.

㉗ 饑凍內攻, 矢石外迫, 晝則荷戈奮迅, 夜則映堞呻吟, 凌風飆, 冒霜霰, 踰旬而衆無攜貳, 卒能走強賊全危城者, 陛下豈有嚴刑重賞, 使之然耶? 惟以不厚其身, 不藏其資, 與衆庶同其憂患, 與士伍共其有無, 乃能使捐軀命而扞寇讎, 餒之不離, 凍之不憾, 臨危而不易其守, 見死而不去其君. 所謂“聖人感人心而天下和平”, 此其效也.

㉘ 藏於天下者, 天子之富也; 藏於境內者, 諸侯之富也; 藏于囷倉篋匱者, 農夫商賈之富也.

㉙ 靈祇嘉陛下之誠, 臣庶感陛下之意, 釋憾回慮, 化危爲安. 陛下亦當爲宗廟社稷建不傾不拔之永圖, 爲子孫黎元垂可久可大之休業.

㉚ 上之所欲莫不諂, 上之所失莫不從, 水火相濟不爲非, 金礪相須不爲是, 恥過怍非不足戒, 捨己從人不足稱.

㉛ 希旨順默, 浸已成風, 獎之使言, 猶懼不旣, 若又阻抑, 誰當貢誠?

㉜ 臣以卑鄙, 任當台衡, 旣極崇高, 又承渥澤, 豈不知觀時附會, 足保舊恩; 隨衆沈浮, 免貽厚責, 謝病黜退, 獲知幾之名; 黨姦苟容, 無見嫉之患?

㉝ 畏覆車而駭懼, 慮燬室而悲鳴.

㉞ 糜軀奉君, 非所敢避; 沽名衒直, 亦不忍爲.

92. 조정의 관리에게 결원이 생기는 경우 및 자사(刺史) 등의 관리가 진급하는 절차를 논하는 주장[321]

① 성인(聖人)이 인재를 아끼는 방법은 자리에서 몸을 기울여 의견을 구하는 것뿐만이 아닙니다.[322] 그를 관직에 등용해 학문과 실적을 존중하고, 자주 시험하여 능력을 발휘하게 합니다. 선행을 표창하여 언사를 존중해주고, 녹봉을 우대하여 품위를 지키도록 합니다. 이렇게 세월이 오래 지나면 명성과 실적이 모두 높아지므로 조정에 도열하면 왕실이 높아지고 그가 지방에 분봉을 받으면 번진이 높아집니다.

그러므로 『시경(詩經)』의 「서(序)」에서 태평한 군자가 능히 인재를 기를 수 있다고 하였고,[323] 『서경(書經)』에서는 장인이 목재를 다듬을 때 통나무를 잘 깎은 다음에 단청을 칠하는 것에[324] 비유하였습니다. 『예기(禮記)』에서 학문과 실적을 완성한 선비를 드러내어 기록하였고, 『주역(周易)』에서 현명한 선비를 기르는 것을 숭상하였습니다. 사람들은 모두 영기(靈氣)를 품고 있으니, 단지 끌어내는 바에 달려 있습니다. 옥을 옥돌인 채로 버려두면 돌조각이지만 갈고 닦으면 귀한 옥이 되며, 물이 수원에서 나와 막히면 진흙탕이 되지만 물길이 트여 흘러가면 시내와 연못을 이룹니다.

② 한 고조(漢高祖)는 넓은 도량을 타고났으므로 그 시대에 기량이 뛰어나고 거리낌 없는 인재들이 많았습니다. 한 무제(漢武帝)는 영웅의 풍모를 좋아하였으므로 그 시대에 기이한 재주로 이름을 날리는 선비들이 많았습니다. 한 선제(漢宣帝)는 관리의 직무에 정통하였으므로 그 시대에 우수하고 실력 있는 능력자들이 모였습니다.

---

321 본서의 『육주약선』 '27. 조정의 관리에게 결원이 생기는 경우 및 자사(刺史) 등의 관리가 진급하는 절차를 논하는 주장'과 같은 문장으로, 문장 가운데 일부분을 절록한 것이다.

322 원문의 '측석(仄席)'은 제왕이 비스듬히 앉아 현자를 예우하는 것을 말한다. 『한서·진탕전(陳湯傳)』에 "제가 듣건대 초(楚)나라에 자옥득신(子玉得臣)이란 자가 있었는데, 문공(文公)이 그를 위하여 비스듬하게 앉았습니다[臣聞楚有子玉得臣, 文公爲之仄席而坐]."라고 하였다.

323 『시경·청청자아(菁菁者莪)』의 시서(詩序)에 "인재를 기르는 것을 즐거워한 것이니, 군자가 인재를 육성하면 천하가 기쁘고 즐거워한다[樂育材也, 君子能長育人才, 則天下喜樂之矣]."라고 하였다.

324 『서경·주서(周書)』에 "좋은 재목을 만들 때 부지런히 나무를 깎고 다듬었으면 단청을 칠해야 하는 것과 같다[若作梓材, 旣勤樸斲, 惟其塗丹雘]."라고 하였다.

③ 다소(多少)에 차이가 나면 가량(嘉量)이 아니고서는 공평하게 잴 수 없고, 경중(輕重)이 다르면 현형(縣衡)이 아니고서는 확정할 수 없습니다.

④ 주고 빼앗는 것은 군주의 권리이며 관직은 천하를 위한 공공의 기구입니다. 공공의 기구를 자기 마음에 좋은대로 사용해서는 안 되며, 군주의 권리를 분한 마음을 푸는 데 써도 안 됩니다. 소수로 인하여 다수의 사람을 막아서는 안 되고, 개인의 일로 관직을 없애도 안 됩니다.

⑤ 경전에 "작은 계획으로 큰일을 그르치지 말고, 총애하는 사람으로 인해 훌륭한 선비를 미워하지 말라."[325]는 말이 있습니다. 대개 큰일에 힘쓰는 사람은 작은 결점에 얽매이지 않으니, 작은 일을 도모하는 사람은 큰 계획을 달성할 수 없습니다.

⑥ 군자는 인재를 아끼는 마음을 갖지만 소인은 선한 사람을 비방하는 것이 이롭다고 여깁니다. 인재를 아끼고 끌어오는 것은 당파와 비슷하게 보이고, 비방하고 방해하는 것은 공론과 유사하게 보입니다. 당파와 비슷한 것 같으면 구별하지 않고 의심하고, 공론과 유사한 것 같으면 살펴보지 않고 신뢰합니다.

⑦ 원대한 계획은 매번 분분한 논의로 인하여 어그러지고, 훌륭한 인재는 늘 중상모략 때문에 곤란에 처합니다.

⑧ 사람의 도량은 둥글고 모나며 크고 작은 차이가 있고, 관리의 직무는 어렵고 쉬우며 한가하고 바쁜 구별이 있습니다.

⑨ 수레를 비출 만한 환한 구슬도 어긋난 결이 있기 마련이고, 연이은 성채와 바꿀 만한 옥벽도 흠이 있기 마련입니다.

---

325 『예기·치의(緇衣)』의 "작은 계책 때문에 큰일을 망치지 말며, 총애하는 여인 때문에 단정한 부인을 미워하지 말며, 총애하는 사(士) 때문에 단정한 사와 대부(大夫), 경사(卿士)를 미워하지 말라[毋以小謀敗大作, 毋以嬖御人疾莊后, 毋以嬖御士疾莊士大夫卿士]."라는 말을 인용한 것이다.

⑩ 주옥(珠玉)에 실 같은 티가 있다고 해서 보물이 아닌 것은 아니며, 빼어난 선비에게 과실이 있다고 해서 등용되지 못하는 것은 아닙니다.

⑪ 제 환공(齊桓公)은 허리띠 고리에 활을 쏜 관중(管仲)을 꺼리지 않았으므로 제후를 규합하는 공적을 이루었습니다. 진 목공(秦穆公)은 한 번의 잘못으로 덕을 덮지 않았으므로 아홉 번 패배한 수치를 씻었습니다.

⑫ 등용하여 공적을 격려하고, 퇴출시켜 과실을 징계합니다. 두 가지를 번갈아 사용하면 순환하며 잘 다스려집니다. 등용한 후에 과실이 있으면 징계하고, 징계한 후에 잘못을 고치면 다시 등용합니다. 법도 폐기되지 않고 인재도 버려지지 않습니다.

⑬ 행동거지를 살피지 않으면 안 되고 언행을 헤아리지 않으면 안 됩니다. 말을 더듬거나 말수가 적다고 반드시 어리석은 사람은 아니며, 말이 많고 말재주가 좋다고 반드시 지혜로운 사람도 아닙니다. 거칠고 뜻을 잘 거스르는 자가 반드시 패악하지는 않으며, 순종하고 뜻을 잘 맞추는 자가 반드시 충성스럽지도 않습니다.

⑭ 먹줄을 버리고 짐작으로 곡직(曲直)을 재단하고 저울을 버리고 손으로 경중(輕重)을 헤아린다면, 아무리 정밀하고 미세하다고 해도 오류가 있게 마련입니다.

⑮ 하늘이 낳은 사물은 그 용도가 겹치는 것이 거의 없습니다. 누구나 천성적으로 잘하는 것이 있는가 하면 못하는 것도 있으며, 재능에 맞는 것이 있는가 하면 맞지 않는 것도 있습니다. 여러 가지 방법으로 본성을 발휘하도록 하면[326] 만물 중에 버릴 것이 없으나, 완비하기를 요구하면 모든 사물을 버려야 합니다.

⑯ 뛰어난 목공은 바퀴와 서까래의 용도에 따라 재목을 쓰므로 구부러진 나무나 올

---

326 원문의 '곡성(曲成)'은 여러 가지 방법을 사용하여 완전하게 이루어준다는 뜻이다. 『주역·계사전 상(繫辭傳上)』에 "여러 가지 방법으로 만물을 이루어주며 빠뜨리는 것이 없다[曲成萬物而不遺]."라고 하였다.

곧은 나무나 버리는 법이 없습니다. 훌륭한 마부는 험난하거나 평탄한 장소에 따라 적절하게 말을 몰므로 노둔한 말이나 천리마나 천성을 잃지 않습니다. 사물이 이와 같으니 사람도 마땅히 그러해야 합니다.

⑰ 제왕이 흥성하기로는 당(唐)나라와 우(虞)나라 같은 시기가 없으며, 훌륭한 보좌로는 후직(后稷)과 하우(夏禹)만한 신하가 없었습니다. 후직과 하우와 같은 사람들은 모두 현명한 사람들이었는데도 각자 능한 일을 맡았으며 능력을 겸비하려고 애쓰지 않았습니다.

⑱ 『상서(尙書)』에서는 요(堯)와 순(舜)임금이 관직을 명하는 흥성한 상황을 서술하였습니다. 후직(后稷), 우(禹), 구(咎), 익(益) 이하 스물두 명이 명령으로 맡은 일은 한 가지 직무를 넘지 않았습니다.[327] 이로써 국토를 안정시키고 백곡을 파종하였으며 오교(五敎)를 널리 펴고 오형(五刑)의 순서를 세웠습니다. 그러자 예악(禮樂)이 흥성하며 조화를 이뤘고 오랑캐들이 복종하였으며 짐승과 물고기까지도 모두 평안했습니다.[328] 이것은 적임자를 선발하여 적재적소에 임용하였기 때문입니다.

⑲ 일은 지극히 순조롭게 진행되고 사람은 그의 재능을 다할 수 있습니다. 군주는 위에서 두 손을 잡고 옷소매를 늘어뜨리고 있으며 신하들은 아래에서 미덕을 이룰 것이니,[329] 공적이 당대에 빛나고 이름은 영원히 전해질 것입니다.

---

327 『서경·순전(舜典)』에, 순(舜)임금이 여러 관원에게 관직을 부여하고 두루 당부한 뒤에 "아, 그대들 22명이여! 공경하며 때에 맞게 하늘의 일을 돕도록 하라[咨汝二十有二人. 欽哉, 惟時亮天功]."라고 하였다. 22명은 사악(四岳), 구관(九官), 십이목(十二牧)이다. 사악은 사방의 제후를 총괄하는 직책이고, 구관은 사공(司空), 후직(后稷), 사도(司徒), 사(士), 공공(共工), 우(虞), 질종(秩宗), 전악(典樂), 납언(納言)이고, 십이목은 12주(州)의 장관이다.

328 『서경·이훈(伊訓)』에, 이윤(伊尹)이 태갑(太甲)에게 하(夏)나라의 선왕들을 칭송하며 "산천의 귀신이 또한 모두 편안하였으며, 짐승과 물고기까지도 모두 편안하였습니다[山川鬼神, 亦莫不寧, 曁鳥獸魚鼈, 咸若]."라고 하였다.

329 원문의 '제미(濟美)'는 전인의 업적을 이어받아 아름다움을 완성하는 것을 말한다. 『춘추좌씨전·문공(文公) 18년』에 "대대로 그 아름다움을 이어 완성하여 그 명성을 실추시키지 않는다[世濟其美, 不隕其名]."라고 하였다.

⑳ 늙은 서생이 늘 하는 말을 되풀이하는 것일 뿐 시대의 변화를 헤아리지 못한 것이며, 오래된 법의 찌꺼기를 묵수하는 것일 뿐 실제의 사정에 근거한 것이 아닙니다.

㉑ 빠른 효과를 관리에게 요구하지 않았고, 사소한 차이로 사무를 계산하지 않았습니다.

㉒ 한(漢)나라의 제도에 "부자사(部刺史)의 녹봉은 6백 섬, 군수(郡守)의 녹봉은 2천 섬이다."라고 하였습니다. 자사(刺史) 중에 고과 성적이 높은 자는 승진하여 군수가 되고, 군수 중에 고과 성적이 높은 자는 조정에 들어가 구경(九卿)이 되며, 구경에서 승진하면 아상(亞相), 상국(相國)이 되었습니다. 이렇게 녹봉 6백 섬의 관리로부터 재상의 자리에 오르기까지 중간에 거치는 관직은 서너 번 바뀔 따름입니다.

㉓ 고위 관리들은 항상 인재가 부족하여 고민할 것이고, 말단 관리들은 매번 머리가 희어져 한탄할 것입니다.

㉔ 시속(時俗)의 상정(常情)은 새로운 것을 좋아하고 옛것을 싫어하니, 처음부터 끝까지 오롯이 지키는 이는 오직 성인(聖人)뿐입니다.[330]

㉕ 처음에는 갈고 닦으려는 마음이 간절하겠지만, 오래 지나면 예전처럼 하려는 마음이 반드시 생길 것입니다.

㉖ 가득차면 이지러지지 않는 경우가 없고[331] 잡아당기기만 하면 늘어지지 않는 경우가 없습니다. 천지와 신명도 항상 보전하기 어려운데, 사람이 하는 바가 어찌 모두 타당하겠습니까!

---

330 『논어·자장(子張)』의 "처음이 있고 끝이 있는 분은 오직 성인이실 것이다[有始有卒者, 其惟聖人乎]."라는 말을 인용한 것이다.

331 『주역·겸괘(謙卦)·단사(彖辭)』의 "하늘의 도는 차서 넘치면 허물어뜨리고 겸허하면 더해주며, 땅의 도는 차서 넘치면 변화시키고 겸허하면 계속 흘러가게 한다[天道虧盈而益謙, 地道變盈而流謙]."라는 말을 인용한 것이다.

論朝官闕員及刺史等改轉狀[332]

① 聖人之於愛才, 不唯仄席求思而已, 乃復引進以崇其術業, 歷試以發其器能, 旌善以重其言, 優祿以全其操. 歲月積久, 聲實並豐, 列之於朝, 則王室尊; 分之於土, 則藩鎭重. 故『詩』序太平之君子, 能長育人才;『書』比梓人之理材, 旣勤樸斲, 惟施丹雘,『禮』著造士,[333]『易』尙養賢. 蓋以人皆含靈, 唯所誘致, 如玉之在璞, 抵擲則瓦石, 追琢則圭璋; 如水之發源, 壅閼則汙泥, 疏濬則川沼.

② 漢高稟大度, 故其時多魁傑不羈之材; 漢武好英風, 故其時富瓌詭立名之士; 漢宣精吏能, 故其時萃循良核實之能.

③ 多少相繆, 非嘉量不平; 輕重相欺, 非縣衡不定.

④ 與奪者, 人主之利權; 名位者, 天下之公器. 不以公器徇喜心, 不以利權肆忿志, 不以寡妨衆, 不以人廢官.

⑤ 經曰: "無以小謀亂大作, 無以嬖人疾莊士." 蓋務大者不拘於小累, 謀小者不達於大猷.

⑥ 君子以愛才爲心, 小人以傷善爲利, 愛而引之則近黨, 傷而沮之則似公. 近黨則不辨而遽疑, 似公則不覈而縣信.

⑦ 大道每隳於橫議, 良才常困於中傷.

⑧ 人之器局, 有圓方大小之殊; 官之典司, 有難易閑劇之別.

⑨ 耀乘之珠, 不能無纇; 連城之璧, 不能無瑕.

⑩ 珠玉不以瑕纇而不珍, 髦彥不以過失而不用.

---

332 중화서국『육지집』과『육주약선』에는 '論朝官闕員及刺史等改轉倫序狀'이라는 제목으로 실려 있다.

333 중화서국『육지집』에는 본문이 '故『詩』序太平之君子, 能長育人才;『書』比梓人之理材, 旣勤樸斫, 惟施丹雘,『禮』著造士'로 되어 있다.

⑪ 齊桓不以射鉤而致嫌, 故能成九合之功; 秦穆不以一眚而掩德, 故能復九敗之辱.

⑫ 登進以懋庸, 黜退以懲過, 二者迭用, 理如循環. 進而有過則示懲, 懲而改修則復進, 既不廢法, 亦無棄人.

⑬ 擧措不可以不審,[334] 言行不可以不稽. 呐呐寡言者未必愚, 喋喋利口者未必智, 鄙樸忤逆者未必悖, 承順愜可者未必忠.

⑭ 捨繩墨而意裁曲直, 棄權衡而手揣重輕, 雖甚精微, 不能無謬.

⑮ 天之生物, 爲用罕兼. 性有所長, 必有所短; 材有所合, 亦有所睽.[335] 曲成則品物不遺, 求備則觸類皆棄.

⑯ 巧梓順輪桷之用, 故枉直無廢材; 良御適險易之宜, 故駑驥無失性. 物既若此, 人亦宜然.

⑰ 帝王之盛, 莫盛唐虞; 臣佐之盛, 莫盛稷禹. 稷禹之比, 無非大賢, 然猶各任所能, 不務兼備.

⑱『尙書』序堯舜命官之美, 自稷, 禹, 咎, 益以降, 凡二十二人, 所命典司, 不逾一職. 用能平九土, 播百穀, 敷五敎, 序五刑, 禮樂興和, 蠻夷率服, 洎鳥獸魚鼈, 亦罔不寧. 蓋由擧得其人, 任得其所.

⑲ 事極其理, 人盡其材. 君垂拱於上, 臣濟美於下, 功焯當代, 名施無窮.

⑳ 誦老生之常談, 而不推時變; 守舊典之糟粕, 而不本事情.

㉑ 不責人以朝夕之效, 不計事於尺寸之差.

㉒ 漢制: 部刺史秩六百石, 郡守秩二千石. 刺史高第者卽遷爲郡守, 郡守高第者卽入爲九卿, 從九卿卽遷爲亞相, 相國. 是乃從六百石吏而至台輔, 其間所歷者三四轉耳.

---

334 중화서국『육지집』에는 '措'가 '錯'으로 되어 있다.
335 중화서국『육지집』에는 '睽'가 '暌'로 되어 있다.

㉓ 高位常苦於乏人, 下寮每嗟於白首.

㉔ 時俗常情, 樂新厭舊, 有始卒者, 其唯聖人.

㉕ 其始也砥礪之心必切, 其久也因循之意必萌.

㉖ 盈無不虧, 張無不弛, 天地神化, 且難常全, 人之所爲, 安得皆當!

93. 세금을 조절하여 백성을 구휼하는 첫 번째 조항[336]

① 우리나라가 세운 법령 중에 부역(賦役)에 관한 법이 세 가지 있습니다. 첫째는 조법(租法)이고 둘째는 조법(調法)이며 셋째는 용법(庸法)입니다. 옛날에는 정자(井字)로 나눈 땅을 아홉 명의 남자가 함께 경작하였는데 공전(公田)이 가운데에 있었으므로 세금은 공전의 소출에 의지하고, 달리 세금을 내지 않았습니다. 사전(私田)의 소출이 좋지 않으면 거두는 세금이 과하다고 관리를 비난하였고, 공전의 소출이 좋지 않으면 노력을 하지 않는다고 백성을 탓하였습니다.

② 옛날에는 지역의 적합한 물품에 맞추어 부법(賦法)을 정하였습니다.

③ 조용조법은 오랜 옛날의 법을 본받아 그 의미가 심원합니다. 이 법으로 재물을 고르게 거두고 사람들이 토지에 정착하도록 했으니, 법규는 간명하고 배려는 면밀하였습니다.

④ 전답이 있으면 조(租)를 납부하고 가택이 있으면 조(調)를 납부하며 신체가 있으면 용(庸)을 납부합니다. 천하가 일가가 되고 법제가 동일하였습니다.

⑤ 이렇게 하여 생업을 도탑게 하니 담을 쌓지 않아도 가업이 오래가고, 이렇게 사업을 성취하니 세어보지 않아도 많고 적음을 알 수 있습니다. 또 이렇게 다스리면 법률이 복잡하지 않아도 교화가 시행되고, 이렇게 세금을 부과하면 아래로는 백성이 곤궁하지 않고 위로는 재정이 풍족합니다.

⑥ 이것은 시대의 폐단이지 법의 폐단이 아닙니다. 그러나 폐단이 있는 시대를 다스리지 않고, 폐단이 없는 법을 벌써 바꾸어 버렸습니다.

---

336 본서의 『육주약선』 '28. 세금을 조절하여 백성을 구휼하는 여섯 가지 조항'에서 '28-1. 첫째, 양세법(兩稅法)의 폐해를 반드시 개혁해야 한다는 논의'와 같은 문장으로, 문장 가운데 일부분을 절록한 것이다.

⑦ 법을 만들 때 사람에게 관용하면 사람의 마음을 얻습니다. 그러나 법을 만들 때 재화에 관용하면 사람의 마음을 잃습니다.

⑧ 선왕께서는 세수(稅收)를 정하실 때 반드시 장정을 기준으로 삼았습니다. 힘으로 할 수 없는 것은 요구하지 않고, 힘으로 할 수 있는 것은 봐주지 않았습니다. 그러므로 농사를 잘 짓는다고 세금을 늘리지 않았고, 농사를 그만두었다고 세금을 줄이지 않았습니다.

⑨ 품속이나 주머니에 숨겨둔 것은 귀한 물건이라도 보이지 않지만, 마당과 창고에 쌓여 있는 것은 값이 싸더라도 사람들이 부유하게 여깁니다. 유통되며 이식(利息)이 붙는 재화는 수량이 적지만 날짜를 계산하여 이윤을 거두는데, 가옥이나 기물 등의 자산은 값이 비싸지만 일 년이 다 가도 이윤을 얻을 수 없습니다.

⑩ 아름다운 장식품과 풍성한 비단은 땅에서 나오는 것이 아니요, 하늘에서 내려오는 것도 아닙니다. 만약 백성의 힘과 땀으로 이루어진 노력이 아니라면 어디에서 그것들을 얻겠습니까.

⑪ 백성이 근본이고 재물은 말단이니, 백성이 평안하면 재물이 넉넉해지고 근본이 견고하면 나라가 편안합니다.[337]

均節賦稅恤百姓第一條[338]

① 國朝著令, 賦役之法有三: 一曰租, 二曰調, 三曰庸. 古者一井之地, 九夫共之, 公田在中, 藉而不稅. 私田不善則非吏, 公田不善則非民.

---

337 『서경·오자지가(五子之歌)』의 "백성이 바로 나라의 근본이니, 근본이 굳건해야 나라가 안정된다[民惟邦本, 本固邦寧]."라는 말을 인용한 것이다.

338 중화서국 『육지집』에는 '其一論兩稅之弊須有釐革'라는 제목으로 실려 있다.

② 古者任土之宜, 以奠賦法.

③ 其取法也遠, 其立意也深, 其斂財也均, 其域人也固, 其裁規也簡, 其備慮也周.

④ 有田則有租, 有家則有調, 有身則有庸. 天下爲家, 法制均一.

⑤ 以之厚生, 則不隄防而家業可久; 以之成務, 則不校閱而衆寡可知; 以之爲理, 則法不煩而教化行; 以之成賦, 則下不困而上用足.

⑥ 時之弊, 非法弊也. 時有弊而未理, 法無弊而已更.

⑦ 作法裕於人, 未有不得人者也; 作法裕於財, 未有不失人者也.

⑧ 先王之制賦入也, 必以丁夫爲本, 無求於力分之外, 無貸於力分之內. 故不以務穡增其稅, 不以輟稼減其租.

⑨ 有藏於襟懷囊篋, 物雖貴而人莫能窺; 有積於場圃囤倉,[339] 直雖輕而衆以爲富; 有流通蕃息之貨, 數雖寡而計日收贏; 有廬舍器用之資, 價雖高而終歲無利.

⑩ 綺麗之飾, 紈素之饒, 非從地生, 非自天降, 若不出編戶之筋力膏髓, 將安所取哉?

⑪ 以人爲本, 以財爲末, 人安則財贍, 本固則邦寧.

339 '囤'은 중화서국 『육지집』에는 '囤'으로 되어 있고, 『육주약선』에는 '困'으로 되어 있다.

94. 세금을 조절하여 백성을 구휼하는 두 번째 조항[340]

① 인력을 헤아리고 토지의 산물에 맞추었으니, 인력으로 만들 수 있는 것이 아니면 징수하지 않고 토지에서 나오는 것이 아니면 세금으로 받지 않습니다.

② 물과 불은 인위적으로 만드는 것이 아니며 금속과 나무는 산야와 택지에서 자연히 얻어집니다. 그러나 흙만은 그것에 뿌리고 심어야 하며 노력하지 않으면 성과가 없으니, 입고 먹는 자원이 모두 여기서 나옵니다.

③ 곡식과 직물은 백성이 생산하고 화폐는 관청이 만듭니다. 백성이 생산한 것은 조세(租稅)로 거두고 관청이 만든 것은 부역(賦役)을 받고 나누어줍니다.

④ 백성이 할 수 있는 일은 경작과 방직뿐입니다. 또 인력으로 생산하는 것은 한도가 있고 물가의 고저는 일정하지 않습니다. 그런데도 세금을 정할 때 화폐로 계산하고, 납부하는 물품을 화폐로 환산하여 내도록 합니다. 이렇게 하면 한도가 있는 생산품으로 일정하지 않은 세금을 충당해야 합니다. 납부하는 물품의 가격이 싸지면 세금에 충당해야 할 수량이 더욱 많아지고, 수량이 너무 많아지면 인력으로 공급하기 어렵습니다. 납부하는 물품의 가격이 비싸지면 세금으로 거두는 수량이 더욱 적어지고, 수량이 너무 적어지면 국가가 사용하기에 충분하지 못합니다. 공사(公私) 간에 지향하는 방도가 둘로 나뉘어 서로 다르니 동시에 구제할 수가 없습니다.

⑤ 토지에 일정한 세제가 있고 백성은 일정한 납세 물품이 있도록 해야 합니다. 그러면 백성은 모두 상부의 명령을 미룰 수 없음을 알고 한마음으로 생업에 전념합니다. 베와 마를 납세해야 하는 사람은 방적에 힘쓰고, 면과 비단을 바쳐야 하는 사람은 잠업

---

340 본서의 『육주약선』 '28. 세금을 조절하여 백성을 구휼하는 여섯 가지 조항'에서 '28-2. 둘째, 양세법에서 베와 면의 액수를 세고 금전으로 계산하지 않아야 한다는 논의'와 같은 문장으로, 문장 가운데 일부분을 절록한 것이다.

(蠶業)에 종사합니다. 매일 작업하고 매달 운영하다 보면 자연히 익숙해지니, 집집마다 숙련된 기술로 작업하여 관청에 넉넉히 공급할 수 있습니다.

⑥ 군사의 의복은 예부터 베와 비단으로 고정되었고 군사의 음식은 토지의 조세(租稅)인 토산품에 한정되었습니다. 화폐로 계산하는 것은 월급과 자과(資課)뿐입니다.[341] 녹봉의 제도 역시 화폐로 계산하지 않았으니, 삼대(三代)에는 식구의 다소로 차등을 두었고[342] 양한(兩漢)에는 곡식 수요의 다소로 차례를 삼았습니다.[343]

⑦ 화폐는 관청의 임시 재화이고 녹봉은 관리의 고정 자산입니다. 고정 자산이 임시 재화를 따르면 집안이 부유하고 가난한 정도가 일정하지 않습니다. 임시 재화를 고정 자산으로 삼으면 국가에서 물가 조절의 권력을 장악할 수 없습니다.

⑧ 물건의 귀천은 화폐의 다소에 달려 있고, 화폐의 다소는 관청이 풍족한지 부족한지에 달려 있습니다.

---

341 자과(資課)는 당대(唐代)의 산관(散官)과 각종 직업인이 대납하는 대역금(代役金)을 말한다. 4품 이하 9품 이상의 문무산관(文武散官)과 훈관(勳官), 삼위(三衛) 등이 납부하는 대납금을 자(資)라고 하고 각종 품관의 자제와 백정 등의 직업인이 납부하는 대납금을 과(課)라고 한다. 개원(開元) 연간에 합쳐서 자과라고 통칭하였다.

342 『예기·왕제(王制)』에 "농지 100묘를 제정해주는데, 100묘를 나누어주면 상농부(上農夫)는 9명을 먹일 수 있고, 그다음은 8명을 먹일 수 있고, 그다음은 7명을 먹일 수 있고, 그다음은 6명을 먹일 수 있고, 하농부(下農夫)는 5명을 먹일 수 있다. 서인으로 관직에 있는 자는 이것을 기준으로 봉록의 차등을 둔다. 제후(諸侯)의 하사(下士)는 상농부와 비견되니, 봉록은 그 경작을 대신할 만하다. 중사(中士)는 하사의 두 배이고, 상사(上士)는 중사의 두 배이고, 하대부(下大夫)는 상사의 두 배이고, 경(卿)은 대부가 받는 봉록의 네 배이고, 군(君)은 경이 받는 봉록의 열 배이다[制農田百畝. 百畝之分, 上農夫食九人, 其次食八人, 其次食七人, 其次食六人, 下農夫食五人. 庶人在官者, 其祿以是爲差也. 諸侯之下士視上農夫, 祿足以代其耕也. 中士倍下士, 上士倍中士, 下大夫倍上士, 卿四大夫祿, 君十卿祿]."라고 하였다. 『맹자(孟子)·만장 하(萬章 下)』에도 관련 내용이 보인다.

343 한(漢)나라 때는 봉록의 다과(多寡)로 관리의 등급을 나누었다. 1만 석을 받는 삼공(三公) 이하로 중(中) 2천 석, 진(眞) 2천 석, 2천 석, 비(比) 2천 석, 1천 석, 비 1천 석, 6백 석, 4백 석, 비 4백 석, 3백 석, 비 3백 석, 2백 석, 1백 석, 두식(斗食), 좌사(佐史)로 나누어진다. 『한서·백관공경표(百官公卿表)』 안사고(顔師古)의 주(註)에 자세한 내용이 보인다.

⑨ 산에 가서 재화를 더 많이 캐어오도록 장려하고,[344] 구리로 그릇을 만드는 것을 엄금하였습니다.

⑩ 땅에서 나는 물산은 정해진 수량이 있고 사람이 만드는 물건은 엄연한 한계가 있습니다. 법도에 맞게 취하고 절도 있게 사용하면 항상 풍족할 것이고, 법도에 맞게 취하지 않고 절도 있게 사용하지 않으면 항상 부족할 것입니다.

⑪ 한 문제(漢文帝)는 몸소 절약하고 비용을 절감하였으며 공연한 사업을 벌이지 않고 백성을 쉬게 하였습니다. 또한 검은 옷을 입고 생가죽 신을 신었으며[345] 준마를 거절하고 타지 않았고[346] 노대(露臺)의 건축을 중지하였습니다.[347] 그리고 여러 차례 조세를 면제하여[348] 백성의 생활을 넉넉하게 하였으므로 호구(戶口)가 늘어나고 온갖 물품이 풍족하였습니다. 시골에서 열리는 잔치에도 암말을 탄 사람은 모임에 나갈 수 없었고[349] 자식과 손자들이 장성하여 수십 살이 되어서도 시장을 알지 못하였습니다. 황제의 창고에 있는 돈은 꾸러미째로 썩어가나 셀 수도 없었고, 태창(太倉)에 쌓인 곡식이 붉은빛으로 부패해도 다 먹지 못할 정도였습니다.[350] 위로는 나라가 부강하고 아래로

---

344 『당서·식화지(殖貨志)』에 따르면, 공전(公錢)과 구리의 가격이 비슷해지자 돈을 가볍게 여기게 되었고, 산에서 구리를 캐는 사람이 많아졌다. 그러자 구리를 사용하지 못하게 하자는 논의가 나왔는데, 구리 병기는 철(鐵) 병기보다 못하고 구리 그릇은 칠기(漆器)보다 못하기 때문에 실생활에 많이 쓰이지 않으며, 또 구리의 사용을 금하면 돈의 가치를 원래대로 돌릴 수 있을 것이라는 이유에서였다. 그리하여 대력(大曆) 7년(722)에 구리의 사용을 금하는 법령이 내렸다.

345 『사기·동방삭전(東方朔傳)』에 "한 문제는 천자라는 귀한 신분과 사해를 아우른 부유함이 있었지만 몸에는 검은 옷을 입고 발에는 생가죽으로 만든 신을 신었다[文帝貴爲天子, 富有四海, 身衣弋綈, 足履革舃]."라고 하였다.

346 『사기·효문본기(孝文本紀)』에 "궁실과 정원과 개와 말, 의복과 거마가 늘어난 것이 없었다."라는 기록이 보인다. 한 문제의 선정으로 나라에 재물이 넉넉하고 예의가 지켜졌다고 하였다.

347 『한서·문제기(文帝紀)』에 효문제가 노대(露臺)를 지으려다가 백금(百金)의 돈이 들어간다는 것을 알고 중인(中人) 가정 열 집의 재산에 해당한다고 하며 그만두었다는 이야기가 나온다.

348 원문의 '사전조(賜田租)'는 전답의 세금을 면제해주는 것을 말한다.

349 『한서음의(漢書音義)』에 따르면 사람들이 모두 수말을 탔는데, 암말은 발길질을 하고 물어뜯으므로 회동(會同)에 나가지 못했다고 한다.

350 곡식과 돈이 넘치는 상황을 형용한 것이다. 한(漢)나라 문제(文帝)와 경제(景帝)의 선정에 힘입어 무제(武帝) 때는 경제적 풍요가 극에 달하였다. 『한서·가연지전(賈捐之傳)』에 "효무황제(孝武皇帝) 원수(元狩) 6년에 태창의 곡식이 붉게 썩어서 먹을 수가 없었고, 경사(京師) 안의 돈은 그 꾸러미가 썩어서 다 셀 수가 없었다[孝武皇帝元狩六年, 太倉之粟, 紅腐而不可食, 都內之錢, 貫朽而不可校]."라고 하였다.

는 백성이 평안하여, 살면서 큰 복을 누리고 죽어서는 아름다운 이름을 남겼습니다. 사람들이 지금까지 한 문제를 어질고 현명하다고 칭송하니, 훌륭하다고 하겠습니다.

⑫ 제왕의 훌륭함을 논한다면 반드시 태종(太宗) 황제의 성스러운 공적을 앞세울 것이고, 치도(治道)의 존엄함을 말하자면 반드시 정관(貞觀)[351] 연간의 이야기를 흠모할 것입니다.

均節賦稅恤百姓第二條[352]

① 量人之力, 任土之宜, 非力之所出則不征, 非土之所有則不貢.

② 水火不資於作爲, 金木自產於山澤, 惟土爰播植, 非力不成, 衣食之源, 皆出於此.

③ 穀帛者, 人之所爲也; 錢貨者, 官之所爲也. 人之所爲者, 故租稅取焉; 官之所爲者, 故賦斂捨焉.

④ 百姓所營, 唯在耕織, 人力之作爲有限, 物價之貴賤無恒. 而乃定稅計錢, 折錢納物, 是將有限之產, 以奉無恒之輸. 納物賤則供稅之所出漸多, 多則人力不給; 納物貴則收稅之所入漸少, 少則國用不充. 公私二途, 常不兼濟.

⑤ 土有常制, 人有常輸, 衆皆知上令之不遷, 於是一其心而專其業. 應出布麻者, 則務於紡績; 供綿絹者, 則事於蠶桑. 日作月營, 自然便習, 各修家技, 皆足供官.

⑥ 軍衣固在於布帛, 軍食又限於地租, 其計錢爲數者, 獨月俸資課而已. 制祿唯不計錢, 故三代以食人衆寡爲差, 兩漢以石數多少爲秩.

⑦ 錢者官府之權貨, 祿者吏屬之常資, 以常徇權, 則豐約之度不得恒於家; 以權爲常, 則輕重

351 당 태종(唐太宗)의 연호이다.

352 중화서국 『육지집』에는 '其二請兩稅以布帛爲額不計錢數'라는 제목으로 실려 있다.

之柄不得專於國.

⑧ 物之貴賤, 繫於錢之多少; 錢之多少, 在於官之盈縮.

⑨ 廣卽山殖貨之功, 峻用銅爲器之禁.

⑩ 地力之生物有大數, 人力之成物有大限, 取之有度, 用之有節, 則常足; 取之無度, 用之無節, 則常不足.

⑪ 能躬儉節用, 靜事息人. 服弋綈, 履革舃, 却駿馬而不御, 罷露臺而不修, 屢賜田租以厚烝庶, 遂使戶口蕃息, 百物阜殷. 乃至鄕曲宴遊, 乘牝牸者不得赴會; 子孫生長, 或有積數十歲不識市廛. 御府之錢, 貫朽而不可校; 太倉之粟, 紅腐而不可食. 國富於上, 人安於下, 生享遐福, 沒垂令名, 人到於今稱其仁賢, 可謂盛矣.

⑫ 談帝王之盛, 則必先太宗之聖功; 論理道之崇, 則必慕貞觀之故事.

95. 세금을 조절하여 백성을 구휼하는 세 번째 조항[353]

① 옛날의 왕들은 정전법(井田法)을 제정하여 생업을 안정시키고, 오종제(五宗制)를 확립하여 은택을 이어가도록 하였습니다. 그러고도 여전히 부족하다고 여겨서 종족의 분묘를 만들고 고향의 땅을 공경하도록 가르쳤으니, 이로써 백성의 의지를 굳게 하고 주거를 안정시키며 이사를 신중히 하도록 하였습니다. 그 후에는 또 고향을 떠나 유람하는 것을 금지하여 백성을 감독하고, 호적을 검열하여 백성을 규제하였습니다. 비록 훈도는 점차 쇠퇴하고 규제는 오히려 엄격해졌지만 역대로 이 제도를 이어가면서 법으로 삼았습니다.

② 이 주(州)에서 객호(客戶)가 늘어나면 반드시 저 군(郡)에서 주민이 줄어듭니다.

③ 현재 가장 중요한 일은 백성의 후생에 힘쓰고 재화를 적게 거두며, 윗사람에게 거두어 아랫사람에게 보태주는 것입니다. 아랫사람이 이익을 얻으면 윗사람도 반드시 편안해지므로, 약간의 손해가 도리어 큰 이익을 초래합니다. 백성이 넉넉해지면 재물도 반드시 넉넉해지니, 잠시 부족하더라도 이것이 영원토록 부유해지는 방법입니다.

④ 감독하지 않더라도 백성이 절로 즐겁게 경작할 것이며, 경계를 막지 않더라도 백성이 모두 토지에 안주할 것입니다.

---

353 본서의 『육주약선』 '28. 세금을 조절하여 백성을 구휼하는 여섯 가지 조항'에서 '28-3. 셋째, 장리(長吏)들이 가구 수를 늘려 세금을 부과하며 밭을 개간하는 것을 과업으로 삼으라는 논의'와 같은 문장으로, 문장 가운데 일부분을 절록한 것이다.

均節賦稅恤百姓第三條[354]

① 設井田之法, 以安其業; 立五宗之制, 以綴其恩. 猶懼其未也, 又敎之族墳墓, 敬桑梓, 將以固人之志, 定人之居, 俾皆重遷, 然可爲理. 厥後又督之以出鄕遊惰之禁, 糾之以版圖比閱之方, 雖訓導漸微, 而檢制猶密, 歷代因襲, 以爲彝章.

② 此州若增客戶, 彼郡必減居人.

③ 當今之要, 在於厚人而薄財, 損上以益下. 下苟利矣, 上必安焉, 則少損者, 所以招大益也; 人旣厚矣, 財必贍焉, 則暫薄者, 所以成永厚也.

④ 不督課而人自樂耕, 不防閑而衆皆安土.

354 중화서국 『육지집』에는 '其三論長吏以增戶加稅闢田爲課績'이라는 제목으로 실려 있다.

96. 세금을 조절하여 백성을 구휼하는 네 번째 조항[355]

① 현명한 군주는 국가의 운영에 필요한 비용을 넉넉히 거두기 위해 백성이 덜 먹고 덜 입도록 하지 않았습니다. 그러므로 반드시 백성의 일을 먼저 하고 남은 힘을 빌렸으며, 백성의 집에 먼저 공급하고 남은 재물을 거두었습니다. 또 백성이 경영하는 일을 도와주고 곤궁한 백성을 구휼할 때는 반드시 법도에 맞게 빌려주고 때에 맞게 거두어들였습니다. 법도가 있으므로 백성이 수고를 잊을 수 있었고, 때에 맞으므로 수월하게 공급할 수 있었습니다.

② 잠업(蠶業)이 막 시작되었는데 벌써 비단을 조세로 내야 하고, 농사는 아직 수확이 없는데 갑자기 곡식을 조세로 거두어갑니다. 상급 관사가 엄격하게 감독하고 질책하니,[356] 하급 관리들은 더욱 촉급하게 위협하고 폭력을 씁니다. 그러면 소출이 있는 사람은 급히 팔아서 값의 반을 허비하고, 소출이 없는 사람은 빌려와서 값의 배를 허비합니다.

均節賦稅恤百姓第四條[357]

① 明君不厚其所資, 而害其所養, 故必先人事而借其暇力, 先家給而斂其餘財. 遂人所營, 恤人所乏, 借必以度, 斂必以時. 有度則忘勞, 得時則易給.

② 蠶事方興, 已輸縑稅; 農功未艾, 遽斂穀租. 上司之繩責既嚴, 下吏之威暴愈促, 有者急賣而耗其半直, 無者求假而費其倍酬.

---

355 본서의 『육주약선』 '28. 세금을 조절하여 백성을 구휼하는 여섯 가지 조항'에서 '28-4. 넷째, 세금의 기한이 촉박하다는 논의'와 같은 문장으로, 문장 가운데 일부분을 절록한 것이다.

356 원문의 '승책(繩責)'은 감독하고 질책한다는 뜻이다. 『논형(論衡)·자연(自然)』에 "어찌해서 그런가? 당시 사람들이 우매하여 서로 감독하고 질책할 줄 몰랐기 때문이다[何則? 時人愚蠢, 不知相繩責也]."라고 하였다.

357 중화서국 『육지집』에는 '其四論稅期限迫促'이라는 제목으로 실려 있다.

97. 세금을 조절하여 백성을 구휼하는 다섯 번째 조항[358]

① 인자한 군주가 위에 있으면 천하에 굶어죽는 사람이 없습니다. 어찌 반드시 군주가 농사를 지어 양식을 대고 밥을 지어 먹여주기 때문이겠습니까.

② 아마도 배려가 적절하고 법제가 도리에 맞아 백성이 궁핍을 벗어나게 하고 재해가 일어나기 전에 방비하기 때문일 것입니다.

③「왕제」의 법이 쇠퇴하자 임기응변의 방편이 섞였습니다. 위(魏)나라는 평적법(平糴法)을 시행하고 한(漢)나라는 상평창(常平倉)을 두어 공사(公私) 간에 이익을 공유하였으므로 제법 편리하였습니다.

④ 곡식을 저장하여 의창(義倉)이라고 하였습니다. 풍족할 때는 곡식을 거두어들이고 부족할 때는 곡식을 나눠주었습니다.

⑤ 옛날에 9년치와 6년치의 비축량이라고 한 것은 온 나라의 신민(臣民)을 통틀어 계산한 것입니다. 관청의 창고만 풍족하고 백성은 그렇지 않았던 것이 아닙니다.

⑥ 수매량과 작황을 기준으로 곡물가의 평균을 헤아려서 항상 적정가를 유지하도록 합니다. 재해나 흉년을 만나면 저장한 곡식으로 구휼할 수 있습니다. 작은 흉년에는 사안에 따라 곡식을 빌려주고, 큰 흉년에는 장부에 기록하고 상주를 올려 곡식을 나누어 주도록 합니다. 편의에 따라 변통하는 것을 허락하고 두루 구제하도록 힘쓰게 합니다. 돌아가며 곡식을 거두고 풀면 결국 일정한 수준을 유지하게 될 것입니다.

⑦ 재물을 쌓아두고 돈을 빌려주어 이자를 얻는 자도 우리 백성을 다치게 하지 못할

358 본서의 『육주약선』 '28. 세금을 조절하여 백성을 구휼하는 여섯 가지 조항'에서 '28-5. 다섯째, 차세(茶稅)를 의창(義倉)에 두어 홍수와 가뭄에 대비하도록 청함'과 같은 문장으로, 문장 가운데 일부분을 절록한 것이다.

것입니다. 곡식을 모아놓고서 남의 재난을 요행으로 여기는 자도[359] 큰 이익을 기대하지 못할 것입니다. 이와 같이 하면 부자도 사치하지 않고 가난한 자도 굶지 않으며, 농민이 손해를 입지 않고 곡식 가격도 비싸지 않을 것입니다.

均節賦稅恤百姓第五條[360]

① 仁君在上, 則海內無餒殍之人, 豈必耕而餉之, 爨而食之哉?

② 蓋以慮得其宜, 制得其道, 致人於歉乏之外, 設備於灾沴之前.[361]

③ 王制既衰, 雜以權術. 魏用平糴之法, 漢置常平之倉, 利兼公私, 頗亦爲便.

④ 所在貯粟, 號爲義倉. 豐則斂藏, 儉則散給.

⑤ 古稱九年六年之蓄者, 蓋率土臣庶, 通爲之計耳. 固非獨豐公庾, 不及編甿.

⑥ 所糴少多, 與年上下, 準平穀價, 恒使得中. 每遇災荒, 卽以賑給, 小歉則隨事借貸, 大饑則錄奏分頒, 許從便宜, 務使周濟, 循環斂散, 遂以爲常.

⑦ 蓄財息債者, 不能耗吾人; 聚穀幸災者, 無以牟大利. 富不至侈, 貧不至饑, 農不至傷, 糴不至貴.

---

359 원문의 '행재(幸災)'는 남의 재앙을 다행으로 여긴다는 말이다. 『춘추좌씨전·희공(僖公) 14년』에, 춘추 시대 진(晉)나라 혜공(惠公)이 진(秦)나라의 도움으로 흉년을 극복하였는데 이듬해 진(秦)나라에 흉년이 들었을 때 도움을 주려 하지 않았다. 그러자 대부(大夫) 경정(慶鄭)이 혜공에게 "은혜를 저버리면 외로운 처지가 될 것이며, 남의 재앙을 다행으로 여기는 것은 어질지 못한 일입니다[背施無親, 幸災不仁]."라고 하였다.

360 중화서국 『육지집』에는 '其五請以稅茶錢置義倉以備水旱'이라는 제목으로 실려 있다.

361 '灾'는 중화서국 『육지집』에는 '災'로 되어 있다.

98. 세금을 조절하여 백성을 구휼하는 여섯 번째 조항[362]

① 비축이 한쪽으로 편중되지 않으니 물건이 한쪽만 부족하지 않고, 소비가 한쪽으로 편중되지 않으니 백성이 한쪽만 궁핍하지 않습니다.

② 천하의 물품은 한정이 있으나 부자의 축재는 끝이 없습니다. 한 사람이 먹고 입으려고 백 사람 분의 재물을 소비한다면, 백 사람의 음식이 부족하지 않을 수 없습니다. 한 가문을 부유하게 하려고 천 가구의 재산을 모은다면, 천 가구의 생업이 궁핍하지 않을 수 없습니다.

③ 물건 중에 감출 수 없고 쉽게 살펴볼 수 있는 것으로는 밭과 집만큼 분명한 것이 없습니다.

④ 옛날의 현명한 왕들이 천하의 땅을 구획하여 다스릴 때 백 무(畝)의 땅을 '일부(一夫)'라고 불렀습니다.[363] 한 사람에게 주는 땅이 백 무를 넘지 않았기 때문입니다.

⑤ 부자는 수만 무(畝)의 땅을 겸병하지만 가난한 사람은 발 디딜 곳도 없습니다. 가난한 사람은 부유한 토호에게 의탁하고 그에게 소속되어 씨앗과 식량을 빌리고 밭과 집을 임대합니다. 일 년 내내 힘써 일하느라 쉬는 날도 없지만 빌린 것을 갚고 나면 남은 것이 충분치 않아 항상 걱정합니다. 그러나 밭을 소유한 집은 앉아서 조세를 받아먹습니다. 빈부의 차이가 이처럼 현격한 지경에 이르렀습니다.

---

362 본서의 『육주약선』 '28. 세금을 조절하여 백성을 구휼하는 여섯 가지 조항'에서 '28-6. 여섯째, 토지를 겸병한 가문의 사적 세금이 공적 세금보다 많다는 논의'와 같은 문장으로, 문장 가운데 일부분을 절록한 것이다.

363 주(周)나라는 장정 1명에게 100무(畝)의 땅을 주고, 10분의 1의 세금을 거두는 철법(徹法)을 시행하였다.

均節賦稅恤百姓第六條[364]

① 藏不偏多, 故物不偏罄; 用不偏厚, 故人不偏窮.

② 天下之物有限, 富室之積無涯. 養一人而費百人之資, 則百人之食不得不乏; 富一家而傾千家之產, 則千家之業不得不空.

③ 物之不可掩藏, 而易以閱視者, 莫著乎田宅.

④ 古先哲王, 疆理天下, 百畝之地, 號曰一夫, 蓋以一夫授田, 不得過於百畝也.

⑤ 富者兼地數萬畝, 貧者無容足之居, 依托強豪, 以爲私屬, 貸其種食, 賃其田廬, 終年服勞, 無日休息, 罄輸所假, 常患不充. 有田之家, 坐食租稅, 貧富懸絶, 乃至於斯.

---

364 중화서국『육지집』에는 '其六論兼並之家私斂重於公稅'라는 제목으로 실려 있다.

발문(跋文)

이병모(李秉模, 1742~1806)

『어정육주약선(御定陸奏約選)』을 인쇄하여 반포한 이듬해 『육주수권(陸奏手圈)』이 완성되었으므로 신에게 명하여 발문(跋文)을 짓도록 하셨습니다. 신은 깊이 살피고 감정하는 저울의 역할을 하기에 실로 부족하여 만분의 일조차 엿볼 능력이 되지 않는데, 하물며 그러한 글을 짓는 일을 감히 하겠습니까.

다만 천하의 이치는 실(實)이라고 생각할 따름입니다. 사람에게는 실덕(實德)이 되고 사물에서는 실사(實事)가 되며, 기물에서는 실용(實用)이 되고 문장에서는 실언(實言)이 됩니다. 예악형정(禮樂刑政)과 전곡(錢穀), 갑병(甲兵) 어느 것이든 실무(實務)가 아닌 것이 없습니다. 이제(二帝)는 이로써 황제가 되고 삼왕(三王)은 이로써 군왕이 되었습니다. 비록 제 환공(齊桓公)과 진 문공(晉文公)처럼 인의(仁義)를 빌리고[1] 한(漢)나라와 당(唐)나라처럼 금과 쇠가 섞이더라도 이 실(實)을 버리고 그 공을 누릴 수는 없습니다.

공손히 생각건대, 우리 전하께서는 하늘의 도(道)를 체득하시고 땅의 덕(德)에 부합하십니다. 강물을 터놓은 것처럼 세찬 기세는 순(舜)임금을 따르고[2] 문왕(文王)과 무왕

---

1 『맹자·진심 상(盡心上)』의 "요임금과 순임금은 본성을 따랐고, 탕왕과 무왕은 몸소 실천하였으며 오패(五霸)는 인의를 빌렸다[堯舜性之也, 湯武身之也, 五霸假之]."라는 말을 인용한 것이다.

2 『맹자·진심 상』의 "순임금은……한 가지 선한 말을 듣고 한 가지 선한 행동을 보면 마치 강물을 터놓은 것처럼 세찬 기세를 막을 수 없었다[舜……及其聞一善言, 見一善行, 若決江河, 沛然莫之能禦也]."라는 말을 인용한 것이다.

(武王)을 법도로 삼는 것은 공자를 본받으셨습니다.[3] 근거 없는 말은 듣지 않으시고 옛일이 아니면 본받지 않으셨으며, 여러 성인의 참된 지혜를 모으시고 제자백가의 거짓말은 물리치셨습니다. 어진 이를 오게 하는 데 있어서는 백성을 기르는 것을 우선으로 삼았고, 군무를 다스리는 데 있어서는 농민에게 군사 훈련을 시키는 것을 근본으로 삼으셨습니다. 빠르게 하고 느리게 하는 법도와 차라리 법을 지키지 않는다는 비난을 감수하겠다는 의리는[4] 모두 몸소 실천하고 일상생활에서 사용하는 데 근본을 두고 있습니다. 깊은 경지로 나아가 좌우에서 근원을 만나는 묘리는[5] 경사자집(經史子集)의 책 사이에 널려 있으니, 이것이 여러 수권(手圈)을 만드신 까닭일 것입니다.

삼례(三禮)의 심오함과 양경(兩京)의 올곧음, 오자(五子)의 정수(精粹), 팔가(八家)의 보익(補益)은 박학함과 요약함이 모두 지극하고 복잡함과 간략함이 법도에 합치하니, 깊고도 환합니다. 붓 가는 대로 영화(英華)가 모이고, 편차를 나누니 품례(品例)가 정연합니다. 그런데도 육지(陸贄)의 주의(奏義)에 연연하시니, 어찌 까닭이 없겠습니까.

대개 삼대(三代) 이래로 문학[言語]과 사무[事功]는 두 갈래로 나뉘었습니다. 고루한 유학자들은 도덕(道德)을 논하지만 합당한 시의(時宜)는 잘 모르고, 책사들은 공리(功利)를 논하지만 잘못된 행동이 부끄러운 줄도 잊었습니다. 서로 저촉되고 어긋나며 속임수가 난무하고 앞뒤가 맞지 않습니다. 그러나 육지의 주의만은 고금의 일을 참작하여 마치 부절(符節)을 합친 것 같아 미루어 시행하면 모두 사리에 맞았습니다. 선왕(先王)의 법을 위배하지도 않고 편백(偏伯)의[6] 비루함에 빠지지도 않았습니다. 언사는 부드럽고 유창하며, 의미는 가깝고도 포괄적입니다. 보필하려는 충성심은 정성스럽고, 잠언(箴言)을 올려 깨우치려는 정성은 간절합니다. 아는 것은 말하지 않음이 없는데도 남

---

3 『중용』의 "공자는 요임금과 순임금을 조술하고 문왕과 무왕을 법도로 삼았다[仲尼祖述堯舜, 憲章文武]."라는 말을 인용한 것이다.

4 『서경·대우모(大禹謨)』의 "무고한 사람을 죽이기보다는 차라리 법을 지키지 않는다는 비난을 감수한다[與其殺不辜, 寧失不經]."라는 말을 인용한 것이다.

5 『맹자·이루 하(離婁下)』의 "군자가 도에 깊이 나아가는 이유는 스스로 터득하기 위해서이니, 스스로 터득하면 거처함이 편안하고 거처함이 편안하면 의지함이 깊고, 의지함이 깊으면 좌우에서 가져다 쓸 적에 그 근원을 만나게 된다[君子深造之以道, 欲其自得之也, 自得之則居之安, 居之安則資之深, 資之深則取之左右逢其原]."라는 말을 인용한 것이다.

6 편백은 본디 먼 변방의 지방관을 말하는데, 여기서는 한쪽으로 치우치는 것을 말하는 듯하다.

의 잘못을 들추어내는 모습이 나타나지 않으며, 말하는 것마다 효과를 내지 않은 적이 없으나 자랑하는 기색이 드러나지 않으니, 단번에 육조(六朝)의 나약한 기색을 씻어버렸습니다. 이것이 전하께서 그와 같은 시대에 태어나지 못한 것을 심히 유감으로 여기신 까닭입니다.

또 성상께서는 "백성의 노동력을 관대하게 사용하고 관리의 선발을 투명하게 하며, 병사를 불러들이고 병마를 구입하거나 재화를 경영하고 세금을 다루는 허다한 큰 계획들은 백 대에 걸쳐 사용하고 사해에 시행할 수 있다."[7]라고 하셨으니, 육지가 다시 태어난다면 필시 아침저녁 사이에 만난 것처럼[8] 두 손 모아 칭송하며 당시에 끝까지 쓰이지 못했던 것을 한스러워하지 않을 것입니다.

그러나 세밀한 논의와 절실한 계획은 본래 지혜와 계산으로 따라할 수 있는 것이 아닙니다. 학문은 재주로 인해 넓어지고 재주는 도량에 의해 넉넉해지니, 실리(實理)로 실언(實言)을 펴고 실언으로 실사(實事)를 행하고 실사로 실용(實用)을 운용하고 실용으로 실무(實務)를 이룹니다. 실(實)은 곧 진정이며 진정은 곧 감동시키므로, 전하께서 이 책을 아끼며 암송하고, 암송하여 선발하고, 선발하여 비권(批圈)을 하신 것은 이 때문일 것입니다. 이 때문일 것입니다. 신은 이로 인해 삼가 말씀드립니다.

아! 우리 영종대왕(英宗大王)께서 육지 주의의 육폐설(六弊說)을 언급하시며 유신(儒臣)들을 둘러보고 물으셨습니다.

"내가 가지고 있는 것이 몇 개나 되는가?"

유신이 대답하였습니다.

"제멋대로 강퍅하게 행동하는 것 외에는 전하께서 모두 가지고 계십니다."

대왕께서 웃으시며 마음을 바꾸고는 가납하셨습니다. 성조(聖祖)의 높고도 넓은 마음은 백성이 형용할 수 없으니, 성대한 덕과 지극한 선으로 유신의 말을 마치 자신의 허물인양 받아들이셨습니다. 성조의 계획은 위대하여 후손을 넉넉하게 할 것입니다.

아, 전하께서는 성조의 마음을 본받아 이미 성스러우신데도 여전히 근면하십니다.

---

7 『홍재전서』 권56에 실려 있는 「4인의 각상(閣相) 및 대제학에게 수권(手圈)의 발문(跋文)을 요구하다[求諸圈跋語於四閣相及文衡]」에 나오는 내용이다.

8 『장자(莊子)·제물론(齊物論)』에서 "만세가 지난 뒤에 이해해주는 위대한 성인을 만난다면 마치 아침저녁 사이에 만나는 것과 같다[萬世之後而一遇大聖, 知其解者, 是旦暮遇之也]."라고 한 말을 인용한 것이다.

더욱 성인이 되려는 공부에 힘쓰셔서 대대로 신하 노릇한 자에게 시행하면 장차 아랫사람에게 있는 세 가지 폐단을[9] 크게 변화시킬 것입니다. 신은 감히 이렇게 대답하여 '내가 이 책을 엮고 자랑한다.'라고 하신 성상의 뜻을 드러냅니다.[10]

대광보국숭록대부 의정부좌의정 겸 영경연사 감춘추관사(大匡輔國崇祿大夫議政府左議政兼領經筵事監春秋館事) 원임(原任) 규장각 직제학(奎章閣直提學) 신(臣) 이병모(李秉模)는 하교를 받들어 삼가 발문(跋文)을 씁니다.

跋文

李秉模

『御定陸奏約選』印頒之明年,『陸奏手圈』成, 命臣跋之. 臣誠謏陋於淵鑑賞定之權衡, 尙未窺其萬一, 況敢措其辭哉. 第竊惟念天下之理實而已矣. 在人爲實德, 在物爲實事, 在器爲實用, 在文章爲實言, 在禮樂政刑錢穀甲兵, 無所往而不爲實務. 二帝以之而帝, 三王以之而王, 雖假而桓文之仁義, 雜而漢唐之金鐵, 未有舍是實而食其功也.

恭惟我殿下道體乾元, 德合坤載, 沛决江河之協于舜, 憲章文武之法乎孔. 言無稽弗聽, 事非古不師, 集千聖之眞知, 黜百家之譌言, 致賢則以養民爲先, 詰戎則以寓農爲本, 爲疾用徐之道, 寧失無剋之義, 無不本之躬行, 措諸日用, 而玄頤深造, 左右逢原之妙, 布在經史子集之間, 此諸圈之所以作也. 三禮之邃奧, 兩京之爾雅, 五子之精粹, 八家之羽翼, 博約齊極, 繁簡合度, 淵乎煥乎, 隨管而英華集, 分簡而品例秩, 然又眷眷於陸奏, 豈無以哉?

盖自三代以降, 言語事功分爲二途, 拘儒談道德而昧時措之宜, 策士論功利而忘倒行之恥, 柢牾舛盭, 詭驁衡决, 而惟陸氏之奏, 參古今而若合符契, 推施措而動中機宜, 不倍先王之法, 不墮偏伯之陋, 辭婉而暢, 指近而該. 欵欵乎其補袞之忠, 懇懇乎其納牖之箴, 知無不言而訐直不形於態, 言無不効而矜伐不施於色, 一洗六朝梔蠟氣味, 此我殿下深寄不同時之感. 而聖教中寬民力, 淸吏選, 招兵買馬, 經財理賦, 許多大經綸, 可以用之百世, 布之四海者, 使陸氏可作, 其必攢頌於朝暮之遇,

---

9 육지가 거론한 여섯 가지 폐단 중 신하의 아첨, 관망, 유약함이다.

10 앞서 인용한 정조의 글에서 "경은 그 말미에 글을 써서 내가 자랑하는 뜻을 드러내라[卿可書其尾, 用宣我詡予之意]."라고 한 말을 인용한 것이다.

不恨其未究當世之用也. 然其精白之論, 剴切之書, 本非智數之所可襲取, 學因才博, 才由器贍, 以實理而敷實言, 以實言而行實事, 以實事而運實用, 以實用而成實務. 實便誠, 誠便感, 殿下所以愛而誦, 誦而選, 選而至於批而圈之者, 其在斯歟, 其在斯歟! 臣因是而竊有誦焉.

於戱! 我英宗大王擧陸奏六弊之說, 顧問儒臣曰: "予所有者幾何?" 儒臣對以: "恣彊愎之外, 殿下皆有之." 天笑爲新而嘉納之. 夫以聖祖巍巍蕩蕩, 民無能名之, 盛德至善, 有若受而爲過於儒臣之言. 大哉聖謨, 垂裕後昆, 猗殿下以聖祖之心爲心, 旣聖矣, 猶且勉, 勉於益聖之工, 施及世臣, 將以丕變乎在下之三弊. 臣敢庸是對, 揚乎詡予斯編之聖意焉.

大匡輔國崇祿大夫議政府左議政兼領經筵事監春秋館事原任奎章閣直提學臣李秉模奉教謹跋.

참고문헌

강혜선, 『정조의 시문집 편찬』, 문헌과해석사, 2000.

김대형, 『息庵 金錫胄의 奏議類 散文 硏究』, 단국대학교 한문학과 석사학위논문, 2012.

김민현, 『조선시대 陸宣公奏議의 수용과 간행에 대한 연구』, 한국학중앙연구원 석사학위논문, 2015.

김우정, 「簡易 崔岦의 『四行文錄』 연구: 奏議類 산문의 성격과 관련하여」, 『동아시아고대학』 20, 동아시아고대학회, 2009.

김종철, 「한국 문체 분류의 전개양상」, 『대동한문학』 20, 대동한문학회, 2004.

김종철, 「한국 주의류산문의 문체특성-표문을 중심으로」, 『동방한문학』 16, 동방한문학회, 1999.

신윤수, 『陸贄 奏議文의 문학사적 위상과 正祖 연간 문단의 反響』, 단국대학교 석사학위논문, 2019.

임형택, 「수당 이남규와 그의 주의에 대한 이해」, 『한문학보』 1, 우리한문학회, 1999.

최솔잎, 『조선시대 陸贄 奏議文 수용 양상과 그 의의』, 단국대학교 석사학위논문, 2018.

최 식, 「奏議類 산문의 특징과 전개양상」, 『東方漢文學』 31, 동방한문학회, 2006.

황의열, 「한문 문체분류의 재검토」, 『태동고전연구』 17, 태동고전연구소, 2000.

(唐)陸贄 撰, (宋)郎曄 注, 『陸宣公奏議注』, 叢書集成初編, 中華書局, 1991.

(唐)陸贄 撰, 『陸宣公文集』, 宋蜀刻本唐人集叢刊, 上海古籍出版社, 1996年影印本.

(唐)陸贄 撰, 『陸宣公文集』, 叢書集成初編, 中華書局, 1985.

(唐)陸贄 撰, 王素 點校, 『陸贄集』, 中華書局, 2006.
(唐)陸贄 著, (明)鍾惺 評, 『陸宣公集』 24卷, 本衙藏板.
(朝鮮)正祖 編, 『陸稿手圈』, 正祖22年(1798) (청구기호: 奎65).
(朝鮮)正祖 編, 『陸奏約選』, 正祖21年(1797) (청구기호: 奎176, 奎191-197, 奎205-225, 奎1121, 奎1122, 奎1202, 奎1487, 奎1814, 奎1816).
高潔, 『陸贄公文研究』, 南京師範大學 석사학위논문, 2006.
冷琳, 『論隋至中唐駢體公文改革及陸贄的傑出成就』, 長春理工大學 석사학위논문, 2008.
劉京, 『陸宣公集研究』, 首都師範大學 석사학위논문, 2004.
莫山洪, 「論陸贄的 "駢中求散" 與中唐文章的變化」, 『柳州師專學報』, 2012年 1期.
鄭強, 『陸贄研究』, 山東師範大學 석사학위논문, 2008.
唱春蓮, 「宋蜀刻本『陸宣公文集』再探」, 『文津流觴』 第十期, 2003年 7月.
韓建永, 「論陸贄的制狀」, 『牡丹江教育學院學報』, 2005年 4期.

찾아보기

[ㄴ]

[ㄷ]

[ㅁ]

[ㅂ]

[ㅈ]

Abstract

The National Management Strategies by Lu Zhi(陸贄) of Tang(唐) Dynasty Selected by King Jeongjo(正祖) of Chosun(朝鮮) Dynasty

Dang, Yun hui · Oh, Soo hyoung · Jang, Yoo-seung

King Jeongjo(正祖) of Chosun(朝鮮) Dynasty enjoyed reading the memorials to the throne by Lu Zhi(陸贄) of Tang(唐) Dynasty in his Crown Prince period. After ascending the throne, He himself selected the good phrases and clauses from the works of Lu Zhi and had *Yukjuyakseon*(陸奏約選) and *Yukgosugwon*(陸稿手圈) published.

These two books contained the most beautiful passages from the commands of the king and the memorials to the Throne, which written by Lu Zhi. These books are full of the measures for the urgent issues politically and socially, and futhermore the progressive ideas about government and administration in that period. We can use the books to understand better the detailed aspects of the politics, the academy and the ideology of the King Jeongjo.

발간사

‘한국학’은 이제 학문의 한 분야로 자리잡았다. 한국학을 전공으로 하는 학과도 생겨나고 한국학 연구자들의 국제학술대회도 자주 접할 수 있다. 한국사회가 짧은 시기에 보여 준 역동적인 변화에 대한 학문적 관심이 나라 안팎으로 증대된 결과일 것이다. 한국의 역사와 문화, 사회적 경험에 점점 더 많은 연구자들이 관심을 기울이는 것은 매우 반가운 일이다.

한국학이란 고정된 분과학문 체계 내의 한 부분 영역이 아니라 다양한 분과학문들이 함께 참여하는 학제적 연구의 성격을 지닌다. 한국학은 과거의 전통에 깊은 관심을 갖지만 현재의 문제들에도 주목하며 미래의 전망을 모색하는 작업도 포함한다. 인문학적 논의와 사회과학적 관심은 물론이고 자연과학적 문제의식과 예술적 시각이 함께 어우러지는 곳이다. 당연히 한국학은 국내의 연구자들이 자신의 특수성만을 부각시키는 폐쇄적인 장이 아니라 전 세계의 학자들이 자유롭게 참여하는 지적 토론의 공간이 되어야 한다. 한국을 대상으로 한 다양한 연구를 지원하며 진지한 논의와 지적 실험을 뒷받침하는 것이야말로 한국학의 가장 중요한 역할이라 할 것이다.

이런 의미에서 한국학은 한국의 문화와 역사적 경험을 전 인류의 문화유산과 역사적 경험의 한 부분으로 바라보는, 전 지구적 시각을 요구받고 있다. 한국학은 한국사회의 경험을 연구하되, 그것을 21세기 세계사적 과제들과 더불어 사고함으로써 새로운 문명적 대안을 모색하는 세계 학계의 논의에 적극적으로 동참하는 작업이 되어야 한다. 이런 종합적이고 개방적인 연구의 집적이 이루어질 때 한국의 특수성만을 절대화하는 오류에서 벗어나면서 동시에 서구의 눈으로 한국을 대상화, 타자화하는 오리엔탈리즘적 지역학의 한계도 극복할 수 있는 길이 열릴 것이다.

한국의 학문 발전에 큰 책임을 지고 있는 서울대학교 규장각한국학연구원은 한국학의 바람직한 발전을 위해 적극적인 역할을 하고자 한다. 이를 위해 별도의 연구재원을 마련하여 '21세기 신규장각 자료구축사업'을 추진하고, 이 사업의 결과물들을 모아 연구총서, 자료총서, 모노그래프를 출간하고 있다. 한국학 연구자들의 연구역량과 진지한 문제의식들이 결집됨으로써 한국학의 연구 수준이 더욱 높아지고 내용이 보다 풍부해지리라 믿는다. 이 연구 사업이 해를 거듭할수록 한국사회에 대한 이해가 깊어짐은 물론이고 한국의 경험을 통해 세계 학계의 시각과 논의도 더욱 풍성해질 것을 기대해 마지않는다.

2015년 2월

서울대학교 규장각한국학연구원 한국학연구사업위원회

당윤희(唐潤熙 Dang, Yun hui)

서울대학교 중어중문학과를 졸업하고 같은 대학교 중어중문학과에서 석사학위를, 중국 북경대학교 중국어언문학계에서 박사학위를 받았다. 『당송팔대가 문선집의 조선에서의 수용과 유통』, 『문헌과 주석』(공저), 『동아시아의 문헌 교류』(공저) 등의 저서와 다수의 논문이 있다. 현재 건국대학교 중어중문학과 부교수로 재직하고 있다.

오수형(吳洙亨 Oh, Soo hyoung)

서울대학교 중어중문학과를 졸업하고 대만국립대학교 중문연구소에서 석사학위를, 서울대학교 중어중문학과에서 박사학위를 받았다. 『당송팔대가의 산문 세계』, 『중국의 고전 산문』, 『중국우언문학사』, 『한유산문선』, 『유종원집』(공역) 등의 저·역서와 다수의 논문이 있다. 한국중국어문학회 회장, 한국중국산문학회 회장을 역임했으며 서울대학교 중어중문학과 교수로 재직하다 정년퇴직하였다.

장유승(張裕昇 Jang, Yoo-seung)

성균관대학교 한문학과를 졸업하고 한국학중앙연구원 한국학대학원에서 석사학위를, 서울대학교 국어국문학과에서 박사학위를 받았다. 『정조의 비밀 어찰, 정조가 그의 시대를 말하다』(공저), 『동아시아의 문헌 교류』(공저), 『일일공부』 등의 저서와 다수의 논문이 있다. 현재 단국대학교 동양학연구원 연구교수로 재직하고 있다.

서울대학교 규장각한국학연구원 한국학자료총서

古代國語 語彙表記 漢字의 字別 用例 研究 | 송기중

한국철학자료집: 불교편1-삼국과 통일신라의 불교사상 | 허남진 외 편역

한국철학자료집: 불교편2-고려시대의 불교사상 | 심재룡 외 편역

서울대학교 중앙도서관 고문헌자료실 소장『경제문고』해제집 | 권태억 외

한글본 이언 연구 | 민현식

원문 교주 구운몽 | 김만중 원작, 김병국 교주

현대역 구운몽 | 김만중 원작, 김병국 옮김

해방 이후 한국기업의 진화 I: 1976-2005년간의 통계의 구축과 기초분석 | 이근 외

해방 이후 한국기업의 진화II: 1956-1977년간의 통계의 구축과 기초분석 | 이근 외

서울대학교박물관 소장 식민지시기 유리건판 | 이문웅·강정원·선일 편

풍자 우화 그리고 계몽담론 | 권영민

한국근현대문학의 프랑스문학수용 | 이건우·이규현·김용기·박성창·김종웅·문혜원

한국 근대도면의 원점: 서울대학교 규장각한국학연구원 소장 근대 측량도와 건축도 1861-1910 | 전봉희·이규철·서영희

유원총보역주 1 | 허성도·김창환·강성위 역주

유원총보역주 2 | 허성도·김창환·강성위 역주

유원총보역주 4 | 이영주·허성도·김창환 역주

유원총보역주 5 | 이영주·김창환·이남종 역주

식민권력과 근대지식: 경성제국대학 연구 | 정근식·정진성·박명규·정준영·조정우·김미정

근대한국 국제정치관 자료집: 제1권 개항·대한제국기 | 장인성·김현철·김종학 엮음

근대한국 국제정치관 자료집: 제2권 제국-식민지기 | 장인성·김태진·이경미 엮음

1880년대 조선-청 국경회담 관련 자료 선역 | 김형종 편역

한국 근대문학의 러시아 문학 수용 | 권영민·박종소·오원교·이지연

18세기 통신사 필담 1: 1711·1719년 | 박희병·이효원 외

韓國 書誌學의 先鞭: 마에마 교사쿠의 작업을 중심으로 | 한재영·이현희·가와사키 케이고

사도세자의 죽음과 그 후의 기억: 『현고기(玄皐記)』 번역과 주해 | 김용흠·원재린·김정신·정두영·최성환 역주

손와만록(巽窩謾錄): 조선후기 향리 출신 선비 김경천의 인생이야기 | 김경천 지음, 이대형·이미라·박상석 역주

춘역의 시비를 정하다: 『정변록(定辨錄)』 역주 | 김용흠·원재린·김정신·정두영 역주

금오헌록(金吾憲錄) 역주 | 박명양·이의현 편, 김영석 역주

교점역해(校點譯解) 정원고사(政院故事) | 김태웅·이강욱 감수·해설, 진현·하명준 교열·해제, 조은미 외 표점·번역

혜빈궁일기: 현전 유일의 궁궐 여성처소 일지 | 정병설 역주

육주약선·육고수권: 조선 정조가 편정한 당나라 재상 육지의 국가 경영책 | 당윤희·오수형·장유승 역주

서울대학교 규장각한국학연구원 한국학연구총서

지방문학사: 연구의 방향과 과제 | 조동일

한국 근대과학 형성과정 자료 | 문만용·김영식

목석의 울음: 손창섭 문학의 정신분석 | 조두영

통일한국의 농업 | 김완배 외

현대 한국사회의 철학적 문제: 사회운영원리 | 백종현

한국유교의 과제 | 금장태

韓國 古代·中世初期 土地制度史: 古朝鮮~新羅·渤海 | 이경식

『무과총요』 연구 | 나영일

북한 주요 산업지역의 토지이용 변화와 개방지역에 관한 연구 | 황만익·이기석

재벌체제와 다국적기업: 경제개발의 두 가지 유형 | 이승훈

붉은악마와 월드컵 | 이순형

『조선왕조실록』 보존을 위한 기초 조사연구(1) | 송기중·신병주·박지선·이인성

한국 근대의 사회복지 | 안상훈·조성은·길현종

한국어 체언의 음변화 연구 | 이상억

조선 중기 무예서 연구 | 나영일·노영구·양정호·최복규

1950년대 사회주의 건설기의 북한 보건의료 | 황상익

후발 산업화와 국가의 동학: 탈관료화와 강성국가의 공동화 | 하용출

조선 후기의 기술도: 서양 과학의 도입과 미술의 변화 | 정형민·김영식

韓國 中世 土地制度史: 朝鮮前期 | 이경식

남북 언어의 문법 표준화 | 권재일

50권본 『화엄경』 연구 | 이승재

한·중 소화의 비교 | 서대석

고려전기의 전시과 | 이경식

개항기 전후 경상도의 육상교통 | 허우긍·도도로키 히로시

한국어의 주제와 통사 분석: 주제 개념의 새로운 전개 | 임홍빈

한국적 패션 디자인의 제다움 찾기: 전통미와 현대적 활용을 중심으로 | 김민자

한국 근대문학교육사 연구 | 우한용

『조선왕조실록』의 여진족 족명과 인명 | 김주원

중앙아시아 고려말의 문법 | 권재일

삼국통일전쟁사 | 노태돈

한국의 사회운동과 진보정당 | 임현진

한국 행락문화의 변천과정 | 황기원

노래의 상상계: '수사'와 존재생태 기호학 | 신범순

한국의 언어 민속지: 전라남북도편 | 왕한석

주시경의 언어이론과 표기법 | 송철의

일제강점기의 철도 수송 | 허우긍

인권으로 읽는 동아시아: 한국과 일본의 인권 개선조건 | 정진성·공석기·구정우

정조와 정조시대 | 김인걸 외

문화의 정치와 지역사회의 권력구조: 안동과 안동김씨 | 김광억

한국어 명사구의 의미론: 한정성/특정성, 총칭성, 복수성 | 전영철

한국의 건강 불평등 | 김창엽·김명희·이태진·손정인

한국어의 재구조화 1·2 | 임홍빈

서울대학교 규장각한국학연구원 한국학모노그래프

한국에서 마르크스주의 경제학의 도입과 전개과정 | 김수행

한국 장수인의 개체적 특성과 사회환경적 요인 | 박상철·이미숙·이정재·한경혜

전통마을 경관요소들의 생태적 의미 | 이도원

한국의 중산층 | 홍두승

한국 여성의 건강증진행위 | 윤순녕·김숙영·이지윤

心과 性: 茶山의『孟子』해석 | 금장태

20세기 초기 국어의 문법 | 권재일

한국의 고령노동: 경제활동과 고용구조의 장기적 변화 | 이철희

웃음으로 눈물 닦기: 한국 언어문화의 한 특질 | 김대행

한국의 좌파 경제학자들 | 김수행·김공회

온돌과 한국인의 수면 생활: 침상 기후를 중심으로 | 최정화·김문숙

한국 고대의 온돌: 북옥저, 고구려, 발해 | 송기호

한국 시민단체의 내부의사결정과정에 관한 연구 | 김준기

한국문화를 쓴다: 강용흘의『초당』과 이미륵의『압록강은 흐른다』비교연구 | 최윤영

정약용 사상 속의 과학기술: 유가 전통, 실용성, 과학기술 | 김영식

仁과 禮: 다산의『논어』해석 | 금장태

서양인의 한국 종교 연구 | 김종서

韓國詩話에 보이는 杜詩 | 이영주

한국의 소득불평등과 빈곤: 소득분배 악화와 사회보장정책의 과제 | 구인회

한국인 치매환자의 행동 및 심리 증상의 횡문화적 특성 | 조맹제·김진영

한국사회복지 네트워크의 구성과 효과성: 지역종합사회복지관의 네트워크 구성과 조직 효과성을 중심으로 | 김준기

근대한국의 국제관념에 나타난 도덕과 권력 | 장인성

한국의 의료체제: 제도와 지배구조 | 송호근

몽골제국과 고려: 쿠빌라이 정권의 탄생과 고려의 정치적 위상 | 김호동

한국무협소설의 작가와 작품 | 전형준

한국 근대소설에 나타난 오이디푸스 콤플렉스의 이해: 이광수, 김동인, 염상섭, 이상을 중심으로 | 류인균

한국의 하구역: 하구둑 건설 이후의 지형변화 | 유근배·김성환·신영호

한국의 신용평가제도 | 이인호

전통 마을숲의 생태계 서비스 | 이도원·고인수·박찬열

두 개의 예외적인 복제체제 비교 연구: 한국 복지국가 모형의 탐색 | 김태성

박정희 체제의 성립과 전개 및 몰락: 국제적·국내적 계급관계의 관점 | 김수행·박승호

한국 서해안의 해안사구: 지형학적 관점을 중심으로 | 유근배·류호상

『기우제등록』과 기후의례: 기우제, 기청제, 기설제 | 최종성

한국어 술어의 사건 구조와 논항 구조 | 남승호

舊韓末의 韓獨 外交文書 '德案' 硏究 | 권오현

현대 한국어의 공시 형태론: 경주지역어를 실례로 | 최명옥

서양문화를 쓴다: 강용흘의 〈동양 서양에 가다〉와 이미륵의 〈압록강에서 이자르강까지〉 | 최윤영

시장발전과 경제개발 | 이승훈

고려국가와 집단의식 | 노명호

근현대 한국미술과 '동양' 개념 | 정형민

현대 한국복지국가의 제도적 전환 | 안상훈

순응과 저항을 넘어서: 이승만과 박정희의 대미정책 | 신욱희

생태서식처로서 한국 서해안 해안사구 | 유근배·신영호·김대현·김성환

한국 정신보건서비스의 전개 과정: 사회서비스의 관점에서 | 강상경

일제의 한국 식민지화와 문명화(1904-1919) | 권태억

이즈미 세이이치와 군속인류학: 뉴기니 조사를 중심으로 | 전경수

조선후기 공론정치의 새로운 전개: 18, 19세기 향회, 민회를 중심으로 | 김인걸